KB013287

이슬람의 역사와 그 문화

金容善 編著

明文堂

메카 이슬람교를 발흥시킨 예언자 무함마드의 탄생지이며 이슬람교 최고의 성지(聖地)이다. 사우디아라비아 남서부에 있는 홍해(紅海) 연안의 도시로서 수많은 이슬람교도들이 성지순례차 모여든다. 사진 중앙에 흑석(黑石)이 박혀 있는 카바 신전이 있다. 카바 신전은 이슬람의 중심으로 모든 신도들이 이곳을 향해 예배를 드리고 있다. 사진 상(上)은 흑석을 경비하고 있는 병사(兵士).

〔上〕 **우마이야 모스크** 오늘날 이 우마이야 모스크의 한 모퉁이에는 예수 그리스도에게 세례를 베푼 세례 요한의 묘(墓)가 있다. 이곳은 시리아에 기독교가 전파되기 이전부터 성스러운 지역이었다. 기독교 시대에는 성(聖)요한 교회가 유명했다. 우마이야 시대는 반(半)가량이 이슬람교도의 모스크, 반은 기독교 교회로 사용되었다.

〔下〕 **메디나의 예언자 모스크** 메카에 이어 이슬람교 제2의 성지. 사우디아라비아 서부 헤자즈 지방에 있다. 메카 북방에 있다.

예루살렘의 '바위돔' 638년, 이슬람교도는 예루살렘을 정복했다. 예루살렘은 원래 유태교도의 성지(聖地)였는데 이 시대에는 기독교도의 성지로 화하여 유태교도의 거주는 금지되어 있었다. 이슬람교도는 유태교도의 거주를 허용함과 동시에, 지난날 유태교도의 성지가 있었던 장소를 정비하고 그곳에 모스크를 건설했다. 우마이야는 그곳에서 즉위 의식을 거행했다. 바위돔(下, 中央右)은 우마이야조(朝) 제5대 칼리프인 압두 알 말리크에 의해 691년에 완성되었다. 상좌(上左)는 그 근경(近景)이고 상우(上右)는 그 내부에 있는 신성한 바위. 이곳에서 무함마드는 승천(昇天)했다고 한다.

〔上〕 **기독교도와 아랍인과의 전쟁** 에스파냐 판프로나의 성벽 앞에서 기독교도와 아랍인과 전쟁하는 모습. 14세기 베로나의 시인(詩人) 니콜라 작(作) 《스페인의 진공(進攻)》의 사본 삽화. 칼 대제(大帝)의 에스파냐 원정을 테마로 한 서사시가 《에스파냐 진공》이다. 베네치아, 산마르코 도서관 소장.

〔下〕 **라스 나바스 데 토로사의 전쟁** 1212년 라스 나바스 데 토로사를 돌파하여 안다르시안으로 진출하려는 기독교도들과 이곳을 방어하려는 이슬람교도들이 이곳에서 격돌했다. 중앙 마상(馬上)에 있는 사람이 카스티야 왕 알폰소 8세. 이슬람측은 이미 후퇴하고 있다. 마드리드, 세나트 궁전 소장.

〔上〕 **재정복운동**(再征服運動)**의 완성** 에스파냐의 '재정복운동'은 1492년에 완성되었다. 이 목조 부조(浮彫)는 그라나다의 침략을 나타낸 것으로서 톨레도 대성당의 것(부분).

〔下左〕 **페르난도와 이사벨의 입성**(入城) '재정복운동'에서 성공을 거둔 페르난도와 이사벨이 장병들과 입성하고 있다. 그라나다 대성당의 왕실예배당(王室禮拜堂)의 것.

〔下右〕 **이슬람 군**(軍)**의 나팔수와 기수**(旗手) 13세기의 아랍 문헌(文獻) 사본 장식화. 파리, 국립도서관 소장.

〔上〕 **코란의 수업**(授業) 이슬람교도들은 어렸을 때부터 코란의 장구(章句)를 구전(口傳)으로 전수한다. 일반적으로 모스크에서 수업이 행해졌다. 파리, 국립도서관 소장.

〔下〕 **모스크에서의 강화**(講話) 모스크 안에서 울라마(종교지도자)가 설교하고 있다. 모스크에서는 예배 외에 설교와 집회, 이슬람 전문 학도들에 대한 강의도 행해신다. D. 로버트의 19세기 카이로 판화(版畵)에서.

〔上〕 **장미 향수병** 옛날이나 지금이나 손님을 초청하고 식사하기 전에 식사하려는 사람들에게 향수를 뿌리는 것이 예의이다. 장미는 이슬람교도가 제일 좋아하는 꽃이며, 이 장미 향수를 의복이나 융단 등에 뿌리고 또 음식의 격조를 높이기 위해서도 사용되었다.

〔下左〕 **융단 천장과 깔개** 신하들을 알현하는 아바스조 칼리프. 천장에는 융단이 늘어져 있고 칼리프가 앉아 있는 바닥에도 융단이 깔려 있다.

〔下右〕 **아라비아 문자 서체(書體)의 변천** 코란 사본으로서 위의 것은 8세기에 쓰여진 것. 쿠파문자 초기의 정서체이다. 모양이 간단하여 양피지(羊皮紙)에 쓰거나 돌에 새길 수가 있었다. 이것을 더욱 간결하게 만든 것이 중간의 9세기 '초서체(草書體) 쿠파문자'이다. 아래의 것은 14세기의 화려한 서체로서 '스루누체'라고 한다. 이 문자는 종이 위에 펜으로 쓰기 적합하게 된 것으로서 현재 사용되는 아라비아어 활자체와 아주 비슷하다.

머리말

한국사회에서는 이슬람은 이국적인 정서를 가진 종교라고 최근까지 여겨왔고, 단지 호기심의 대상이며 또 유럽인의 편견으로 보는 존재로서의 이슬람이었다. 1970년 들어서면서 지금까지 석유 위기, 이란 혁명, 이라크-이란전쟁, 걸프전쟁, 2001년 9·11의 테러로 생긴 미국 뉴욕에서의 참사 등을 보고 우리사회의 일반층도 이슬람이 무엇인지 알아야 한다는 생각을 갖게 되었다.

한국인들도 여러 층의 많은 사람이 중동, 동남아시아, 아프리카 등 이슬람권 현지에서 일하면서 이슬람사회의 생활과 문화를 직접적으로 접한 적도 있으나 중동 특수가 수그러진 다음에는 그쪽과 우리 사회와의 문화적 접촉은 거의 없어지고 일종의 편견만이 더해지는 형편이다.

이슬람 인식도 좁은 의미의 종교로 보는 엑조틱한 것보다 역사와 문화와 종교를 포괄하는 이슬람을 알아야 그들을 바르게 인식하지 않나 하는 생각이 든다.

지금도 세계의 커다란 움직임 속에 이슬람권은 엄연한 세력으로 한몫을 하고 있다. 서쪽은 아프리카의 모로코에서 동쪽은 중국의 신강지역까지, 북쪽은 중앙아시아에서 남쪽으로는 동남아시아까지 방대한 지역에 10여억의 이슬람교도들이 산다.

이슬람 제국은 유럽이 아직 미개했던 중세에 찬란한 문명의 꽃을 피웠다. 이슬람의 학문, 기술, 예술은 유럽으로 전해졌고 근세 유럽의 발달에 기여했다.

이슬람사와 그 문화는 우리나라에는 잘 알려지지 않고 있다. 이슬람하면 사막의 종교로 돼지고기를 먹지 않으며 일부다처제를 허용하는 것만을 연상하는 데만 고작이라면 과언이 아닐까. 이는 마치 서양사람이 한국하면 개고기만을 좋아하는 미개민족으로 연상하는 것과 같은 시각이다.

이 책은 이슬람 역사와 그 문화의 이해를 돕기 위해 또 이슬람사의 개관을 알고자 하는 독자들을 위해 썼다.

이슬람의 역사적 전개를 다룬다 하더라도 보는 입장과 중점을 어디에 두는가에 따라 책의 성격이 다를 수 있다. 여기서는 일반적 방법인 편년사적으로 이슬람 역사와 그 문화의 전개를 술했다.

이슬람사는 종교사가 아니지만 이슬람이란 종교에서 출발했고 신정일치의 이슬람적 관점에 따라 정치가 전개되고 문화가 생기었고 사회생활이 규제되었다. 이를 객관적으로 살펴보려 한 것이 이 책이다.

앞으로 사정이 허락된다면 좀더 자세한 이슬람사를 써서 독자에 대하고 싶다. 이 책을 출판하는 데 음으로 양으로 격려해주신 명문당 김동구 사장님께 사의를 드린다.

2002년 4월
編著者 識

차 례

Ⅲ. 아랍 제국인 우마이야 조

Ⅳ. 이슬람 제국인 아바스 조(750~1258년)

Ⅴ. 아바스 조의 쇠퇴

Ⅵ. 중세 이슬람 문화 및 사상

Ⅶ. 이슬람의 신학 · 철학 · 신비사상

Ⅷ. 안다르시아(에스파냐)의 이슬람 왕조, 서우마이야 조의 성쇠와 그 문화

Ⅸ. 아랍의 쇠퇴

Ⅹ. 아바스 조 멸망 후 이슬람 세계의 이슬람 사상과 학술

Ⅰ. 아랍과 이슬람의 발흥

1. 이슬람 이전의 아랍과 그 주변

오늘날 아랍권은 동쪽 이라크에서 시리아 · 레바논 · 요르단의 3국과 아라비아 반도에 있는 여러 아랍국들, 그리고 서쪽으로는 이집트와 북아프리카의 아랍국들로 구성되어 있다. 아랍의 총인구는 1억 수천만 명을 넘으며 아랍어는 유엔 공용어의 하나이다. 이처럼 아랍이 중동 세계의 주요 민족의 하나가 된 것은 7세기에 일어난 이슬람이란 기치를 아랍이 내세우고 중동 세계를 정복한 결과이다.

아랍은 오래된 역사와 풍부한 전통을 가진 민족이다. 기원전 3천년대의 도시 유적이나 신전 유적이 근래에 들어 아라비아 반도에서 발굴되고 있다. 아라비아 반도 남부에 있는 예멘이나 하드라마우트에서는 기원전 1천년경부터 댐을 이용한 관개농경이 발달하고 도시문명도 번영했다. 아라비아 반도 북부에서는 페트라 · 팔미라 등 대상(隊商)도시와 대상국가를 아랍인은 건설했다. 그러나 이같은 도시를 만들고 국가의 주인이 된 아랍 주민은 스스로를 아랍이라고 자각하고 있지 않았고 또 7세기에 중동 세계를 정복한 아랍인들도 이들을 자기들의 조상이라고 생각지도 않았다.

5세기경에 동북부 아라비아 반도에 세워진 킨다 왕국은 공통의 의사소통 수단으로 아랍어를 쓰기 시작했다. 그리고 6세기 초부터 아랍어로 시를 짓고 낭송하는 시인들이 공통으로 쓰이는 아랍어를 보다 세련되고 추상화된 언어로 발전시켰다. 시인들은 이라크의 유프라테스 강 가까이에 세워진 히라라는 도시를 근거지로 한 아랍의 라흠 왕가나 시리아 골란고원에 근거지를 둔 가산 왕가의 보호를 받아 운율(韻律)이 있는 시와 공통 아랍어를 널리 펼치었다.

6세기에서 7세기 초의 아라비아 반도는 이같은 시인들이 쓰는 공통 아랍어를 이해하는 아랍인의 세계였다. 아랍은 여러 지방 또는 각 부족이 방언을 썼지만 공통 아랍어로 서로를 이해하고 의사소통을 하는 사람들이었다. 그들은 여기서 스스로가 아랍이라고 자각하기 시작했다.

아라비아 반도의 주변 세계의 하나인 지중해 세계에서는 아랍이 아랍이라고 자각하기 시작한 6세기 초보다 2백 년 앞서부터 문화의 물결이 다가오고 있었다. 바로 일신교(一神敎)의 전파이다. 주로 기독교도들에 의해 진행된 이문화의 전파는 일신교의 이념에 맞지 않는 고대의 여러 전통이나 가치를 버리게 했다.

아랍 주민들이 스스로가 아랍이라고 자각했을 무렵 시리아는 완전히 일신교의 세계였다. 한편 이라크를 지배하고 있던 페르시아 제국은 조로아스터교의 신자였으나 이라크의 주민들은 주로 셈족 언어인 아랍어를 사용했으며 기독교나 유태교가 주민들 사이에는 널리 퍼져 있었다.

아라비아 반도에는 각 시대에 따라 여러 부족이 거주했다. 최초의 거주민은 고대 칼데아인과 동계(同系)의 인종이라고 전해진다. 이들은 위대한 문화를 구축하여 그 유적이 현재에도 남부 아라비아에서 발견되고 있으며 그 영향은 이집트 및 메소포타미아 지방까지 미쳤다고 상상되고 있다. 그들은 대궁전이나 대사원을 건축한 것 같으며 지금도 아덴 부근에 남아 있는 유명한 물탱크의 유적은 그들이 건조한 것으로 간주되고 있다.

이 고대 주민은 유프라테스 강 동쪽 어디에선가 나온 셈족계의 일족에 의해 멸망되었고 이 일족이 예멘 지방 및 하드라마우트의 여러 곳에 거주하게 되었다. 그들은 카탄의 후예로 그 자손의 한 사람인 야래부의 이름을 국명으로 하였으며 야래부의 자손으로 이 왕조의 군주가 된 사람을 사바 왕조의 군주라고 칭하였다. 카탄 가의 군주들은 위대한 정복자인 동시에 위대한 도시 건설자들이었고 예멘 및 기타 여러 지방은 그들의 지배가 7세기까지 계속되었다.

아라비아 반도 남부의 예멘 지방은 예로부터 향료의 생산지인데 인도와의 무역 중계지로 번창했다. 헬레니즘 시대로부터 각 왕국들은 관개농경에 의한 향료 생산이나 교역 활동으로 생활했다. 기원후가 되면서 아라비아 반도 남부는 사바-힘야르 왕국과 하드라마우트 왕국의 대립 시대가 되며 3세기에는 사바 왕국이 예멘을 통일하게 된다. 그러나 이런 동방 세계에 대한 지식이 서방에 전하여져 아라비아는 향료 이외에 서방이 요구하는 상품의 생산지가 아니라는 것이 알려지게 되어, 동서 교역 활동에서 제외되기 시작했다. 이때쯤에 남부 아라비아의 지배자들은 기독교나 유태교로 개종한 것 같다.

6세기경이 되어 비잔틴 제국이 이디오피아를 앞세워 남부 아라비아와 그 지역의 교역로를 장악하기 위해 침입하여 한때 이디오피아의 시대가 되었으나 570년경 페르시아 사산 왕조의 코스로에스 1세가 침입했고 그후 이 땅은 페르시아인의 지배가 계속되다가 이슬람 시대에 들어가게 된다.

한편 시리아 사막 주변의 아라비아인들을 중심으로 한 가산 왕조와 히라 국의 라흠 왕조가 있었는데 전자는 비잔틴 제국과, 후자는 사산 왕조와 특별한 관계를 갖고 있는 위성국가였다.

2. 자힐리야 시대와 메카의 쿠라이시 부족

아라비아 반도에 있어서 헤지라(이슬람력) 기원 원년(622년) 이전의 시대는 자힐리야 시대라고 칭한다. 이 말은 아랍어로 무지 또는 야만상태를 뜻하는데 이것을 이슬람의 가르침을 모르는 시대였다고 하여 이같이 이름 지어졌다. 따라서 자힐리야라는 말을 광의적으로 사용한다면 유사 이래

서기 622년까지 이르는 전 기간을 지칭할 가능성도 있으나 자힐리야라는 말을 역사적인 술어로 사용할 경우 헤지라 기원에 앞선 약 150년간을 지칭하는 것이 보통이다.

예멘의 마리브 왕국은 홍수로 댐이 붕괴되어 관개농경을 할 수 없게 되자 붕괴되었다. 남부 아라비아는 농업의 황폐로 경제가 붕괴되고 그때까지 정착민 생활을 하고 있던 남부 아랍 부족의 많은 사람들을 유목민으로 만들었다. 그들은 유목지를 찾아 반도 북쪽으로 이주하였으나 북쪽에는 이미 북부 아랍 부족이 살고 있었고 그들이 북부 아랍 부족의 세력을 타파할 수 없었기 때문에 북부 아랍 부족의 세력이 미치지 않는 북방에 그들의 유목지를 구해야 했다.

남부 이라크의 도시인 히라를 건설하고 페르시아 사산 왕조의 보호 아래 유목민들의 완충 국가 역할을 했던 라흠 조와 시리아에서 비잔틴 주권 아래 같은 역할을 했던 가산 조는 다같이 이때 이주한 남부 아랍 부족에 의하여 세워진 국가이다. 헤지라 기원전 아라비아 반도의 북방에 세력을 뻗었던 칼브 부족이나 타이 부족도 모두 남부 아랍 부족에 속한다. 이들 남부 아랍 부족은 북부 아랍 부족의 문화적 영향을 받아 그들 자신의 문화와 문자를 잃고 북방 아랍 민족의 언어와 아랍 문자로부터 파생한 나바테이 문자를 사용하였다. 현재 우리가 알고 있는 고전 아랍어와 아랍어 문자는 여기에서 발전된 것이다.

남부 아라비아의 힘야르 왕국은 3세기 이후에도 존속하였으나 경제 생활의 파멸과 더불어 왕권이 쇠퇴하여 국가로서의 면모가 완전히 상실되었다. 힘야르 왕국의 쇠퇴를 촉진시킨 것은 이 땅에서 일신교와 기독교와 유태교의 포교가 활발하게 전개되면서 전에 민족적 신앙의 대상이었던 전통적 신앙대상인 신들의 신전이 파괴되었다. 사람들은 종교가 다름으로 해서 생긴 파쟁으로 날을 지새웠기 때문이었다. 힘야르 왕국의 최후의 국왕 두 누와스는 유태교로 개종하면서 광신적인 신자가 되어 아라비아 반도 남부 나주란의 기독교도 대학살을 감행하였다. 이 때문에 기독교국인 아비시니아의 보복을 받게 되어 522년에 힘야르 왕국은 멸망했다.

그러나 아비시니아군의 예멘 지배는 50년밖에 계속되지 않았고 사산왕조의 지지를 받은 아랍인에 의해 아비시니아군은 밀려나고 말았다. 이로써 예멘은 사산 왕조의 한 주가 되었으며 이곳의 통치를 위한 페르시아인 총독이 파견되었다.

힘야르 왕국의 멸망으로 인해 예멘 상류 지역의 활동이 정지되자 아라비아 반도 중서부 히자즈 지방인 메카에서 상업적 활동이 시작되었다. 원래 메카는 예멘과 시리아를 잇는 교통로상의 요지로서 발달한 도시인데 프톨레마이오스 지도에는 마코라바로 기술되고 있다. 메카 상인들은 아라비아 반도의 원격지 통상을 독점하였을 뿐만 아니라, 사산 왕조와 동로마 비잔틴 제국의 만성적인 전쟁상태에 의한 양국 국경을 넘나드는 국제 무역이 두절됨에 따라 양국을 연결하는 국제적 중계무역에 나섰고 이전에 비잔틴 제국이 독점하였던 홍해 무역을 그 수중에 넣었다. 바다를 통해 운반된 인도나 중국의 물자는 예멘 남쪽 항구에 상륙된 후 메카의 대상에 의해 비잔틴 제국으로 운반되었다.

5세기 말부터 메카에 거주한 주민은 아랍의 쿠라이시 부족이었다. 그들은 북부 아랍 부족에 속하는데 원래는 히자즈 산지에서 유목 생활을 하다가 5세기 말경 그들의 부족 영웅인 쿠사이에 인솔되어 메카에 정착하였으며 이곳을 지배하게 되었다. 그들은 정주 생활을 시작한 지 한 세기가 경과하여 예언자 무함마드가 이슬람을 전도하였던 7세기 초에도 그들은 여전히 부족 조직을 유지하고 씨족의 자치와 연대(連帶)의 관습적인 제도를 계속 유지하였다. 6세기 말경 쿠라이시 부족 내에서 수많은 씨족으로 갈라져 있었는데 그중 약 10개의 씨족이 메카에서 특히 유력한 씨족으로 인정되었다.

메카에 쿠라이시 부족이 정착한 때는 자힐리야 시대가 시작한 지 얼마 안된 5세기 말경이다. 예언자 무함마드에서 소급하여 5대조의 쿠사이라는 영웅이 쿠라이시 부족을 인솔하여 메카에 정주시켰다. 쿠라이시 부족이라

하여도 왕이나 족장을 받들고 내부가 균일하게 갖추어진 집단이 아니라 쿠라이시 부족 그 자체가 많은 작은 집단으로 구성되었다.

무함마드로부터 소급하여 3대조에 하심이라는 이가 있었다. 오늘날 요르단의 국호가 요르단 하심 왕국이란 이 사람의 가계, 즉 혈통이 이어 내려왔다는 것이다. 쿠라이시 부족 내의 하심 자손들이 하나의 집단을 만들었다. 하심 형제들의 자손도 여러 집단을 만들었다. 이런 식으로 열 몇 개의 집단으로 형성된 것이 쿠라이시 부족이며 공통의 조상을 갖고 있는 자손들의 혈연적 집단이다. 이슬람 예언자 무함마드는 쿠라이시 부족 하심 씨족의 출신이다.

쿠라이시 부족이 메카에 정주하였을 때 이미 메카에는 카바라는 신전이 있었고 그곳은 여러 사람들이 순례하는 종교 도시였다. 그리고 쿠사이의 손자이며 즉 무함마드의 3대조 하심시대에 메카 사람들은 대상무역을 조직하는 데 성공했다. 그들은 시리아 · 메소포타미아 · 이디오피아 · 남부 아라비아 등에 가서 상거래를 했다. 그리고 남부 아라비아를 지배하고 있던 이디오피아의 세력이 인솔하는 대원정군의 공격을 방어하여 메카를 지켰다. 그런데 메카에는 수장(首長)이 없었다. 또한 통치를 위한 조직도 없었다. 혈연의 유대로 질서를 지키면서 고도성장의 자유도시, 이것이 이슬람이 발흥하는 7세기 초의 메카였었다.

자힐리야 시대의 아라비아 반도에서는 다신교의 우상 숭배가 행하여져 왔는데, 각 마을, 각 부족마다 특별히 숭배하여 받드는 우상을 갖고 있었다. 쿠라이시 부족의 예를 들면 알 윗자 · 알 라트 · 마나트의 이름을 가진 세 여신과 후발 등이 있었다. 이런 우상들은 특정한 마을 또는, 부족의 고유한 우상이거나 많은 사람들의 존경을 받던 넓은 의미의 우상들이었는데 메디나에서는 세 여신의 하나인 마나트가, 고원의 도시 타이프에서는 알 라트와 마나트가 더욱 숭배되었다고 한다. 세 여신이나 후발은 북방 셈족의 우상으로 시리아 방면에서 전하여져 온 것으로 간주된다. 부족 전체의 공통 우상 이외에 메카에서는 각 가정마다 각기 가장 좋아하는 우상을 숭배하였다.

우상 숭배와 아울러 아랍 다신교의 특징은 애니미즘(정령 숭배)이다. 이슬람 이전 시대의 아랍인들은 돌·샘물·나무 등을 신성시하여 이것들이 갖는 고유의 힘, 또는 이것들에게 깃들어 있는 초자연적인 힘을 믿었고 주술사와 무당 등의 특정한 인간이나 또는 상상적 영물인 '진'이 갖는 초자연적인 힘을 믿었다. 아랍이 애니미즘의 대상으로서 가장 많이 선택한 것은 돌로서 각지에서 성석(聖石)으로 믿어졌던 것이 있는데 그중 가장 유명한 것은 메카의 '카바' 신전에 있는 흑요석이다. 이것은 단지 메카 쿠라이시 부족뿐만 아니라 히자즈 지방의 유목민들에게 널리 숭배되었으며, 매년 많은 숭배자들이 모여들었다.

그 당시 아랍의 다신교는 이미 미신의 극으로 타락하고 사람의 영혼에 호소할 아무것도 갖고 있지 않았다. 그런데도 그것들이 당시 계속 존속된 것은 조상 이래의 오랜 전통적 관습에 의한 것으로서 애니미즘의 주술적인 의식을 제외하고는 다신교는 교의나 의식이나 사제조차 갖고 있지 않았다. 이와 같이 애니미즘은 당시 사람들의 마음 깊숙이 뿌리 박혀 있었다. 자힐리야 시대의 아랍의 다신교 세계에도 일신교의 영향은 어느 정도 있었다. 가산 조는 다신교파, 라흠 조는 경교파의 기독교를 각각 국교로 하였다. 특히 라흠 조의 수도인 히라는 경교파의 선교사들이 아라비아 반도를 선교하던 근거지였다.

예멘의 기독교는 최초 아비시니아(이디오피아) 왕국으로부터 전래된 것 같은데 남부 이라크와 예멘의 사이에는 아라비아 반도를 대각선으로 연결하는 교통로가 있고 교통로상에 위치한 나주란이 예멘에 있었던 기독교 세력의 중심지가 되었던 것은 히라의 기독교 경교파 선교사의 활동에 의한 것 같다. 예언자 무함마드의 부인 하디자의 사촌, 와라카 빈 나프르를 비롯하여 쿠라이시 부족 중에서도 기독교에 귀의한 자가 여럿 있었고 이러한 기독교 경교파 교의의 영향이 코란의 여러 구절에도 분명히 인정된다. 한편 유태교 세력도 예멘에서 강하였는데 이유는 히자즈 지방에 많은 유태교도들이 살고 있던 취락지가 있었기 때문이었다. 그중 가장 유명한 것은 메디나라고 알려져 있는 야스리브에 있었던 유태인들이다.

기독교나 유태교가 이슬람과의 관련에서 중요시 되는 것은 개개의 기독교도나 유태교도의 존재 또는, 활약이 아니라 메카의 지식 계급들이 그들의 정신적 환경을 둘러싸고 있던 지고신(至高神)으로서의 알라에 대한 관념을 막연하게나마 알게 되었다는 데 있다.

다만 그들은 알라와 병존하여 다른 신들도 숭배하고 다른 우상과 같은 속성을 알라에게도 인정하였다는 것이다. 이븐 알 칼비의 우상(偶像)의 서(書)에 '무함마드가 알라 이외에 다른 신은 없으며 알라만을 숭배하도록 설교하였을 때, 사람들은 신이 유일하다는 가르침을 의아스럽게 생각했다'라고 기술한 것은 당시의 메카 쿠라이시 부족의 종교 관념을 잘 나타내고 있다. 즉 그들은 알라가 지고신이라는 것을 알고 있었으나 유일신이라는 사고는 갖고 있지 않았다는 것이다.

3. 이슬람의 발흥과 무함마드

이슬람의 예언자 무함마드는 570년경 아라비아 반도 메카에 있는 쿠라이시 부족의 하심 가에서 태어났다. 그가 출생하였을 때 부친은 이미 세상을 떠났고 어머니와 외로운 삶을 보내야만 했다. 그러나 그의 어머니도 그가 6세 때 세상을 떠나고 말았다. 고아가 된 무함마드는 처음 할아버지께 의탁되었으나 얼마 안 가서 할아버지마저 돌아가시자 그의 숙부 아부 타리브에게 맡겨졌다. 아부 타리브의 아들이 무함마드의 딸 파티마를 취하여 이슬람 제4대 칼리프가 된 알리이다.

성장하여 숙부의 곁을 떠난 무함마드는 유목민 상대의 장사나 돈 많은 상인에게 고용되어 삶을 영위하였다. 그의 성실한 인품은 쿠라이시 부족민 사이에서 평판이 좋았고 사람들은 그를 아민(성실한 사람)이라고 불러

존경하였다. 그가 25세가량 되었을 때 돈 많은 미망인 하디자와 결혼했다. 하디자는 무함마드보다 꽤 연상의 여인이었고 쿠라이시 부족 중에 가장 재산이 많았다고 한다.

오랫동안 고아로서 가난한 생활을 보낸 무함마드는 하디자와의 결혼으로 따뜻한 가정과 안정된 생활을 하게 되었다. 하디자는 무함마드의 가장 훌륭한 이해자인 동시에 보호자였으며 부부의 단란한 생활은 후세 이슬람 교도들에게 오랫동안 부부애로서의 모범상이 되었다. 이렇게 15년간을 경과하는 동안 밖에서 보기에는 무엇 하나 부러울 게 없는 생활로 보였으나 성실한 예언자 무함마드의 마음속에서는 당시의 사회도덕이 붕괴되고 있는 데 대한 울분을 가지고 있었으며 이런 울분이 그가 40세가 되었던 610년의 어느 날 돌연히 폭발하게 되었다.

즉, 그는 유일신(唯一神) 알라로부터 계시를 받고 알라에 의해 지상에 파견된 신의 사도(使徒)로서 타락한 동포에게 신의 경고를 전하는 것을 스스로의 사명으로 확신하였던 것이다.

6세기 말부터 7세기 초의 시기는 메카 상인들의 황금 시대였다. 메카는 아라비아 반도 유일의 부와 권력을 자랑하였으나 중계무역의 독점으로 부를 획득한 이들은 극히 소수의 대상인에게 한정되었다. 쿠라이시 부족 대부분은 상업 이외에는 생활을 할 방법이 없었기 때문에 생활을 영위하기 힘들었다. 상업은 거의 개인적으로 행하는 것이어서 이윤의 추구 그 자체가 개인주의적일 수밖에 없었다. 대상인층은 부와 권력을 인생의 최고의 목표로 간주하고 다른 사람의 불행을 돌보지 않았다.

이런 면에서 당시 메카처럼 고도성장을 이룩한 상업도시에는 개인의 독립을 존중할 수 있는 보증된 상업사회에 적합한 도덕이 필요했던 것이다. 그러나 메카에는 아직 이런 도덕이 존재하지 않았고 노출된 이기주의와 약육강식의 생존법칙만이 팽배하였다.

메카에 정주하기 이전의 쿠라이시 부족은 아리비아 반도 동쪽의 산지에서 유목 생활을 하였다. 유목민의 생활은 혹독한 자연이나 다른 부족과의 투쟁의 연속으로서 부족민의 연대(連帶)의식과 행동만이 그들의 생활을 가능하게 하였으므로 유목 부족민은 상호간에 도움을 주었을 뿐만 아니라, 부족장은 미망인이나 고아를 비롯한 부족의 곤궁한 자들을 구제하여 왔었다. 그러나 메카 정주 이후에는 피해받은 만큼 복수하는 복수의 관습이나 이에 대해 보상을 하는 등의 연대제도는 유지하고는 있었지만, 씨족연대의 정신이 희박해져서 씨족의 곤궁자들에게 대한 보호에도 손을 쓰지 않게 되었다.

이와 같이 쿠라이시 부족의 전통적 도덕윤리가 생활과 환경에 따라 붕괴되었는데도 이와 대치할 수 있는 새로운 모럴(도덕관)이 아직 나타나지 않고 있었다. 예언자 무함마드가 의도한 것은 동포인 쿠라이시 부족민에게 새로운 모럴을 주는 것이었다. 모럴이 사람들의 생활을 변화시킬 수 있는 힘을 갖기 위해서는 생생한 생명력이 있는 종교에 의해 지탱되어야 하는데 당시 쿠라이시 부족의 전통적 종교는 생명력이 있는 종교와는 전혀 거리가 먼, 거의 미신과 다름없는 타락한 종교였다.

예언자 무함마드는 610년경 유일신 알라의 계시를 받고 스스로 '라술릴라히'(신의 사도)라는 자각을 갖고 종교가로서의 생애를 시작하게 되었다. 신으로부터 소명을 받은 후 3년간 그는 자기 주위에 모인 특정한 사람들에게만 가르침을 주었으나 그후 대중을 상대로 한 전도에 들어갔다. 이 시기에 그의 가르침은 주로 창조자인 신에 대한 인간의 감사하는 마음과 종말관이었다. 그에게 주어진 최초의 계시 중의 하나라고 간주되고 있는 '일어서라, 그리고 경고하라'라는 구절이 있는데, 이 구절의 뜻대로 그는 최후 심판의 날에 대비하도록 사람들에게 경고하는 것을 스스로의 사명으로 생각했었다. 종말관은 자힐리야 시대의 아랍의 종교 관념과는 전혀 관계없는 것이었다.

614년 무함마드가 대중전도에 들어선 이후 약 50여 명이 그의 가르침을 따랐는데 이 중에는 대상인층의 자제를 포함하여 쿠라이시 부족의 명문에 속하는 20~30대의 젊은이가 많았다. 그들은 상업 이윤의 추구만을 바라고 약소자인 고아나 미망인을 돌보지 않는 동족의 유력자들에게 실망하여 무함마드의 가르침의 밑바닥에 있는 사회적 정의감에 공명한 것이다. 이런 사실에 쿠라이시 부족의 지도자들은 무함마드가 다음 세대에 메카의 지배자가 되지 않을까 하는 두려움을 느끼게 되었다.

그들이 무함마드를 예언자로 인정한다는 것은 단지 종교상의 문제뿐만 아니라 대상인층의 상업기반과 정치 위에 구축된 메카 사회질서 그 자체의 파괴를 의미하는 사회변혁이므로 장래에 다가올 위험의 싹은 일각이라도 빨리 제거하여야 한다는 생각을 갖게 되었다. 그들로서는 사회적 정의감에 정면으로 맞선다는 불리함을 충분히 알고 있었으면서도 무함마드와 그 교우들에 대한 정신적·육체적 박해를 가하기 시작했다. 그들은 일신교를 제창하는 것은 조상 전래의 부족의 신앙인 다신교를 비방하는 것이라고 무함마드를 공격했다. 이같은 무함마드와 쿠라이시 부족 대상인층의 싸움은 일신교와 다신교의 대립이라는 양상을 나타내게 되었다.

무함마드는 메카 대상인층의 박해를 피하게 하려고 615년에 그의 교우들을 아프리카의 아비시니아(이디오피아)로 피난시켰다. 무함마드를 둘러싸고 쿠라이시 부족도 분열되었는데 하심 가를 비롯한 다섯 개의 씨족이 당시의 무함마드를 지지하는 태도를 취하였다. 무함마드가 쉽게 굴복치 않는 것을 본 대상인층은 616년 하심 가에 대한 쿠라이시 부족의 동맹 배척을 조직했다.

지금까지 무함마드를 지지하고 있었던 네 씨족도 이에 참여가 강요되어 쿠라이시 부족 전 씨족이 하심 가와의 상행위와 통혼이 금지되었다. 동맹 배척은 2년간 계속되었으나 본의아니게 이에 참가한 씨족들은 동맹 배척이 대상인층을 이롭게 할 뿐 그들에게는 하등의 이익을 가져오지 않는다는 것을 깨달았기 때문에 자연히 소멸되었다.

그러나 619년 하심 가의 가장이며 그의 숙부로서 그를 보호하였던 아부 타리브가 죽자 그의 아우 아부 라합이 하심 가의 가장이 되었는데 부유한 상인이었던 아부 라합은 이기적 목적에서 대상인측에게 추종할 필요를 느껴 무함마드에 대한 하심 가의 보호를 취소하게 되었다. 절망한 무함마드는 자유의 천지를 찾아 고원의 도시 타이프를 방문하였으나 이곳 사람들도 그에게 등을 돌리고 그를 오지 못하게 하여 상심하였으나 선교활동을 하지 않는다는 전제로 호의적인 제삼자의 보호 아래 다시 메카로 돌아왔다.

4. 메디나의 무함마드

무함마드는 메카에서 그가 행한 여러 해의 노력이 결국 수포로 끝났다는 것을 인정하지 않을 수 없었다. 그러나 무함마드는 620년 이래 비밀리에 메디나의 주민과 연락을 취하였고 622년 9월에는 70여명의 신자를 메디나에 미리 이주시키고 그 자신도 제1대 칼리프가 된 아부 바크르와 함께 메디나로 이주했다. 이것을 '헤지라'(성천)라고 하며 후에 제2대 칼리프 우마르시대에 이르러 이 해를 헤지라(이슬람)력 기원 원년으로 삼았다. 즉 622년 7월 16일이 헤지라력 기원 원년 초하루이다.

예언자 무함마드는 대상인층과의 투쟁을 통하여 그의 이상을 실현하기 위해서는 현실의 지상에 '움마'를 건설해야 한다는 것을 느끼게 되었다. '움마'라고 하는 것은 신을 궁극의 주권자로 하고 예언자 무함마드를 현실의 지상에서 신의 대리자로 인정하는 이슬람 공동체, 즉 신권정치(神權政治)의 사회를 의미한다. 메카 시대에는 단지 관념상의 존재에 지나지 않았던 '움마'를 무함마드는 현실적으로 지상에 건설한 기회를 메디나에서 부여받은 것이다.

메카로부터 메디나로 이주한 이슬람 교도를 '무하지룬'(이주자), 메디나의 주민으로 이슬람에 개종한 자를 '안사르'(원조자)라 불렀는데 최초 그들의 수는 둘다 합하여 70여명이었다. 메디나는 메카와 달리 무함마드의 가르침을 적극적으로 반대하지 않았고 그의 가르침이 전파되면서 무함마드의 위신이 높아지자 메디나의 아랍 주민들이 잇따라 이슬람으로 개종했다. 627년경에는 메디나 아랍 주민들이 모두 '안사르'가 되었으며 그들은 무함마드의 '헤지라'에 많은 기대를 걸었다.

여기서 짚고 넘어가야 할 것은 메디나에 있었던 유태인 문제였다. 원래 메디나라는 도시는 유태교도에 의해 건설되었는데 그들은 농업과 수공업으로서 생활을 영위해왔다. 그후 아랍 부족이 이 도시에 정착하게 되면서 아랍의 인구가 증가하여 정치적 우월을 확립하게 되었으나 메디나 경제는 여전히 유태교도에 의해 장악되었다. 그들은 오아시스 남부의 비옥한 토지에 광활한 과수원을 갖고 있었고, 또한 메디나의 시장을 장악하였으며 금은세공이나 무기 제조에도 손을 대고 있었다.

쿠라이시 부족이 지배하는 메카와는 달리 메디나는 아랍 부족인 아우스 부족과 하즈라쥬라고 하는 두 부족이 대립하고 있었기 때문에 정세가 안정되지 않았었다. 그들은 원격지 통상에 진출한 메카의 무역 독점을 타파하고자 하는 의도를 갖고 있었기 때문에 대립하고 있는 아랍 두 부족의 분쟁을 조정하여 정세를 안정시키고 유태교도에 대한 아랍의 지배를 확고하게 하여야 했다. 따라서 그들은 무함마드의 종교에 감동했을 뿐만 아니라 이 곤란한 과제의 해결을 그의 정치적 수완에 기대했던 것이었다.

한편 혈연적 결합보다 신앙을 같이하는 데서 성립된 이슬람 공동체인 '움마'가 유태교도에게 '움마'와의 공존을 허용한 것은 같은 일신교의 신자이기 때문에 언젠가 유태교도들도 그를 예언자로 인정할 것이라는 기대를 한 것이기 때문이다. 그러나 유태교도들은 무함마드에게 적의(敵意)를 버리지 않았다.

무함마드가 메디나에서 최초로 해야 했던 일은 예배당(모스크)의 건설과 '무하지룬'(이주자)의 생활보장이었다. 이를 위해 그는 '무하지룬'과 '안사르'(원조자)의 사이에 의형제 관계를 만들어 각 '안사르'에게 '무하지룬' 한 사람씩 부양할 의무를 과하였다. 그러나 이는 소극적인 방법이었고, 적극적인 방법으로 '무하지룬'의 생활을 보장하기 위해 수입의 방법을 강구

무함마드 시대의 이슬람 세계

하여야 했다. 이는 메카의 대상(隊商)을 습격하여 그 상품을 탈취하고 포로의 석방과 교환으로 몸값을 받는 것이었다.

이같은 일은 또, 메카 경제를 혼란에 빠지게 하고 사회 불안을 야기시킨다고 하는 전략적인 의도도 갖고 있었다. 메카 번영의 기초는 원격지 통상이었다. 대상의 습격은 그들의 원격지 통상을 위협하고 메카의 세력을 약화시키는 데 가장 유효한 수단이었다.

624년 1천 필의 낙타로 구성된 쿠라이시 부족의 대상이 시리아로부터 메카로 돌아오는 도중이라는 정보를 들은 무함마드는 '무하지룬'과 '안사르' 전원으로 구성된 324명의 부하를 인솔하여 출격하였다. 쿠라이시 부족도 이를 알고 950명의 군대를 보냈으나 이 중 300명가량은 메카로 돌아갔다. 메카와 메디나 양군은 메디나 서남쪽, 홍해 연안에 가까운 바드르에서 싸움을 벌이어 무함마드는 2배 이상의 쿠라이시 부족 군대에게 대승리를 거두었다. 이것이 이슬람의 발전에 대전기(大轉機)가 된 바드르 전투이다.

이 전투 직후 무함마드는 신의 계시를 받아 전리품의 5분의 1을 자기가 취하고 나머지 5분의 4를 전투에 참가한 자에게 분배시켰다. 자힐리야 시대의 아랍 유목민들도 부족의 족장이 전리품을 취하는 불문율이 있었다. 무함마드가 이때 전리품의 5분의 1을 취한 것은 '움마'에 있어서의 그가 부족의 장과 같다는 것을 나타낸다. 그러나 신을 진정한 주권자로, 무함마드를 지상에 있어서의 신의 대리자로 하는 신권정치 사회인 '움마'가 전통적인 혈연 단체인 부족과 본질적으로 다르다는 것을 잊어서는 안 된다.

624년 메디나 이슬람교도들이 메카군을 격파한 바드르 승리의 영향은 컸다. '움마'에 있어서 무함마드의 위신은 높아지고 이슬람교도의 수가 증가한 것은 바드르 승리의 직접적 영향이지만, 더욱 중요한 것은 무함마드가 유태교와의 관계를 단절하고 이슬람을 아랍의 민족적 전통 위에 확립한 것과, 그의 예언자적 의식의 고양이었다. 바드르 전투 직전, 그는 예배 방향(키블라)을 예루살렘에서부터 메카의 '카바' 신전으로 변경시켰는데, 이것은 그가 아랍의 다신교와 타협하였다는 것을 의미하지 않는다.

코란의 말씀에 의하면 메카의 '카바'는 '신의 집'인데 이것은 아브라함이 '카바'를 건설하여 이를 알라에게 헌상하였기 때문에 알라는 '카바' 신전의 주님이시며 카바는 알라의 집이라고 하는 생각에서였다고 한다. 아브라함은 아랍과 유태인의 공통의 조상으로 간주되고 그는 모세에게 내린 유태교의 계시에 앞선, 일신교의 신앙이 깊었다고 간주되는 전설상의 인물이다. 무함마드가 설교하는 것은 아브라함 신앙의 부활이다.

이슬람을 아랍 민족적 전통 위에 수립하고자 하는 무함마드는 바드르 전투 후, 아브라함을 '하니프'(순수 일신교도)라고 호칭하고 그 종교를 이슬람(신에 대한 절대적 복종)이라고 불렀다. 무함마드는 그가 제창한 일신교도가 결코 유태교나 기독교의 모방이 아니라 아랍의 옛 민족적 전통으로서의 아브라함의 일신교의 부활이라고 생각하였다. 이와 함께 '라마단' 달(9월)의 단식과 메카로의 순례가 모든 신자에게 의무화되었다.

610년의 소명 이래 주로 '신의 사도'로 칭하였던 무함마드는 바드르 승리 후 '예언자'(나비)로 칭하게 되고 이후, 이 두 개의 칭호가 코란에 아울러 사용된다. 물론 '신의 사도'와 '예언자'는 본질적으로 같지만 '신의 사도'에는 신의 계시를 사람들에게 전한다는 의미가 강한 데 반하여 '예언자'는 카리스마적 지도자로서 민중을 인도하고 사람들의 복종을 요구하는 의미가 강하다.

바드르 패전 후 약 1년간의 준비를 마친 메카의 쿠라이시 부족은 625년 3월 메카의 아부 스푸얀의 지휘 아래 아비시니아 용병을 포함한 3천명가량의 대군을 메디나로 출격시켰다. 양군은 메디나 북쪽 교외 우후드 언덕에서 싸움을 벌이어 무슬림(이슬람교도)군은 70여명의 전사자를 내고 후퇴했다. 그러나 메카군도 메디나를 공격할 여력이 없어 그들의 목적이었던 무함마드와 '움마'를 제거시키지 못하였다. 쿠라이시 부족의 전사자는 27명으로, 이런 점으로 본다면 쿠라이시 부족의 승리였다.

그러나 그들의 본래의 목적으로 본다면 쿠라이시 부족은 결코 승리한 것이 아니었다. 한편 무함마드도 우후드 전투를 패배로 간주하지 않았다. 코란 제3장의 후반은 우후드 전투에 관한 계시를 기록한 것이지만, 우후드 전투의 결과를 무슬림 신앙의 느슨함에 돌리고 바드르 전투에서는 그들에게 무한한 은총을 주었던 신이 불신앙에 대한 처벌과 신앙의 경고함을 확인할 수 있는 수단으로서 무슬림에게 이같은 시련을 주었다고 기술하여져 있다. 무함마드는 우후드 전투 이후 유태교도의 나디르 부족을 메디나로부터 추방했다. 그들은 주택 · 과수원을 비롯한 모든 재산을 몰수당하고 그들이 많은 땅을 갖고 있는 메디나 북방 약 50km의 하이바르로 추방되었다.

그후 무함마드는 히자즈 지방의 아랍 유목 부족민을 포섭하는 정책을 추진하였으며, 메카의 쿠라이시 부족도 유목민 대책에 전력을 기울였고 하이바르에 추방된 유태교도 나디르 부족과 연락을 취하여 메디나 포위를 위한 준비를 진행하고 있었다.

627년 3월 쿠라이시 부족과 유목 부족 약 7천5백명의 연합군이 메디나로 향하고 2년 전의 우후드 전투의 경험을 살려 재빨리 우후드 언덕의 남쪽 경사면(傾斜面)에 진을 쳤다. 이때 메디나 이슬람군은 메디나에 농성할 작전을 세우고, 이슬람교도인 페르시아인의 권유를 받아들여 조기(早期)에 공격당할 우려가 있는 장소에는 미리 참호를 파놓았다. 이를 '한다크'(참호) 전투라고 한다. 부족 연합군은 처음부터 참호를 돌파할 수 없었으며 기마대도 소용이 없었다. 이 시기에는 찬바람이 불고 군마(軍馬)에게 줄 여물도 없었다. 이렇게 2주간을 허비한 후 연합군은 전의를 잃고 메카로 돌아갔다. 쿠라이시 부족의 마지막 바람이었던 대포위 작전도 실패한 것이다.

이 전투 후 예언자 무함마드는 배후의 적으로서 메디나에 마지막으로 남아있던 유태교도 '바누 쿠라이자' 부족을 공격하여 무조건 항복을 받아냈고 남자들은 죽이고 여자와 아이들은 노예로 팔았다. 그후 1년간 무함마드의 정책은 보다 많은 부족 동맹을 맺는 것과, 메카 대상(隊商) 및 시리아 통상로를 철저하게 공격하는 것이었다.

628년 무함마드는 최초의 메카 순례를 기획하였으나 실행에 옮기지 못하였다. 그러나 메카 성역 교외의 후다이비아에서 쿠라이시 부족과 조약을 맺고 그 다음해에 다시 메카 순례를 행하며, 향후 10년간 휴전하고 유목 부족에게 무함마드와 쿠라이시 부족 쌍방이 자유로이 동맹을 체결할 것 등을 약속했다. 후다이비아 조약에 불만을 품은 일부 무슬림을 무마시키기 위해 658년 5~6월경 무함마드는 하이바르의 유태인을 공격하였다.

629년경 무함마드와 동맹을 맺고 있는 유목민 푸자아 부족이 쿠라이시 부족과 동맹을 맺고 있던 바크르 부족의 공격을 받아 무함마드에게 원조를 요청하였다. 오랫동안 기회를 기다리고 있던 무함마드는 이것을 후다이비아 조약 파기의 구실로 하여 무슬림과 유목 부족과의 연합군 약 1만명을 인솔하고 630년 1월 메카로 진군을 개시하여 거의 저항을 받지 않고 메카를 무혈 정복했다. 무함마드는 메카에 입성하자마자 '카바' 신전으로 향하고 '카바'에 줄을 서있는 우상들을 손에 잡은 지팡이로 부숴버리고 말았다.

5. 이슬람 초창기

헤지라 이후 무함마드가 목적했던 일은 '움마'의 건설이었고 메카 정복으로 '움마' 건설의 사명은 다했으므로 그의 생애의 마지막 2년간의 관심은 아랍의 통일로 향하였다. 코란 초기의 장(章)에서 무함마드는 스스로 '나의 민족에게 파견된 신의 사도'라고 칭하고 있다. 이 경우 나의 민족이라고 하는 것은 아랍 전체가 아니라 그가 속하였던 메카의 쿠라이시 부족을 지칭하고 있다.

그러나 그는 '나의 민족'의 교화(敎化)에 절망하여 헤지라 직전 2~3년간 순례를 위해 메카를 방문한 아랍 유목 부족 족장들과 은밀히 연락을 취하고자 하였던 흔적이 있다. 결국 무함마드를 받아들인 것은 유목 부족이 아니라 정착민 메디나의 주민이었고 이때 코란은 '코란=아라비'(아랍어의 코란)라는 말이 생겨났으며, 이와 대조하여 '아자미'(외국어)에 비하여 '아랍어'의 알기 쉬움과 순수함이 대조적으로 기술하여져 있다.

현재 추정되는 바로는 자힐리야 시대는 아랍 민족을 의미하는 '아라비아'라는 단어는 보이지 않으며 하나의 민족으로서 아랍이라는 관념도 없었던 것 같다. 따라서, 언어를 매개로 하는 것이지만 무함마드가 하나의 민족 통일체로서 아랍이라는 관념을 가진 최초의 사람이었고 특히, 그것도 메카 이외의 지역에서 선교를 뜻하였던 시기에 시작하였다는 것은 특히 주목될 만하다.

메카 정복이 행하여졌던 헤지라 기원 8년은 후세 무슬림 사가들은 '정복의 해'라고 명명했고 다음해인 9년은 '사절의 해'라고 했다. 이것은 메카의 무혈 정복에 의해 무함마드의 수단이 높이 평가되고 이 해 아라비아 반도의 각지로부터 여러 집단의 사절이 메디나를 방문, 무함마드와 조약을 맺었기 때문이다. 그는 아랍 유목 부족에게 알라와 그 사도로서 '딤마'(보호)를 보장했다. '딤마'는 외부로부터의 공격에 대한 안전보장이며 이를 가능하게 한 것은 '움마'의 군사력이었다. 때문에 '움마'는 조약 집단의 지배자가 되어 '딤마' 보장과 함께 유목 부족에 대하여 이슬람교도, 즉 무슬림이 될 것을 요구하였다.

그러나 그가 조약을 맺은 상대는 아랍 부족에게 한정된 것은 아니었다. 유태교도나 기독교도의 집단도 무함마드에게 항복하여 '딤마'를 보장받았으며 그들은 일신교 계통의 신도로서 각각 신앙의 자유를 허락받았고 이에 대한 교환 조건으로 생산물의 일정한 할당액, 또는 일정액의 돈을 무함마드에게 지불하게 했다. 무함마드의 생애가 마지막에 가까울 때 조약에 의해 '움마'에 연결된 사람의 집단과 지방 정권은 거의 아라비아 반도 전역에 걸쳐 있었다. 이와 같은 정치적 구성체를 후에 이슬람 국가를 의미하는 어휘로 된 '자마아'(집단)라고 부른다.

무함마드와 조약을 맺은 부족의 수가 비약적으로 증가한 헤지라 기원 9년을 '사절의 해'라고 부르는데 이것은 이 해에 다수의 부족 사절이 메디나를 방문하여 무함마드와 조약을 맺었기 때문이다. 이 시기에 이르러 무함마드는 조약을 맺고 무슬림이 된 아랍 부족에 대하여 그들이 소유한 가축이나 생산하는 대추야자의 일정액을 지불할 것을 요구하였다. 이것이 후에 이슬람 법의 구빈세(救貧稅) '자카트'의 시초이다.

632년 6월 8일 예언자 무함마드는 파란 많은 생애를 마쳤는데, 이때에 아라비아 반도를 통일하였다고 일컬어진다.

II. 이슬람 대정복과 정통 칼리프 시대

1. 정통 칼리프 시대와 이슬람 정복

무함마드는 632년 63세 때 타계한다. 그가 죽은 다음날 이슬람교도들은 신도들 중 가장 원로인 아부 바크르를 공동체의 새로운 지도자로 선출했다. 이때 그는 지도자의 칭호로 칼리프를 쓴 것이 칼리프 제도의 시작이다. 칼리프란 아랍어로 '할리파 라술 알라흐'라고 한다. '할리파'란 말의 뜻은 대리이고 '라술'은 사도이며, '알라흐'는 신이므로 '신의 사도의 대리자'라는 의미가 된다. 신의 사도는 물론 예언자 무함마드이다. 칼리프는 '할리파'의 전화된 어휘이다.

칼리프 제도 성립 초에 어디까지나 무함마드의 대리로 생각한 것은 중요한 의의를 갖는다. 후세 칼리프들 중 어떤 자는 이를 '할리파 알라흐'라는 칭호로 하여 정식으로 사용했는데 이는 대단히 잘못된 것으로 후세의 정통파 신학자, 법학자들은 이를 불경한 행위라고 비난하고 있다.

초대 칼리프 시대의 가장 중요한 사건은 무함마드의 죽음으로 동요하던 아랍 부족들을 이슬람 기치 아래 재통일한 것이다. 그는 이 일을 성취한 후에 처음으로 최초의 아랍 정복군을 북방의 시리아와 이라크로 파견한 것이다. 아부 바크르로 시작하여 제2대 칼리프에 우마르, 제3대 오스만, 제4대 알리, 이 4명을 정통 칼리프라 한다. 정통이란 이단에 대한 정통으로 이해되기 쉬운데 정통 칼리프란 아랍어로 '라시둔'이라고 하며, 행함이

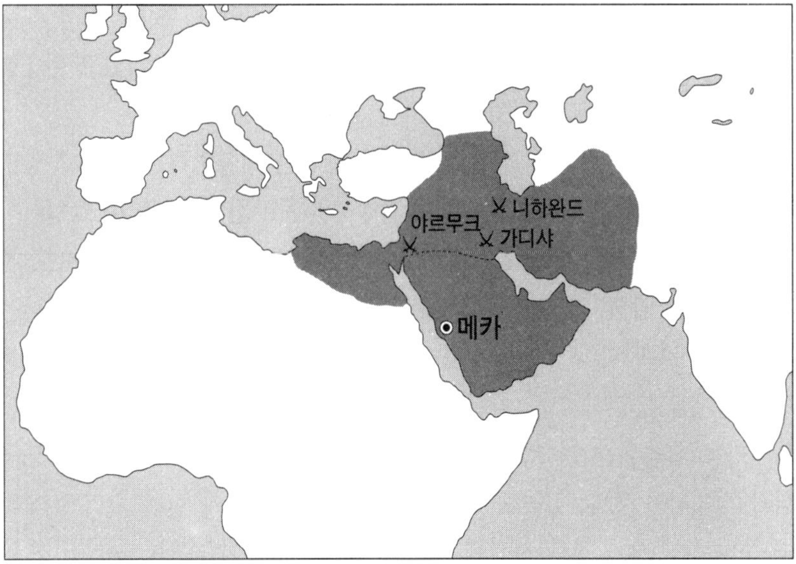

제1차 정복

바르다 또는 정의롭다라는 의미인데 결코 이단에 대한 정통이란 의미는 아니다. 모두 쿠라이시 부족 출신이다.

무함마드가 죽은 후 아랍의 여러 부족의 동향을 '릿다'라는 어휘로 총칭하였는데 '릿다'라는 말은 아랍어로 '배교'를 의미한다. 일단 이슬람으로 개종했던 유목민들이 무함마드의 죽음을 계기로 예전의 다신교 숭배로 돌아갔다고 하는 것이 무슬림 사가의 전통적인 해석이다. 그러나 '릿다'의 실태는 이와 같이 단순한 것이 아니다. 무함마드 사후 아랍 부족의 동향은 다음과 같이 세 종류로 분류할 수 있다.

첫째로 가짜 예언자들에 의해 지도되어 적극적으로 메디나의 이슬람 정권에 대항했던 자들이다. 둘째는 히자즈 지방의 많은 유목 부족처럼 훌륭한 무슬림이 되어 이미 아부 바크르의 권위를 승인한 자들이다. 그들은 메디나 정부의 지배하에 있었고 또 그들의 이해관계는 메디나 정부의 그것과 일치하는 점이 많았기 때문이다. 셋째는 전술한 것처럼 가짜 예언자와 아부 바크르 사이에서 관망하는 집단이었다. 이러한 '릿다'의 평정은 미완성으로 끝난 무함마드의 사업 완성을 의미하는 것이다. '릿다' 평정 이후로 아라비아 반도에서의 이슬람의 지배는 확고부동한 것이 되었고 이슬람은 아랍 민족의 종교가 되었다.

아부 바크르는 칼리프 즉위 불과 2년 반만인 이슬람력 13년에 사망했다. 그는 생전에 우마르를 후계자로 지명하였다고 한다. 아부 바크르의 사후 우마르가 곧 제2대 칼리프로 취임하였는데 당시 원로주의 원칙으로 본다면 타당한 인선이었다. 생전의 우마르를 후계자로 지명한 진위(眞僞)는 분명치 않으나, 이것은 후세에 순니(이슬람 정통파)파의 법이론가가 칼리프 지명제를 승인하였던 역사적 근거가 되었다.

우마르의 즉위는 이슬람 역사에 극히 귀중한 일이었다. 그는 강한 도덕심과 정의감을 갖고 있었으며 정력적이었다. 10년간에 걸친 칼리프 재위 중 우마르는 거의 정복 사업에 힘을 쏟았다. 그는 이슬람력, 헤지라 기원(紀元)을 정식으로 채용한 최초의 칼리프였으며 '아미르 알무미닌'(신자의 사령관)이라는 칭호를 사용한 최초의 칼리프였다. 이것을 칼리프의 직책 중 군사적 측면을 강조한 그에게 합당한 칭호였는데, 후세의 칼리프들도 이 칭호를 좋아하여 사용했었다.

아랍 무슬림의 대정복의 의의에 대해서는 여러 가지 설이 있다. 그러나 이것은 무엇보다도 자힐리야 시대로부터 일관된 아랍의 민족적 발전으로 이해하여야 한다. 정복의 진전과 함께 정복지로의 아랍 유목민의 대량 이동이 개시되고 그들은 그곳에 정주하였다. 당시 아라비아 반도로부터 진출한 이들 유목민의 총수는 분명치 않지만 우마이야 초기 쿠파에는 14만 명, 바스라에는 20만 명의 아랍 전사와 그 가족이 살고 있었다. 이 수로만 보더라도 대정복 시대에 반도를 떠난 아랍 유목민의 수는 막대하였음에 틀림없다.

이러한 대정복은 아랍의 민족적 발전이었으며 이 대정복을 계획 조직하고 이를 실행에 옮긴 것은 메카나 메디나 등 도시의 정주민이며, 이슬람 교단의 지도적 인물들이었다. 그들이 의도한 것은 아랍 제국의 건설이었기 때문에, 그들은 유목민 전투력을 이용하여야 했다. 한편 유목민을 지하드(성전)에 참가시키고 본질적으로 도시의 종교인 이슬람 내부에 그들의 장소를 줌으로서만이 통제와 속박을 싫어하는 유목민을 이슬람의 규율에 복종시킬 수가 있었던 것이다.

이런 면에서 정주(定住) 아랍과 유목(遊牧) 아랍과의 사이에 이해의 일치점을 발견할 수 있으며, 그들은 같이 협력하여 아랍 제국의 건설에 힘을 다하게 되었다. 정주민은 유목민의 전투력을 이용함으로써 아랍 제국의 건설을 가능케 하였고 유목민은 정주민이 시도한 대정복에 참가함으로써 아랍 제국 지배자의 지위를 확보할 수 있었던 것이다.

정복지의 통치와 그후의 정복의 근거지로 만들기 위해 아랍은 정복지에 군사 도시를 건설했는데 이것을 병영도시(암사르)라고 한다. 우마르 때 건설한 사와드의 쿠파 및 바스라, 이집트의 푸스타트, 우마이야 조 시조 무아위야 때 건설된 이프리키야의 카이라완 등이 그것이다. 암사르는 정복자인 소수의 아랍 전사를 다수를 점하는 원주민으로부터 격리하는 의미를

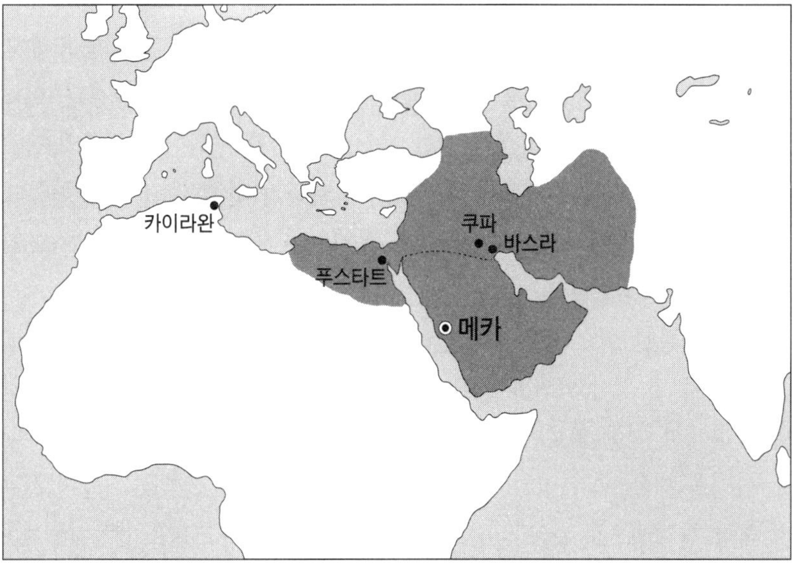

미스르(병영도시)

갖고 있었으나 시리아에서는 기존 도시 일부에 아랍 전사만을 위한 거주 구역을 설치하고 특정한 도시를 건설하지 않았다.

각 병영도시의 군대가 정복한 지역은 그 암사르의 행정 및 징세(徵稅) 범위가 되었다. 따라서 암사르는 동시에 행정 도시이며 군대 총사령관인 아미르가 총독으로서 그 지역의 최고 행정권을 행사하였다. 641년 우마르는 메디나에서 '디완'이라는 관청을 창시하고 전사 및 그 가족을 등록하고 그들에게 연금과 식량의 원활한 지급을 하도록 하였다. 이와 때를 같이하여 각 암사르에도 이와 같은 관청이 설치되었다. 이 경우 디완은 등록의 사무 및 이를 관장하는 관공서를 의미하였고, 후에 발달하여 디완(행정관청) 제도의 기원이 되었다.

644년 11월, 칼리프 우마르는 아랍 제국의 행정과 조직과 자원 개발 계획에 몸을 바쳐 일하였으나, 기독교도 노예인 한 자객의 손에 의해 암살되었다. 그는 생전에 자신의 후계자로 선출키 위해 6명의 칼리프 자격자를 정하였다고 한다.

우마르의 암살이라고 하는 돌발 사고가 없었다면 우마르는 생존시 그의 후계를 지명했을지도 모른다. 그러나 시간적 여유도 없어 그는 죽음에 앞서 6명의 원로를 지명하여 다음 칼리프의 선출을 그들에게 맡겼다. 이 6명은 당시 무슬림의 지도적 인물인 동시에 거의가 쿠라이시 부족의 유력한 대표자이며 다음 칼리프의 후계자로도 자타가 인정하는 사람들이었다. 이 중 가장 유력한 후보자가 된 것은 우마이야 가의 오스만이었고 제3대 칼리프로 선출되었다.

12년에 걸친 오스만 치세의 전반은 전대에 이어온 대정복에 정열을 쏟았다. 사막 및 평야의 싸움에서 놀라운 기동력을 발휘한 아랍도 산악 지대의 전투에서 예상 외로 곤란에 부딪치게 되었다. 북쪽에서 그들은 다우로스 산맥을 넘을 수가 없었는데 지금도 아랍에서는 이 산맥을 아랍어 사용의 북방 한계선으로 보고 있다. 동쪽에서는 페르시아 고원을 넘는 데 성공하여 642년 니하완드 싸움에서 사산 왕조를 사실상 궤멸시켰다.

2. 제1차 내란

이슬람의 정복전쟁이 확대하여 성공을 거둘 무렵, 쿠라이시 부족 유력자들 사이의 권력 투쟁이 일어났고 일선에 있는 전사(戰士)들의 메디나 정부에 대한 불만이 컸다. 오스만의 칼리프 즉위는 메디나 정계에 자힐리야 시대의 부족주의의 부활을 의미했다. 그는 중앙과 지방을 불문하고 아랍 제국의 중요한 지위에는 자기 씨족 우마이야 일가 출신들을 임명하였다. 물론, 제국 행정의 통일화를 촉진하기 위해서 하였다고 하지만, 이런 우마이야 일가의 세력 확대는 우마이야 가 이외의 쿠라이시 부족 유력자들 사이에 불만을 야기시키는 결과가 되었다.

전선에 건설된 병영 도시에 거주하는 아랍 전사들은 유목 부족의 출신들로서 위험한 전선에 몸을 내놓아 대정복의 성공을 가져오게 한 용사들이었는데도, 대정복의 결과로 생긴 풍부한 결실을 함께 나누어 갖는 일이 적었으므로, 메디나에 대한 그들의 불만이 격화된 것은 당연한 일이라 하겠다. 만약 우마르가 살아 있었다면 이같은 불만도 표면화하지 않았을 것이다.

그러나 오스만은 우마르와 같은 통제력이 없었기 때문에 쿠파 · 바스라 · 푸스타트 등 병영도시의 아랍 전사들 중 과격한 자들이 대거 메디나로 모여 오스만의 퇴위를 요구하게 되었으며, 이것이 공공연한 반란으로 이어져 656년 6월 오스만은 푸스타트 전사들의 손에 의해 살해되었다. 이슬람 공동체 '움마'의 분열이 시작되었다.

오스만의 비참한 죽음으로 메디나는 일시 무정부 상태에 빠졌으나, 6일 후에 알리가 제4대 칼리프로 취임하면서 오스만을 살해한 전사들도 각각 자기들의 기지로 돌아갔다. 그러나 이때 알리가 병영 도시에 거주하는 전사들의 추대를 받아 칼리프로 취임한 것은, 후에 알리를 공격하는 구실이

되었다. 알리는 하심 가 출신으로서 예언자의 딸 파티마의 남편이며, 세습적으로 칼리프가 될 수 있는 권리와, 선거로 칼리프가 될 수 있는 권리를 한 몸에 갖고 있었음에도 불구하고 이때 알리가 칼리프로 즉위한 사실은 그의 생애를 평탄하게 하지 않았다.

실제로 오스만의 목숨을 뺏은 것은 병영도시의 전사였으나 배후에서 이 참극을 연출한 것은 무슬림 상층부의 불만이었다. 그 대표자였던 탈하와 주바이르는 무함마드의 마지막 아내 아이샤와 3자 연합을 결성하여 곧 바스라에서 알리를 문책하는 군대를 일으켰다. 당시 시리아는 우마르에 의해 총독으로 임명된 무아위야가 완전히 장악하고 있었고 이집트는 무정부 상태였다. 따라서 사와드의 지배권을 장악하는 것이 알리와 전술한 3자 연합 쌍방의 최대의 급선무였다.

그래서 알리는 곧 쿠파로 천도하여 656년 12월 바스라 교외에서 3자 연합군을 격파했다. 탈하와 주바이르는 함께 전사하였고 포로로 잡힌 아이샤는 메디나로 호송되었으나, 무함마드의 아내였던 만큼 신자의 어머니로 받들어져 사람들의 존경을 받으며 조용한 여생을 보냈다. 이때부터 우마이야 가의 가장이 된 무아위야와 알리 사이에 격돌이 시작된다. 무아위야는 시리아의 총독으로 통치권을 장악하고 그 지방의 부와 그에게 충성을 다하는 용병으로 알리에게 대항을 하였다.

알리와 무아위야간의 분쟁은 하심 가와 우마이야 가의 싸움인 동시에, 사와드와 시리아의 지방적 감정의 대립이었다. 시리아 지방민은 마지막까지 우마이야 가에 대한 충성을 잃지 않고 싸웠는데 사와드 특히, 쿠파는 후세 오랫동안 시아파(이슬람교의 분파)의 아성이 된다.

알리는 먼저 기선을 제압하여 무아위야 토벌군을 일으켰고 657년 7월 양군은 유프라테스 강 상류 시핀에서 싸웠다. 전황은 일단 알리측에 유리하였으나 승패를 좌우하는 데 이르지 못하였고, 사태 해결은 조정 회의의 결정에 맡기게 되었다. 이때 알리 부하의 일부는 그가 조정 회의의 개최를 동의한 것에 불만을 품고 전선을 이탈했다. 이들이 이슬람 사상 최초의 종파인 하와리지파의 기원이다.

조정 회의는 두 차례에 걸쳐 개최되었는데 첫 번째 회의에서는 오스만이 아무런 부정을 저지르지 않았다는 결론에 달하였다. 이때 알리는 돌연히 알리 진영에서 이탈한 하와리지파를 습격하여 많은 자를 살상했다. 이것이 그들의 노여움을 사게 된 동기가 되었다. 두 번째 조정 회의에선 알리의 칼리프 즉위가 부인되고 새로운 칼리프를 선출한다는 문제가 토의되었다.

그러나 결론을 내지 못한 채 알리와 무아위야는 실력을 갖고 칼리프의 지위 쟁탈을 둘러싸고 싸웠는데 무아위야의 세력은 팽창하는 데 반하여 알리측의 형세는 급속히 악화되어 그 지배지역은 거의 쿠파 이외의 지역에 미치지 못하였다. 661년 1월, 알리는 하와리지파 자객의 손에 의해 쿠파 사원에서 예배중 암살되었다. 여기서 정통 칼리프 시대도 종말을 보았다.

3. 정통 칼리프 시대의 정책과 우마이야 조

예언자 무함마드는 메디나에서 10여년간 생활하는 동안 여러 아랍 부족을 통합시켜 하나의 교단 국가를 건설했는데 이를 '움마'라고 부른다. 이같이 하나의 사상의 영향을 받아 단기간에 국가를 이룩할 수 있었다는 것은 사상 최대의 성공의 하나로 구가된다. 다음에 그를 계승한 정통 칼리프들의 30년간의 통치 기간은 아랍인에게 여러 가지 변화를 가져오게 했다.

정치체계의 최고 원수인 칼리프들은 예언자 무함마드의 주된 교우들에 의해 구성된 원로들의 보좌를 받았으며, 그 외에도 메디나에 있는 '안사르'나 유목 부족의 부족장들로부터 협력을 많이 받았다. 정통 칼리프 시대 30년간을 통한 정책의 성격은 주로 제2대 칼리프 우마르로부터 나왔으며 그 영향은 그 생시뿐만 아니라 사후까지 미쳤다. 그의 정책은 아라비아 반도를 통일하고 아랍 여러 부족을 융합하여 하나로 하는 것이며 또 이슬람

교단국가 움마의 질서를 지키는 것이었다.

그는 교단국가의 안정과 물질적 발전이 농민의 번영에 입각한다는 것을 알고, 피정복 지방에서의 토지 보유 및 농경지 매매를 금하였다. 그리고 아랍인들이 피정복국의 토착민으로부터 토지를 취하는 것을 금하였다. 그의 치하에 있어서 피정복국 비아랍인도 이슬람에 입교, 또는 보호민 제도로서 아랍민족으로 들어갈 수 있었으며 같은 지위를 갖도록 하였다. 이 정책은 적어도 그후 몇 대째 계속되었다. 이슬람은 빈부나 출신을 불문하고 사람은 신 앞에서 동등하다고 하는 사상과 정책을 추진한 것이다.

메카가 함락되고 아라비아 반도가 통일된 후에 예언자 무함마드는 주요 도시 및, 주요 지방에 아미르(총독)라고 칭하는 행정권을 설정하였다. 이 제도는 이슬람 정치 제도의 사실상의 건설자라고 할 우마르까지 계속되었다. 사법은 칼리프의 임명으로 아미르에 종속되지 않은 재판관에 의하여 완전하고 공평하게 행하여졌으며 역대 칼리프들은 합법적으로 내린 판결에 복종하였다.

국가의 수입은 행정의 재원으로 충당되었는데, 첫째는 자산이 있는 모든 무슬림으로부터 받는 10분의 1세, 또는 구빈세로서 이것은 국방비와, 세리의 봉급 및 가난한 무슬림들의 구제에 할당되었고, 두 번째는 딤미(비무슬림)로부터 취하는 하라즈(지세)이며 세 번째는 지즈야(인두세)이다. 인두세는 사산 왕조 시대에도 실시되었었다. 따라서 이와 같은 세를 이집트 · 시리아 · 이라크 · 페르시아 등에 가한 것은 정복 이전의 정책을 모방한 데 지나지 않는다.

군대는 부족의 징병으로 주로 메디나 및, 타이프에서 그리고 기타 도시로부터 모인 의용병으로 구성되었으며 그들의 봉급은 처음에는 10분의 1세로 지불하였으나, 후에는 10분의 1세뿐만 아니라 다른 여러 세로 충당하였다. 칼리프는 사령관만을 임명하고 장교의 선임은 그 사령관에게 맡겨졌다. 그러나 후에 이르러 하급 장교도 칼리프가 임명하게 되었다. 병과는 기병과 보병이 있었다.

우마이야 조가 도읍한 다마스쿠스는 기원전 10세기 이래 역사를 자랑하는 시리아의 중앙지방에 있는 고도이다. 여기서 시리아란 역사적인 샴(아라비아 반도에서 본 북방의 의미), 즉 북쪽은 알렙포에서 남쪽은 가자에 이르는 넓은 지역을 말한다. 지금의 시리아 · 요르단 · 레바논 · 이스라엘 · 팔레스타인 모두를 합한 영역에 상당한다.

635년 다마스쿠스에 입성한 제2대 칼리프 시대의 이슬람군 장군 할피드는 시내에 살던 기독교도의 생명과 재산을 보증하는 대신에 그들에게는 공물과 인두세의 지불을 의무로 했다. 다음 다마스쿠스에 수도를 둔 우마이야 가의 시조 무아위야는 구 시가의 동남부에 '녹색 궁전'을 건설하고 여기를 정무의 중심으로 정했다고 한다.

또 우마이야 조 칼리프 왈리드 1세(재위 705~715년)는 세례 요한 교회를 대폭 개수하고 돔을 증설하여 지금까지 전해오는 장대한 우마이야 모스크를 만들어냈다. 벽면을 장식하는 정원 모자이크는 코란에 그려진 천국 낙원의 이미지라고 한다. 또 시리아 사막 가운데에 이궁(離宮)을 짓고 1년의 대부분을 여기서 지내는 칼리프도 적지 않았다. 19세기 이래 여러 개의 이궁이 발굴되었다. 이들은 예루살렘의 '바위의 돔', 다마스쿠스의 '우마이야 모스크'와 아울러 초기 이슬람 시대의 문화를 오늘에 전하는 대표적 기념물이다.

정통 제4대 칼리프 알리가 암살됨에 따라 시리아 총독 무아위야는 힘들이지 않고 정권을 획득하여 우마이야 조를 수립하게 되었다. 우마이야 조라고 부르는 것은 661년부터 750년까지 역대의 칼리프 모두가 우마이야 가계(家系)에 독점되었기 때문이다. 칼리프 즉위의 부자(父子) 상속이 행하여져 온 것도 우마이야 조의 특징인데, 우마이야 조의 14대 칼리프 중 직접 아들에게 칼리프의 지위를 인계하는 데 성공한 것은 불과 4명에 지나지 않는다.

아랍 세계에 있어 당시의 중심지였던 아라비아 반도 중서부의 히자즈 지방은 변경지였다. 메디나가 아랍 제국의 수도에 적합하지 않았던 것은 누구의 눈에도 분명하였다. 중근동(中近東) 최대의 옥토를 가진 평야는 사와드이며 이곳을 지배한다고 하는 것은 아랍 제국의 주도권을 잡을 수가 있는 것이다. 그러나 무아위야는 사와드 지방의 아랍 부족민들의 반권위적 풍조와 알리 가계에게 칼리프 즉위를 원하는 시아파 및, 무정부적인 하와리지파의 반우마이야적 파괴 활동 때문에, 사와드를 멀리하고 우마이야 가의 세력이 뿌리박혀 있던 시리아의 다마스쿠스를 국도로 정하였다.

우마이야 조의 개국은 단지 정권이 바뀌었다는 의미 이상의 것이다. 아랍의 신장(伸長)이며 정복지에 있어서의 아랍화이다. 무아위야는 근위병과 시종을 갖는 전제 군주적인 면모도 갖고 있었으나, 한편으로는 자힐리야 시대의 족장(族長)과 같은 일면도 갖고 있어, 금요일 예배 때에는 될수록 사람들과 얘기하고 때때로는 부족의 족장 회의인 쉬라나 부족 대표자 회의인 우푸드를 궁전으로 초청하여 그 의견을 정책에 반영되도록 노력하였다.

4. 제2차 내란과 시아파의 기원

시아파의 기원은 제4대 칼리프와 시리아 총독이었던 알리와 무아위야와의 싸움에서 비롯된다. 무함마드의 사위 알리를 지지한 '시아 알리'(알리의 당파)란 말에서 시아파란 이름이 생겼다. 수니파와 대치된 총칭이다. 시아파의 세력은 사와드 특히, 쿠파에서 강하였으며 알리가 죽은 후에도 무아위야를 칼리프로 인정하지 않고 알리와 예언자 무함마드의 딸 파티마 사이에서 낳은 장남 하산을 그들의 칼리프로 인정했다.

그러나 하산은 무아위야와 싸울 의사가 없었으며, 후자가 제공한 연금을 받고 메디나로 돌아가 정계로부터 은퇴했다. 그후 쿠파를 근거로 하였던 시아파 세력은 이라크 · 이란을 중심으로 하여 뿌리를 내렸으며 현재에 이르게 된다. 이와 같이 시아파는 알리의 지지자들로서 알리 자손에 대한 칼리프권을 지지했는데, 이것은 이슬람 정치 운동의 한 특징적인 종교적 형태를 띠고 그후에도 발전한다.

무아위야는 아들 야지드에게 칼리프의 직위를 전하는 데에 성공했다. 그러나 쿠라이시 부족 유력자들은 칼리프 직위의 부자(父子) 상속에 대한 반감이 강했다.

하산이 메디나에서 죽은 후 쿠파의 시아파는 하산의 아우 후세인과 비밀리에 연락을 취하였다. 그들은 그를 쿠파에 초청하여 칼리프로 추대하고자 했다. 신중한 후사인은 사촌 무슬림 빈 아키르를 쿠파에 파견하여 이 지역의 시아파 세력을 탐사시켰다. 그는 그들을 신뢰할 수 있다고 믿고 메카의 후사인에게 보고하였으나 그 직후, 이라크의 총독에게 그 행동이 탐지되어 쿠파에서 처형되었다.

무슬림의 처형을 몰랐던 후사인은 가족과 친지를 인솔하여 쿠파로 향하였으나 680년 10월, 쿠파에 가까운 카르발라에서 이를 요격한 우마이야 군대에 패배되어 후사인 자신도 전사했다. 시아파는 이를 '후사인의 순교'라 부르고 있으며 카르발라의 패전과 함께 시아파 운동도 한 전기(轉機)를 맞는다.

후사인의 죽음은 시아파를 이슬람의 종파로 만드는 결정적 계기가 되었다. 이는 예언자 무함마드가 메디나로 헤지라(이주)한 후 이슬람 공동체 움마를 건설하고 아라비아 반도를 통일한 후 자연사를 맞이한 것과는 대조적이다. 시아파로 봐서 이 역사적 수난은 시아파의 종교적 특성으로 나타난다. 후세인의 죽음은 순교이며 천국에 갔다고 생각한다. 불완전한 인간을 이끌어 갈 완벽한 지도자로서의 믿음이 생겼다.

시아파는 알리를 신자들의 정통적 지도자로 여기고 '이맘'이라고 믿는다. 이맘은 카리스마적 지도자인 동시에 신으로부터 영감을 부여받은 권위적인 스승으로 여긴다. 한편으로는 이맘의 몸 속에 영감이 내재한다고 믿는 시아 분파들도 있다.

알리의 칼리프 즉위를 처음으로 반대하였던 연합의 한 사람으로 전사한 우바이드의 아들 압두 알라흐는 우마이야 조에 대해서는 후사인보다도 더 위험한 존재였다. 그는 야지드의 칼리프 추대에 있어서도 메카에서 나오지 않았었고 후사인 전사 후 반(反)우마이야 조 태도를 밝히고, 메디나 사람들에게 그와 일치한 행동을 취할 것을 호소했다. 메디나 사람들은 이 요청에 의하여 여기에 있었던 우마이야 가의 사람들을 학살하기 시작했고, 우마이야 가의 사람들은 다마스쿠스에 원군을 요청하게 되었다.

야지드가 파견한 시리아군은 683년 핫라 전투에서, 메디나군을 격파하고 우마이야 가의 학살에 가담한 이슬람 원로들을 많이 죽였다. 그리고 시리아군은 메카의 압두 알라흐를 64일간 포위하였으나 야지드 사망의 보고를 받음에 따라 포위를 풀고 시리아로 돌아갔다.

무아위야의 아들 우마이야 제2대 칼리프 야지드의 돌연한 죽음에 따라 그의 아들 무아위야 Ⅱ세가 약관 13세로 칼리프에 추대되었으나 재위 불과 40일만에 사망하였다. 이 때문에 다음 칼리프의 선출에는 여러 의견이 맞섰으며 우마이야 조 전국은 혼란이 극에 달하였다. 히자즈 지방에서는 메카의 압두 알라흐를 칼리프에 추대하고 이라크 지방에서도 이에 따랐다. 이 때문에 이라크의 총독 우바이드 알라흐는 시리아로 난을 피하여야만 했었다. 이렇게 하여 이슬람 세계는 심각한 제2차 내란을 맞게 된 것이다.

술라이만 빈 수라드 등을 지도자로 하는 쿠파에 있는 시아파 일당은 후사인을 쿠파로 초청하였으면서도, 카르발라의 비극을 피하게 할 수 없었던 자기들이었다는 죄를 깊이 뉘우치고 후회하면서, 후사인의 죽음에 복수하지 않는 한 그 죄를 씻을 수 없다고 생각했는데 이들을 '타와분'(후회하는 자)이라고 칭한다.

684년이 저물 무렵인 11월, 사와드 지방에 있었던 동지 타와분 약 4천명을 인솔한 술라이만 빈은 쿠파를 출발하여 도중 카르발라에서 후사인 묘지를 참배하고, 유프라테스강을 따라 북상하여 핫란의 동쪽에서 1만여의 우마이야 조 군대와 싸워 술라이만 이하 '타와분'은 거의 전사했다. 이

'타와분'의 행동에 대해서 '그들은 그 목적을 이룬다는 것보다도 오히려 그 목적을 수행하는 과정에서 자기의 생명을 상실하는 것을 바란 것 같다'라는 적절한 비평도 있으나 거의 아랍 유목 부족 출신으로 반우마이야 조 운동에 참가하였다는 데 의의가 있다.

정통 칼리프 제2대의 우마르의 취임 초에 사와드에서 전사한 아부 우바이드의 아들 무흐타르는 쿠파에서 시아파의 지도적 인물의 한 사람인데 684년 봄, 알리와 하니파 부족의 출신녀 하우라의 사이에서 태어난 무함마드 빈 알 하나피아를 '마하디'(구세주) 및 '이맘'으로 받들고 그를 선택된 대리인으로 칭하며 쿠파로 돌아왔다. '마하디'는 구세주 메시아를 의미하고 '이맘'은 이 경우 시아파의 관념으로 이슬람 세력의 최고의 지도자를 의미한다. 이것이 과격파 시아의 최초의 출현이며 무흐타르가 인솔한 이 과격파 시아는 '가이산'파로 칭하여진다.

무흐타르가 '타와분'에게 협력을 요청하였으나 후자가 이를 거절하였다. 그후 무흐타르는 이븐 알 아쉬타르라는 유력한 동조자를 얻어 685년 쿠파에서 반란을 일으켜 참칭왕(僭稱王) 칼리프 압두 알라흐가 임명한 쿠파의 지사를 추방하고, 바스라를 제외한 사와드의 전부와 자지라(북메소포타미아) 남부와 페르시아의 서남부를 그의 지배하에 넣었다.

685년 5월 마르완이 암살되고 그의 아들 압두 알 말리크가 칼리프로 취임하였을 때 우마이야 조는 시리아와 자지라의 북부와 이집트를, 압두 알라흐는 아라비아 반도와 바스라를, 무흐타르는 사와드의 대부분과 자지라의 남부와 페르시아의 서남부를 지배하여 이슬람 세계는 이들 셋에 의해 분할 지배되었다.

실지 회복에 나선 우마이야 조의 새로운 칼리프는 쿠파와 메카, 두 곳에 원정군을 파견하였다. 무흐타르도 메카를 구원한다는 명목으로 곧 군대를 보냈다. 그의 진정한 의도는 이 기회에 압두 알라흐를 단번에 거세하는 것이었으나 이 의도가 간파되어 무흐타르의 계획은 실패되었다.

무흐타르 자신은 단순한 모험적 야심가에 지나지 않았으나, 마흐디와 이맘의 관념 도입으로 시아파가 종교적 운동으로서의 성격을 가지기 시작했으며 이것이 아랍 이외에 다수의 비아랍계 마왈리(이슬람으로 개종한 피정복지 주민)의 동조자를 획득하였다는 것은 그후 시아파의 성격을 변화시키는 대사건이 되었다.

이같이 하여 아랍 제국시대의 시아파는 우마이야 정권의 정권 타도라는 목적을 가지면서도 성공하지 못하고 군소 제파로 분열해 버리고 말았다.

이후 누구를 이맘으로 인정하는가를 둘러싸고 시아파에서는 내부 분열이 진행됐다. 740년, 후세인의 손자 자이드가 봉해졌고 자이드파가 생겼다. 이렇게 이맘 마흐디를 신봉하는 군소 제파가 시아파에 생긴다. 이들은 알리와 그 자손들을 카리스마를 갖는 이맘으로 오류를 범하지 않고 때없다고 인정한다. 예언자 무함마드 비의(秘義 : 비밀스런 깊은 뜻)가 알리에게 수여되어 비교(밀교)가 되어 신이 이맘에 구현한다는 것을 믿는다.

이맘이 죽는 것이 아니라 몸을 숨는(가이바) 것이며 마흐디(메시아)로서 재림(루즈아)한다는 설을 믿는 파도 있다. 시아파의 여러 경향 중 자이드파는 초자연성을 인정치 않으며 이스마일파는 살아있는 이맘의 신앙이 강하고 이맘에 복종한다. 이맘을 신격화하는 파는 극단파(그라드)로 불리워지고 카르마트파, 누사이리파가 있다.

이에 비해 시아파의 주요 종파인 12이맘파는 온건한 입장을 취하고 후세인의 자손에게 이맘이 내려오며 음폐 이맘의 가이바(숨은) 기간은 종교법 학자 무즈타히드들에 의해 해석되고 정치적으로 무즈타히드들에 의한 지도가 행해져야 한다는 입장을 취한다.

시아 분파 중 가장 큰 12이맘파는 16세기 초부터 이란에 일어났던 사파위 조가 이 파를 공인한 이래 이란의 역대 왕조가 인계받고 파라위 왕조의 국교로 된다. 지금의 이슬람 공화국은 국교를 이슬람으로 하고 있는데 12이맘파의 무즈타히드들이 집권하고 있다. 이란의 이슬람교도 대부분은 이 파에 속하고 그 외에 이라크 남부 · 쿠웨이트 · 아프가니스탄 서부 등에도 있다.

12이맘파는 16세기까지의 오랜 세월동안 종교적 소수파로서의 시련과 박해를 견디어냈다. 이 파는 알리를 포함하여 직계 12대를 이맘으로 간주한다. 12대째의 무함마드 알 마흐디는 874년 돌연히 모습을 음폐(숨은)한 이맘이 되고 언젠가는 마흐디(메시아)로 되어 재림하여 세상을 바로잡는다고 기대하고 있다. 이같은 12이맘파의 입장이 된 것은 10세기 전반이라고 한다.

예배는 이슬람 다수파인 수니파가 하는 하루 다섯 번의 예배를 하지만 이란의 시아 12이맘파는 낮과 오후 두 번의 예배를 한 번으로 하고 저녁과 밤의 예배도 한 번으로 합하여 하는 것이 일반적이다. 또 예배의 때를 알리는 아잔도 별도로 두 구절을 더 붙인다. 12이맘파의 이맘 다수는 순교 또는 옥중생활을 하여야 했다. 이 때문에 이 파의 종교행사는 이맘의 순교를 기념하는 데 집중하고 있다.

III. 아랍 제국인 우마이야 조

1. 우마이야 조의 모순

압두 알 말리크(재위 685~705년)에 의한 아랍 제국의 재통일로부터 히샴(10대 칼리프)의 치세가 끝나는 약 반 세기 동안은 우마이야 조로서는 황금 시대였었다. 그러나 우마이야 조 초기 칼리프들이 자힐리야 시대의 아랍 유목 부족 족장들과 같이 언제나 민중과 대화를 나누는 일면을 갖고 있었는 데 비하여 압두 알 말리크 이후의 칼리프는 한둘의 예를 제외하고는 전제군주와 같은 태도를 갖고 그 신하에게 임하였으며 시리아 군대와 잘 조직된 관료의 힘에 의지하여 그들의 권력을 유지하고자 했다.

그러나 황금 시대도 종말을 고하려고 하였던 히샴 시대에는 시리아군도 충분한 활약을 할 수가 없는 상태가 되고 히샴은 그의 사촌 마르완 빈 무함마드가 조직한 새로운 직업 군인에게 희망을 위탁하여야 했었다. 또 그는 사산 왕조의 정치 제도와 궁정 제도에 관심을 갖고 중세 페르시아어로 기록된 궁정 문학이나 사서들을 아랍어로 번역시키고 사산 왕조의 그것을 시범으로 하는 정치나 궁정의 기구를 발전시키려고 하였다.

정복지 원주민으로 이슬람에게 개종한 마왈리 문제에 대한 대책은 역대 칼리프들이 가장 마음을 쓴 문제였다. 여기에서 우마이야 조 아랍 제국의 모순은 누구에게도 분명해진다.

메카 정복 후 2년간 하자즈 빈 유수프는 히자즈의 아미르(총독)로서 메카와 메디나를 지배하였으며 이 지방에서 우마이야 조의 권위 확립을 위해 노력했다. 이때 이슬람 초기의 이슬람 원로들의 많은 사람들이 살해되고 살아 남은 사람은 지하드(성전)에 의한 순교를 원하고 멀리 북아프리카나 안다르시아의 전선으로 떠났다.

제2차 내란은 히자즈 지방의 최후의 자기 주장의 기회였다. 무함마드를 돕고 이슬람 교단을 건설한 무슬림의 최초기의 세대는 사라지고 이와 함께 히자즈의 정치적 의의도 영원히 상실되었다. 그리고 압두 알 말리크는 반우마이야 조에 대한 감정이 강한 이라크를 강력히 지배할 필요를 느끼고 694년 12월 하자즈를 이라크 총독으로 임명하여 그의 수완에 기대를 걸었다. 하자즈는 히자즈 지방 타이프의 타키프 부족의 출신으로 우마이야 조의 가장 유능한 장군 정치가로서, 20년간에 걸친 총독 재직 중 문제점이 많은 이라크를 평화로이 지배하고 치수, 관개에 힘써 농업 생산력을 높이는 데 성공했다.

이라크에서의 하자즈의 최초의 일은 하와리지파의 과격파인 아즈라크파의 토벌이었다. 당시 아즈라크파는 드쟈일 강변에 본거지를 두고 있었는데 하자즈는 전에 무수아브 아래에서 아즈라크파 토벌에 수완을 발휘한 무할라브 빈 아비 스푸라를 등용하고 그에게 아즈라크파의 토벌을 의탁했다. 무할라브는 드쟈일 강변의 본거지로부터 파르스와 키르만을 거쳐 북쪽의 타바리스탄의 산골짜기까지 하와리지파 일파인 아즈라크파를 추격하여 드디어 이곳에서 그들에게 철저한 타격을 가함으로써 아즈라크파의 힘은 사실상 소멸되었다.

아즈라크파 토벌로 영내의 치안을 회복한 하자즈는 대정복 이래 오랫동안 정체(停滯)하였던 정복 사업을 재개하였는데 그의 밑에는 유능한 두 장군이 있었다. 704년 하자즈에 의해 호라산의 총독으로 임명된 쿠타이바 빈 무슬림은 다음 해에 발흐를 점령하였으며, 이어 쟈이툰 강을 넘어 부하라를 점령하고 712년까지 호와리즘 지방의 정복을 끝냈다. 713년부터 715년에는 그의 부하가 사푼 강 양쪽 강변에 걸친 푸르가나 지방을 위협했는데 중국 사서(《당서》)에 아미르 쿠타이바(畏秘屈底波)라고 나타나 있다.

아라비아 반도 이외의 정복은 두 번에 걸쳐 행해진다. 예언자 무함마드 시대의 이슬람 세계는 아라비아 반도의 통일이었고 정통 칼리프 시대의 첫 번째 대정복의 물결은, 서쪽은 현재의 리비아 동쪽에서 이란에 이르는 이슬람 세계가 생겼다. 그후 우마이야 조 시대의 정복의 두 번째 물결은, 서쪽은 이베리아 반도에서 동쪽은 중앙아시아, 북인도에 이르는 이슬람 세계가 생겼다.

첫 번째 정복의 물결은 633년에 개시되고 비잔틴군과 싸워 격파하여 시리아 전체가 아랍의 지배하에 들어온다. 동북 방면으로 진격한 이슬람 정복군은 651년 이란 전토를 점령했다. 시리아로 진격한 군의 일부는 642년 알렉산드리아에서 비잔틴군을 철수시키고 이집트 전체의 정복이 행해졌다.

아랍의 정복에는 두 개의 유형이 있다. 하나는 '안와'라는 무력정복이고 다른 하나는 '슬흐'라는 자발적 항복이다. '슬흐'가 행해진 대표적인 도시는 다마스쿠스 · 히라 · 알렉산드리아가 있다. 아랍 정복군은 낙타와 말을 이끌고 정복전쟁에 임했다. 한 지점에서 다른 지점으로 이동하기 위한 것이 낙타이고 말은 적과 조우했을 때 타고 싸우기 위한 것이다.

정복군은 가족을 이끌고 원정에 오른다. 민족이동을 함으로써 그들은 정복지에 건설한 병영도시(암사르)에서 살았다. 아랍의 병영도시를 '미스르'(암사르의 복수형)라고 한다. 미스르는 정복의 기지이며 정복 후에는 정복지 통치를 위한 기지이기도 했다. 대표적인 병영도시들로는 남부 이라크의 바스라와 쿠파와 현재의 카이로의 전신에 해당되는 이집트의 푸스타트 · 튀니지의 카이라완 등이 있다. 병영도시에 정복군의 장병들은 여기에 등록되고 봉급을 받았다. 봉급은 본봉과 수당으로 나뉘어 본봉인 '아따'는 화폐로 지급되고 가족수당인 '리즈끄'는 곡물이나 기타 현물로 지급되었다. 이를 받는 아랍 부족민은 특권을 향유한 셈이다.

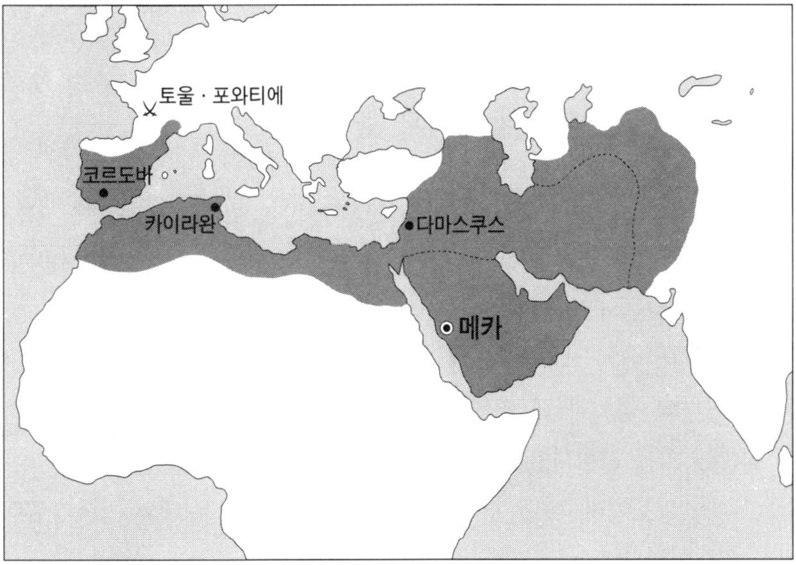

제2차 정복

아랍-이슬람의 제1차 내란 끝에 우마이야 조가 성립되었고 초기에는 국내정비 및 비잔틴 제국과의 국경 분쟁으로 대규모의 정복전쟁은 없었다. 제2차 내란 평정 후 우마이야 조는 대규모의 두 번째 정복의 물결을 일으킨다. 이는 네 개의 방향으로 향해졌다. 하나는 중앙아시아 정복이고 두 번째는 모두 이라크에 있는 병영도시에서 파견된 정복군의 북인도 정복이다. 세 번째가 모로코 정복으로 튀니지의 카이라완에서 나온 정복군이다. 이 군대는 마지막 네 번째로 지브롤터 해협을 넘어 이베리아 반도를 정복했다. 이베리아 반도는 그 북쪽에 피레네 산맥이 있어 이 산맥을 아랍-이슬람군은 넘지 못했다. 732년은 예언자 무함마드의 사후 1백 년에 해당하며 동시에 우마이야 조의 영토가 최대한에 달했던 해로서 이슬람의 깃발은 아시아, 아프리카, 유럽의 3대륙에 나부끼었다.

2. 아랍 제국의 성격과 특징

후에 기술할 아바스 조와 대비하여 정통 칼리프 및 우마이야 조의 시대를 아랍 제국이라 이름 지을 수 있다. 그 이유의 첫째는 이 제국이 아랍의 대정복으로 인하여 성립된 것이며, 두 번째는 아랍 민족 전체가 이 제국의 지배자 집단이었기 때문이며, 세 번째는 아랍의 특권이 제국 어디에서도 인정되었으며, 마지막 네 번째는 그 정치가 아랍의 이민족(異民族) 지배의 원칙에 의해 관철되었기 때문이다. 따라서 아랍 제국은 본질적으로 아랍의 정복 왕조이며, 아랍 제국의 국가목적은 영토의 확대와 정복지로부터의 수탈이었다.

아랍의 대부분이 무슬림이라고 하여서 이를 '이슬람 제국'이라고 이름 지을 수는 없다. 아랍의 대부분이 무슬림이 된 것은 헤지라 기원 1세기간 지배적이었던 아랍과 무슬림을 동일시한 결과이지만 적어도 우마이야 조 우마르 Ⅱ세(재위 717~720년)에 이르기까지는 이 제국의 정치에 이슬람의 정치적 이념이 반영되지 않았으며, 정부 당국자는 원주민의 개종에 극히 소극적이었을 뿐 아니라 비록 그들이 개종하여도 결코 아랍의 특권을 나누어 갖지 않았다.

아랍의 특권은 정치 · 경제 · 사회의 모든 면에서 인정되었으며 그 중 특히 현저한 것은 사실상의 면세특권과 전사로서 봉급을 받는 권리였다. 단 전사로서 봉급을 받기 위해서는 정복지의 '미스르(병영도시)'에 이주하고 각각의 병영도시에 준비된 등록부에 등록할 필요가 있었다. 같은 아랍이라도 병영도시에 이주하지 않고 아라비아 반도에 남아 있는 자는 이 특권을 부여받지 못했다. 이와 같이 아랍 제국은 아랍 유목민을 뺀 아랍 제국이었으나 그들은 정부의 시책에 따라 또는, 그들의 의사에 따라 병영도시에 이주할 수 있다는 의미에서 전사 예비군으로서의 역할을 다하였다.

아랍 제국의 구조적 특징을 한마디로 얘기한다면 제국을 구성하는 부족, 도시, 촌락 등 단위 공동체가 모자이크상의 결합을 한 것이다. 모자이크 구성요소의 하나하나를 취해본다면 단지 색깔을 갖는 단편에 지나지 않으며 아무런 의미를 갖고 있지는 않다. 그러나 전체로 볼 경우 모자이크는 질서정연한 구도를 갖고 있으며 의미가 없는 돌이나 유리의 파편도 그 하나하나가 모자이크 구도의 중요한 구성요소를 다하고 있다.

돌이나 유리의 파편으로 비유되는 부족, 도시, 촌락은 각각 자기 완결적인 단위로서 정부는 이같은 공동체 내부 사정에 관여치 않았을 뿐 아니라 오히려 관여치 않는 것이 더 좋았기 때문에 정부가 교섭을 갖는 것은 공동체의 대표자에 지나지 않았다. 예를 정복의 경우에서 본다면 정부는 정복에 있어서 기존 도시나 촌락의 공동체 파괴를 최소한도로 그치고 종래 여기에서 기능을 다하고 있던 자치기구와 징세 기구를 될 수 있는 한 존속시키는 방침을 취하였다. 아랍 제국의 정부 당국자로서는 새로운 행정과 징세의 기구를 만든다는 것은 불가능하였고 기존의 기구를 최대한으로 이용하는 것이 가장 현명한 방법이었다.

아랍 제국의 모자이크적 구성은 말단의 단위 공동체에만 한한 현상은 아니다. 이것은 행정의 주(州) 단위까지 확대되었고 이같은 의미에서 아랍 제국은 유기적 정치 통일체가 아니라 오히려 거대하게 부풀어 오른 지역 연합에 지나지 않았다. 아랍 대정복 이전의 지역이며 후에 아랍 제국의 판도로 된 지역은 정치적으로나 문화적으로 하나의 종합된 통일체를 이루지 않았다.

사산 왕조의 페르시아 영토였던 곳과 비잔틴 제국의 지배하에 있던 곳의 사이에는 하등의 통일이 없는 것은 물론, 같은 사산 왕조의 영토에서도 예를 들면, 페르시아의 본토와 아르메니아에서는 거의 통일과 같은 것이 없었다. 따라서 여기에 생긴 것은 집권적인 통일 국가가 아니라 여러 개의 지역 연합에 지나지 않았다.

아랍 제국이 지역 연합체로 되지 않을 수 없었던 이유의 하나는 아랍 정복의 천부적 성격에도 있다. 원정군 사령관은 물론 칼리프가 임명하였으나 병사의 모집이나 군대의 진로, 작전행동 등은 모두 사령관에게 일임되었고 칼리프는 이에 간섭하지 않았다. 그뿐만 아니라 각 병영도시로 부터 출정한 전사가 정복한 지역은 그 병영도시의 행정 및 징세 범위, 즉 행정주로 편입되었고 원정군 사령관은 그 주의 총독이 되었으며, 병영도시는 그 주의 수도가 되었다. 이같은 사정하에서 제국 전체가 통일적 행정과 제도를 시행하는 것이 불가능했으며 아랍 제국은 지역 연합의 성격을 띠지 않을 수 없었다.

그러나 이같은 일이 정부가 중앙 집권하의 노력을 일체 하지 않았다는 것을 의미하지는 않는다. 압두 알 말리크(재위 685~705년)는 제2차 내란 평정 후 우편(바리드) 제도를 창시했으며 디완의 아랍화를 꾀하고 아랍식 화폐를 주조했다. 이같은 일련의 정책은 그가 행정의 중앙 집권화를 의도한 것을 말하는데 그 결과는 결코 만족할 만한 것이 아니었다. 조세징수 공용어가 아랍어가 되었어도 전국적으로 획일적인 조세 제도를 실시할 수 없었는데 이것은 무엇보다도 중앙 집권의 전제가 되는 행정기구와 관료제도가 거의 확립되지 않았다는 데 있다.

우마이야 조는 아랍 제국이었으나, 아랍 제국은 민족 전체가 지배자 집단이었다. 그러나 실제로 권력을 장악한 것은 극히 소수의 특권적 아랍에 지나지 않으며, 대정복의 전력(戰力)으로서 아랍 제국의 건설에 크게 공헌한 전사들은 정복지 원주민들이 지불하는 조세의 일부를 봉급으로서 수령한다는 의미에서 겨우 지배자 집단 속에 속하게 된 것이다. 그들이 권력으로부터 완전히 소외되었다고 하는 것은 물론이며 정부와 전사의 대립 관계는 아랍 제국의 기본적 대립 관계의 하나였다.

아랍 제국에서 권력의 중심은 물론 칼리프였지만 그는 정복자이자 지배자 집단으로서의 아랍의 제일인자에 지나지 않았다. 그러나 행정의 중앙 집권을 도모한 압두 알말리크는 종전과는 달리 제국의 모든 통치권을 칼리프에 집중시키고 이것을 충실한 총독과 시리아군의 무력으로 유지하고

자 하였다. 여기서부터 칼리프가 권력화된다.

칼리프 권력 중 물질적인 것으로 사와피라고 불리우는 칼리프의 사유지가 있다. 사와피의 획득에 특히 열심이었던 우마이야 조의 시조 무아위야는 남부 이라크의 그의 사와피로부터의 수입이 연간 6천만 디르함에 달하였다고 하니, 당시 남부 이라크의 전체의 수입이 연간 1억 2천만 디르함이었다고 전하여지는 것으로 보면, 그의 사와피가 얼마나 넓은 면적이었는가 상상이 된다.

무아위야를 위해 남부 이라크에서의 사와피를 획득하고 이 관리를 맡은 것은 해방 노예였다. 칼리프의 가장 중요한 수입원인 사와피가 해방 노예에 의해 관리되었을 뿐만 아니라 칼리프의 신변을 경호하는 친위대(하라스)의 장관, 치안 유지를 맡고 있는 비밀 경찰(슈르타)의 장관, 시종(侍從 : 하지브) 등의 요직에도 칼리프의 해방 노예가 임명되었다는 것도 흔한 일의 하나이다. 이들을 궁정의 관리라고 본다면 정부의 관리라고 볼 디완의 서기도 전부는 아니지만 칼리프의 해방 노예가 임명되는 경우가 많았다.

칼리프는 이라크나 이집트 등 각각의 주에 총독을 임명하고 행정과 조세를 맡겼으나 시리아주(州)만은 총독을 두지 않고 제국의 수도 주로서 사실상 칼리프의 직할령이었다. 조세를 다스리는 디완 알하라즈가 수도 다마스쿠스에 있었다고 하여 중앙 기관은 아니었다. 이라크나 이집트는 제국 전체의 조세 행정을 관장한 독자적인 디완 알하라즈가 있었다.

다마스쿠스에 있는 행정 관청은 단지 시리아 주민의 행정을 관장하며 각 주에는 각각의 행정 관청이 설치되어 있었다. 여기서부터 도출된 결론은 아랍 제국은 첫째로 지역 연합체에 지나지 않았던 것이다. 둘째로는 칼리프가 자신의 가산 일부를 스스로 보위하며 나머지를 심복 부하인 총독에게 맡겼으며 칼리프 직할주 통치 기구 및 통치 방법과 같은 것들이 총독의 지방 행정에도 인정되었다는 것이다.

우마이야 조 칼리프 계보(661~750)

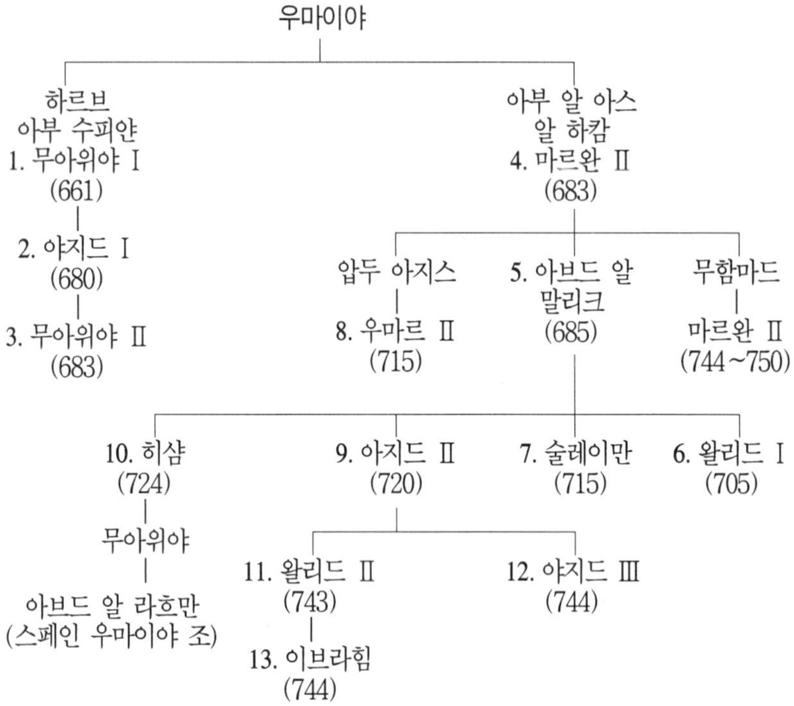

3. 이슬람 제국으로의 길

정통 칼리프 시대와 우마이야 조를 아랍 제국이라고 하는 틀에 넣는다면 아랍 제국에는 3개의 기본적인 대립 관계가 존재했다. 이것은 지배자와 피지배자와의 모순으로서의 아랍과 비아랍간의 대립 관계, 지배자 내부의 모순으로서의 정부와 전사(戰士)와의 대립 관계, 마지막으로 일반적인 모순으로서 노예 소유자와 노예와의 대립 관계이다. 노예는 거의 모두가 정복 전쟁시의 포로 및 그 자손이며 제삼의 대립 관계는 본질적으로 제일의 대립 관계의 하나의 표현 방식이다.

예언자 무함마드는 다신교도 아랍의 존속을 허용치 않았으나 계전의 민(民) — 유태교도와 기독교도 — 에게는 지즈야(인두세) 지불을 조건으로 각기의 신앙을 계속 유지하는 것을 인정했다. 대정복 시대에는 이 계전의 민의 권리가 정복지의 모든 신자에게 확대되어 정복지의 원주민은 결코 이슬람으로의 개종이 강제됨 없이 지즈야 지불을 조건으로 자기 신앙을 계속 갖는 것이 허용되었고, 이슬람의 보호를 받는 사람들의 의미로 딤미라고 불리어졌다.

정복지의 원주민으로 이슬람에 개종한 자를 마왈리라고 하며 8세기 초까지 역대 칼리프나 총독들은 딤미의 개종에 극히 소극적인 태도를 취하였다. 이것은 아랍과 무슬림이 동일시하는 책임도 있었으나, 더 직접적이고 현실적인 이유는 딤미의 개종이 면세 또는 감세 요구와 결부되는 것을 두려워했기 때문이다.

무함마드는 무슬림인 아랍에게 후세에 구빈세(이슬람 법 어휘로 자카트)의 기원이 되는 사다까를 과하였다. 그러나 이슬람 법의 기본적인 입장은 구빈세는 무슬림의 종교적 의무이고 조세가 아니다. 조세는 딤미가 지불하는 지즈야(인두세)와 하라즈(토지세)뿐이다. 원래 이슬람 법도 국가에 납입하는 소작료라고 하는 제도하에 무슬림에게도 하라즈가 과하여지는 것을 시인하였으나, 무슬림은 조세를 지불하지 않고 딤미만이 조세를 지불한다는 것이 이슬람 법의 기본적인 방침이다.

그러나 이같은 이슬람 법은 아바스 조가 성립되면서 확립되었다. 아랍 제국의 조세 제도의 기본적인 방침은 딤미나 마왈리를 포함하여 정복지 원주민이 조세를 지불하고 아랍은 조세를 면제하는 것이었다. 지즈야는 별로 부담이 되지 않았으나 하라즈는 수확의 거의 2분의 1을 현물 및 화폐로 징수하는 꽤 무거운 부담이었다.

정통 칼리프 시대와 우마이야 조 시대를 우마이야 조 다음에 출현하는 아바스 조의 이슬람 제국과 구별하여 아랍 제국이라 한다. 아랍의 정복으로 성립된 제국이기 때문이다. 또 내부적 분열이 있었다 하더라도 아랍 전

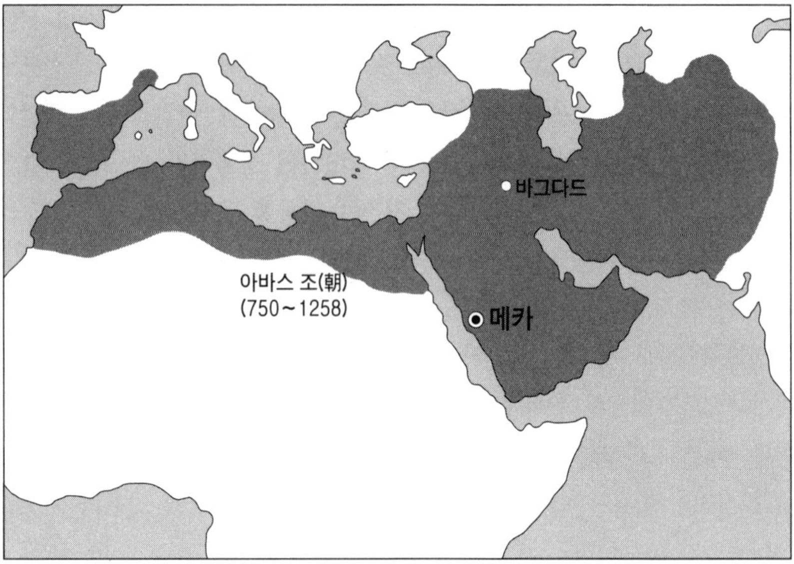

750년의 이슬람 세계

체로서 정복자 집단이며 따라서 지배 집단이었기 때문이다. 내부적 분열이란 일반적으로는 상층부와 하층부의 분열도 있으나 이슬람적 견지로는 이 시기에 이슬람 최초의 종파가 분립되었다는 것이다. 하와리지파와 시아파이다. 하와리지파는 일찍 쇠하여 현재 거의 전해지고 있지 않지만 시아파는 이란 공화국을 중심으로 다수의 신자를 갖고 있다.

또 다른 이유로는 아랍 제국의 정치가 아랍의 이민족 지배 위에 입각하고 있다는 것이다. 이민족 지배란 구체적으로 정복지의 확대와 조세수입의 확보에 있었다. 그래도 정복지 원주민의 아랍화와 이슬람화는 착착 진행되었다. 아랍화란 정복지 주민들이 아랍어를 국어로 하는 것이고 그러면 코란의 가르침도 이해할 수 있고 코란도 읽게 되며 그들의 이슬람으로의 개종도 진행된다. 이렇게 하여 개종한 아랍인 이외의 이슬람교도가 마왈리이다. 마왈리들이 펼친 아랍의 이슬람교도와의 평등을 바라는 운동이 아랍 제국 후반의 최대의 정치적 · 사회적 문제가 되었다.

Ⅳ. 이슬람 제국인 아바스 조(750~1258년)

1. 아바스 조 발흥

아랍 제국으로부터 이슬람 제국으로의 전환에는 우마이야 조를 타도하고 아바스 조를 수립하는 정치 과정이 존재하였다. 이것은 하나의 섹트 운동으로 처음 나타난다. 이 섹트 운동으로 인하여 우마이야 조 최후의 칼리프인 마르완 Ⅱ세(재위 744~750년)도 우마이야 조를 구할 수 없었다.

히샴의 사후 아랍 제국은 급속히 붕괴하기 시작했고 부족 상호간에도 쟁투가 격화되었다. 또한, 시아파와 하와리지파의 재현 운동도 활발하게 일어나기 시작하여 드디어 744년에는 중앙 정부의 법령이 시리아에서조차도 시행되지 않았다.

아랍 제국인 우마이야 조의 파국을 가져온 것은 하심파라고 칭하는 일파였다. 제2차 아랍 내란 중 과격 시아파의 지도자 무흐타르는 파티마가 아닌 제4대 정통 칼리프 알리와 어떤 유목 부족 출신의 아내와의 사이에서 태어난 알리의 아들 무함마드 이븐 알 하나피아를 이맘 및 마흐디라 받들고 그의 이름 아래 쿠파에서 무장 반란을 일으켰다.

마흐디는 구세주 메시아를 뜻하며 이맘이란 현실의 칼리프가 아니라 시아파가 생각하는 무슬림의 영도자로서 반드시 알리의 혈통을 받아야 한다. 무흐타르의 반란이 진압되고 무함마드가 632년에 죽었을 때 일부 과격 시아파는 무함마드의 이맘의 지위는 그의 아들 아부 하심에게 전해졌다고 주장했는데 이같은 사람들을 하심파라고 부른다.

아부 하심이 716년 후계자 없이 이 세상을 떠나자 예언자 무함마드의 숙부의 후예인 무함마드 이븐 알리 이븐 알 아바스가 종파 일문의 승인하에 그의 상속자가 되어 혁명 조직을 장악하게 된다.

아바스 가는 예언자 무함마드의 숙부인 아바스의 후예로 우마이야 조의 정국에 하등의 관여함이 없이 팔레스타인 남부 훔마이마에 살았다.

최초 아바스 가 운동에 주도권을 장악한 것은 과격 시아파에 속하는 사람들로 쿠파에 근거지를 두었으며 718년경부터는 각지에 아바스 가의 운동원들이 파견되었다. 이중 호라산에 파견된 자의 활약이 현저하여 다수의 동지 획득에 성공하였다. 이 성공은 페르시아의 마즈다크교와 타협한 결과였으며 아바스 가 운동도 이단의 경향을 강하게 나타냈다.

무함마드 이븐 알리가 죽은 후 그의 아들 이브라힘이 아바스 가의 가장이 되어 아바스 가 운동에 적극적인 열의를 보이고 심복인 아부 무슬림 등을 호라산 등에 파견했다. 호라산에 파견된 아부 무슬림은 다수의 원주민 이외에 이땅에서 불우한 처지에 있었던 아랍계 유목민들을 끌어들여 747년, 호라산의 수도인 메르브에서 무장 봉기에 성공하여 아바스 가의 검은 기가 호라산에 나부끼었다. 검은색은 때때로 아바스 가를 상징하는 특유의 색이 되었고 아랍 제국내에서 불만을 갖고 있는 대중 사이에 검은 깃발이 널리 퍼졌다.

혁명군은 곧 호라산 전역을 제압하고 니하반드를 경유하여 이라크를 공격했으며 드디어 쿠파를 점령했다. 그러나 이때 이브라힘은 벌써 전사했고 그의 아우 아부 알 아바스가 삽파흐(유혈자)라는 별명을 갖고 쿠파에서 칼리프에 즉위했다. 이때가 749년 10월이었다. 우마이야 조 마르완 II세는 스스로 토벌군을 인솔하여 시리아로부터 이라크로 쳐들어왔으나, 티그리스 강 지류 자브 강변에서 격파되어 우마이야 가의 아랍 제국도 모습을 감추고 아바스 조의 천하가 시작된다.

2. 아바스 조 혁명의 의의

우마이야 조 말기 이슬람교도, 특히 예언자 무함마드의 일족 자손들과 정복지 원주민들로 이슬람에 개종한 마왈리들의 반우마이야 감정을 결집하여 반대세력을 조성했다. 이들의 장이 된 자는 예언자 무함마드의 큰아버지 알 아바스의 증손에 해당하는 아부 알 아바스이다. 747년 이란의 호라산에 살던 그는 우마이야 조에 반기를 들고 749년에 이라크를 수중에 넣은 후 쿠파에서 칼리프라고 선언했다.

또한 750년 티그리스강 지류 자브 강가에서 우마이야 가를 격파하고 패주하는 우마이야 조 마지막 칼리프 마르완을 잡아 처형하여 우마이야 조의 넓은 판도를 거두었다. 이때 우마이야 조의 왕자 압두 라흐만은 눈을 피해 탈출하고 단신으로 에스파냐에 넘어가 코르도바를 수도로 하여 안다르시아에 우마이야 조를 설립했다. 후에 세력이 강력해졌던 강대한 아바스 조도 이슬람 세계를 완전히 평정하지 못하는 연유가 되었다.

반우마이야 감정을 분석해 보면 마왈리라고 불리우는 비아랍계 무슬림의 힘의 대두, 지배세력이었던 아랍의 내분, 민중의 종교감정 고양이라는 여러 원인을 들 수 있다. 이 원인들은 카리스마적인 지배자의 희구 등으로 연결되는데 여기에 아바스 성공의 비밀이 있다. 이같은 정세하에서 바람직한 지배자는 예언자의 핏줄을 잇는 자여야만 했다. 아부 알 아바스는 이 점에서 민중의 요구를 받아들이는 자격이 있었다. 이와 유사한 주장을 내세운 시아파와 손잡는 것도 가능했다.

그러나 아부 알 아바스가 정권을 탈취한 후에 국가의 주요직에 근친자나 측근들로 굳히고 이전보다 철저한 중앙 집권적 체제를 만들었다. 동시에 반대세력을 탄압하고 시아파도 배제했고, 공신이라 하여도 커다란 대립세력이 될 가능성이 있는 자는 가차없이 제거 대상으로 했다. 앗 사파흐란 그의 별명은 피를 흘리는 자란 뜻을 갖는데 그의 고압적인 자세를 나타내는 데 충분하다.

우마이야 조에서 여러 면의 분열을 만들었다 할지라도 초기에는 아랍이 압도적인 세력을 갖고 있었다. 그러나 점차로 아바스 조에서도 아랍은 이미 단독으로 우위를 차지할 수 없었다. 마왈리의 위치가 차차로 중요하여져 주객의 지위가 전도된다. 피정복민에게 정복된 아랍이라는 사태가 진행되고 있는 것이 명백히 드러나는데 이것이 아바스 조의 역사이다.

정통 칼리프 시대 및 우마이야 조의 기본적 성격은 아랍의 이민족(異民族) 지배였다. 그래서 이를 아랍 제국이라고도 이름 지을 수 있다. 정복지의 원주민은 비록 이슬람에 개종한 마왈리라 하여도 단지 조세를 지불하는 아랍 제국의 예속민에 지나지 않으며 결코 아랍과 동등한 지위는 허용되지 않았다. 아바스 조를 이슬람 제국이라고 이름 지은 것은 이 왕조하에서 종래의 아랍의 특권적인 지위가 상실되고, 민족 여하를 불문한 무슬림의 평등 원칙이 확립되었기 때문이다.

이것은 이슬람에 개종한 마왈리나 개종치 않은 딤미의 지주가 아랍의 지주와 같이, 토지세(하라즈)를 지불하는 데서 나타났으며, 칼리프 무타심(재위 834~842)이 아랍 전사에 대한 연금의 지급을 정지한 것에도 나타나 있다. 아랍의 구전사 계급은 이슬람 세계에서 지배자의 위치로부터 완전히 추방된 것이다. 관계(官界)에서도 아랍이 특별한 우대를 받는 것이 없으며 아랍이든 마왈리이든 개인의 능력이 지위에 대한 보장의 기반이 되었다. 아바스 조에서는 페르시아인이 고급 관료를 많이 점하고 있었다. 그러나 페르시아인의 지위가 아랍인의 그것을 능가하였다고 생각되지는 않지만 아바스 조가 이같은 무슬림의 평등의 원칙을 수립하였다고 하는데 의의가 있을 것이다.

이슬람 제국 통일의 정신적 기반은 정통파 이슬람(수니)이며 다만 아랍어는 이슬람 제국 유일의 공용어의 위치를 유지하였다. 아바스 조의 혁명 의의는 무슬림 평등 원리의 확립 이상의 그 무엇은 아니다. 아랍의 특권적 지위의 상실은 그들의 수를 훨씬 초과하는 다수의 마왈리를 이슬람에 귀의시켰으며 이슬람이 세계 종교로 발돋움한 것은 당연한 결과이다.

초대 칼리프 아부 알 아바스(사파흐)의 짧은 치세는 주로 혁명의 마무리 조치였다. 그는 처음에 수도를 쿠파에 두었으나, 이곳은 알리파의 유력한 근거지로서 정치 정세가 불안한 것을 싫어하여, 유프라테스강 상류 카쓰르 이븐 후라이바(알하시미아로 개명)로 도읍을 옮겼는데 곧 천연두 때문에 30세로 요절하고 말았다. 그의 치세 중 시르강 북방의 다라스 강변에서 고구려 유민 출신 고선지(高仙芝) 장군이 이끄는 당(唐)의 수만 대군을 격파하여 당에 타격을 준 것은 동서교섭 사상에서도 이름이 높다.

아바스 조의 기초를 다진 이는 제2대 칼리프 알 만수르이다. 알 만수르는 과격 시아파가 이슬람 제국 통치에 유해하다고 보고 이에 철저한 탄압 정책을 폈다. 그는 권모술수가 능한 냉엄한 지배자인 동시에 이 왕조의 가장 특출한 군주로서 20년간의 치세 중에 왕조의 기초를 굳히었다. 또한 그는 바그다드에 둥근 성을 구축하고 마디나 앗살람(평화의 도시)이라고 이름 짓고는 수도로 정하였다.

그는 사파흐의 이복 형이었으나 그의 어머니가 베르베르인의 여자 노예이기 때문에 본처의 아들인 아우 아부 알 아바스가 먼저 칼리프가 된 것이다. 만수르가 즉위하여 아바스 왕조가 끝날 때까지 칼리프 지위는 35대까지 계속 만수르의 직계손에 이어졌다. 만수르가 즉위하였을 때 숙부 압두 알라흐가 스스로 칼리프라고 칭하여 난을 일으켰으나 아부 무슬림은 나스빈 싸움에서 이를 격파했다.

758년 만수르는 과격 시아파 중 가장 전투적이고, 아바스 가에게 승리하도록 공헌을 많이 한 라완디파를 절멸시켰다. 아바스 가는 우마이야 조에게 승리할 때까지 시아 과격파를 이용하였으나 정권을 획득하자마자 시아 과격파의 혁명적 이념이 이슬람 제국 통치의 현실 문제에 유해하다는 것을 발견하고 재빨리 이를 철저히 탄압한 것이다. 762년 칼리프 알리의 증손(曾孫)에 해당하는 무함마드가 메디나에서, 또한 그의 형 이브라힘은 바스라에서 반란을 일으켰으나, 모두 만수르의 군대에 의해 진압되었다.

그의 업적 중 빼놓을 수 없는 것은 이미 기술한 대로 이슬람 대제국의 상징이었던 원형 도시 바그다드를 건설한 것이다. 바그다드는 티그리스강 서쪽 강변에 자리잡고 있으며, 티그리스 · 유프라테스 양 강을 연결하는 운하의 항로 인접 지점이어서, 동서남북을 관통하는 교통요지였다.

대원형도시인 바그다드를 건설하기 위해서 10만의 노동자와 483만 디르함의 공사비가 지출되었으며 762년부터 4년간의 세월이 걸렸다고 한다. 그러나 건축 재료가 부서지기 쉬운 흙벽돌이었고, 계속되는 전화로 현재 마디나 앗살람의 유적은 하나도 남아 있지 않다. 문헌이 가리키는 바에 의하면 수도의 직경은 2.35km에 이르는 방대한 원형도시로 삼중(三重)의 성벽으로 둘러싸여 있었다고 한다. 중심에 칼리프의 거성인 대궁전 황금문(黃金門) 궁(宮)과 이에 인접하는 큰 사원이 있고, 그 주위에는 여러 왕자의 궁전과 관청의 건물이 있었다. 삼중 벽으로 둘러쌓인 성벽은 내벽과 주벽 사이에 칼리프의 심복들의 주택가가 있었으며 외벽 밑에는 깊은 호가 있었다.

이 수도의 주요한 운수 기관은 운하였다. 티그리스 · 유프라테스를 잇는 이사 운하, 티그리스강으로부터 갈라진 디자이르 운하가, 각각 수개로 갈라져 이 도시의 세 곳으로 펼쳐졌다. 이사 운하는 가장 밖에 있었으며 이사 운하와 티그리스강의 합류점에 커다란 선창이 생겨 쟈파르 항구라고 불리어졌다.

제2대 만수르와 제5대 칼리프 라시드에 이르는 치세야말로 아바스 조의 황금시대이다. 아바스 조에선 관료 제도를 효과적으로 운영하기 위해 재상(宰相)에 상당하는 와지르라는 직책을 설정했다. 아바스 조에서 처음 와지르란 칭호를 사용한 것은 아바스 가 운동의 공로자인 아부 살라마였는데, 이것은 특정한 직책을 가진 행정관이 아니라 명예로운 칭호로 사용한 것이다.

와지르를 임명하고 효과적으로 디완을 감독케 한 것은 제3대 칼리프 마흐디가 처음이었다. 또한 그는 그의 치세(治世) 초, 당시 존재하고 있었던 모든 디완에 디맘이라고 하는 회계국을 만들어 각각 회계 사무를 담당시켰다. 이것은 아바스 조에 있어서 현저한 행정 중앙 집권화의 최초의 구체적 정책이었다. 마흐디는 이슬람 제국의 여러 지역과 바그다드를 연결하는 바리드(우편 제도)를 완비하였는데 바리드는 칼리프의 칙령을 각 지방 장관에게 전달하고 각지의 장관은 각지의 민정(民情), 물가의 변동, 총독의 시정이나 평판을 칼리프에게 보고하는 것이다.

마흐디의 아바스 조가 겪은 최대의 시련은 776년에 일어난 무깐나의 반란이었다. 이것은 마흐디가 만수르의 정책을 계승하여 정통파 이슬람의 신앙인 수니파의 유지에 힘썼기 때문이다. 호라산의 메르브 출신인 하심은 아부 무슬림의 서기였는데 아부 무슬림이 학살되자 이에 대한 복수로 반란을 일으킨 것이다. 그의 교의는 마즈다크교와 과격 시아파의 교의를 혼합한 것으로서, 하심이 언제나 황금 자수를 놓은 복면을 썼다고 하여 '무칸나'(복면자)라고 칭하여진다.

마즈다크교는, 사산 왕조 시대에 공산주의 색채가 짙은 종교의 하나로, 농민들 사이에 침투력을 발휘하여 한때는 사산 왕조를 붕괴로까지 몰아넣었던 종교이다. 호라산에서 아부 무슬림이 아바스 가의 운동을 성공시킬 수 있었던 것도 그곳 농민들 속에 마즈다크교의 이념이 있어서 과격 시아파의 주장을 쉽게 받아들일 수 있었던 큰 이유가 있다.

이 반란은 곧 호라산 전투로 이어졌으며, 그 일당은 무바이다(흰 옷을 입는 것)라 칭하고 흑색을 깃발로 하는 아바스 가와 정면으로 대결할 의사를 표시했다.

마흐디는 정통파 신앙을 확립할 필요를 느끼고 이단자들을 탄압하기 시작한다. 783년부터 3년간 특별 재판관이 임명되어 진디크 주의자의 철저한 조사와 처형을 행하였는데, 진디크라는 말은 이 시대 페르시아 종교의 기원을 갖는 모든 이단 사상에 대해서 붙여진 이름이다.

786년 라시드는 칼리프에 즉위하자 곧, 바르마크 가의 야히야를 와지르로 임명했다. 바르마크 가는 대대로 호라산의 발흐에 있는 불교 사원의 주지를 지냈던 집안으로 야히야의 조부 때 바스라에 이주하여 무슬림으로 개종하였다. 그의 아버지 할리드는 일찍 아바스 가 운동에 몸을 던져 그 정권 획득 후 사파흐와 만수르에 중용되어 약 1년간 만수르의 와지르로 근무한 적도 있다.

야히야는 칼리프 라시드의 와지르로 절대적인 권력을 장악하여 그 두 아들 파드르와 자푸르도 와지르로 칭하여졌다. 파드르와 자푸르는 각각 왕자 아민과 마문의 가정 교사를 지냈으며 실제 정치면에서도 크게 활약했다. 그러나 803년 메카 순례로부터 돌아온 칼리프 라시드는 돌연 자푸르를 체포하여 죽이고 파드르를 투옥한 후 야히야를 자택에 감금하여 바르마크 가의 전재산을 몰수했다.

바르마크 가의 몰락에 대해서 사가들은 여러 가지 설을 내세우고 있으나, 칼리프 라시드가 신하이면서 마음대로 절대적 권위를 흔드는 바르마크에게 장래의 칼리프 지위에 대한 위험으로 간주했다는 것이 가장 유력하다. 라시드의 이러한 강행이 있은 후에도 아바스 조의 정국에 어떤 동요가 일어나지 않았다는 것은, 당시 칼리프의 권력이 충분히 확립되었다는 것을 보여주는 것이다.

이슬람 제국의 실권은 다시 칼리프 수중으로 돌아왔다. 그러나 지방에서는 소요가 계속되어 805년에는 라피 빈 라이스가 사마르칸트에서 반란을 일으켰고 이것을 진압하기 위해 나선 라시드는 809년 3월 호라산의 두수에서 병사했다. 이 뒤에는 칼리프 지위를 다투는 형제간 상쟁극이 일어난다.

라시드 시대는 아바스 조의 국력이 최고조에 달했으나 그후는 사양의 길로 접어든다. 아바스 가의 혁명이 성공한 후 아바스 조는 우마이야 조가 일족 모두를 살해하려고 하였으나 칼리프 히샴의 손자 압둘 라흐만은 추격의 손을 피하여 안다르시아로 건너가 756년 코르도바에서 우마이야 조를 부흥시켰다. 따라서 이 시기 이후에 안다르시아는 아바스 조 권위 밖에 있었던 것이다.

아바스 조를 반대하는 반란은 먼저 아라비아 반도의 메디나와 이라크의 바스라에서 일어났다. 이 반란에서 실패한 무함마드와 이브라힘의 아우 이드리스는 785년 메디나에서 반란을 계획하다 실패하고, 788년에 마그리브로 망명하여 피이스를 수도로 하는 독립의 이드리스 조를 개국했다. 이것은 시아파가 건설한 최초의 왕조였으나 794년 안다르시아의 서우마이야 조에 흡수되었다.

칼리프 라시드는 800년 이프리키야(북아프리카) 정국의 혼란을 수습한 공에 따라 이브라힘 빈 알 아그라브를 그 땅의 세습 영주로 임명하였고 이를 계기로 이곳에 아그라브 조가 성립된다. 아그라브 조는 아바스 조의 종주권을 인정하여 매년 4천 디나르를 바그다드에 보내었으나, 사실상 이프리키야는 아바스 조의 지배를 벗어나 있었으며 아바스 조의 지배가 이집트 이서(以西)에는 미치지 못했던 것이다.

806년 라시드는 군대를 인솔하여 소아시아를 공격하여, 헤라크리아와 티아나를 점령했는데, 이 원정이 아바스 조 최대의 군사적 공적이다. 프랑크 왕국의 사료에 의하면 797년부터 806년 사이 칼리프 라시드와 프랑크 왕 샤를마뉴는 몇 번에 걸쳐 사절을 교환하였고 라시드가 직물 · 향료 · 코끼리 · 물시계 등 진귀한 동쪽의 산물을 샤를마뉴에게 보냈다고 한다. 무슬림 사료들은 이 점에 대해서 밝히고 있지 않으나 비잔틴 제국을 둘러싼 양국 관계로 보아 이같은 사절의 교환은 실제로 있었다고 생각된다.

바그다드를 수도로 하는 아바스 조는 750~1258년까지 5백 년 이상을 계속했고, 칼리프가 37대까지 계속하다가 몽골의 침입으로 아바스 조는 그 명맥을 다했다. 아바스 조 칼리프에 대해서는 여러 가지 기술할 점이 있는데 그 하나는 메카의 정통 수니파가 알리파인 시아파와 정치적 권력을 나눠 가지지도 않고 이슬람 제국을 지배한 것이다. 또 다른 것은 아바스 조 역대 칼리프는 종교로서의 이슬람에 헌신했다는 점이다. 그들은 초창기에 공정한 통치를 해 번영을 가져옴에 따라 일반 민중의 충성을 획득하였다.

이슬람이 세계에 최대의 문화적 공헌을 한 시기는 아바스 조가 열린 후 300년 사이이다. 바그다드에서의 문명의 개화는 고대의 그리스 학문 중에서 철학과 의학이 신선하고 간략한 이슬람의 종교적 열정과 융합하여 도래한 것이다.

또 다른 민족과 아랍이 혼합했다. 이같이 다른 민족이나 종족간의 결혼으로 자손들은 물려받은 소질을 통합하고 그들이 받아들인 이슬람을 수정했다. 아랍의 이슬람을 다른 문화를 갖는 사람들에게 받아들이게 하였다. 이슬람의 법학파 하나피파 제도는 다른 학파의 그것보다 광범위하게 확산되었다는 것은 이런 사정을 잘 설명하고 있다. 하나피 학파의 개조 아부 하니파는 페르시아와 아랍의 혼혈이다. 그는 신도들이 기도를 모국어나 아랍어로 해도 좋다고 가르쳤다.

아랍이 이룩한 이슬람교는 아랍 주변의 여러 민족에 받아들여지고 아랍에 의해 그리스 세계의 학문이 흡수하여짐에 따라 이슬람 문화의 황금시대가 도래한다. 코란 자체도 비아랍 무슬림에 의해 연구되었다. 그들은 코란의 말씀을 배울 필요가 있었다. 그들은 아랍어 문법, 아랍어 사전, 이슬람 이전 시대의 시나 격언 선집을 만들었다. 가장 좋은 문법서는 시바위흐가 저술한 것이다. 그는 페르시아 사람이다. 아랍 시(詩)의 가장 좋은 선집의 하나는 알무푸다르에 의해 수록되었다. 그도 페르시아 사람이다.

비아랍 무슬림들은 예언자 무함마드의 삶과 사상이 어떤지를 알 필요가 있어 무함마드의 언행자료를 수집하였다. 가장 많은 자료를 수집한 이는 중앙아시아 터르기스단 출신인 알 부하리이다. 그가 수집한 자료는 백만의 수인데 이 중 어느 것이 진정한 것인지를 여러 기준으로 분류하고 그가 수집한 자료 중 1%도 못되는 것을 진정한 '하디스 사이흐'라고 이름지었다.

이슬람은 일어난 지 3세기 내에 서아시아 및 북아프리카 사회를 이슬람화하였다. 이슬람화란 이슬람 법 조직의 발전으로 행해졌다. 어느 민족의 문화도 그 민족의 사상, 생활에 관련된 것이다. 아바스 정부가 강제할 수 있는 이슬람 법은 먼저 코란과 하디스에 근거하고 있는데 이는 아랍적인 것이다.

문화 · 학문 · 과학 및 철학과 신학의 대부분이 아랍 및 비아랍 쌍방의 무슬림들, 지역적으로는 서아시아, 북아프리카의 무슬림들에게 상속되고, 수입되고 흡수되어 이슬람적으로 된 것은 아바스 칼리프 초기의 시대이다. 철학이나 신학 문제에 대한 무슬림 사상가들은 세계 기원에 대한 방사유출(에마네숀) 이론을 부정하고 있다. 그리고 알라가 우주를 창조하였다는 코란의 설명을 전적으로 지니고 있다. 더불어 기독교적 삼위일체설을 부정하고 있다. 무슬림 신학자들은 유일신 알라만이 세계를 창조하였다고 믿고 있다.

무슬림은 그리스의 윤리 및 논리학의 시스템, 즉 아리스토텔레스의 학설을 받아들였다. 문학 및 철학 부문 외에 음악 · 천문학이나 화학이나 의학 같은 응용과학이 배워져 이 분야도 확대되고 개선되었다. 칼리프 및 와지르(장관) 등은 수많은 문화사업에 보조금을 내었고 정부도 지원하였다. 이 결과 그리스의 과학 · 철학 · 문학 등이 거의 아랍어로 번역되었다.

그후 그리스 신학의 가장 우수하고 중요한 것이 아랍 학자들에게 받아들여지고 가르쳐져 전 이슬람 세계에 퍼졌다. 이것들은 서우마이야 조가 있는 에스파냐에서 환영되고 후에는 라틴어로 재번역되고 중세 초기 서유럽이나 남유럽의 대학에서 강의되는 과목이 되었다. 그리스 철학이나 과학의 지식을 유럽의 기독교 성직자나 학자에게 제공된 것은 아랍어에서 라틴어로 번역된 것이다.

V. 아바스 조의 쇠퇴

1. 제3차 내란

아랍 역사상 제3차 내란은 칼리프 라시드의 두 왕자 아민과 마문이 칼리프 지위를 둘러싸고 쟁탈전을 벌인 심각한 권력 투쟁이었다. 라시드를 이어 6대 칼리프가 된 아민(재위 809~813년)과 그의 후계자로 지명되어 있는 마문은 이복 형제간이었다. 아민은 라시드의 정비(正妃)며 하심 가 출신인 주바이다를 어머니로 하였고 마문의 어머니는 페르시아 출신의 여자 노예였기 때문에, 보통 아민은 아랍, 마문은 페르시아에 대한 이해 관계가 있었다고 생각할 수 있으나 실제로는 전자가 이라크의 지지를, 후자가 페르시아의 지지를 받았는데 이것은 당시의 이슬람 세계에서 가장 중요한 두 개의 경쟁 의식에 의한 지지를 받았다고 볼 수 있다.

라시드가 호라산 전투에서 병사하자 먼저 아민이 바그다드에서 칼리프로 즉위했으며 마문은 칼리프의 다음 후계자로 책봉되었다. 아민이 즉위하자 미리 정하여진 약속대로 마문은 호라산으로 떠났다. 형제의 싸움은 1년 후 아민이 자신의 첫째 후계자인 마문을 제쳐놓고 자신의 아들에게 칼리프 계승권을 넘겨주려고 한 것이 도화선이 되었다.

마문은 호라산의 수도 메르브에서 때를 기다리고 있다가 페르시아인 장군 타히르 빈 알후사인의 도움을 얻어 바그다드에 침입하여 아민을 죽였다. 811년부터 3년간에 걸쳐 바그다드는 전화에 시달렸으며 만수르가 건설한 원형도시도 이때 완전히 파괴되었고 마문은 티그리스강 동쪽 기슭에 궁전을 새로 세웠다. 이때 이후 바그다드의 번영은 서안(西岸)에서부터 동안으로 옮겨진 것이다.

마문(7대, 재위 813~833년)은 즉위 초, 자기에게 대항했던 이라크를 기피하여 메르브로 도읍을 옮길 것을 고려하였으나, 결국 바그다드로 돌아가는 길을 선택했다. 만일 그때 메르브로 도읍을 옮겼다면 아바스 조는 동·서 두 개의 왕조로 분열되었을 것이다. 이것은 페르시아인이 마문을 지지한 진정한 동기라고도 볼 수 있다.

821년 페르시아인 장군 타히르는 아프리카의 아그라브 조를 본따 페르시아에 사실상의 독립 왕조 타히르 조를 건설했다. 이후 페르시아에는 사파르 조, 사만 조 등 반독립 왕조의 지배가 계속되는데 이것은 마문을 지지하면서도 궁극의 목적을 달성할 수 없었던 페르시아인이 이라크를 중심으로 하는 아바스 조로부터 분리하고자 하였던 국민 감정을 구체적으로 표현하였던 것이다.

마문은 그리스의 학술 연구를 보호 장려한 외에도 그 스스로 합리주의 사상의 소유자로 827년 칙령(勅令)을 발하여 무타질라파의 학설인 '창조된 코란'을 교의로서 공식적으로 채용하고 이에 따르지 않는 자를 탄압하기 위한 심문기관인 마흐나를 설립했다. 또 그리스 문헌의 번역기관인 바이트 알히크마(지혜의 집)가 이 시대에 세워졌는데 도서관 시설도 갖춘 이곳에서는 마문이 준디 샤푸르의 학원(사산 조 때 세워진 그리스 학술 연구기관)에서 초빙하여 온 학자들이 문헌을 수집하고 번역하고 연구하면서 이슬람 문화가 개화할 수 있는 기초를 닦았다.

20년에 걸친 만수르의 통치는 500년에 이르는 아바스 조의 초석을 놓았다. 행정 관청(디완)의 정비, 경제 건설, 우편(바리드) 제도의 충실 등으로 대제국을 유지하기 위한 기초는 거의 이 칼리프에 의해 착수되고 실행되었다. 만수르의 선정을 발판으로 아바스 조는 서서히 융성하여서 5대 칼리프 하룬 라시드 시대에는 그 세력이 절정에 달했다. 바그다드 궁전은 바로 세계의 중심이란 감이 있었다. 여기서 개최되는 성대한 연회는 후세에까지 말이 전해지고 있고 기라성처럼 모인 문인 · 학자들이 읊는 시문은 고도로 세련되고 연주하는 음악은 유려했다.

라시드 칼리프는 학예를 애호하고 장려하였으나 이 시대의 문화는 단지 아랍적인 것만이 아니고 그리스, 로마 또는 페르시아, 인도 문화의 강한 영향을 받고 있다. 수도 바그다드를 중심으로 동서남북으로 뻗친 무역 통상활동은 경제적인 부뿐만 아니라 문화적인 풍요함도 가져왔다. 이같은 배경 아래 사람들의 계급 구성도 대폭으로 변질되었다. 아랍 무슬림, 비아랍 무슬림(마왈리), 비아랍 비무슬림(딤미)이라고 하는 민족적 · 종교적 계층의 차가 명료하였던 우마이야 조와는 달리 이 시대에는 학자, 고급 관리, 상인, 대지주라는 사람들이 첫째 계급을 이룬 계급구성의 변화가 있다. 이같은 사정은 학예, 상업활동을 고취하는 데 도움이 되었다.

라시드 칼리프에게도 걱정이 있었다. 거대한 제국의 중앙 집권 체제를 유지하기 위해서는 효율적인 관료기구를 필요로 했다. 여기서 중신(重臣)들의 발호이다. 아바스 조의 창설기부터 그의 시대까지 관료기구의 중추를 차지하고 있던 페르시아계의 바르마크 일가의 권세는 라시드조차도 어찌해야 할지 모를 지경이었다.

2. 사맛라 시대(836~892년)

이슬람교에 대한 칼리프 마문의 태도는 무타질라적이라고 칭하여졌는데 이것은 두 개의 다른 교의를 갖고 있는 이슬람 교단, 즉 수니파와 시아파를 융화시키고자 한 것이었다. 그러나 마문이 이슬람교에 임한 자세는 그가 칼리프 즉위 전 5년간 메르브의 총독이었으며, 칼리프 즉위 후에도 수도를 바그다드로부터 이전하고자 하는 생각을 갖고 있었으므로 시아파의 여러 기준에서부터 나온 것이 많았다.

이 정책은 그의 아우이며 후계자인 칼리프 무타심(833~842년)과 그 후의 칼리프 와시크(842~847년) 시대까지 계승되는데 이에 대해 수니파의 반대는 격렬하였다. 특히, 수니파의 앗샤피의 제자로 정통파를 견지하는 아흐마드 이븐 한발은 이에 추종하는 것을 강경히 거부했다. 이런 거부 태도가 바그다드에서 일어난 나수르 반란에서 나타난다. 이 시기에 이라크 남부의 부족 반란과 바박의 반란, 타바리스탄 지방 영주였던 마즈야르의 반란이 잇따라 일어났다.

무타심 치세에 있어서 가장 유명한 사건은 칼리프의 친위대로 터키인 노예 맘루크 군단을 조직한 것이다. 마문의 뒤를 이어 칼리프가 된 무타심은 어머니가 터키인 여자 노예였다. 그는 제3차 내란시 마문의 편을 들었으며 그때 타히르 군대에 있었던 터키인 군단의 용감함을 보고 터키인의 노예 맘루크를 보위 군대로 조직했다.

무타심의 칼리프 취임이 밝혀지자 호라산인을 주체로 하는 군대에 의해 마문의 아들 아바스를 칼리프에 옹립시키고자 하는 운동이 일어났다. 이것은 아바스 자신의 설득에 의해 사태가 수습되었지만 이같은 정세에 대처하기 위해 무타심은 강력한 맘루크 친위대를 조직했다. 그러나 기존 군대와 맘루크 친위대와의 충돌이 끊임없이 일어났고 이민족에 대한 바그다드 주민들의 반감도 강하여 836년 무타심은 티그리스강을 약 100km 거슬러 올라간 사맛라에 새로운 도시를 건설하고 맘루크 군단을 인솔하여 여기로 옮겼다.

그가 사맛라를 새로운 수도로 건설하여 바그다드로부터 천도(遷都)한 것은 바그다드의 기존 군단의 불온한 행동에 대한 전략적인 고려였다고 생각된다. 그후 892년 칼리프 무타디드가 바그다드로 돌아올 때까지 사맛라는 아바스 조의 수도였다. 이 약 반세기간을 사가들은 '사맛라' 시대라고 부른다. 사맛라 시대는 맘루크 군인의 발호 시대로서 이 사이에 있었던 칼리프 무타와킬은 관료제도(官僚制度)를 정리하여 그들의 전횡(專橫)을 누르려고 했으며 무타질라파의 교의의 공인을 취소하고 정통파 이슬람 신앙의 부활을 도모했다.

그러나 그의 이러한 시정은 861년 그가 암살됨으로써 모두 실패로 끝났으며 '사맛라' 정국은 완전한 무정부 상태로 빠졌다. 이후 칼리프들은 맘루크 군단의 꼭두각시가 되었고 유력한 장군들의 뜻대로 칼리프를 옹립하거나 폐위하는 등 정치에 개입하게 이른다.

아바스 조를 쇠퇴시키고 행정면에 영향을 준 것은 다음 네 세력이다. 첫째, 터키 맘루크 군단(861~946년) 둘째, 페르시아의 부와이흐 조(946~1055년) 셋째, 셀주크 터키(1055~1180년) 넷째, 푸와리즘 샤(1180~1188년) 등인데 외부 세력에 의해 아바스 조가 쇠퇴한 것은 칼리프 무타심 시대에 처음 생긴 것으로 그것이 사맛라 천도의 직접적인 원인이 된 것이다.

칼리프 무타와킬의 치세로부터 아바스 조의 쇠운이 눈에 띈다. 그는 관료 제도를 정비하고 무타질라파의 교의를 취소하였으며, 한편, 딤미(예속민)에 대한 엄한 차별대우를 실시하여 칼리프의 권위가 일시적으로 회복되는 것처럼 보였다. 그러나 정통파 이슬람교 신앙의 부활 계획으로 무타질라파의 공인 교의를 폐지한 것은 시아파의 반동을 야기시켜 851년에는 카르발라의 후사인 모스크의 파괴와 약탈이 일어났다.

이때 시아파의 10대 이맘인 알리 알하디가 메디나에서 사맛라로 옮겨와 여기서 죽었다. 무타와킬은 무타심이 건축한 왕궁 옆에 지금도 그 위용을 남기고 있는 나선형의 미나레(모스크 첨탑)를 갖는 대형 모스크를 건설한 후, 북쪽에 새로운 도시 자파리야를 건설했고 남쪽에는 호화스러운 궁전을 건축했다.

무타와킬은 칼리프로서 권위를 엄격하게 나타냈고 독재주의적인 경향을 띠었다. 칼리프 측근에는 시종의 지위를 갖고 칼리프 정책 결정에 중요한 영향력을 행사하는 터키 친위 대장이 있었다. 그러나 이같이 터키인 맘루크 군단을 배경으로 한 대장이 행정의 중심에 위치하고 있었다는 것은 행정 기구에 대한 터키인 맘루크 군단의 개입을 야기시키는 원인이 되었다.

초기 아바스 조 칼리프 계보(750~847)

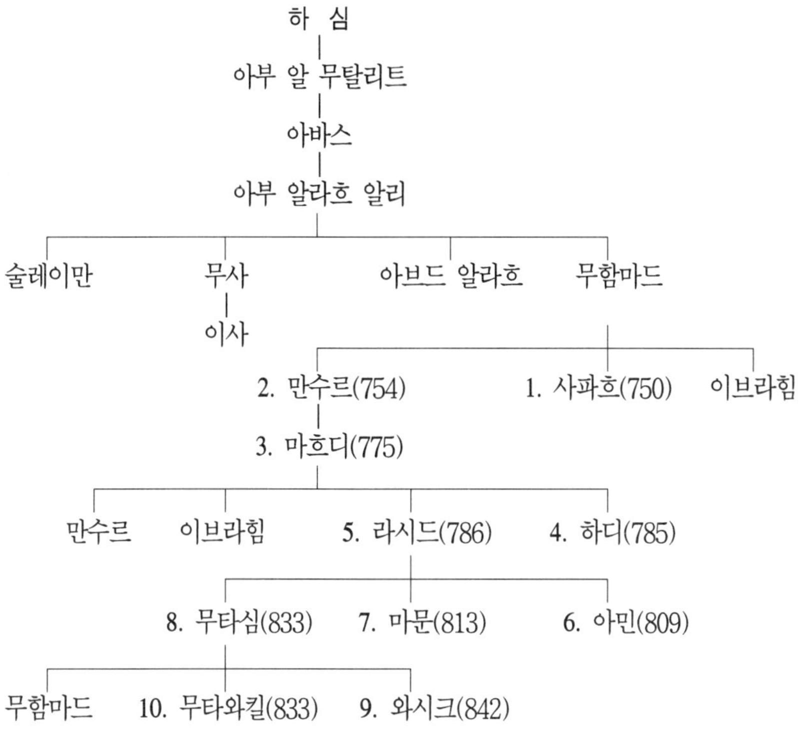

맘루크 군단 상호간에 경쟁과 대립은 그후 칼리프 추대와 폐립에 커다란 영향을 미쳤으며 무타와킬 자신이 그 영향을 받아 암살된 후에도 맘루크 군단에 의한 칼리프의 추대와 폐위가 계속되었다. 사맛라를 최후의 수도로 한 칼리프는 알 무타미드(재위 870~892년)였고 그의 치세 말에는 바그다드로 환도한다. 그러나 맘루크 군단의 정치개입은 바그다드 환도 후에도 끊이지 않았다. 한편 이집트에서도 맘루크 출신의 아흐마드 이븐 투른의 왕조가 독립하였으며 또, 메소포타미아 남부에서는 잔즈(Zanj) 난이 일어나 아바스 조의 지배 체제를 근본적으로 흔들어 15년간이나 전국토를 혼란에 빠지게 하였다.

3. 잔즈의 난

무타미드 치세 중 가장 극적이며 피로 얼룩진 사건은 흑인 노예 잔즈의 반란이다. 이 난은 칼리프 무타즈(재위 866~869년)의 치세 중에 동부 아프리카로부터 끌려와 유프라테스강 하류 지역에서 초석 채굴이나 농업 노동으로 사역되었던 흑인 노예가 일으킨 반란이다. 이들 노예는 아바스 조에서 잔즈라고 불렸는데, 대부분은 이 지방의 영주 밑에서 관개(灌漑) 공사나, 광산(鑛山), 그밖에 육체적으로 힘든 일 등이 맡겨졌다.

잔즈는 5백 명에서 5천 명을 수용할 수 있는 영내의 작은 오두막 속에서 살았는데 보잘것없는 식사와 강제 노동으로 열병을 앓다가 죽는 자들이 많았다. 이와 같은 잔즈의 폭동은 640년 이래 계속되었으며 이 중 가장 격렬한 것은 무타즈 치세 말에 일어난 것이다.

아랍의 사가(史家) 타바리는 '한 남자가 나타나자 그 주위에는 소금이 쌓인 토지를 청소하던 잔즈가 보였다'《예언자와 제왕의 역사》 Ⅲ)라고 적고 있다. 한 남자란 정통 칼리프 제4대인 알리의 자손이라고 자칭한 알리 이븐 무함마드라고 하는 야심적인 사람이었다. 그는 페르시아의 라이 지방 출신으로 바하라인에서 동지를 모았으며 여기에 메소포타미아 남부의 빈농 계층과 잔즈가 합세하였다. 이때 그의 지도 이념은 과격 시아파의 교의였으나 후에 바스라에 들어가 이슬람교도에서도 가장 과격한 하와리지파의 교의도 접하였다. 이런 교의 아래 잔즈들이 모여 대규모적인 반란을 일으킨 것이다. 알리는 바스라의 잔즈 앞에서 그들에게 권력과 재산을 가져다 줄 것을 약속했다. 알리 밑에 모인 잔즈는 바스라 주변의 농촌지대를 습격하고 약탈이나 폭행을 감행했다.

칼리프의 정부도 이를 방관할 수 없어 정부군을 파견하였으나, 전황은 언제나 반란군에게 유리하였으며 드디어 아바스 조의 곡창 지대인 와시드 지역을 점령당하고 말았다. 한편 호라산에서는 라이수의 사파르 조가 대두하여 서쪽을 향해 세력을 확대하였기 때문에 아바스 조는 동쪽과 남쪽으로부터 동시에 압박을 받게 되었다.

잔즈의 반란군 지도자 알리는 바스라 남쪽 마디나 알 무흐타라(선택된 도시)라는 성채를 구축하고 이를 근거지로 하여 메소포타미아 남부로부터 피지스탄 지방에 그 세력을 확장함으로써 마치 소왕국이 출연한 듯한 모습을 나타냈으나 칼리프 무타미드의 아우 알 무와파크가 880년부터 881년에 걸쳐 잔즈의 2대 거점 지역인 남부 이라크와 아푸와즈를 탈환하고 최후의 근거지인 무흐타라를 공략하여, 반란은 883년에 진압되었다. 반란을 진압한 것은 물론 무와파크의 전략적 우수성에도 있었지만 잔즈의 반란군 내부 붕괴에 있었다는 것도 잊어서는 안된다.

이와 같이 흑인 노예인 잔즈의 대규모적인 반란이 일어난 것은 아바스 조를 근본적으로 흔든 대사건이 되었다. 끝내 아바스 조는 반란으로 인하여 중앙 집권 체제가 지방 분권화로 크게 기울어지게 되었다.

잔즈의 난 이후 노예 소유제도는 완전하지는 않았지만 거의 모습을 감추었다. 그러나 아바스 조 사회 내부에 있는 모순이 이 난을 계기로 한꺼번에 표면화되었다는 것은 사실이며, 이로 인해 칼리프의 권위가 쇠퇴하고 중앙 집권 체제가 허물어져 지방 분권화 경향이 나타나게 되었으며, 드디어 아바스 조가 멸망하게 되었다고 할 수 있다.

4. 이스마일파와 카르마트 소요

8세기부터 9세기에 걸친 아바스 조 사회의 눈부신 발달은 그 내부에 있었던 여러 모순을 표면화시켰다. 특히 경제와 문화가 고도로 발달한 도시와 지방 농촌간의 대립과, 각 그 내부에서의 부유층과 빈민층간의 대립이 첨예화(尖銳化)되었으며 억압된 사람들의 불만은 폭발 직전의 상태였다.

잔즈의 난은 이와 같은 사회적 배경에서 생긴 것으로 잔즈의 난이 평정되었다 해도 그 사회적 배경이 변화하지 않는 한 같은 종류의 사건이 끊임없이 일어났다. 아바스 조 초기의 탄압 정책이 효과를 발휘하여 과격 시아파의 세력은 일시 표면으로부터 모습을 감추었으나, 이슬람 제국 사회의 모순이 격화되면서 다시 그 활동을 개시했다.

이때의 과격 시아파는 이스마일파가 대표적이었다. 그들은 이맘의 계승권이 알리로부터 하산을 거쳐 후사인과 그 자손에게 대대로 전하여진다고 주장했으며 제6대 이맘 자파르 앗사디크가 765년에 사망하자 누구를 그 후계자로 인정하는가라는 점에서 분열되었다. 자파르의 아들도 자파르보다 앞서 죽은 이스마일을 거쳐, 그의 아들인 무함마드에게 이맘의 계승권이 전하여졌다고 주장했는데 이것을 이스마일파 또는 7이맘파라고 한다. 이들은 전투적이었고 정통파 이슬람 수니파의 신앙을 국시로 하는 아바스 조에 대해 무서운 강적이 되었다.

잔즈의 난을 평정한 아바스 조는 그후 얼마 안되어 이보다도 대규모적인 카르마트파의 반란에 시달리게 된다. 무와파크의 아들 알무타미드(재위 892~902년)가 무타미드의 뒤를 이어 칼리프가 되었는데, 이후 아바스 조가 멸망할 때까지 칼리프의 지위는 이 가계가 계속한다. 제 17 대 알무크타피(재위 902~908년)는 침입한 비잔틴군을 격파하고 소아시아로 원정하였는데, 이때가 이 왕조의 칼리프가 직접 원정한 마지막 원정인 것이다. 이 시기에 카르마트의 반란이 일어나, 잔즈의 난에 이어 이 왕조의 사회 기반을 근원에서부터 뒤흔든다.

아바스 조 초기에 탄압된 과격 시아파의 세력은, 왕조의 발전과 함께 일시적으로 표면으로부터 모습을 감춘다. 그러나 왕조가 전성기를 지나 쇠퇴의 길로 들어감에 따라 도시와 농촌의 대립, 종교적인 차별에 대한 불만 등이 차차로 첨예화되고, 사회적 모순이 기회가 있을 때마다 움을 튼다. 지금까지 서술한 여러 반란이나 폭동은 이같은 사회적 배경 아래 생긴 것이다. 중앙 집권적인 칼리프의 권위가 약체화된 것도 이같은 사회적 변화가 가져온 것이다.

카르마트파의 반란은 이러한 사회적 배경 아래 종교적인 과격 시아파의 운동과 연결된 것으로 그 주역을 이룬 것은 시아 분파인 이스마일파였다.

이스마일파의 신자였던 함단 카르마트가 처음 포교(布敎)를 개시하고, 신자들을 모아 이라크 남부의 곡창 지대의 중심지인 와시드에서 반란을 일으키고, 쿠파 부근의 비밀 근거지 '다아르 알 헤지라'(은신가)를 건설한 것은 890년이며, 이같은 정보가 바그다드의 아바스 정부에 최초로 보고된 것은 891년경이다.

카르마트파의 신자가 되기 위해선 엄숙한 입회식을 행해야 하며, 여러 수련 단계를 거쳐야만 오의를 수여받게 되는데, 이런 경로를 거치지 않으면 알라를 찾는다든가 기도나 선행도 알라로부터 인정을 받지 못하며, 또한 코란의 뜻도 체득하는 것이 불가능하다고 되어 있다.

이 운동에는 농민이나 도시의 근로층이 다수 참가하여, 잔즈의 난과 같이 일종의 공산주의적 평등 사회를 형성하였다. 이 반란에 참가한 자는 이 세상 생활에 있어서, 옛 시대의 생활 방법을 버리고 특권층을 타도하는 것이 필요하며, 순수한 정의가 모든 사람들을 지배해야 한다고 믿고 있었다. 이와 같은 배경 아래 일어난 내란으로 약탈이나 폭행, 학살 등 참혹한 행위가 다시 되풀이하게 되었다.

카르마트 반란은 메소포타미아 남부와 시리아에서 거의 16년간이나 칼리프의 지배를 위협하였으나, 906년경 그 세력을 잃고 근거지를 바흐라인으로 옮겨, 아라비아 반도 동부 해안인 아프사 지방에 독립된 의사국가(擬似國家)를 건설했는데, 정부의 조직과 경제 기구가 정비되었으며 군대도 강하였다. 이들은 성지 메카나 메디나로 향하여, 사막을 횡단하는 순례단을 습격하거나 약탈하였으며, 바스라나 쿠파 지방에 침입하기도 하였다.

또한 이들은 930년 메카를 습격하여 대학살을 한 후에 카바 신전의 검은 돌, 즉 흑요석을 가져가기도 했다. 이 나라는 10세기 말까지 이어졌으나 11세기부터는 그 존재가 거의 알려지지 않고 있다. 잔즈의 난에 이은 카르마트파의 반란은 같은 메소포타미아 남부의 곡창 지대를 중심으로 조직되었고, 궁극적으로 독립을 시도하고자 하였던 반란이라고 할 수 있다.

이 반란이 결과적으로 아바스 조의 칼리프 군대에 의해 진압되어, 칼리프의 권위는 이 시점에서 얼마간 지난날의 영광을 되찾았을 것으로 생각된다. 이 승리가 아바스 조 중앙 정부의 마지막 승리라고 할 수 있으며, 10세기 초 이후, 아바스 조의 권력은 급속히 쇠퇴한다. 이런 의미에서 아바스 조의 사회적 모순을 드러내고 그 기반을 뒤집으려고 하였던 잔즈의 난과 카르마트의 난은 이 시대의 하나의 전환기를 마련한 것으로 보아야 한다.

5. 지방 왕조의 흥기

카르마트파가 동방에서 활약하는 데 호응하는 것처럼, 909년 시아 계통의 이스마일파는 이집트에서 파티마 왕조를 수립했다. 이 왕조는 아바스 조와 직접 국경을 접하여 대치하게 되는데, 이것은 이 왕조가 수립된 지 약 60년 후인 969년경이다. 파티마 왕조가 카이로를 건설하고 직접 아바스 조와 국경을 접한 이후부터 아바스 조는 급속히 쇠퇴한다. 이라크 북부 알마우시르에서는, 829년 아랍 유목민 함단 부족이 시아파의 함단 조를 세우고 세력을 확대한다. 같은 해, 아미르 칭호에 만족하고 있었던 756년 이래의 안다르시아의 우마이야 조가 압두 알 라흐만 Ⅲ세 밑에서 처음 칼리프의 칭호를 채용한다. 이렇게 하여 이슬람 세계는 가바스 조 · 파티마 조 · 우마이야 조의 세 칼리프가 정립하게 된다.

동방 페르시아에서는 타히르 조가 822년부터 873년까지 계속되고, 이후에 이와 대체되어 사파르 조가 그 대부분의 영토를 지배하였으며, 874년에는 사만 조로 되어 999년까지 계속된다. 932년에는 시아파의 부와이흐 조가 일어나고, 934년에 시라즈를 지배하에 놓고 세력을 확대하였다.

처음부터 그들은 아바스 조의 수도 바그다드에 대한 야망을 숨기지 아니했으며 946년 부와이흐 조의 무잇즈 앗다울라가 바그다드에 입성한 일도 있었다.

이슬람 세계에선 지금까지 아바스 조의 중앙 집권적 지배 체제부터 파티마 조, 서우마이야 조, 페르시아의 여러 왕조라고 하는 독립 · 반독립의 왕조가 서로 그 패권을 다투는 사태가 생기었다. 아바스 조의 수도 바그다드는 이미 이슬람 세계의 중심이 아니었으며, 이집트의 알 카히라(카이로), 안다르시아(에스파냐)의 코르도바는, 각기 독립한 칼리프 왕조의 수도로서 독자적인 발전을 하게 된다.

이집트의 파티마 조(909~1171년)는 시아파 정권이다. 파티마 조 칼리프 정권은 바그다드의 아바스 조가 대표하는 이슬람 세계의 종교적 지도자라는 지위에 의식적으로 대항하여 909년 페르시아 출신 압둘라 사이드 이븐 후사인에 의해 세워졌다.

튀니지아에 파티마 조를 세운 그는 1세기 동안 계속했던 북아프리카의 수니 계통의 아그라브 조를 멸망시키고 이맘 우바이드 알라 알마흐디라는 칭호를 가지고 카이라완에 건국을 했다. 914년에 이집트 알렉산드리아를 점령하고 2년 후에 델타 지대를 차지했다.

그는 예언자 무함마드의 딸 파티마와 손자 후사인과 이스마일의 피를 잇는 파티마의 자손이라고 인정되었다. 파티마 조 제5대로 이집트 통치로서는 초대를 이루는 아부 만수르 니잘 알아지즈 치세중에 파티마 조는 극성기를 이룬다. 파티마 조의 등장은 바그다드 아바스 정권에 가장 무서운 대항자일 뿐만 아니라 바그다드의 칼리프를 능가했다.

파티마 조가 특히 북아프리카에서 성공한 배경으로는 아바스 조 중앙권력이 미치지 못하는 먼 곳에 있었던 것이 주요인이다. 파티마 조의 교리로 최고위에 군림하는 칼리프는 알리의 혈맥 안에서 서로 전해지는 신으로부터 지식을 갖는 이맘이며 현세와 내세에서 신도를 구제하고 인도하는 유일한 인도자이다. 이 이맘은 단지 세속 군주일 뿐만 아니라 지상에서는 신의 대리자이다. 따라서 파티마 조의 지배는 이념적으로는 엄격한 신권통치였다.

현실적으로도 파티마 조 전반기의 칼리프들의 다수는 정치면뿐만 아니라 사상이나 학문에 대해서도 실제로 지도성을 발휘한 지배자였다. 특히 제4대 칼리프 무잇즈는 그 자신이 여러 종교적 학문과 법학을 두루 깨달은 제일급 학자였고 성속양권을 한손에 장악하여 무슬림을 선도하고자 한 이상적인 이맘이었다.

튀니지아에서 건국 후에 칼리프 무잇즈 시대에 장군 쟈우하르의 대원정으로 대서양 연안까지 평정했다. 이로써 파티마 조는 이집트 정복을 후환없이 나설 수 있었고 969년 푸스타트(카이로 전신)를 점령했다. 973년 신수도 카이로에서 칼리프 무잇즈를 영접했다.

이집트 정복 후의 파티마 조의 지배권 확대 중에서 가장 중요한 지역은 메카와 메디나 두 성지이다. 두 성지는 974년부터 1088년까지 파티마 조 지배하에 들어갔다. 파티마 조의 국가체제가 본격적으로 정비된 것은 이집트에 본거지를 둔 후이다. 이 체제의 특색은 관청체제에 교(敎) 전도체제이다. 행정기관(디완)을 매개로 하여 조세를 징수하고 이를 봉급으로 하여 군대를 유지하는 초기 이슬람의 체제였다. 교 전도체제란 파티마 조 독자적인 것이고 이스마일파 교의와 파티마 조 칼리프의 종주권을 전세계에 알리기 위한 전략적 체제이다.

이집트 정복 후 1세기가 경과하면서 불안해졌다. 11세기 반을 지날 무렵 군벌들이 발호하여 칼리프가 국정 지도에서 후퇴하고 군인 와지르(재상)에 의한 무단정치로 바꾸어진다. 정치적 · 군사적으로는 셀주크 터키의 서아시아 진출로 수니파가 세력의 힘을 다시 모으고 또 비잔틴 공세나 십자군 침입 등이 있었다. 한편으로는 파티마 조는 마침내 시리아를 지배영역으로 확보하지 못하여 동방 진출을 하지 못했다. 파티마 조는 마지막 파티마 조의 와지르인 살라흐 앗딘에 의해 마지막을 고하게 된다.

아바스 조의 성립 이래 잔즈의 난과 카르마트 파의 난을 계기로, 이슬

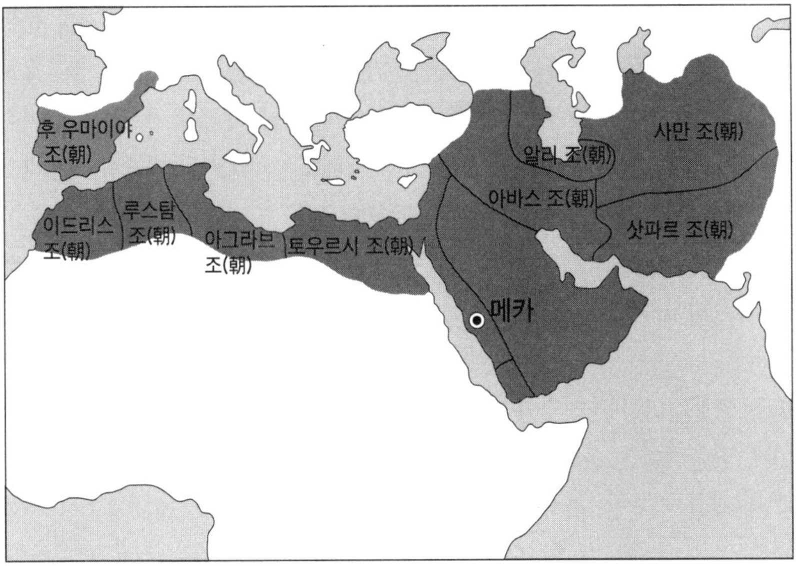

900년의 이슬람 세계

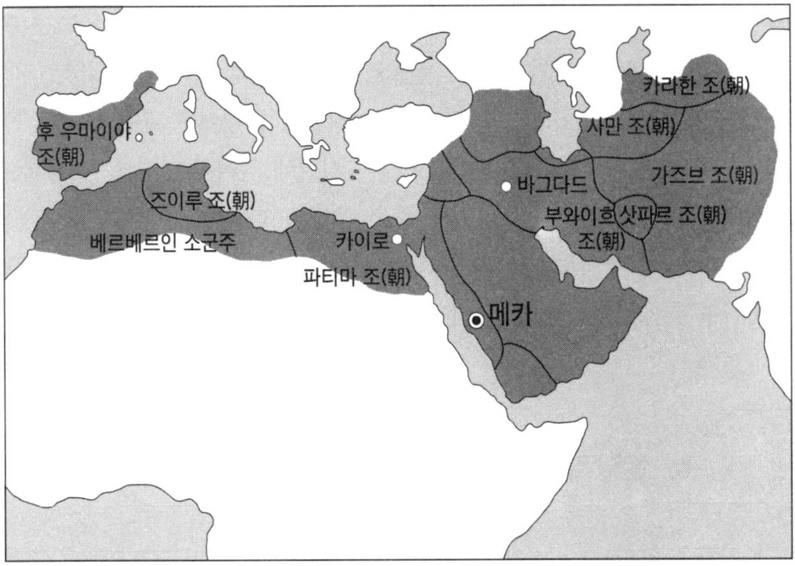

1000년의 이슬람 세계

람 제국의 각지에서 발생한 여러 반란은, 중앙 집권적 체제에서 지방 분권적인 체제로의 이행을 하는 데 결정적인 것이 되어, 바그다드를 중심으로 하던 정치가 각지로 분산하게끔 되었다. 바그다드의 칼리프 권위는 이같은 상황에서 회복할 수 없었으며, 이 체제대로 아바스 조는 몽골군 훌라그의 바그다드 점령까지 멸망의 길을 걷게 된다.

945년은 아바스 조 말기에 있었던 하나의 중대한 해로 기록된다. 이 해에 페르시아의 부와이흐 조의 무잇즈 앗다울라는 바그다드에 입성하였고, 칼리프 무크타피(재위 902~908년)는 시아파의 아미르인 무잇즈에게, 아미르 알울라마라는 칭호와 함께 군사 및 행정에 관한 모든 권한을 준다. 아미르 알울라마는 울라마(학자) 중의 아미르를 의미하는 어휘이며, 아미르 중의 최고 지위를 표시하는 군사적·행정적 칭호로, 군사와 행정에 관한 모든 일은 이 칭호를 갖고 있는 자의 수중에 장악되었다는 것을 의미한다.

이때 이래로 아바스 조 칼리프는 역대 아미르 알울라마에 대한 임명장을 수여하는 형식적인 임무만이 그 일로 되어, 정통파 이슬람교의 통합적인 상징적 존재의 의미만을 갖게 되었다. 정치·군사·실권은 모두 시아파교도인 부와이흐 조의 아미르 알울라마의 수중에 의해 장악되었고, 이라크는 이에 부와이흐 조 권력하에 있는 지방적 존재에 지나지 않았다. 영광을 자랑하였던 이전의 아바스 조는, 이 시점에 있어서 이미 독립 왕국으로서의 존재조차 없었다고 보아도 좋을 것이다. 따라서 아바스 조는 1258년 바그다드가 함락될 때까지 계속되었으나 945년 이후 300년간은 다만 명목적인 존재에 지나지 않았다고 보아야 옳을 것이다.

6. 술탄의 정치

부와이흐 조의 지배는 1세기 남짓 계속되었고, 1055년 터키인으로 정통파 이슬람을 신봉한 셀주크 조의 투그릴 베그(재위 1037~1063년)가, 바그다드에 입성하여 칼리프 카임으로부터 술탄(지배자)의 칭호를 부여받는다. 셀주크 족은 오구즈, 혹은 구즈 투르크만이라고 불리는 터키 유목 부족의 한 분파이다. 셀주크 족은 970년경 트란스 옥시아나 방면으로 이주해 와 곧, 이슬람으로 귀의하여 정통파 이슬람교 수니파의 신자가 된다.

이때쯤 파티마 조는 칼리프 무스탄시르 아래에서 국력이 가장 신장하였을 때이며, 이라크 각 지방에서는 시아의 이스마일파의 활동이 활발했을 때이다. 셀주크 조의 패권과 함께 이슬람 역사에 새로운 터키인 시대가 시작됐다. 그들은 열렬한 수니파 신자이기 때문에, 칼리프의 권력이 향상되었다고는 할 수 없으나, 적어도 칼리프의 권위는 종래보다 좀 향상되었다. 술탄이란 원래 지배자의 지위를 뜻하는 아랍어이다. 여기에서는 종교적 지배자인 칼리프에 대해 세속적 지배자를 뜻하는 칭호로 사용되고 있다.

그들의 뛰어난 군사력에 의해 이슬람 제국의 영토는 확대되고 그 유효한 통치, 특히 군사적 봉건제인 이끄다 제도의 채용에 따라 사회 안정화가 현저히 진행된다. 셀주크 조 지배 아래서 아바스 조의 이슬람 제국은, 잠시동안 사회 안정을 되찾는다. 제2대 술탄 알프 앗술란(재위 1068~1072년)은 북부 시리아를 판도에 넣고, 아랍의 힘으로 끝내 하지 못했던 소아시아 정복을 행하였다. 이 싸움에서 비잔틴 황제가 포로로 붙잡혔다.

제3대 술탄 말리크 샤아(재위 1072~1092년) 시대에 와서는 시리아의 다마스쿠스 일대, 사마르칸트, 부하라를 포함한 중앙아시아 일대가 판도로 추가된다. 북아시아 일부와 북아프리카를 제외한 이슬람 제국, 아바스 조 영토의 대부분이 오랜만에 단일 주권자 밑에 통합되었다.

사회가 안정됨에 따라 문화적인 면도 발전하였다. 와지르 니잠 알물크가, 바그다드를 비롯하여 니샤푸르나 이스파한 등 페르시아 영내의 주요 도시에 건설한 니자미아 학원은, 파티마 조의 아즈하르 학원에 대항하여 정통파의 학문을 장려함과 동시에 새로운 관료 계급을 양성하기 위한 목적으로 설립되었다. 그 교과 과목은, 법학을 주체로 하여 그 외에 신학, 코란의 주석과 전승학, 문학 등이 교수되었으며, 법학에는 샤피이파의 법학, 신학에서는 아쉬아리파의 신학이 채용되었다. 이로 인하여, 정통파 이슬람 세계에서는 샤피이파의 법학과, 아쉬아리파의 신학이 확고한 지위를 확립하게 되었으나, 동시에 사상의 고정화 경향이 일어난 것도 부정하지 못할 것이다.

셀주크 조는 건국 55년만에 왕자들의 패권 다툼의 장(場)이 되어 버렸다. 국토는 혼돈 상태에 빠져들고 지방 영주와 아타 베그들에 의해 연이어 분해 작용을 일으킨다. 무엇보다도 각지에 있는 셀주크 부족들이 셀주크 조와의 관계를 끊고 독립해 나갔다. 게르만 셀주크 조(남부 페르시아), 룸 셀주크 조(소아시아), 시리아 셀주크 조, 이라크 셀주크 조 등이다. 아타 베그는 이들 영주의 후견인 역할을 했는데, 그 뜻은 '아버지처럼 존경하는 귀족'이란 의미로 커다란 공을 세운 신하에게 존칭하는 칭호이다. 니잠 알 물크도 말리크 샤아로부터 이 칭호를 받았다. 이들이 주인인 영주의 영토를 다시 분열시켜 새 정권을 수립했다. 아타 베그 정권은 후와리즘 샤 조를 비롯하여 중요한 것만도 9개를 헤아린다. 이슬람 제국은 다시 군소 국가로 분열되어 다음에 몰아쳐 올 풍파와 대결하게 된다.

아바스 조 말기의 칼리프들 중 그 이름을 들 수 있는, 유명한 사람은 나시르일 것이다. 1194년 동방에 있는 후와리즘 샤 조의 공격을 받아, 이라크에 있어서의 셀주크 조의 지배는 끝난다. 때는 아유브 조의 살라흐 앗딘이 파티마 왕조를 멸하고, 정통파 신앙 부흥에 깃발을 들어 아바스 조에 충성을 맹세하였고, 시리아 연안 각지에서는 십자군이 세력을 몰아내고 있었다. 나시르는 이 기회를 틈타 실권 회복 운동을 일으켜 일종의 교회 국가의 건설로서 이를 달성코자 하였다. 그러나 뜻밖의 복병인 몽골족의 활동에 의해서 아바스 조의 마지막 몸부림도 멈추게 된다.

7. 몽골의 침입

몽골의 고원에서 칭기즈 칸이 인솔한 몽골족은, 노도와 같은 활동을 개시하여 아시아 대륙을 침입하고 드디어 1258년, 바그다드를 함락하여 아바스 조의 마지막을 고하게 된다. 몽골족이 아바스 조를 침공할 징조는 이미 1219년 봄, 칭기즈 칸이 후와리즘 샤 조 침공작전을 시작했을 때 이미 나타났다. 후와리즘 지방은 아무강이 아랄해로 흘러 들어가는 비옥한 유역이다. 이 정권은 아타 베그 정권으로 이란의 대부분과 트랜스 옥시아나를 점령하고 있었던 강국이었다. 이 지방의 이슬람화가 된 것은 712년 우마이야 조의 장군 크타이브 빈 무슬림이 공격한 후부터이다.

후와리즘 샤(후와리즘 지방의 왕의 칭호) 알라 앗딘 무함마드가 국세를 믿고, 몽골군의 실력을 얕잡아본 데서 싸움은 시작된다. 국경 지대 경비 사령관은, 국경을 넘어온 칭기즈 칸의 사절단과 동행한 무슬림 상인들을 붙잡아 간첩 혐의를 씌워서 사형에 처했다. 물론 칭기즈 칸 쪽도 이슬람 상인들을 이용해 후와리즘 왕국의 내정을 탐지한 흔적도 있다. 이 사건의 책임을 묻기 위해 파견된 사절도 살해된다.

칭기즈 칸은 1219년 봄, 대군을 이르디쉬 강변에 집결시킨 뒤 가을을 기다려 오도라르 성을 공격하여 차남 차카타이, 3남 오고타이 등으로 하여금 이를 포위하게 하였다. 장남 주지의 군은 시르우 강을 따라 내려가게 했다. 또, 다른 일군을 시르우 강 상류 피르가나 방면에 파견했다. 그리고 자신은 4남과 함께 주력군을 이끌고 시르우 강을 건너서 키즈루 쿰(붉은 사막)을 넘어 부하라의 오아시스로 진격했다. 부하라와 사마르칸트에서 융성하고 있던 이슬람 문화는 파괴되고, 중앙아시아의 지적 활동도 두절되었으며 무역이나 농공업도 모두 황폐화되어 버렸다. 철저한 파괴였다.

1251년 몽골 제국은, 소아시아 진출 시기가 무르익었다고 여겨, 칭기즈 칸의 손자 훌라그 칸이 인솔한 대군을 원정시켰다. 몽골군은 아무강을 건너 이란 각지를 황폐화시켰다. 훌라그가 그의 형 멩게칸으로부터 수여받은 사명은, 에르부르즈 산맥 속에 있는 여러 곳의 견고한 산성을 구축하고, 정통파 무슬림을 상대로 게릴라 활동을 계속하고 있는 이스마일파(암살 교단)와, 바그다드를 수도로 하고 있는 아바스 조의 칼리프 정권을 없애는 것이었다.

마르코폴로는 여행기 제23장, 암살자라는 장에서 이 암살단의 교도에 대한 견문을 술하고 있다. 그는 암살단의 교장이 신입 신도에게 마약(하시쉬)을 먹이고 임무를 수행시켰다고 술하고 있다.

아싸신이란 신 이스마일파 신봉자를 뜻하는 용어이다. 도취성 마약 하시쉬라는 아랍어가 그 어원이다. 유럽에서 암살자의 의미로서 쓰이기 시작한 것은, 테러와 혁명 전술에서 유래되게 된다. 셀주크 조의 명재상인 니잠 알무크도 이들의 손에 의해 암살되었다. 훌라그 칸은 이들의 근거지를 철저히 파괴하고, 모든 신도를 학살해 버렸다.

1258년 2월, 이란 고원으로부터 이라크 평야로 내려온 훌라그 칸의 군대는, 티그리스강의 양안으로부터 바그다드로 쳐들어왔는데, 당시 이 도시의 중심은 강의 동안에 있었으며 한 면은 강, 다른 삼면은 견고한 성벽으로 둘러싸여 있었으나, 훌라그 칸의 16만 몽골 대군은 아바스 조의 2만 군사들의 수비망을 간단히 뚫고 바그다드 성을 포위했다.

불과 몇달 전만 해도 항복을 요구하는 훌라그 칸의 최후 통첩을 과감하게 거절했던 칼리프도 이제는 어찌할 수 없었다. 1258년 2월 4일, 그는 두 왕자와 같이 궁정을 나와 항복했다. 융단에 둘둘 감겨져 타살된 것이 아바스 조 최후의 칼리프, 무스타심(37대, 1242년~1258년)의 운명이었다.

바그다드는 약탈과 방화, 학살의 수라장이 되었다. 칼리프 제도가 폐지되면서 아바스 조가 망한 것이다. 쇠퇴일로를 걷고 있었다 하여도 법적인 의미에서는 아직도 이슬람의 중심이었으며 통일의 상징이었던 이 역사적 제도가 붕괴되었다는 것은, 이슬람사에 있어서의 한 시대의 끝이었다.

셀주크와는 달리 몽골 침략자는 종교적으로 이방인이었으므로 이슬람의 전통이나 제도에 전혀 흥미를 보이지 않았다. 그들이 정복지에서 행한 행적에는 상당한 과정이 있다. 몽골의 파괴라고 하는 것은 거의가 순 전략적인 필요 때문에 행하여진 것이고, 자의적인 것은 없었다. 파괴는 정복사업의 일환이었지만 정복 활동이 끝나면 파괴도 없어진다. 몽골 지배하의 페르시아는 경제 · 문화의 새로운 발전 시대가 시작되었으나 이라크는 몽골 정복에 의한 직접적 영향으로 행정 기구 전반이 붕괴되었고, 이 지역의 기간이었던 관개 사업도 유목민의 침입으로 괴멸되었다.

Ⅵ. 중세 이슬람 문화 및 사상

이슬람이 일어나 아랍 제국이 생기고 이슬람 제국으로 성장하는 과정에서, 이슬람은 민족적 종교로부터 정복지의 문화를 집대성한 이슬람 문화로 발전했다. 여기서 문화의 역사적 변화를 개관하여 본다.

1. 코 란

코란이란(정확하게는 al-Qur'an, '낭송된다'는 뜻) 이슬람의 근본 성전이다. 610년부터 632년에 걸친 20여년간 예언자 무함마드에게 계시된 '신의 말씀'으로 당초에는 암기되었거나 단편적으로 기록되어 보존되었는데 무함마드 사후 수집되어 제3대 칼리프 오스만 시대에 현재의 형태로 편집되었다. 편집 형태는 실제의 계시순과는 역순으로 앞부분에는 시대적으로 후대인 메디나 계시가 놓여있고 차차로 메카기로 소급되어가는 형태를 배열하고 있다.

코란은 7세기 초 아라비아 반도의 구체적인 역사 속에 계시된 것으로 당시의 상황을 때때로 반영하고 있다. 예언자 무함마드에게 내린 신의 계시가 코란인데 누가 보더라도 또는 본인도 이상하다고 생각되는 상태에 빠졌다가 회복하여 정상으로 돌아온 직후에 무함마드의 입에서 아름다운 운율을 가진 말이 나온다. 바로 이것이 계시라고 무함마드나 주위의 사람들도 이해했다. 이같은 계시는 무함마드가 610년 40세 때부터 그가 죽음을 맞이한 632년 사이에 단속적으로 내리고 이를 모은 것이 코란이다.

코란은 이슬람의 원점으로서 여러 면으로 해석되고 오늘에 이르기까지 이슬람의 역사적 전개는 코란의 해석에 따라 되었다고 하여도 과언이 아니다. 물론 종교적 측면뿐만 아니라 문화나 사회적 측면도 이에 포함된다. 적어도 여러 가지 일의 타당성을 코란에서 구할 때가 많다.

무함마드의 활약은 크게 나누어 메카 시대와 메디나 시대가 있는데 코란에는 메카 시대 계시, 메디나 시대 계시로 갈라져 술해졌다. 7만 8천 어휘로 된 코란은 신약성경과 거의 같은 분량인데 114개의 장이 있고 각 장은 여러 절로 나눠졌다. 코란은 계시순이 아니라 장단(長短)순으로 기계적인 배열로 되었다. 테마별로 정리되지도 않았다.

그 서술은 논리적 종합성을 갖고 있지 않다. 코란은 앞머리부터 읽는다 하더라도 무함마드의 예언자로서의 행동, 사상의 발전을 파악하기 곤란하다. 그 사상은 후대의 이슬람의 법학 · 신학 · 철학이나 신비주의에서 전개되는 사상과는 같은 레벨이 아니다. 사상에 표현된 형식(서술)이 신학이나 논리화 이전의 것이며 내용도 계시의 신비적 체험에서 창조나 종말시 일어나는 일, 그리고 일상의 사회적 규범에 이르는 여러 가지를 얼핏 종잡을 수 없이 말씀의 형식으로 표현되고 있다.

코란 제1장은 예외이지만 전체로 봐서 긴 장을 먼저 앞에 두고 점점 짧아지는 장으로 구성했다. 문체는 아름다운 운문이 많고 듣는 자로 하여금 가슴을 두드리게 한다. 메카 시대의 계시는 특히 사주(문장 말미가 운율을 갖는다)체 형식의 운문이다.

코란이 신의 말씀 그 자체라는 것은 그 말씀을 듣는 그 자체에 사람은 신한테서 말씀을 받고 신과 만났다는 것을 의미한다. 코란 속에서 먼저 강조되는 것은 알라를 믿으라 하는 것이고 알라가 유일신이며 알라 이외의 다른 신은 없다는 것, 즉 여러 신을 믿어서는 안된다는 것이다. 유일신 알라는 이 세상에 있는 모든 것 하늘 · 땅 · 별이나 태양이나 달도 인간이나 동물도 식물도 모두를 창조한 신, 즉 창조의 신이라는 것을 강조하고 있다. 이는 구약성서에서 강조되는 신의 관념과 같다. 이같은 창조신이라는 것이 유일신이라는 것과 아울러 강조된다. 그리고 유일하며 창조주인 신 알라는 인간에 대해 자비로운 신이라고 강조하고 있다. '은혜로우시고 자비로우신 신'이란 문구가 코란의 제9장을 제외하고는 모든 장 113개의 장의 앞머리에 나온다.

자비로우신 신이지만 한편으로는 신을 무서워하지 않으며 신을 믿지 않는자에게는 위력적인 신이다. 이같은 인간, 인간집단, 민족을 멸망케 하는 무서운 신이다. 따라서 신에게 순종하라고 코란은 되풀이하여 강조된다. 이처럼 신은 온갖 것을 창조했기 때문에 마지막에는 자기가 만든 모든 것을 멸망시킨다. 이 멸망시키는 날을 '최후 심판일'이라고 하며 이날에 모든 사람은 신앞에 호출되어 심판을 받는다. '최후 심판'을 믿으라, 그날이 가까이 와있다고 강조되고 있다. 최후 심판의 날에는 하나하나의 모든 사람이 심판되고 생전의 선행 또는 악행에 따라 천국에도 가고 지옥에도 가며 그 결과로서의 천국과 지옥생활이 코란에 되풀이되어 강조된다.

그리고 이같은 신의 의지를 전하는 자로서의 예언자로 존재하게 된다. 또는 신의 사도 혹은 사자라고도 말해지며 예언자 신의 사도란 관념도 거듭 말해진다. 코란에는 구약성서, 특히 모세의 5서에 나타난 예언자들이 되풀이되어 등장한다. 또 기독교의 예수도 예언자의 한사람으로 코란에 나타난다. 구약성서의 예언자들이나 예수라고 하는 예언자의 계보의 마지막에 나오는 예언자가 무함마드라고 강조되고 있다.

'코란에서 신은 왜 인간에게 계시를 주는가?' '신의 말씀은 무엇인가?' 라는 점도 술해졌다. 신의 말씀으로서의 코란은 사람들에 대한 신의 부름(3장 193절)이며 인류를 구제하기 위한 인도이다. 계시란 신의 자비의 발동으로서 사람들을 부르는 것이다. 이는 경고와 동시에 기쁜 소식으로 듣는 이들에게 응답(신앙)을 하도록 종용한다.

그리고 사람들이 신의 이런 부름에 응할 때 신과 인간과의 전인격적 관계가 성립된다. 코란에서의 신 · 인간 · 세계 · 창조 · 종말 · 내세 등의 설명도 제3자적 입장에서의 설명이 아니라 신이 인간을 부르는 가운데서 얘기된다.

코란의 사상은 단지 코란의 서술내용뿐만 아니라 그 말씀을 주는 때와 장소를 고려하여 파악하여야 한다. 이 점에 코란의 사상적 특징이 있다.

코란에 의하면 궁극의 구제는 내세에 있고 내세에 비하면 현세는 하잘 것없는 순간이다. 그러나 내세에 들어가 구제를 받을 수 있는 것은 계시 이후의 현세에서의 삶인 공동체에서의 생이다. 현세란 신의 자비와 힘으로 존재하고 질서정연하게 존속하는 것처럼 인간도 신의 인도에 따라 공동체 생활을 질서정연하게 유지하여야 한다. 이를 서술한 것이 구체적 인도로 예배 · 단식 · 희사 · 순례 등의 의례행위(儀禮行爲)가 코란에 포함되고 있다.

세속적인 영역을 말하는 이 세상에서의 삶이 중요함은 종말론으로 근거된다. 코란에 술해진 종말을 믿는 자야말로 이 세상에서의 하나하나의 삶의 중요성을 안다. 따라서 이슬람의 '현세지향'은 종말론에 반대되는 것이 아니라 오히려 종말론으로 바침을 받는다. 코란에서는 여기서 과도한 금욕주의나 현세 부정적인 출가 등은 결코 인간의 이상적인 상태나 구제로의 가까운 길로 간주하지 않는다.

이슬람 공동체내의 인간 상호 관계의 바른길인 윤리법적 규범이 있다. 코란에는 가장 일반적인 형태로서 '믿고 바른일을 행한다'라고 되풀이하여 강조되고 있는데 보다 구체적으로는 다음과 같은 윤리적 의무를 꼽을 수 있다.

(1) 알라 이외에 다른 신을 설정하지 않는다.
(2) 양친을 공경한다.
(3) 근친자, 가난한 자, 집을 나선 자에게는 베풀어야 할 것은 베풀어야 한다.
(4) 낭비를 하지 않는다.
(5) 빈곤을 두려워하여 내 자식을 죽이지 말고,
(6) 인색해서는 안된다.

(7) 간음을 하지 마라.
(8) 고아의 재산에 손대지 말고,
(9) 계약을 지키고,
(10) 자기가 알지 못하는 일을 행하지 말고,
(11) 잘난 척 하지 말며,
(12) 부당하게 타인을 죽이지 마라.

마치 모세의 10계명을 상기시키는데 이들 항목은 코란 여러 곳에서 되풀이 된다.

코란의 규정은 윤리적 덕목에만 한정되지 않고 이슬람교도의 법적 규범도 포함되고 있어 여기에 코란 규범의 특징이 있다. 코란은 인간에게 '행함을 바르게 하라'고 명할 뿐만 아니라 사회생활의 구체적 장에도 무엇이 정의라는 것도 밝히고 있다.

예를 든다면 혼인에 관해서도 아내의 수, 결혼해서는 안되는 여자, 결혼에 즈음한 혼자금(마하르), 혼자금을 줄 수 있는 여유가 없는 남성의 결혼, 처의 부정, 간통, 남편을 잃은 아내의 부양과 재혼 등의 규정이 코란에 술해지고 있다. 유산 상속에서도 상속인이나 상속지분, 유언방법, 임대차 관계, 이자의 금지, 살인, 절도, 여성에 대한 중상 등에 대한 형벌과 보복, 증언, 서약과 술, 돼지고기의 금지 등 음식물에 관한 금지 규정도 코란에 있다.

대외 의무로서 코란은 '지하드'를 강조하고 있다. 이 어휘는 보통 '성전'이라고 번역되는데 원래의 뜻은 '노력'이며 신의 길을 위해 분투노력하는 것이었다. 코란은 신앙과 공동체를 지키고 발전시키기 위해 적극적으로 행동하기를 '지하드'라는 어휘로 나타내고 있다.

코란의 윤리법적 규정은 여러 갈래에 걸쳐 있지만 그 주요한 부분은 가족법에 관한 것이다. 이슬람 초기의 공동체라는 단순한 국가조직에는 이 이상 복잡한 법규범은 필요가 없었을 것이다. 그리고 코란은 구체적인 규정이 체계적으로 인출되고 성립되는 법전류가 아니다. 사회생활, 특히 필요가 있을 경우 특정한 문제에 대해서 신이 예언자를 통하여 명시한 규범이다. 이같은 신의 지시가 없는 경우에는 무함마드가 신의 사도로서의 자격으로 적당히 처치를 강구했다. 코란의 규정 외에 예언자가 보였거나 또는 묵인한 것이 선례가 되어 이슬람교도들의 포괄적인 의무규범으로 샤리아(이슬람법)가 후에 체계화된다.

2. 움마(이슬람 공동체)

움마는 이슬람 신앙 공동체로 메디나를 중심으로 아라비아 반도 내에서 예언자 무함마드 재세중에 생겼는데, 이를 국가로 부르기에는 너무나 원초적이어서 '커뮤니티', 또는 '교단'이라고 부르는 것이 적합한 것이었다. 이것은 부족적 결합 원리 없이 정신적인 신앙 공동체로 시작되었으며, 현실적으로는 부족 연합체적인 것으로서, 명실공히 국가로서의 조건을 갖추게 된 것은 무함마드 말년의 일이다. 이때조차도 움마는 그 자체가 하나의 '부족'으로 간주될 특징을 갖고 있었으며, 부족적 당파 의식이나 대립이 완전히 소멸되지는 않았다.

특히, 남부와 북부의 부족적 대립은 우마이야 조 때까지도 계속되었고, 예언자 무함마드의 사후(死後) 곧, 표면화한 무하지룬(이주자)과 안사르(원조자)의 대립도 이 부족적 연대의식과 관계가 없다고는 할 수 없다. 또 아랍 여러 부족의 입교에 있어서도 부족 조직이 대체된 것이 아니라, 오히려 그대로 온존되었다. 그리고 대정복 시대에 군의 편성, 급여나 연금 지급 등에 있어서도 부족 조직이 적극적으로 이용된 실정이었으며, 움마 자체가 하나의 부족으로서의 성격을 갖고 있었다고 할 정도이다.

초기 이슬람 대정복에 의한 움마의 지상적 발전을 지탱한 것은 아랍이다. 코란에 되풀이하여 말해지는 것처럼 '알라의 길'을 위해 신명을 다하여 노력하는 것(지하드)은 신앙의 증거였다. 이들 아랍 전사들은 무사히 생환하면 막대한 전리품의 분배를 받을 수 있고, 전사하면 순교자로서의 천국이 약속되었다. 이들은 정복지에서 토착화하지 않고 미스르(병영도시)에 살며, 이슬람의 전위병으로서 행동하고, 자기들의 아랍이야말로 무슬림들 중의 무슬림이라는 생각을 갖고 있었다. 이것이 아랍 무슬림의 특권 의식을 갖게 하는 하나의 요인이 되었으며, 아랍어를 모르는 자, 즉 정복지 주민을 아자미(이방인)라고 멸시하는 데에서도 이런 사고가 나타난다.

이로 인해 비아랍인들은 신 앞에서는 평등하다는 이슬람 교리에 따라 이슬람으로 개종하였으나 비아랍계 무슬림들은 같은 무슬림이면서도 마왈리라고 불리워져, 아랍 무슬림과 대등한 시민으로 간주되지 않았다. 이것이 불만의 요소가 되어 아바스 조 성립의 하나의 요인이 되기도 한다.

그러므로 정통 칼리프 시대 말기로부터 아바스 조 초기에 걸쳐, 움마는 다민족적 보편 국가로서의 '제국(帝國)'이 된다. 그러나 우마이야 조에서는 아랍적 요소가 강조되고 있어, 진정한 의미에 있어서, 보편 국가로서의 여부는 문제가 많다.

아바스 조도 백 년이 지나면 그 지배하의 여러 곳에서 독립 · 반독립의 왕조가 생기고 상호간에 대립 항쟁이 되풀이되어, 움마는 정치적으로 분열한다. 이렇게 되어 단일 국가의 통일적 움마는 모습을 감춘다. 종교적 생활뿐 아니라 시민적 생활을 같이한다는 의미의 움마가 겨우 '전쟁의 땅'에 대한 '이슬람의 땅' 내지는 '이슬람 세계'라는 정도의 내실(內實)이 희박함을 보게 된다. 특히, 아바스 말기의 사회적 혼란기에서는 개개의 무슬림에게 생활 공동체라는 실감을 갖게 하는 것은 지역 공동체이며, 그때의 움마라고 하는 것은 사실상 지역 공동체에 지나지 않았다.

3. 하와리지파

하와리지파와 시아파 발단의 직접적 계기는 657년의 이라크의 싯핀 전투이다. 이것은 그 전년에 살해된 정통 제3대 칼리프 오스만의 후임으로서, 칼리프에 선출된 알리를 인정하지 않는 무아위야와의 싸움이었다. 알리측은 시종 전투를 유리하게 진행하고 승리를 목전에 두고도 무아위야측의 제안으로 종전을 하게 되었고, 사태는 조정으로 결정하게 되었다. 전하는 바에 의하면 무아위야는, 그의 휘하 장군의 진언을 받아들여 부하에게 명하여 코란을 창끝에 달게 하고, 싸움을 코란에 의해 결정짓겠다는 표시를 하게 했다.

이미 양군 다 장기간에 걸친 싸움으로 피폐해 있었기 때문에 무아위야측이 내놓은 제안을, 알리 측의 다수가 자기들이 좋을대로 일방적으로 해석하고 코란에 호소함으로써 무아위야에 대한 싸움의 정당성이 증명된다는 기대를 하고 있었다.

그러나 '코란에 의해서 결정한다'고 하여도 코란에 이런 문제에 대한 직접적인 규정이 있을 리가 없다. 따라서 이 제안은 아무런 의미도 갖고 있지 않았다. 무아위야 측에서는 이 결론이 어찌 되었든간에 시기를 벌기 위한 것으로 충분하였다. 알리 자신은 이를 충분히 알고 있었지만 다수 장병의 의사를 무시할 수 없었기 때문에 조정을 수락하였으나, 이 결정에 반대하는 자들이 알리 진영으로부터 이탈해 나갔다.

아랍어의 '나갔다'(하라자)라는 동사의 명사형 복수가 '하와리지'이며 이탈해 나간 자들을 하와리지파라고 불렀다. 그들이 내세운 것은 '결정은 신에게만 속한다'는 것인데 그들에게 있어서 '신의 재결(裁決)'은 구체적으로 코란 49장 9절의 부분을 의미한다고 한다. 하와리지파에서 '죄를 범했다'고 한 것은 무아위야측으로서 이들과 싸우는 것은 '신의 재결'이며, 여기에는 인간의 협상을 위해 타협할 여지가 없다는 것이다.

왜 하와리지파가 무아위야의 행동을 비난하였으며, 또한 그와 타협한 알리의 행동도 비난하면서 이들과 대립하지 않으면 안되었을까? 하와리지파가 알리를 그릇된 것으로 생각한 것은 다음의 이유 때문이다. 제3대 정통 칼리프 오스만은, 움마의 지도자로서 자기 일가(一家)의 사람만을 등용하여 중대한 죄를 범하였기 때문에 살해된 것이다. 따라서 오스만 살해의 복수를 하려고 하는 무아위야의 행위는 악이며, 무아위야와 전투를 벌인 알리는 정의이다. 하와리지파가 알리를 지지한 것은 이 때문이고, 그를 버리고 그에게 적대한 것은 그가 무아위야측과 조정(調整) 수락에 의해 악과 거래하였기 때문인 것이다.

하와리지파의 운동이 고양된 것은 우마이야 조 야지드의 사후이다. 그러나 7세기 말경 우마이야 조의 알하자즈 빈 유세프에 의해 거의 진압되었지만 근절시키지는 못했기 때문에, 우마이야 조 말기에 이르러 하와리지파의 운동이 다시 활발하게 된다. 특히, 이라크 지방이나 아라비아 반도에서는 이 파의 무력 투쟁이 계속 일어나서 우마이야 조의 멸망을 더욱 가속화시키게 되었다.

다음 아바스 조에도, 하와리지파의 반란은 산발적으로 계속되었으나 옛날과 같이 시대의 흐름에 영향을 줄만한 것은 없었으며 결국 하와리지파의 운동은 실패하고 말았다. 여기에는 여러 가지 본질적인 역사적 의의가 부여된다. 가장 큰 이유는 그들의 광신성과 비관용적인 태도이며 또, 그들이 주장하는 급진성이 대중으로부터 외면당함으로써 고립화를 빚어냈기 때문이다.

하와리지파에도 여러 분파가 있다. 먼저 이븐 아즈라크(686년 사망)를 지도자로 하는 아즈라크파로 이 파의 가장 과격한 집단이었다. 그들에게 있어서 정통 제3대 칼리프 오스만의 행위는 '신도의 장'으로서 가져서는 안될 부정이었으며 이같은 부정을 방치한다는 것은 공동체인 움마 전체가 길을 잘못든 것을 묵인하는 것으로 생각했다. 따라서 오스만이 살해된 것은 악을 제거하기 위한 일임에도 불구하고 그를 복수하고자 한 무아위야나, 무아위야가 수립한 우마이야 조 정권도 당연히 부정에 의한 것으로 간주한 것이다.

아즈라크파에 의하면 '신앙을 갖는 자'는 모두 이같이 생각하고 있었고, 또한 이같이 생각하는 자(그들의 사상에 공명하는 자)는 당연히 부정을 바로잡기 위해서 행동(그들의 운동에 참가하는 것. 즉, 그들의 집단에 들어오는 것)하는 자들이라고 한다.

다시 말하면 악을 좌시하고도 행동하지 않는 자(카다)는 '불신앙'(쿠푸르)이며, 한 번 신앙을 고백하고도 이와 같은 태도를 취하는 자는 '배교자'(무르닷드)로서, 이같이 공공연히 신앙을 버린 자는 살해되어야 한다는 것이다. 이렇게 그들은 누구에게나 구별없이 질문을 발하여, 그 주장을 실행해 나갔고, 일반 무슬림을 공포의 도가니로 몰아넣었다.

또 하나의 집단은 아라비아 반도에서 한때, 지배권을 확립하였던 온 것은 나즈디파이다. 그들의 사상적 특징은 '카다'의 입장을 취하는 자는 '위선자'(무나피크)여도 '불신앙자'(카피르)가 아니며, 따라서 배교자로서 살해 대상자가 되지 않는다는 것이다. 또 하나의 특징은 '타끼아(Taqhyah)' 원칙을 정하고 생명의 위험이 있는 경우에는 자기의(하와리지적) 신조를 위장 표면화하여도 좋다는 것이다.

물론 나즈디파의 이러한 두 점은 극히 예외적인 것으로서 어떻게 할 수 없는 현실적 타협이었으며 어디까지나 '현세의 몸을 팔아 내세를 수중에 넣는' 직접적인 행동이 요구된 것은 말할 필요가 없다. 그러나 그들은 사실상 그들에게 공공연히 적대하지 않는 한 비(非)하와리지파와의 공존 가능성을 인정하였다는 것이 중요한 것이다.

하와리지 사상의 특징은 첫째로 강렬한 종말 의식과 현세 부정(否定)의 사상이다. 그들에게 있어서는 '이미 파멸적인 압정(壓政)의 모습이 드러났으며 현세는 질이 좋지 못한 사기꾼들이 들끓고 있는 장소'가 되었고, 악의 소굴로 변하고 있었다는 것이다.

이같이 부정과 싸워 승리를 얻는다는 것은 거의 불가능한 것이었으나, 이를 묵과하는 것도 스스로 부정에 가담한다는 것을 뜻한다. 그래서 '죽어서 신의 벌을 받는 것을 두려워하는 자'가 취할 길은 하나이며 결과가 어떻게 되든간에 부정에 대한 모든 타협을 거부하고, 이에 도전하여 심판을 위해 몸에 증거를 내놓는 것이다. 현세란 하나의 뜬구름과 같아 안주할 곳이 못된다는 하와리지파의 이같은 이상을 어떻게 구체화하는가에 대한 방법은 문제가 아니다. 다만 이상(신앙)에 몸을 바쳐 순교하는 것과 신에게 이유가 닿도록 죽는 것이었다.

두 번째는 행위의 중시로부터 오는 윤리적 리거리즘(엄격주의)이다. 하와리지파에게 있어서 신앙이란 행위이며 대죄를 범하면 신앙을 소멸한다. 즉, 신앙이 없기 때문에 대죄를 범한다는 것이다. 이렇게 '불신앙자'는 내세에 있어서 지옥에서 벌을 받을 뿐 아니라, 현세에서도 이에 상응한 벌을 받아야 한다는 것이다.

세 번째 특징은 평등주의이다. 이것은 신의 법(코란)이 유일 절대의 권위이며 모든 것은 이에 따라 재결(裁決)된다는 것이다. 이것은 그들의 철저한 윤리주의의 귀결이기도 하다. 따라서 올바른 인간이라면 '비록 흑인 노예라고 하더라도' 공동체의 지도자(칼리프)가 될 수 있으며 또, 대죄를 범한다면 누구나 그 자격을 상실한다는 것이다.

이상 세 가지 점이 하와리지파의 기본적인 사상이다. 물론 이슬람 다수파도 기본적으로는 이렇게 생각하고 있지만, 이것을 계시에 대한 자기 주관적 해석으로서 절대적인 것이라고 생각하고, 이를 곧 시행하고자 하는 데에 하와리지파의 특색이 있다.

그러나 그들이 너무 이상주의였고 이 이상이 실현되지 않았을 때 즉, 현실의 움마를 완전히 이상적인 것으로 만들지 못하였을 때에는 그들은 죽음을 택한 것이다. 오늘날 이들의 한 분파가 이바디라는 이름으로 북아프리카 · 오만 · 잔지바르 등지에 잔존하고 있다.

4. 시아파의 운동과 이맘 사상

하와리지파가 알리의 진영을 떠난 것과는 달리, 그 진영에 남아서 그를 지지한 파가 있는데 이를 시아파라 한다. 이 운동의 중심 인물은 예언자 무함마드의 사촌이며, 그의 부인 하디자 다음에 이슬람에 입교한 무슬림이며, 그의 딸 파티마의 남편으로서 가장 가까웠던 사람인 알리이다.

알리는 수도를 쿠파로 정하였는데 예언자 무함마드와 이같은 특수한 관계에 의한 것인지, 그의 개인적 자질이나 성격에 의한 것인지 몰라도 그를 중심으로 모여든 신자들이 많았다. 그들은 예언자 무함마드가 이루어 놓은 '성스러운 공동체' 움마를 오류없이 지도해 나간다는 것이 극히 중요한 것이지만, 움마의 지도자를 인간이 선택하는 데 있어서는 잘못된 선택도 할 수 있다는 것이다. 그러나 여기에 모순이 있다. 만일 잘못된 선택을 하였을 때에는 움마 전체가 오류와 혼란에 빠질 수 있기 때문이다.

시아파란 '당파'를 의미하는 어휘이며 원래 '시아 알리'로 사용되었다. 시아파란 알리와 그 후예 즉, '예언자 무함마드 가의 가족들'만이 예언자의 정당한 후계자이며, 움마의 지도자라고 믿고, 그들에게 충성을 맹세한 사람들을 말한다. 시아파가 많은 분파로 분열된 것은 알리의 후예 중 누구든 이맘(수니파에서 얘기하는 칼리프)이라고 하는 계통론과 이맘의 본질론에 대한 차이에 있는 것이다.

시아파가 집단 당파로서의 성격이 나타난 것은 657년 싯핀 전투에서 하와리지파가 이탈한 이래이다. 이 싸움에서 '알리가 벗으로 한 자를 벗으로 하고, 그가 적으로 하는 자를 적으로 한다'고 맹세하고 마지막까지 알리를 적극적으로 지지한 사람이 그후 시아파의 모체가 된다.

680년 무아위야가 사망함과 동시에 그의 아들 야지드가 칼리프에 즉위했다. 쿠파의 알리파는 이 기회를 놓치지 않고, 우마이야 조 정부의 타도를 목표로 일어설 것을 알리의 둘째 아들 후사인에게 설득했다. 후사인은 이에 응해 야지드에 대한 충성을 거부하고 비밀리에 메카로부터 쿠파로 향했으나, 이 움직임을 안 정부군은 쿠파 근처 카르발라의 들판에서 후사인을 살해했다. 예언자가 생존시 사랑하였던 한 사람이 고의로 살해된 것이다.

시아파에게 있어서는 그후 오랫동안 계속되는 고난의 역사의 개막이다.

지금도 매년 이슬람력 무핫람달 10일에는 부정에 대해 죽음을 돌보지 않고 일어서 순교한 후사인의 수난을 되풀이하는데, 사람들은 자신의 몸에 채찍질을 하여 상처를 냄으로써 후사인의 고난을 기리며 부정에 대한 노여움을 새롭게 하는 것이다.

카르발라의 참극이 시아파에 준 충격은 이루 헤아릴 수 없다. 특히, 쿠파의 시아파는 스스로 후사인을 초청하였으면서도 근처까지 온 그를 살육자의 손에 방치하였다고 하는 심한 죄책과 후회감에 사로잡혔다. 죄를 보상하기 위해서 그들은 죽음을 맹세하며 단결을 강화하였다.

이런 의미에서 볼 때 '시아파가 이슬람력 무핫람달 10일에 일어났다'라는 표현은 과장이 아니다. 그러나 이 사건에 대한 시아파의 움직임은 우마이야 조 정권하의 엄격한 상황 속에서 즉각 표면화하지는 못했다. 사건이 생긴 후 4년 뒤에야 타와분(참회자들) 약 4천 명이 쿠파에서 궐기하였으나 684년 타와분의 반란은 실패로 끝나고 말았다. 이에 계속하여 일어난 것이 무흐타르의 반란이다. 그는 시아파의 동지를 모으고 예언자 일족을 위한 복수, 약자의 보호, 부정한 자에 대한 '지하드'를 호소하면서 무력 봉기를 일으켜 곧 쿠파를 점령하고 다른 외곽의 주요 지역이나 페르시아 일부도 지배하에 넣었으나 687년에 격파되었다.

이 무흐타르 반란은 두 가지 점에서 중요하다. 하나는 시아파 운동에 있어서의 주역이 알리와 파티마의 아들이었으나, 이 무흐타르 반란은 알리와 다른 처 하울라 하나피아의 아들 무함마드 이븐 하나피아였다는 점이다. 또 하나는 이 반란에는 다수의 '마왈리'가 참가하여 중요한 역할을 다했다는 점이다. 이슬람 공동체 내에서는 민족이나 인종의 차이를 초월해 모든 성원은 무슬림으로서 평등하여야 함에도 불구하고, 피정복지의 페르시아인이나 아랍인이 아닌 비아랍 무슬림은 당시 우마이야 체제하에서 '마왈리'라고 불리워져 사회적 · 경제적 차별을 강요당해왔다.

특히 이들 '마왈리'는 아랍에 비해 비교적으로 높은 문화적 전통을 갖고 있었던 만큼 체제에 대한 불만은 컸다. 이러한 '마왈리'에게 눈길을 돌린 무흐타르는 '약자의 보호', '부정한 자에 대한 지하드'라는 슬로건 아래 그들을 운동에 참가하도록 했던 것이다.

반란을 계기로 시아파 운동은 비아랍적 요소가 결합되어간다. 아바스조 이후 이들 비아랍 무슬림 상층계급이 수니파 체제측에 흡수되어 가는 한편, 시아파 운동은 민족적 성격을 초월하여 피억압자의 종교로서의 성격이 강하게 나타났으며, 이와 동시에 사상적으로도 비이슬람적 요소가 가해져 새로운 전기를 보이고 있다.

무흐타르 반란 후 약 반 세기간 정치적으로 나타난 시아파의 움직임은 없었으나 사상면으로는 눈에 띈 변화를 보였다. 무함마드 이븐 하나피아의 죽음(700년)을 계기로 무흐타르 일파인 가이산은 두 파로 분열한다. 그 하나는 무흐타르의 죽음을 인정하는 자들로서 '이맘'이 그 아들 아부 하심에게 이양되었다고 주장하는 하심파이며, 다른 일파는 그가 죽은 것이 아니라 일시적으로 몸을 숨기고 있는 것이며 언젠가 모습을 나타내어 세상에 부흥을 관장하고 지상에서 정의를 실현한다고 주장했다.

여기에서 '이맘이 몸을 숨기고'(가이바), 그리고, '이맘이 재림하여 정의를 갖고 지상을 지배한다'(라즈아)고 하는 시아파의 기본 사상이 처음으로 표명된 것이다.

우마이야 조 말기가 되면 하와리지파에 호응이나 하는 것처럼 '가이산'파에 덧붙여 후사인의 손자 무함마드 바키르, 하산의 증손 무함마드 나파스 자키야 등을 '이맘'으로 옹립하는 반란이 잇달아 일어났다. 그러나 이 운동을 직접 지도한 것은 '이맘' 자신이 아니라 그들의 사도(使徒)라고 칭하는 자였다. 무함마드 바키르의 아우 자이드는 스스로 반란(740년)을 지휘하여 싸운 최초의 '이맘'이다.

이 '자이드' 반란에서 주목할 것은 이를 계기로 '정통' 시아파의 입장이 보다 더 선명해졌다는 것이다. 즉, 자이드에 의하면 원래 알리는 예언자 무함마드의 후계자로서 '이맘'이라는 것은 당연한 일이며 이는 지명에 의한 것이 아니라 알리가 움마(이슬람 공동체)의 지도자로서 가장 우수한 자질을 갖고 있었기 때문이라는 것이다. 그 이전의 3명의 칼리프는 단지 이를 인식하지 못한 데 지나지 않으며 그들이 '이맘'의 지위를 찬탈한 것이 아니라 할지라도 그들은 '뒤떨어진 이맘'이라고 하면서 그들을 합법적인 이맘으로 인정한 것이다. 또한 자이드는 시아파 일반에 인정되고 있는 '숨은 이맘의 재림' 사상을 부정하고 있다.

알리가 '이맘'이 된 것은 예언자가 직접 지명한 것이었으며 그 이전의 3명의 칼리프는 이를 찬탈한 것이라고 그 합법성을 부정하는 시아 다수파로서는 수니파로 기운 비운적인 자이드의 입장이 불만이었다. 그래서 그들은 자이드를 '거절하는 자'라고 불렀으며, '이맘'은 이미 죽은 형인 무함마드 바키르를 통하여 그의 아들 자파르 사디크에게 이양되었다고 하여, 이 사람을 옹립한 것이다. 그들 시아 다수파는 이슬람 초기의 정통파의 3명의 칼리프를 인정하지 않고 '찬탈자'라고 비난하고 있어 '삽바분'(비난자들)이라고도 불리어졌다.

이런 시아 다수파의 입장이 선명하게 나타나면서 수니 다수파와의 대립은 이미 결정적인 것이 되었다. 왜냐하면 최초 3명의 칼리프를 칼리프로서의 정당성을 부인하는 것은 수니파에게 대해 이슬람 공동체 움마 전체가 잘못된 길을 선택하였다고 하는 것이다. 따라서 지금의 공동체는 예언자의 전통에 기초를 두고 있지 않다는 것을 인정하지 않으면 안된다는 것이다. 이것은 수니 체계 기반 그 자체를 부정하는 것이어서 절대로 양보할 수 없는 선이기 때문이다.

우마이야 조 시대에는 그후의 '이맘'의 계통에 대해 명확히 예상시킬 수 있는 것은 아무것도 없었다. 우마이야 가를 타도한 예언자의 숙부 아바스 일족이 정권을 탈취하고자 시아파 운동을 교묘히 인정한 것은 이 때문이다. 그러나 아바스 가가 정권의 권좌(權座)에 앉고 이미 시아파의 지원이 필요없게 되어 수니적 입장을 선명하게 함에 따라 시아파의 반체제 운동은 다시 활발해진다.

다만 후사인 계통의 '이맘'은 여전히 정치적 동향에는 극히 신중하였다.

무함마드 바키르는 여러 파에 의해 '이맘'으로 옹립되었으나 이것도 그의 사후의 일이었다. 비록 생존시에 이런 일이 있었다고 하여도 그 자신은 정치에 직접 관여하지 않았을 것이다.

무함마드의 아들인 알리부터 세어 6대째의 '이맘' 자파르 사디크(765년 사망) 때에 그 후계 '이맘'을 둘러싸고 시아파는 다시 분열한다. 그후 직접적 계기가 된 것은 자파르에 대한 그의 장남 이스마일의 지명을 철회하였는데, 그 원인은 전하는 바처럼 이스마일의 음주벽이 아니라 그와 시아 과격파와의 결부였다고 한다면 아바스 조 성립 직후의 미묘한 정치 정세가 자파르로 하여금 이같은 행동을 취하게 하였다고 볼 수 있을 것이다.

여하간에 시아파 내의 소수 과격파 집단은 자파르→이스마일 계통을 정당한 '이맘'으로서 간주하여 모인 것이다. 한편 시아 다수파는 '이맘'은 자파르로부터 차남 무우사 알 카짐으로 이양되었다고 한다. 이것이 '12이맘'파의 계열이다. 이 파에 의하면 그후 '이맘'은 알리 알리다, 무함마드 알자와드, 알리 알하디, 핫산 알아스카리를 거쳐 12대째 무함마드 알마흐디로 계속되었다.

이 사이에 많은 '이맘'은 옥중 생활을 강요당했으며 874년에는 무함마드 마흐디가 돌연히 모습을 감추었는데 그들은 그가 언젠가 다시 '마흐디'(메시아)로서 재림하여 세상을 바로잡을 것이라고 기대하였다. 이같은 '이맘'파의 입장이 확립된 것은 10세기 전반이라고 한다. 이즈음 정권을 잡고 바그다드로 수도를 정한 것은 시아파의 부와이흐(932~1056년) 조인데, 이 아래에서 '12이맘'파는 비로소 공공연히 활동을 할 수 있게 되었고 이 파의 교의나 의례의 체계화가 진행된 것이다.

지금까지 기술한 것으로써 시아파에게는 '이맘'은 결정적인 중요한 역할을 다하고 있다는 것을 알 것이다. 시아파의 '이맘' 사상은 아래와 같다.

'이맘'이란 예언자의 후계자이다. 인간은 지상에서 각양각색의 사회를 구성하여 살고 있으나, 사회의 질서를 유지하기 위해서는 정의와 법을 신으로부터 가르침을 받아 인간에게 전하여 그들이 내세에서 구제될 수 있도록 하게 하는 인간이 필요하며 이러한 역할을 하는 사람이 예언자이다. 예언자는 오류가 없으며 예언자는 크고 작고 간에 실제로 죄를 범하지 않는다. 그렇지 않다면 예언자의 말씀에 대한 신뢰(信賴)는 상실되고 그후 사명은 이루어질 수 없다.

인간의 생활을 영위함에 있어서 예언자가 필요하다면 당연히 '이맘'이 필요하다. 이맘은 예언자가 사라진 후의 그의 후계자인 것이다. 이같이 '이맘'제도는 이성적(理性的)으로 보아 필연적인 것이며 또한 그러한 의미에서 신으로부터 부여된 '은혜'인 것이다. '이맘'은 각 시대에 한 사람이 있으며 한 사람이어야 한다. '이맘'은 각 시대의 사람들 중에서 가장 우수한 인간이어야 한다.

이와 같은 시아파의 이맘론은 여러 가지 점에서 수니파의 칼리프론과 현저한 대조를 이룬다. 먼저 시아파에 의하면 '이맘'제는 이성적으로 필연적인 것이기 때문에 신이 정한 제도이다. 수니파에도 칼리프 제도가 신의 뜻에 의한 것으로 보는 점에서는 같지만 그 신의 뜻은 공동체 움마의 구성원이 일치하여 택한 의견 속에 나타내고 있다는 점과는 다르다.

시아파에서 '이맘'은 현세적 문제뿐만 아니라, 성법상에 관한 문제에 있어서도 절대적인 권위를 갖는 데 비해, 수니파에서의 칼리프는 성법의 집행자로서 주로 현세적 문제에 관계하며, 성법 그 자체의 문제에는 하등의 권위를 갖고 있지 않다. 따라서 칼리프는 오류를 범하지 않는다고 할 필요도 없으며 가장 우수한 인간이라고 할 필요가 없다. 이같은 인간을 현실적으로 요구한다는 것은 불가능하기 때문이다. 여기서 공동체가 합의하여 선택한 성법을 지키고, 이를 집행하고자 하는 의도를 가지며 더욱 '쿠라이시' 부족 출신이라고 하면 합법적인 칼리프가 될 수 있다고 하는 것이다.

이같이 수니파의 제도가 극히 현실적인 것인 데 비해, 시아파는 논리적이고 이성적이며 너무나 이상주의라고 할 수 있다. 여기에 시아파는 합리주의 신학을 대표하는 '무타질라'파나 철학의 사상과 결합하여 가는 소지가 있다고 할 수 있다.

시아파로 본다면 수니 다수파는 원래 알리의 것이었던 '이맘' 위치를 찬탈하였던 의롭지 못한 지도자들에게 충성을 맹세하고, 카르발라에서 후사인 일족을 살육하고, 그후에도 많은 의인을 살해하거나 고통을 주는 등 여러 가지 불의를 범하고 정도를 이탈한 사람들이다. 그래서 수니파가 집권한 이와 같은 체제 속에서 신앙을 가진 자로서 어떻게 살아야 좋을 것인가 하는 중대한 문제가 시아파에게 제기된다.

비록 오염된 세상이라고 하여도 이로부터 도피하고 눈을 감는다는 것은 허용되지 않는다. 이는 부정(不正)과 싸워야 하는 무슬림 본래의 사명을 포기하는 것이기 때문이다. 그래서 시아파는 부정한 것을 실력으로 바로잡고자 시도하였으나 실패하고 말았다. 이와 같은 삶의 방법은 객관적으로는 여하간에, 주관적으로는 자기 신앙에 순교하는 것으로 비록 실패하는 한이 있더라도 완벽을 구하고자 했다는 점에 있어서 시아파의 특징을 볼 수가 있다.

한편 순수하기 때문에, 언제나 실패로 끝나는 행동을 과연 신이 바라고 있을까? 과연 현실적으로 방법이 없을까? 라는 의문이 생기는 것은 당연하다. 이와 같은 모색 속에서 생긴 것이 '마흐디'(구세주) 사상이다. 이 세상의 악이 점점 퍼져 극에 달하면 '마흐디'가 모습을 나타내, 악을 일소하고 정의가 세상을 지배하는 새로운 생활이 시작된다는 것이다.

이같은 생각에서 이 세상에 악이 깊어지고 부정이 퍼졌다고 하여도, '마흐디'의 도래(到來)에 희망을 걸고 고난을 이기며 사는 것이다. '마흐디'의 도래에 희망을 건다고 하여도 시아파는 스스로 진정한 신앙을 가진 자로서의 공동체를 형성하고, 그 독자성을 내외에 밝힐 필요가 생긴다. 이 때문에 수니파와 같이 학자 집단 무즈타히드가 나타나, 그들은 '이맘'을 대신하여 코란, 수나, '이맘'의 전승을 기초로 독자의 의식이나 법을 체계화해 나간다.

시아파의 이맘 계보

1. 알리(661 죽음)
    - 2. 알 하산(669 죽음)
    - 3. 알 후세인(680 죽음)
        - 4. 알리 자인 알 아비딘(약 712 죽음)
            - 자이드(약 740 죽음)
            - 5. 무함마드 알 바키르(731 죽음)
                - 6. 자파르 알 사디크(765 죽음)
                    - 이스마일(760 죽음)
                    - 7. 무사 알 카짐(799 죽음)
                        - 8. 알리 알 리다(818 죽음)
                        - 9. 무함마드 알 자와드(835 죽음)
                        - 10. 알리 알 하디(868 죽음)
                        - 11. 알 하산 알 아스카리(874 죽음)
                        - 12. 무함마드 알 문타자르(878 죽음)

5. 수니파

시아파와 함께 이슬람을 두 파로 나누는 한 파이다. 이슬람 공동체에서 압도적 다수를 점하기 때문에 때때로 정통파라고 불리우기도 한다. 이것은 어디까지나 수니파에서 보는 경우이다. 이슬람 공동체가 전체로서 받아들인 예언자의 관행(수나)을 따르는 신도들을 수니의 사람들이라고 본다. 이슬람에서 수니라고 하면 어디까지나 예언자 무함마드의 관행인데 이를 구체적으로 어떻게 아는가에 의견이 갈라진다.

시아파가 예언자의 피를 이어받고 그 후계자인 이맘의 종교적 권위를 강조하고 그 전승(傳承)을 통한 예언자 무함마드의 관행을 해석하는 데 대하여 수니파는 무함마드의 교우로부터 전해지는 하디스(무함마드의 언행록) 속에 무함마드의 관행을 찾을 수 있다고 했다. 이 때문에 '하디스'의 비판적 수집이 행해지고 부하리나 무슬림 등이 개별적으로 수집한 6개의 '하디스' 전승집이 가장 권위있는 것으로 일반에게 인정되었다.

코란 해석의 첫 번째의 근거는 하디스에 담겨있는 예언자의 관행의 실질적 내용이 확정하는 데서 코란, 하디스, 키야스(유추), 이즈마(공동체의 합의)의 4대 법원이 확정한다. 그래도 '수나'가 확립하였다 하더라도 많은 하디스 중에는 그 신빙성에서 완전하지 못한 것도 있어 이것을 어디까지 고려할 것인가에 따라서 키야스를 어디까지 응용할 수 있는가에 따라 법 해석의 상이가 생긴다. 여기서 최종적으로 하나피파, 말리크파, 샤피이파, 한발이파 등의 네 개의 법학파가 공동체적 승인을 얻고 수니파의 공적 학파로서 오늘에 이르렀다.

수니파 무슬림이란 형식적으로는 '육신(六信)'이라고 불리는 기본적 신조, 즉 알라, 천사, 경전, 예언자, 내세, 천명(예정)을 받아들이고 오행(五行) 또는 오주(五柱)라고 불리는 기본적 의무, 즉 신앙의 고백(샤하다), 예배, 희사(자카트), 단식, 순례를 다하고 네 법학파의 어느 법학파에 따라 일상생활을 규제하는 사람들을 말한다.

시아파는 이맘의 불가오류설을 취하는 데 대해 수니파는 '이즈마'(합의)의 불가오류설을 취한다. 이는 코란 해석의 최종적 권위가 공동체 전체에 있다는 것을 의미한다.

6. 이슬람 법학과 법 사상

624년 바드르 전투 승리 이후 예언자 무함마드는 메디나에 수립한 '움마'(종교 공동체)의 사실상 지배자가 되어 움마가 직면하는 여러 문제에 스스로 결정을 내려야 할 입장에 있었다. 그가 지금까지 신의 사도(라슬 알라 쥬흐)와 아울러 예언자(나비)라는 칭호를 사용하게 된 것은, 유태교의 영향에 의한 것으로 보지만 그의 예언자 의식이 높아진 것을 말한다. 한편 그는 입법자로서 신자에게 복종을 요구한다. 예언자 무함마드의 입법도, 어떤 의미에서 아라비아 반도 관습법의 혁신이었으나 혼인법, 유산상속제도의 확립이나 피해에 대한 복수제도의 제한 등, 약간만을 제외하고는 그는 종래의 아라비아 반도 관습법에 그리 중요한 변경을 가할 필요를 느끼지 않았다.

중요한 것은 무함마드가 일신교인 이슬람의 가르침을 설득하고 지금까지 이슬람 이전 시대, 다신교 시대의 종교 사회제도, 인간관계 및 세계관 모두를 '자힐리야'(야만상태)라는 어휘로 표현하여, 이것과 완전한 절연(絶緣)과 단절을 도모했다는 데 있다. '자힐리야'라는 어휘는 마력과 비슷한 힘을 가졌다. 과거의 모든 권위는 '자힐리야'라는 한마디로 더 분리되는 것이다.

신학자나 법학자가 아니었던 무함마드에게, 이슬람 신학이나 철학에 대한 체계적인 설명을 요구한다는 것은 무리인 것과 같이, 그가 계시받은 코란에서 정비된 법률체계를 요구할 수 없다. 계시는 필요에 의하여 무함마드에게 내렸다. 그러나 예언자로서의 무함마드의 목적은 '내세에서 천국의 생명을 보장받기 위해서는 현세에서 어떻게 행동하여 무엇을 피하여야 할까'라는 행동의 규범을 신자들에게 주는 것이었다.

요컨대 무함마드의 입법은, 무슬림 의무의 교조화이며 이슬람 종교 윤리의 공식화이지만, 그 목적은 인간과 인간과의 관계가 아니라 인간과 신의 관계를 규정하는 것이었다. 이슬람은 종교의 체계일 뿐만 아니라 신자의 모든 행동을 규제하는 생활의 전체계라고 말할 수 있으며, 또 후세에 완성한 이슬람법이 의례와 법률과 도덕적 의무를 동렬에 세우고, 그 모두를 같은 종교적 명령의 권위하에 놓아둔 것은 모두 이같은 코란의 입법적 성격에 유래한다.

무함마드가 살아있는 한 신의 계시는 필요에 응하여 언제나 내리며, 또 경우에 따라서는 먼저 내린 계시가 그후에 내린 새로운 계시에 의해 취소되는 것도 있었다. 예언자 무함마드의 죽음은 정치적으로 혼란을 초래하여, 아직 초창기인 무슬림의 '움마'는 존망의 위기에 처하게 되지만, 종교적으로는 그리 혼란이 일어나지 않았다. 초대 칼리프 아부 바크르나 2대 칼리프 우마르를 비롯하여, 오랫동안 무함마드로부터 가르침을 받고 그의 가르침을 완전히 이해하고 있었던 자들이 다수 있었기 때문이었다. 그들은 어떤 곤란이 직면했을 경우 무함마드였다면 이런 때에 어떻게 생각하였을까라고 가정하고, 다수가 문의하여 그들의 일치된 의견에 따라 행동하였다. 코란도 이같은 필요에 따라 편집되었다.

무함마드가 죽은 후 스스로 예언자라고 나타난 무슬림은 없었다. 그들은 무함마드가 죽은 후 신의 계시는 영원히 내리지 않는다고 생각하여, 무슬림 행동의 지침으로서 코란은 절대적인 권위를 갖기에 이른다. 아랍 제국의 건설로 아랍의 무슬림들은 극히 단시간 내에 광대한 지역의 지배자로 되었다. 이슬람 정복은 그 판도가 넓다는 것뿐만 아니라 민족구성도 종교, 문화의 사정도 코란의 배경이 된 무함마드 시대의 아라비아 반도 그것과는 비교될 수가 없을 정도로 복잡하였다. 지배자인 아랍의 무슬림은 코란의 규정만으로는 해결할 수 없는 여러 가지 문제에 직면했다.

예를 들면 조로아스터(배화교)교도들을 성경을 갖는 백성으로 간주할 것인가 또는 다신교도로 볼 것인가, 전리품은 5분지 1을 제하고 나머지 5분지 4는 전사들에게 분배될 것인데, 정복된 토지(土地)도 전리품인 이상 전사들에게 분배해야 할 것인가, 자치적으로 신앙(信仰)의 유지가 허용되고 있는 계전(啓典)의 민이 이슬람으로의 개종을 희망하고 있는데 이를 인정해도 좋을 것인가, 또 이럴 경우 어떤 과정을 밟아야 하는 것인가, 코란은 이같은 문제에 대해서 아무런 해답도 주지 않았으므로 무함마드가 살아 있었다면 이런 경우에 어떻게 하였을 것인가 하는 것 등, 너무 문제가 복잡하여 해결의 실마리가 잡히지 않았다.

이론으로서가 아니라 실제 문제에 있어서도 아랍 제국의 입법권(立法

權)은 칼리프, 또 경우에 따라서는 칼리프가 임명하는 각 주의 총독의 손에 있었다. 정부의 행정권과 입법권은 분리되지 않았고, 예언자 무함마드의 권한 중 종교적 권한 이외의 모두를 계승한 칼리프는, 사실상 웬만한 일까지 처리할 수 있는 입법권을 행사할 수 있었다.

칼리프의 입법을 가령 행정적 입법이라고 부른다면, 칼리프의 행정적 입법의 목적은, 새로 정복된 광대한 지역을 정부 이익을 위해 조직하는 것이었다. 각각의 지역에 그때까지 행사되어 왔던 관습법이나 법 관행은 정부 이익에 저촉되지 않는 한, 원칙적으로 수정이 가해지지 않았다. 따라서 우마이야 조 법률에는 전국적 규모의 통일성이 없으며 지역마다 다른 법이 있다는 것은 당연한 일이다.

예를 들면 아라비아 반도의 메디나에서는 노예의 재산소유가 인정되지 않았는데도 이라크의 쿠파에서는 이것이 인정되고, 또 메디나에서는 여자 스스로가 혼인 계약을 하는 것이 허용되지 않았는데도 쿠파에서는 이를 인정하였다. 이같은 문제에 대한 우마이야 조의 행정적 입법은, 제국 전체를 총괄하는 통일적 법제의 필요를 느끼지 않았고, 실제 문제로서도 통일시킬 수 있는 능력도 갖고 있지 않다.

무함마드는 분쟁의 조정자로서 메카로부터 메디나로 초청되었다. 이 분쟁의 조정자를 아랍어로 하캄이라고 한다. 싯핀 전투시 알리와 무아위야 쌍방이 조정회의의 개최에 동의하였는데, 이 조정회의의 두 명의 조정위원도 '하캄'이다. 제국건설에 따른 아랍인의 생활 환경의 변화와 함께 '자힐리야' 시대의 재판관이었고 부족 또는 씨족간의 분쟁조정을 주요 임무로 하는 하캄이 새로운 시대에 적합하지 않다는 것은, 누구의 눈에도 분명한 일이었으나 우마이야 조에 이르러서야 '카디'라고 하는 새로운 재판관들이 임명되게 되었다.

'카디'는 이슬람 제도로서의 재판관이지만 그 임명권은, 각 주의 총독에게 속하여 '카디'의 판결에 불만을 가진 자는 누구라도 총독에게 상고할 수 있었다. 입법권이나 사법권도 당시는 아직 행정권에 종속하고 있었던 것이다. 초기의 재판관 '카디'는 그들 자신의 판단에 의해 판결을 내렸는데 이것은 라아위(개인적 의견)라고 부른다. 당시 '카디'의 라아위 행사 기준이 우마이야 조의 행정적 입법과 지역적 법 관행과는 모순되지 않느냐 하는 점도 있다.

우마이야 조의 행정적 입법에 관해서는 그리 문제가 없었지만, 지역적 법 관행이라고 하는 점에서는 이 점이 사건이 일어난 해당지역의 것인가, 또는 '카디' 출신의 것인가를 둘러싸고 분쟁이 생겼다는 사례도 전해지고 있다. 대개 8세기 초에 '카디'는 법률 전문가가 아니였고, 관리였던 서기한 사람이 '카디'에 임명되는 것이 보통이었다. 그후 법학자가 많이 '카디'의 직책을 점하고 입법권과 사법권이 행정권으로부터 독립하기 시작하면서 이슬람 법은 점차 신권화되어간다.

7세기 말부터 8세기 초에 걸쳐 이슬람 법이 성문화되기 시작한 것이 이슬람의 법학(알피크흐) 기원이며, 이 이슬람의 법학자를 '파크히'라고 한다. '파크히'라는 어휘는 코란에서 지식 내지 이해를 뜻한다. 지식을 뜻하는 코란의 말씀에는 '일므'라는 술어가 있고, 이 '일므'는 개개의 문제에 대해 개별적 지식을 뜻하는 데에 비하여, '파크히'는 전체적인 지식 내지 이해를 의미한다. 따라서 한구절 한구절 또는 한마디 한마디의 코란의 구절에 상세한 주석을 다는 '타프시르'는, '일므'의 전형이라고 간주되고 있으며, '일므'에 관한 학문을 연구하는 학자가 '울라마'(이슬람 법학자)이다. 반드시 법학을 제외하는 것은 아니지만, 코란의 신학적 연구를 주로 한 학문이 '일므'로 칭하여지는 데 비해, 코란의 어구 해석만으로 해결할 수 없는 법학이 '파크히'로 칭하여진다.

'파크히' 발생지는 히자즈 지방의 메디나와 이라크의 쿠파였다. 초기 '푸카하'(파크히의 복수)는 이슬람 법의 성문화를 시도하였으나, 최초에 그들이 관심을 가진 것은 우마이야 조의 행정 · 입법이 각 지역의 법 관행에 모순을 갖고 있었는가 하는 점이다. 각각의 지역의 법 관행에 따른 행정적 입법을 비판하는 것도 일반적이었다. 또 그들은 예언자 무함마드의 입법

정신에 따라 이슬람 법은 예언자를 통하여 계시된 신의 의지이며 이의 준수는 신자가 내세의 구제를 보장하는 것이라고 생각하여 이를 '샤리아' 이슬람 법이라고 불렀다.

샤리아라는 어휘의 원뜻은 '물이 있는 곳으로 이르는 길'이지만 코란의 45장 18절에서는 '인간이 밟아야 할 분명한 길'을 의미하는 어휘로도 사용된다. 이슬람 법학자는 이를 신이 인류에게 내린 명령의 총체를 의미한다고 해석하고 여기에서 샤리아는 이슬람 법을 의미하는 술어로 사용하였다. 이렇게 되어서 법률영역에 종교적 가치관이 도입되고 법 체제를 이슬람 범위에 수립하고자 하는 움직임이 시작되었다.

이슬람 법학이 법전(法典)의 실무나 정부의 사법행정의 시행에 의해서 나온 것이 아니라, 이슬람 이상을 공식화하고자 하는 학자들의 진지한 노력에 의해 시작되었다는 점이다. 이는 이슬람 법학의 기원에 있어서 이상주의적이었다는 것을 나타내고 있고 이후에도 이슬람 법학은 같은 환경에서 조성되었다. '파크히' 탄생지를 메디나파와 쿠파파로 한 것은 서로 뜻을 같이하는 학자들이 같은 지역에 모였기 때문이다. 법학에도 '히자즈' 학파와 이라크 학파가 형성되었다.

두 학파 상호간에는 의견의 대립이 있었으나 각 학파의 자체 내부에서의 의견 대립은 거의 나타나지 않았다. 우마이야 조 말부터 아바스 조 초기에 걸쳐 히자즈 학파는 말리크 빈 아나스(795년 사망), 이라크 학파는 아부 하나피(767년 사망)를 각기의 지도자로 하였다. 이것이 정통파 법률학파의 '말리크'파와 '하나피'파의 기원이다. 히자즈 학파와 이라크 학파의 법학 방법은, 무제한적인 '라아위' 행사의 반성으로, 히자즈학파에서는 '이스디슬라흐'(공공 복지에 대한 배려), 이라크 학파에서는 '이스티흐산'(엄밀한 유추를 넘어선 개인적 판단)이라는 방법이 중요시되었고, 그대로 '말리크'파와 '하나피'파에 인계되었다.

그러나 이보다 중요한 것은 이슬람적 가치관을 의미하는 '수나'라는 관념이, 이라크 학파에 의해 비로소 법학의 영역에 도입된 것이다. '수나'라는 어휘는 이슬람 이전의 자힐리야 시대로부터 확립되어 일반적으로 승인된 관행을 의미하고 있다. 무함마드에 의해 확립된 종교적 · 윤리적 관행이라는 의미에서 예언자의 '수나'라는 어휘로 사용된다. 이라크 학파는 우마이야 조 말기에 이 예언자의 '수나'라는 어휘를 무함마드의 언행을 바탕으로 확립된 이슬람 법 관행이라는 뜻으로 사용되었으나, 이 점은 '히자즈' 학파에 의해 곧 채용되어 예언자의 '수나'에 의한 행정적 입법이나 지역적 법 관행을 비판하는 것이 두 학파 공통의 방법이 되었다.

그러나 무엇이 예언자의 '수나'인가라는 구체적인 문제에 대해서는 두 학파간에 통일적 견해가 없으며, 각각 그 내용에 대해서 다른 관념을 갖고 있었다. 예언자의 '수나'라는 관념은 처음 이라크 학파에 의해 채용되어 곧 '히자즈' 학파에 의해서 답습되었는데 이 두 학파를 비교할 경우 방법론에 있어 한발 앞선 것은 이라크 학파이다. 그러나 양 학파 사이에는 꽤 활발한 교류가 있었던 것 같으며 이라크 학파의 앞선 방법론은 곧 '히자즈' 학파에 채용되었다.

두 학파도 예언자 '수나'를 현실적으로 확립되어 실행되고 있는 법 관행이 아니라, 이렇게 되어야 한다는 법 관행이라는 의미에서 해석한다. 그들에게 있어서 '수나'는 이론적 · 이상적 · 규범적인 것이어야 한다. 수나가 이같은 성격을 띠고 있는 것은 그 결정이 각 학파의 학자들의 합의로 이루어졌기 때문이며, 이같은 학자들의 합의를 '이즈마'라고 한다. '이즈마'는 여러 학자들의 창조적 의견에 의해 도출된 것이다.

7. 하디스와 이슬람 법

정보, 얘기, 전승을 의미하는 아랍어로 하디스는 이슬람에서는 특히 예언자 무함마드의 언행(수나)에 관한 전승(傳承)을 말한다. 여기에는 그의 교우들에 관한 것도 포함된다. 일반적인 하디스의 내용은 본문(마튼)과 이를 전한 전승자들의 이름을 열거한 부분(이스나트) 둘로 되어 있다.

예언자 무함마드의 타계(632년)에 따라 신으로부터 계시가 단절된 이슬람 공동체는 그후 직면하는 새로운 사태에 대처하는 데 여러 지침이 필요했다. 물론 공동체 구성원인 신도들은 최종 판단의 기준으로 된 코란을 소유했지만 그것만으로 생활의 온갖 영역에 걸친 여러 문제를 해결하는 데 충분치 않았다. 그래서 신도들이 시범으로 구한 것은 예언자 생존시의 언행(言行)이었다. 예언자 생존시의 언행은 신도들의 눈으로는 완벽한 것으로 간주되었다. 또 코란에도 예언자의 현세의 신앙과 행동을 본받으라는 말씀이 있다. 신자들은 이를 성스런 행동(수나)으로 본받아야 할 관행으로 존중하는 근거를 부여했다. 하디스는 이런 행동의 내용을 지시하는 점에서 극히 중요한 의의를 갖고 있다.

예언자 무함마드의 생활태도는 무슬림(이슬람교도)들에게는 한 점도 흠잡을 수 없는 것이다. 또 그의 생존시 이슬람 공동체의 모습은 후대 사람들에게는 이상적인 것이다. 이런 이유에서 후대에서는 될 수 있는 한 많은 하디스를 정확히 알고자 노력했다. '지식을 구하기 위해서는 중국의 오지라도 멀다고 하지 마라'라는 유명한 말 속에 쓰여져 있는 지식의 추구(타리브 알 일므)는 원래 하디스를 찾고 구하려는 노력을 가리킨다.

하디스 수집의 노력은 무슬림들의 스스로의 신앙을 더 깊게 세련되게 하기 위해서 필요했다. 이와 함께 정확한 지식은 후에 이슬람 공동체의 운영이라는 면에서 중요한 의미를 갖는다. 예언자 생존시에는 새로운 사태가 생길 때마다 계시가 내리고 이에 대응하는 대책이 세워졌다.

그러나 이미 그런 것은 기대하지 못하는 이상 무슬림들은 예언자의 관행에 따라 새로운 사태에 대처하기 위해 관행 그 자체를 흔들림이 없는 것으로 정해지는 것이 요구되었다. 한 사람의 인간의 언행은 다채롭고 다양하여 때때로 모순되는 것도 있다. 더욱 문제는 전승자가 오독하여 따로 외우거나 때로는 어떤 언행을 자기에게 유리하도록 해석하거나 또는 경우에 따라 마음대로 얘기를 날조할 수도 있는 것이다.

코란과 하디스를 비교할 경우 신빙성의 정도라는 점에서는 전자가 후자에 비해 훨씬 높은 것은 말할 나위도 없다. 동시에 전자는 신의 말씀이며 후자가 신의 의지를 체현하고 있는 한 사람의 인간이라는 점에서 질적으로 우열이 있다는 것은 부정할 수 없다. 그러나 무슬림들은 상술한 것과 같은 이유에서 예언자 무함마드의 언행을 성스런 행동(수나)으로 인정하였고 이를 코란 다음으로 의거하여야 할 것으로 했다. 법학자들은 수집된 하디스(전승)에 있는 성스런 행동(수나)을 코란 다음의 법원으로 공인하고 있다.

코란이 대개 원리적인 것에 비해 예언자의 언행은 극히 구체적이고 신자들이 본받기에는 편리했다. 따라서 예언자가 실행하고 좋다고 인정한 것은 장려하여야 하며 그가 금지한 것은 기피하여야 할 것으로 된다. 그가 특히 언급치 않은 문제는 일단 용인되어야 할 해석의 원리가 적용되어 온갖 법적 해석으로 응용되게 된다.

이슬람 법은 예언자 무함마드의 사후에 체계화된 것이 아니다. 이를 정비하기 위해서는 오랜 세월을 필요로 했다. 이와 함께 하디스의 편찬도 후세에 남겨질 형태로 여러 가지의 엄밀한 비판이 가하여진 후에 집성되었기 때문에 오랜 세월을 요했다. 하디스의 수집과 법의 정비는 정비례의 관계에 있다.

하디스의 조직적인 수집사업은 예언자 무함마드의 사후 바로 행해지지 않았다. 그러나 때가 흐름에 따라 하디스의 수집은 차차로 필요 불가결의 일이 되었다. 이슬람 공동체의 급속한 발전에 수반하여 하디스에 정통한 사람들은 넓은 이슬람 제국 내의 각처에 산재했다. 그런데 그들의 곁에는 종교적 현실 문제를 잘 모르는 신참 무슬림들의 수가 많았다.

이런 상황 속에 여러 가지 현세의 문제에 대해 재결을 내릴 경우 식자들은 자기가 들었던 하디스를 끌어다가 원용하여 개인의 학적 권위에 따라 결정했다. 그러나 각각의 지역실정을 감안할 필요가 있어 차차로 그 재결이 가지런히 맞지 않을 때가 있었다. 각 개인의 기억에 의지하여 무함마드의 언행(수나)을 확고한 권위가 있는 것으로 인정하기에는 충분치 않다는 사태가 생기게 된다.

하디스 수집의 필요를 통감한 칼리프는 우마이야 조 우마르 Ⅱ세라고 한다. 이것이 무함마드 사후 1백년경의 일이며 8세기 중엽에서 후반에 걸쳐 수집이 행해지기 시작했다. 그러나 하디스의 대부분은 구전으로 전해져 문자로 정착된 게 적었다. 이것은 하디스를 정세에 맞게끔 개변하기가 쉽다는 것을 뜻한다. 이로부터 벗어나기 위해서는 하디스의 전달 근거를 밝혀야 한다. 여기서 '이스나드'(경로)를 밝혀야 하는 것이 요구되었다. 즉 전승한 개인의 이름을 아주 뚜렷하게 밝혀 술하는 것이다. 동시에 이들 전승자의 전기가 조사되고 그 사람의 인격, 성격, 기억력까지 조사됐다. 이 엄밀한 필터를 거쳐 정확한 하디스를 구하고자 했다.

극히 확실에 가까운 하디스가 수집되고 이를 내용상으로 분류한 것이 9세기가 되어 2개가 나타났다. 첫째가 부하리이고 두 번째가 무슬림이 편집한 것이다. 부하리는 놀랄만한 기억력의 소유자로 16세 때 1만 5천의 하디스를 암송할 수 있었다고 한다. 그리고 드디어 60만의 하디스를 모을 수 있었다. 그는 그 중에서 진실이라고 생각되는 7천3백의 하디스를 상세히 뽑아냈다. 이를 '사이흐'(확실) 하디스라 한다. 이 중에서 중복된 2천7백의 하디스가 진정한 하디스로 되었다. 위작(僞作)된 하디스가 거대한 수라는 것을 알 수 있다.

무슬림도 '사이흐'를 편집했다. 그는 이란의 니샤푸르에서 태어난 부하리의 친구이자 제자였다. 그도 30만의 하디스를 모아 선택을 시도했다. 부하리와 무슬림 하디스는 비판적인 눈으로 성실히 편집된 '사이흐'이다. 그러나 이들 하디스뿐만으로 이슬람 세계를 완전히 조직화하고 체계화하기 위한 근거로서의 수나(무함마드의 언행 전통)는 아직 부족했다. 그래서 '사이흐'보다 확실성이 덜한 하디스로 4종의 수나가 편집되었다. 이렇게 하여 6종의 하디스가 코란 다음 가는 기본성전으로 존재케 되었다.

이는 이슬람 세계가 확대되고 아랍 이외의 이질 문화와 접촉함에 따라 일어난 필연적인 결과이다. 이질의 문명 세계를 이슬람 내부에 흡수하기 위해 이슬람도 변화해야 했다. 그 변화는 하디스에 나타난다. 하디스에 의해 이슬람은 새로운 의미를 갖게 되었다.

예언자의 언행을 뜻하는 '하디스'는 '새롭게 한다'라는 동사 '하다사'로부터 파생한 명사(名詞)로 원래는 새롭다, 소식, 말씀, 전승 등을 지칭하였다. 이것이 후에는 '예언자 무함마드의 언행에 대한 전승'의 뜻으로 한정되었다. '하디스'의 고향은 예언자의 도읍 메디나이며, 경외하는 예언자 무함마드의 인간상을 주위에 전하고자 한 교우들의 소망이 '하디스'의 기원이 된다.

쿠라이시 부족 출신의 학자들은 조직적으로 '하디스'를 수집하였는데, 하나는 이븐 이스학에 의해 대표되는 무함마드 전기의 연구자로, 이븐 사아드에 이르는 전통적인 무슬림의 무함마드 전기다. 또 하나의 계통은 전승주의자이며, 따라서 그들이 전하는 '하디스'는 어느 정도 역사적 '하디스'와 구별을 할 수 없는 것이 섞여 있다. 그러나 예언자에서 기원을 갖는 '하디스'는 그들이 법학자에게 대항하기 위해 많은 경우에 당파적 이해나 사적 이익을 위한 위작(僞作)이 있다는 것도 사실이다.

후에 샤피이(767~820년)도 인정한 대로 전승주의자의 법이론은 초기 학파의 그것보다도 한 단계 아래에 있으나, 그들이 무함마드의 '하디스'라는 것은 초기 학파의 대항상 내세운 것이며, 따라서 예언자를 둘러싼 무수한 위작의 '하디스'가 유포되는 결과가 되었다.

전승주의자의 마지막 학자는 4개의 정통 법률학파의 하나인 '한발이'파의 아흐마드 이븐 한발(855년 사망)이다. 그는 보수적인 경향도 많았지만 매우 큰 '하디스'집 '무스나드'를 편집하여 신학파인 '무타질라'파나 법학자에게 대항했다. 그는 '푸카하'인 법학자에 대하여 '울라마'인 신학자의 대표 인물로, 법률학파의 '한발이'파의 시조로 되어 있으나, 순 법률적 분야에 대해서는 관심이 없고 오히려 무슬림의 종교적인 면을 깊이 탐구했다. 법학자가 법체계를 이슬람적인 규범 위에 세우고자 한 데에 대해, 전승주의자는 법체계를 완전히 이슬람적인 규범 아래 종속시키고자 하였다.

이븐 한발의 죽음으로부터 계속되는 1세기는 '하디스' 수집이 가장 정열적이었던 시대였다. 무슬림으로서는 당연히 예언자 무함마드가 말하고 행한 것 또 행하여야 할 것, 그 외에 그에게 배워야 할 것은 배워야 한다는 것이 관심거리였다. 여기에서 그가 죽은 후 특히 무함마드와 직접 만날 수 없었던 세대(世代)의 사람들이, 예언자 생활의 전부를 알고자 하는 요구가 나온 것이다. 이렇게 무함마드 언행에 대한 '지식의 탐구'(탈라브 알 일므)가 시작된다.

부하리(870년 사망), 무슬림(875년 사망), 아부 다우드(888년 사망), 알 디르미디(892년 사망), 나사이(915년 사망), 이븐 마자(896년 사망) 등 6명이 편집한 6책의 '하디스'집은 하디스 6서(六書)라고 불리워지며 특히 존중된다. 이들 학자들은 '하디스' 비판학이라는 것도 발전시키고, 위작 '하디스'라고 보여지는 것은 될 수 있는 한 배제하고자 노력했다.

그러나 그들의 '하디스' 비판학도 대부분 7세기 말부터 8세기 중순까지 만들어진 위작 '하디스'에는 통용되지 않는다. 따라서 이것은 무함마드 전기나 그들의 종교 사상 연구를 위한 사료로는 할 수 없으나, 7세기 말이나 8세기 중순경까지 이슬람 사상이나 초기의 법률론의 발전을 연구하기 위해서는 극히 귀중한 사료이다.

이슬람 법학의 이론과 방법론은 샤피이파의 시조 샤피이에 의해 완성되었다. 8세기 후반에는 이슬람 법 체계를 종교적인 기초 위에 구축하는 작업이 거의 끝났는데, 이것은 하나피파(전신은 이라크 학파)와 말리크파(전신은 히자즈 학파)의 법학자들의 노력의 결정이었다.

샤피이는 두 학파의 법률 이론을 배웠으나 법해석의 기술적인 면에서는 이슬람 법의 근거를 무엇에서 구한다고 하는 이론에 반드시 만족하지는 않았다. 또 그는 전승주의자의 법이론이 하나피파나 말리크파에 비해 일단 뛰어났다는 것은 인정하였으나, 예언자 무함마드의 '수나' 위에 확립된 법 관행을 존중하여야 한다는 것은 극히 당연한 것이라고 생각했다.

이렇게 하여 그는 이슬람 법의 법원(法源)의 확립에 생각이 미치고 코란, '수나', '이즈마', '키야스' 4개를 이슬람 법의 법원으로 하였고 이 순서에 따른 권위를 인정하였다. 그가 코란을 법원의 첫째로 놓은 것은 이슬람 법인 '샤리아' 즉, 예언자를 통하여 계시된 신의 말씀에 따라 정하여진 법이라고 하는 관념으로 당연한 귀결이었다. 종래에도 이슬람 법이 코란에 근거를 두어야 한다는 것은 누구라도 인정하고 있었던 것이며, 실제로 각 법학자의 개인적 견해에 지나지 않았던 '이스티슬라흐'나 '이스티흐산' 또는 법학자의 지역적 '이즈마'인 '예언자의 수나'에 의해 코란의 권위는 많이 침범되어 있었다.

샤피이는 코란의 권위는 다른 어떠한 것에 의해서도 침범됨이 없이, 다만 코란의 구절 자체에 모순이 있는 경우 새로운 계시가 앞의 계시를 취소한다고 생각하는 '나시프' 이론, 그리고 '수나'는 예언자 무함마드에 의해 실제로 확립된 법 관행이어야 하며 법학자의 지역적 '이즈마'가 되어서는 안된다. 무엇이 '수나'인지는 신뢰할만한 전승자에 의해 올바르게 전하여진 진실한 '하디스'에 의해서만 확정되고, 그 확정은 특정한 학자나 학파만이 인정하는 것이 아니라 모든 무슬림들이 공통적으로 승인하여야 하는 것이다. 초기 법학자의 가장 유력한 무기였던 '이즈마'는 여기에서 법원의 세 번째의 지위가 부여되었는데, '이즈마'는 무슬림 전체의 합의이어야 하는 것으로서 법학에 있어서의 지역적 학파간의 대립 극복이 엿보인다.

'키야스'는 '라아위'나 '이스티슬라흐', '이스티흐산'에 대처하는 것이지만 이들의 부당한 행사를 예방하기 위해 코란, '수나', '이즈마'에 의하여 확립된 사실에 근거를 둔 '키야스' 이외에는 일체 인정되지 아니하였다.

샤피이에 의한 4법원의 확립은 이슬람의 고전적 법이론의 완성이었다. 4법원의 확립으로 입법의 기초가 밝혀지고 이슬람 법이 '샤리아'라고 강조되었다. 샤리아가 신에서 발하는 법인 이상 예언자 무함마드의 권한 중 종교권한을 인계치 못한 칼리프는, 샤리아의 시행과 유지에 관해서는 책임을 지지만, 입법권은 칼리프에게 부여된 권한이라 할 수는 없다. 이슬람의 입법권은 궁극적으로 무슬림 전체의 것이지만, 구체적으로 그 책임을 지는 자는 법학자이다. 이와 같은 자격이 있는 법학자를 '무즈타히드'라고 하고, '무즈타히드'의 입법행위를 '이즈타히드'라고 한다.

이와 같은 이슬람 입법권이 사실상 정부나 일반 민중으로부터 분리된 결과, 샤리아는 점점 신권화하였으며 후에 정부는 '샤리아'와는 별도로 스스로 제정하는 세속법(행정법규)을 발전시켜야 했다. 정통 법학자들은 10세기 초에 '이즈타히드의 문은 폐쇄되었다'라고 칭하고 이 이후의 법학자는 모두 '무칼리드'(모방자)이며, 그 임무는 '타크리드' 즉 과거의 '무즈타히드'가 정한 것을 모방하는 데 지나지 않는다고 주장했다.

이와 같이하여 '말리크'파, '하나피'파, '샤피이'파, '한발이'파의 네 법률학파의 권위가 확립되었고, 정통파는 이 이외의 법률학파의 존재를 인정치 않는다. 이후 이슬람 법학 전체는 극도로 보수적인 경향이 강화되어 후세 법학자들은 자기 학파의 설을 저술하는 데 그쳤다.

Ⅶ. 이슬람의 신학 · 철학 · 신비사상

1. 이슬람의 믿음과 종교적 의무

코란이 되풀이해 강조하는 가장 큰 대목은 '그대들의 신은 유일한 신'(2 : 163)이며 그 외의 신이 없다고 하는 일신교(一神敎)의 원리이다. 신(알라)은 전지전능하며 영원히 존재하며 천지만물의 창조자이며 지배자이다. 신이 한 분이라는 것은 말물의 주(主)라는 데서 충분하며 반려나 조력자도 필요없는 '비견할 자 없는 신'(42 : 11)이라는 것이다. 이는 신이 초월신이라는 것을 뜻한다. 신이 초월자라는 것은 공간적 · 시간적 의미에서뿐만 아니라 신은 그 본질이나 속성에서 피조물과 유추되는 것을 일절 거부하는 존재이다.

이처럼 코란에서는 신과 피조물과의 사이가 동떨어진 격절성이 강조되는 한편 신은 '자기 목의 혈관보다 더 가깝다'(50 : 16)라고 술해지고 인간의 말로 인간처럼 자기를 말하고 또 인간처럼 보거나 듣거나 기뻐하거나 노하기도 하는 인격신이라고 강조되어 있다. 신은 세계를 초월한 존재인 동시에 이에 직접 관여하는 존재이기도 하다.

이슬람처럼 철저한 일신교에서도 신과 인간 사이의 중간에 존재하는 자연적 존재가 인정되고 있다. 천사 · 진 · 사탄 등이다. 천사는 빛으로 만들어진 순수한 존재이며 신(알라) 곁에 있다. 신의 명령에 충실하여 여러 가지 역할을 다한다. 대천사 중 가장 중요한 천사로는 코란에는 가브리엘과

미카엘의 이름이 나와 있다.

천사 중에는 '죽음의 천사'(32 : 11)도 있다. '지상의 사람들을 위해 용서를 청하고 있다'(42 : 3). 천지의 종말을 고하는 천사(이스라필)도 있다. '너희들이 이 세상에 사는 동안 너희들에게 기록자들을 파견하여 언제인가 너희들 중에 죽는 자가 나온다면 만사 차질없이 처리한다'(6 : 61)라고 있는 것처럼 인간의 평상시의 언동을 기록하는 천사, 죽었을 때 인간을 받아들이는 천사도 있다.

천사 외에 진(요정)이 있다. 진은 '내게 말씀이 있었다. 진의 한 무리가 귀를 기울이고 이렇게 말했다.…… 우리들은 신자가 되었다'(72 : 1~2). 그러나 믿지 않는 진도 있다. '나는 지옥의 불에 인간이나 진으로 가득 채우겠다'(11 : 120)라고 코란은 술한다. 그런데 진은 타는 불로 만들어졌다 한다. 그들은 사람의 모습을 하거나 여러 동물의 모습으로 되기도 한다.

마지막으로 사탄(악마)이 있다. 코란에는 이블리스로 불리워진다. 신이 아담을 만들고 천사들에게 꿇어 엎드려 절하도록 명했는데 이블리스만은 이를 거부하였기 때문에 낙원에서 추방되었다(7 : 10~18). 이 때문에 사탄은 낙원에서 추방되고 신이 내리는 벌을 받게 되었는데 심판의 날까지 신에게 유예를 원하고 그 사이에 인간을 모두 유혹하고 신에게 등 돌리게 하겠다고 하였는데 신으로부터 허락을 받았다고 한다.

코란은 신이 지상에서 선택한 여러 예언자에 온갖 계시를 내렸고 이를 기록한 것이 경전(經典)이다. 신은 여러 예언자를 지상에 보냈는데 그 수는 20만명이라 한다. 이 중 코란에 있는 예언자의 이름은 28명이며 이 중에서 더욱 중요한 이는 아담, 아브라함, 모세, 예수, 무함마드의 5명이다. 아담은 '지상에서의 내 경륜의 대리자(2 : 28)이며, 아브라함은 그는 우리가 현세에서 특히 선택한 자로 내세에서도 그는 올바른 사람들 가운데 있을 것이다'(2 : 124)라고 일컬어지고 있고, 모세에 관해서는 '성스런 경전과 선악의 식별의 규준을 수여했다'(2 : 50)라고 한다.

예수는 이들 예언자 중에서 특히 중히 여겨진다. 신(알라)은 예수에게 '신의 증좌를 보일 수 있는 능력을 주고 또한 성령에 의해 그를 받들라(2 : 81), 또 그분은 현세에서나 내세에서도 크신 명예를 받고 신 곁에 있는 자리에 계신다'(3 : 40)라고 천사들에게도 선언했다.

무함마드는 이들 이상으로 신이 내보낸 마지막 예언자이다. 무함마드는 '그후에도 너희 곁에 한 사도가 나와 너희들이 갖고 있는 성전과 성스런 것들을 확증할 경우 너희들은 틀림없이 그를 믿고 또한 그를 돕는다'(3 : 75)라는 사도이다. 신은 '사람들에게 기쁜 소식을 전하고 경고를 주기 위해 진리를 갖고 그를 보냈다'(2 : 113).

이들 많은 예언자들은 천사 가브리엘을 통해 계시된 예언을 경전으로 남기었다. 그 수는 모두 104권, 아담이 10권, 세드가 50권, 에녹 30권, 아브라함 10권, 다윗 1권(시편), 예수 1권(복음서)이다. 물론 무함마드도 코란을 남겼다. 이슬람이란 '무함마드에게 계시된 것을 아울러 무함마드보다 먼저 앞서 계시된 것을 믿고 또한 내세를 믿어 의심치 않는 자들'(2 : 3)이다.

세계에는 처음이 있는 것처럼 마지막도 있다. 이것이 종말이며 여기서 내세가 시작된다. 현세 그 자체는 보잘것없는 것이지만 인간의 내세에서의 운명은 바로 이 현세에 있어서의 한 사람 한 사람의 신앙과 삶에 달렸다고 한다. 이런 믿음은 중요한 이슬람의 신앙의 하나이다. 내세와 부활, 최후심판, 천국과 지옥은 엄히 존재한다. 신(알라)은 '심판의 날의 주재자'(1 : 3)이다.

종말은 언제 올지 모른다. 종말의 날은 미증유의 천변지이가 일어난다. 코란 56장은 이날의 일어날 일을 자세히 기록하고 있다. '그날 대지는 크게 진동하고 산들은 먼지 티끌처럼 흩어진다. 그 속에서 사람들은 두 패로 갈린다. 오른쪽에 있는 자는 행복한 낙원으로 들어간다……. 왼쪽에 있는 자는 열화와 열풍과 열탕만이 있는 지옥이다.'

이외에도 코란에는 천국과 지옥을 감각적으로 묘사하고 있다. 이같은 세계는 신이 무에서 창조한 것이고 종말로서 끝을 맺는다. 이 종말의 날은 어느 날 돌연히 찾아온다. 그리고 심판은 지상에 있었던 재산이나 힘도 소용되지 않는다. 다만 한 사람 한 사람의 신앙과 행위만이 문제이다. 이것이 예언자 무함마드가 계시를 받고 전한 신의 경고이다.

정명(定命)사상은 이슬람의 특징의 하나이다. '그가 한 행위는 모두 장부에 기록되어 있다. 하나도 빠지지 않고 무엇이라도 적어 놓았다'(54 : 52). 세계의 모든 현상이나 사실도 예정된 것이며 이것들은 천상에 있는 기록부에 기입되었다는 생각이다. 신(알라)은 '인간을 창조하고 갖추게 하여 갈 곳을 정하여 인도하신다'(87 : 23). 인간 창조에서부터 모두가 신에 의해 정해지고 인간은 이에 인도된다는 숙명론이다.

그렇지만 부활의 날, 인간의 행상에 응하여 천국과 지옥으로 선별된 것은 인간의 자유로운 행위를 한 면에서 보인 것이다. '악한 일을 한 자는 이에 상응한 보답을 하고 선한 일을 한 자는 가장 훌륭한 보상을 받을 것이다'(53 : 32)라고 있는 것처럼 인간의 자유로운 행위에 대한 신의 평가이다. 이 모순되는 코란의 구절은 이슬람 신학에서 때때로 논쟁이 되어왔다.

코란은 신앙을 갖는 자가 그 신앙을 어떻게 구체적으로 나타내고 이 세상에서 따라야 할 행동규범이 무엇인지 구체적으로 술하고 있다. 이슬람교도들이 자신의 구분에 따라 이를 두 개로 나뉘면 하나는 인간이 신에게 귀의하는 마음을 직접적으로 표명하는 행위, 즉 의례적 행위이고 다른 하나는 인간 상호간의 관계를 바르게 하는 것을 술한 윤리적 규범이다. 이것이 이슬람교도들의 종교적 의무이다.

예배의 구체적 형식에 대해서는 코란은 술하고 있지 않지만 오늘날 보이는 예배는 예언자 무함마드의 수나(범례)에 따른 것이다. 예배시간도 코란에는 '해가 솟을 때'(20 : 130) 이른 밤(11 : 141) 등 술해져 반드시 처음부터 일정하지 않았으나 후에 해뜰무렵, 정오, 오후, 일몰, 밤 다섯 번으로 정해져 있다. 코란에는 이외에 금요 집단예배, 예배 전의 신체의 세정(깨끗이 하는 것) 등을 술하고 있다.

이슬람은 건강하고 자유로운 성인에게 다섯 가지의 종교적 의무를 과했다. 이 의무는 지장이 있는 상황, 예를 든다면 여행중에 재해를 받은 경우나 병이나 빈곤, 미성년자의 경우에는 합리적인 수정이 된다. 다섯 개의 의무가 있다.

무슬림의 첫 번째 의무는 '신앙의 고백'을 읊조리는 것이다. 이는 신에 대한 맹세 또는 증언을 표현하는 두 개의 말로 되어 있다. 이를 '샤하다'라 한다. '나는 알라 이외는 신이 없고 무함마드는 그분의 사도이다'라는 신앙고백이다. 이 말은 이슬람 신앙개조 가운데 가장 중요한 위치를 점하고 있다. 예배시간이 되었을 때 예배의 때를 고하는 무앗딘(예배의 시간을 부르는 사람)에 의한 예배의 부름에 이 말이 언제나 되풀이 된다. 이 신앙의 고백은 이슬람 신학의 축도이다. 유일한 신에 대한 신앙의 고백이고 무함마드가 신의 사도라는 것을 확신하고 신에게 복종하고 귀의하는 데 필요한 의식이다.

무슬림의 두 번째 의무는 예배(알 살라트)의 실행이다. '살라트'란 아랍어로 의식적(儀式的) 예배를 의미한다. 살라트란 일련의 정해진 행동과 코란 구절을 낭송한다. 예배를 행하기 전에 무슬림은 종교의식으로서 신체를 깨끗하게 하여야 한다. 몸을 깨끗이 한 무슬림들은 알라에 대한 의무의 예배를 드리고 신앙상의 그늘을 깨끗이 씻고 정진한다.

예배는 하루에 다섯 번 한다. 아침예배, 정오예배, 오후예배, 일몰예배, 밤예배이다. 사람들이 같이 있을 때는 합동예배를 행한다. 합동예배는 공동체의 단결과 무슬림끼리 알라의 길을 가는 데 서로 협력하고 신앙적인 결속을 한층 강화하는 데 특히 중요하다. 예배방향은 메카의 카바 신전이다. 예배 그 자체는 4개의 행위로 행해진다. 서고, 절하고, 무릎을 꿇고, 복배하고 앉는 동작이다. 신을 찬미하는 송구를 동작과 함께 한다.

무슬림의 세 번째 의무는 자카트, 즉 희사(喜捨)이다. 매해 말경 각자의 수입 자산과 저축 쌍방에 가하여지는 하나의 구빈세이다. 이슬람은 자카트를 알라에 대한 감사의 염으로 행하는 것으로 반대 급부를 바라서는 안된다. 이것은 무슬림간의 빈부를 넘어선 우애, 자비정신의 강화와 자기 정화이다.

자카트는 무슬림의 재산이 일정한 액에 달하는 자에게 가하여진다. 대상이 되는 재산은 모든 것에 미친다.

자카트를 받을 수 있는 자들은 코란에 의하면 다음과 같다. '희사의 용도는 먼저 가난한 자, 곤궁자, 그것을 징수하며 돌아다니는 자, 마음이 진리에 기울어진 자, 또 노예, 부채에 고생하는 자를 위해 알라의 길, 나그네를 위해 있어야 한다'(9 : 60). 여기서 마음이 진리에 기울어진 자란 타종교나 무신앙에서 이슬람으로 귀의한 자이다. 알라의 길이란 병사나 의용병 등이나 자선기관에 종사하는 자 등이다.

자카트에 공출하는 액은 공출하는 종목에 따라 다른데 각각 일정한 비율이 정해져 있다. 금전의 경우에는 최저 2.5%, 곡물이나 과실인 경우에는 소출의 5~10%이다. 자카트는 이슬람 국가의 정부가 공적 기관을 통하여 모으고 정부의 특별부서가 그 분배를 한다. 현재는 무슬림이 자기 책임으로 개인 또는 단체에게 직접 지급하는 방법이 취해지고 있다.

네 번째 의무는 이슬람력(태음력) 9월달에 1개월간의 단식이다. 또 흡연을 포함한 모든 물적 쾌락수단을 삼가는 종교적 행위이며 실제로 라마단 달에는 해뜨기 전부터 해가 질 때까지 낮동안 단식한다.

단식은 라마단 달 새로운 달이 나온 것을 발견하면서부터 다음달 새로운 달이 뜰 때까지 1개월간 단식한다. 단식시간은 이른 아침 흰실과 검은 실이 명확히 구분될 때를 기준으로 한다. 단식에 들어감에 의지(니야)가 필요로 한다. '행위란 의지에 근거한다. 사람들은 스스로 의지로 행하는 의지의 소유자이다'라는 하디스도 있는데 단식의 의지는 그날의 아침예배 전에 결정해야 한다. 이런 의지없이 바빠서 낮동안에 음식을 결할 수도 있지만 이는 단식이 아니다.

라마단 단식동안 단식을 하지 못한 자는 행하지 못한 날수만큼 후일 단식으로 이를 보상할 수 있다. 단식의 의무가 면제되는 자는 고령자인데 그는 단식기간 동안 매일 가난한 자에게 식사를 베풀어야 한다. 병이나 산후 등도 면제되나 후에 부족분을 보충하여야 한다.

다섯 번째 의무가 순례이다. 아랍어로 '핫지'라 하는데 어떤 목적을 위하여 출발한다는 의미인데 이슬람에서는 메카의 카바 신전을 순례하고 정해진 날에 일정한 의식을 행하는 것을 말한다. 순례에는 대순례(핫지)와 소순례(우므라)가 있다. 대순례 핫지는 무슬림의 의무이다.

순례는 모든 것을 희생하고 알라에 귀의코자 하는 정신을 구현하는 것이다. 이 기간 중 모든 순례자들은 민족, 빈부 등의 차이를 넘어 같은 목적, 같은 방법으로 같은 의식에 참가함으로써 신도들간의 동포형제 의식을 높이고 인간이 신 앞에서는 평등하며 모든 자가 신에 대해 의무가 있다는 것을 깨닫는 것이다.

순례를 하기 위해서는 순례를 하고자 생각한 시점에 마음과 몸이 건전하고 부채가 없으며 자기의 왕복여비와 부재시 가족의 생활비를 스스로 부담할 수 있는 재력을 가져야 한다.

무슬림으로 생존중에 순례의 의무를 다하지 못했을 경우 임종시의 희망에 따라 가족이나 지인의 누군가가 사자를 대신하여 순례를 할 수 있다. 의뢰를 받은 자가 병이나 다른 이유로 순례를 대행하지 못할 때 또 다른 사람에게 의뢰하여 대행할 수 있다.

대순례의 의식은 순례달 이슬람력 12월 8, 9, 10일 3일간에 걸쳐 주요 의식이 행해지고 13일에는 순례행사가 모두 끝난다. 모든 순례자들은 메카에 가까이 가면 몸을 씻고 누비질을 하지 않은 흰천으로 된 '이흐람'(순례복)으로 갈아입고 순례의 의지(니야)를 표명한다. 카바 신전 흑요석이 박혀진 동쪽 모퉁이를 출발점으로 하여 일곱 번 도는 '타와프'를 한다.

그리고 신전에 인접한 '사파'와 '마르와' 간의 언덕을 세 번 왕복하고 한 번을 뛰는 '사아이'를 행한다. 9일 아침에 메카에서 26km 떨어진 아라파트 산기슭에 가 여기서 정오예배와 오후예배를 드린다. 국적, 인종, 빈부 등 온갖 틀을 넘어선 흰 이흐람 순례복을 입은 백만 이상의 무슬림들이

한자리에 모이는 장소이다.

메카에서 12km가량 떨어진 곳에 위치하는 미나라는 곳은 순례자들이 핫지 달(이슬람력 12월) 8일의 낮의 예배시간에서 다음날 아침 아침예배를 마치고 아라파트 산록으로 출발하는 사이, 또 10일 일몰 후 악마의 돌탑에 돌을 던지기 시작할 때부터 12~13일간 야영을 여기서 한다. 악마의 돌탑 세 개에 던지는 작은 돌 49개 또는 70개를 여기서 줍는다.

핫지 달 10일을 '희생의 날'이라고도 한다. 순례자들은 알라한테서 수여된 가축을 바치는 것을 통하여 고마움을 알고 알라를 찬미하고 모든 것을 위탁(이슬람)한다는 것을 확인한다. 일반적으로 핫지 달 10일 희생물을 바친 후에 도살하여 머리털을 자름으로써 순례의 대강이 끝난다.

2. 무타질라파 신학과 철학

그리스의 논리적 사고방식을 이슬람 신학에 도입한 것이 무타질라파이며 9세기의 무타질라파를 대표하는 학자는 안 낫잠이다. 무타질라파의 학자들은 공통적인 특징으로서 다음과 같은 신학이론을 내세웠다.

첫째는 '타우히드'(신의 유일성)로, 이는 무타질라파 교의(敎義)의 핵심을 이루는 것으로서 그들이 주장하는 학설 '창조된 코란'의 근거가 된다. 무타질라파의 학자들이 코란에 있는 신의 여러 속성이 신을 가장 훌륭하게 가리키는 것이라고 주장한 데 대해, 정통파 학자들은 신이 지자(知者)라고 한다면 신은 지식을 가져야 하는데 이 지식은 신 안에 있거나 신 밖에 어디엔가 있으며, 만일 신 밖에 있다면 지식은 밖으로부터 신에게 부과된 것이고 따라서 본질적으로 신은 신 외부(外部)에 있는 무엇엔가 의존하고 있다는 것이다. 만일 그렇다고 한다면 신은 자기 충족적인 것이며, 절대적인 것이 아니므로 신의 본질(本質)에 관한 이원성이 도입된다.

이러한 자기 모순(矛盾)으로부터 탈각하는 방법은 신의 지식이 신의 본질과 일치하고 있다는 생각 이외에는 없다. 따라서, '신이 아시고 계시다'라고 하는 것은 단순히 신이 본질적으로 무지하지 않다는 것을 표시하는 이외의 아무것도 아니다. 이같이 신에게 그 본질로부터 분리된 속성을 인정한다는 것은 신의 유일성을 부정하는 결과가 되는 것이므로 무타질라파는 본질로부터 분리한 신의 속성을 부정(否定)함으로써 타우히드의 순수성을 지키고자 했다.

둘째는 '창조된 코란'으로 이는 '타우히드'(유일성) 교의의 가장 중요한 지주가 된다. 정통파 학자들이 신의 말씀인 코란이 창조되었을 리 없다고 주장하면서 코란이 어떤 시점, 즉 천사 가브리엘에 의해 무함마드에게 계시되었을 때 비로소 인류 앞에 출현하였다는 것을 믿고 있는 데 대해 무타질라파는 코란이 출현하였다고 하는 그 자체가 곧 창조되었다고 하는 것이 아닌가 반론한다.

즉, 만든 것과 만들어진 것과는 같지 않은데 이것은 사람이 코란을 낭송하는 경우를 생각해 보아도 낭송된 코란은 낭송자에 의해 만들어진 것이고 만든다고 하는 것은 어떤 의미에서 만드는 자와 일치하지만 만들어진 것은 만드는 것과 일치하지 않는다는 것이다. 이것을 신과 신의 말씀과의 관계로 비유한다면 신의 말씀은 낭독된 코란과 같이 신의 피조물인 것이며 피조물인 코란은 만들어진 것이 아니라고 주장하는 것은 피조물을 창조주와 같은 반열에 병렬하는 것으로서 '타우히드'를 부정하는 것이라고 생각하여 반론한 것이다.

또 어떤 시점에 있어서 출현하였다고 하는 것은 그것이 시간의 어떤 시점에서 창조되었다는 것이며 영원일 수 없는 코란을 영원한 신과 동렬에 병렬하는 것으로서 이것도 '타우히드'를 부정하는 것이며 이는 무타질라파 교의에서 가장 유력한 지주가 되어 있는 창조된 코란설을 부정하는 것이므로 무타질라파는 반론한 것이다.

셋째로 '신은 정의이다'라는 교의인데 이 교의는 다음의 자유의지론의 근거도 된다. '신이 정의롭다'라는 논쟁에 있어서 정통파 학자들은 일종의 책임 회피지만 신의 행위 이외에 무엇이 정의인가라는 비판을 허용치 않는 입장을 취했다.

이에 대해 무타질라파는 신의 행위가 현세에 있어서나 내세에 있어서 그 피조물에게는 선(善)이며 정의가 아닌 것 이외의 행동을 하지 않는다는 것이다. 즉 신은 악(惡)이나 부정을 행할 수 없다고 주장하면서 신은 장래 신자가 될 것을 아시는 어린애의 생명을 다시 거둬들이지 않는다고 하는 점이 무타질라파의 신조이다. 반면에 신은 어린애의 생명을 취할 힘을 갖고 있으며 신이 그렇게 하는 그 자체야말로 정의라고 하는 점이 정통파의 사고이다. 무타질라파는 선(善)은 그 자체가 선이며 악(惡)은 그 자체가 악으로서 이것을 입법자가 선 또는 악으로 선언하는 데에는 관계가 없으며 정의인가 아닌가는 이성에 의해 식별될 수 있다고 주장하는데 이 점에 관해서는 시아파의 일부도 무타질라파와 사고를 같이했다.

넷째는 자유의지론으로 '신은 그 피조물에 대해 선이며 정의이다'라는 교의다. 그들은 인간은 선이든 악이든 자기의 행위를 결정하고 창조하며, 그가 행한 일에 따라 내세에서 보수 또는 처벌을 받는다고 주장했다.

그들의 자유의지론은 악이나 부정이나 불신앙 등의 사악으로부터 신을 방위하는 것이다. 왜 그런가 하면 만일 신이 악을 창조하였다면 신은 악이고 정의를 창조하였다면 신은 정의이기 때문에 그들은 정의를 지키고자 한 것이다. 이렇게 하여 그들은 저항할 수 없는 숙명이라는 구실하에 인간의 악한 행위를 허용할 수 없었다. 정통파 학자들은 무함마드에 의한 '주선'을 인정하는데, 무타질라파는 '주선'의 관념이 없고, 일단 지옥에 떨어진 자는 결코 그곳으로부터 구제받지 못한다고 주장한다. 이런 점에서 그들은 지옥을 일종의 연옥시(煉獄視)하는 정통파의 주장과는 대립한다.

아바스 조 제7대 칼리프 마문은 그 자신이 합리주의사상의 신봉자였으나 827년 칙령을 발하여 '창조된 코란'의 학설을 천하에 공포했다. 이것은 아바스 조가 무타질라파의 교의를 정식으로 채용했다는 것을 나타내는데 833년에는 이 학설에 따르지 않는 카디(재판관)를 공직으로부터 추방하고 동시에 이 학설에 따르지 않는 자들을 탄압하기 위해 '미르나'라는 심문기관을 설정했다. 이 '미르나'는 제10대 칼리프 무타와킬이 무타질라파의 교의의 공인을 취소하고 정통파 신앙으로의 복귀를 선언한 848년까지 계속되었다.

마문이 무타질라파의 교의를 공인하였기 때문에 이것이 아바스 가(家) 운동의 이론적 지주였다는 설과 초기 아바스 조의 칼리프가 시아 과격파 및 '잔다카' 주의자를 탄압하기 위해 무타질라파의 세력을 조장하는 설이 있다. 그러나, 무타질라파는 대체로 정치적 중립 태도를 취하였고 그들이 아바스 가 운동에 적극적으로 협력하였다는 증거는 없다. 무타질라파가 시아 과격파나 잔다카 주의에 반대하였다는 것은 사실이지만 그들이 가장 격렬하게 논쟁을 벌인 상대는 전승주의자였고 그들은 그 방법 자체가 비합리적인 것이라 하여 하디스 권위를 전면적으로 부정했다.

정통파 학자들은 무타질라파를 아할 알 카람(논의의 무리), 무타칼리문(논의의 무리들) 아할 안 나자르(순수한 사유의 무리) 또는 아할 알 무아틸라(신의 속성을 부정하는 자)라고 불렀으나 무타질라파 자신은 스스로를 아할 앗 타우히드 알아드(신의 유일성과 정의의 무리)라고 불렀다. 이 명칭은 극히 시사적이다.

무타질라파는 이슬람 초기 사상과 학문의 발상지인 바스라에서 일어났고 그들의 경건함은 합리적인 사변(思辨) 신학의 건설로 향하였다. 그들은 반드시 독창적인 사상가는 아니었으나 '창조된 코란'이나 '자유의지론' 등 선인(先人)들이 설득한 합리주의적인 가르침을 모두 모아 이것을 '타우히드'라고 하는 이슬람 신학의 근본 명제로 하였다.

아바스 조 초기는 마왈리가 현저히 증가한 시기인데 지난날의 선진 문화유산의 계승자였던 마왈리, 특히 그 지식층은 이슬람 신앙의 순수함에 마음이 끌리면서도 정통파 학자들의 소박한 논의에는 만족치 않았다. 잔다까 주의가 유행된 것은 그 구체적인 표현으로서, 이슬람 사상계는 중대한 위기에 직면하게 되었다. 국가는 권력으로 잔다카 주의를 탄압하여 이 위기를 극복하고자 하였으나 무타질라파는 합리적인 이슬람 사변 신학의 확립으로 이 위기에 대처하고자 하였다.

무타질라파에게 가장 강렬한 저항을 한 정통파 학자는 최후의 전승주의자인 이븐 한발이다. 그는 '창조된 코란'의 학설을 비난하고 신인동형동성론(神人同形同性論)을 옹호하였는데 그는 이론가가 아니었으므로 '창조된 코란'을 이론적으로 논박한 것이 아니라 이것이 신의 말씀인 코란을 부당하게 낮추는 것이라 하여 감정적으로 반발한 것이다.

합리주의자였던 무타질라파는 코란의 신인동형동성론적인 표현을 비유적으로 해석하여 신의 손은 신의 관대함을, 신의 얼굴은 신의 지식을 의미한다고 주장하였다. 이에 대해 이븐 한발은 신인동형동성론적인 주장은 '빌라 카이프(왜라고 묻지 않고) 믿음으로 족하다'고 하였다.

9세기에 무타질라파는 그리스 철학의 강한 영향을 받았다. 기독교의 교의를 신플라톤주의 철학으로 해석하고자 하는 시도는 알렉산드리아의 학원에서 시작되어 곧 동방의 시리아 지방으로 전하여졌다. 시리아에서는 기독교의 학문이 안티오키아 학원과 니시비스 학원에서 가르쳐졌는데 니시비스 학원은 시리아어를 용어로 하는 교회를 위해 만들어진 것으로, 여기에서는 시리아어를 매체로 그리스어의 텍스트가 연구되었다. 교회가 신플라톤주의 철학을 공인한 것은 없었으나 안티오키아나 니시비스 학원에서는 알렉산드리아의 학원과 같은 신플라톤주의의 철학이 지배적이었다.

555년 페르시아 황제 호스로 1세가 페르시아의 서남부인 준디 샤푸르에 새로운 학원을 설립하자, 동방에 있었던 그리스 학술연구 중심지도 자연히 준디 샤푸르로 옮겨지게 되었다. 여기서 모노피지트파의 기독교 학자들이 아리스토텔레스의 철학서를 당시 소아시아의 국제적인 학술용어로 되어 있던 시리아어로 번역하고 시리아어로서 아리스토텔레스의 주석서를 만들었다. 아바스 조 칼리프 마문은 준디 샤푸르 학원의 부속병원 원장 쥬르지스 빈 바크티슈를 초청하여 그를 궁정의사로 임명했다. 의사 쥬르지스의 바그다드 이주는 바그다드에 있어서의 그리스 학술연구의 단서가 되었다.

830년 아바스 조 칼리프 마문은 아버지 라시드가 바그다드에 설립한 도서관을 확충하여 그리스의 학술연구와 그리스어의 텍스트 번역을 임무로 하는 지혜의 집(바이트 알 히크마)을 건설하고, 준디 샤푸르 출신의 네스토리우스파의 기독교도 학자 후나인 빈 이스하크를 그 주임으로 임명했다. 이 이래 서아시아에 있어서 그리스 학술연구의 중심지가 준디 샤푸르에서 바그다드로 옮겨지게 되었다.

지혜의 집에서 번역된 책은 플라톤의 '국가론' '디마이오스', 아리스토텔레스의 '형이상학', '자연학원론', '영혼론', '범주론'에서부터 그리스어역의 '구약성서'에까지 미쳤다고 한다.

그러나 이들 서적보다도 먼저 이슬람 사상계에 강한 영향을 끼친 것은 아리스토텔레스의 '영혼론' 주석과 이른바 '아리스토텔레스의 신학'이었다. 이 '아리스토텔레스의 신학'이라고 하는 것은 플로티노스에서 마지막으로 출간한 '엔네아데스'라고 하는 서적이 시리아어로 번역되어 있던 것을 모노피지드파의 기독교도 이븐 나이마가 835년경 아랍어로 번역한 것이다. 이 책은 시리아어로 번역되었을 때부터 '아리스토텔레스의 신학'이라고 알려져 있었으므로 당시 사람들은 이것이 아리스토텔레스의 저서라는 것을 믿어 의심치 않았다. 이와 같이 이슬람 사상계는 처음으로 그리스 철학에 접하면서부터 신플라톤주의 철학의 강한 영향을 받게 된다.

이슬람 사상사에 있어서 철학(파르사파 및 철학자 파라수프)이라고 하는 것은 그리스어의 원전에 의거한 철학이나 철학자를 뜻한다. 파라수프의 복수형 파라시파는 무타질라파와 같이 이슬람 사상사에서 하나의 학파를 형성한 것이라고 간주된다. 파라시파의 계보는 '아랍의 파라수프'라고 불리워진 킨디(알킨드스, 873년경 사망)에서 시작되어 안다르시아(에스파냐)의 이븐 르슈드(아베로에스, 1126~1198년)에 그친다. 킨디가 '아랍의 파라수프'라고 불리워진 것은 그가 처음이자 마지막으로 아랍에 속한 철학자였기 때문이고 킨디라는 이름은 그가 아랍의 킨디 부족 출신이라는 것을 나타내고 있다. 킨디는 원래 무타질라파에 속하는데 신학적인 입장에서 그리스 철학에 관심을 가졌다가 아리스토텔레스 철학의 기초 개념을 정확히 이해하기 위해 이슬람 사상계에서 최초의 사상가가 된 것이다.

그는 '아리스토텔레스의 신학'에 표시된 플로티노스의 '영지론(英知論)'과 아프로디시아의 알렉산드로스에 의해 해석된 아리스토텔레스의 심리학으로부터 대단한 영향을 받았다. 그는 '영지론'을 썼는데 영지(英知)는 4개의 단계가 있으며 잠재적 영지, 능동적 영지, 행동적 영지가 있고 이 세 개의 영지는 인간의 영혼에 내재하지만 제4의 영지인 행위자로서의 영지는 인간의 영혼 외부에 있는 것으로 신으로부터 유출되는 것이며, 이것은 인간의 영혼에 작용은 하지만, 지각의 도움이 필요치 않은 것으로서 인간의 육체로부터 완전히 독립하는 것으로 생각하여야 한다고 술하고 있다.

킨디의 학문적 관심은 대단히 넓어 모두 단편이긴 하지만 2백 종의 그의 저서는 철학 외에 심리학, 수학, 천문학, 지리학, 의학, 광학, 기상학, 점성학, 연금술, 음악이론 등으로 이후의 무슬림 철학자들이 공통적으로 갖고 있는 백과사전적인 성격은 킨디에서 시작되었다고 할 수 있다. 이슬람 철학사에 있어서의 킨디가 아프로디시아의 알렉산드로스에 의해 해석된 아리스토텔레스의 심리학과 소위 '아리스토텔레스의 신학'에 나타난 플로디노스의 영지론을 선택한 것은 매우 중요한 일로 이 일은 그후 이슬람 철학의 방향을 결정하는 결과가 되었다.

그러나 킨디는 그후의 철학자들과는 극히 다른 면을 갖고 있다. 그는 '아리스토텔레스 연구입문'에서 인간의 지식과 신의 지식을 구별했다. 즉 인간의 지식은 예비과학과 논리학의 연구에 의해 달성되며 '만일 사람이 질과 양의 지식을 갖지 않는다면 첫 번째 의미로서의 실체(지각할 수 있는 실체)와 두 번째 의미로서의 실체(비물질적 실체)의 지식은 결여되어……인간의 지식을 가지고 있다고 기대할 수 없다'라고 했으며 신의 지식에 대해서는 이같은 인간의 노력과는 관계없이 신의 의지에 의해 직접 부여되며 인간의 영혼을 진리로 향하게 하기 위해서는 신의 지지와 원조, 그리고 영감과 예언에 의해서만이 달성된다고 하였다.

그가 인간의 지식이라고 말한 것은 킨디가 이슬람 사상계에 확립하고자 하였던 신플라톤주의 철학의 요목임을 분명히 가리키고 있다. 그러나 그는 경건한 무슬림으로서 인간의 지식에 대한 신의 지식이 우월함을 확신했다. '존재치 않는 것으로부터는 아무것도 생기지 않는다'라는 그리스 철학의 일반적인 공리적 통념에 따르지 않고 그는 '정의와 기술의 서'에서 분명하게 '창조는 무에서부터 무엇인가를 출현시키는 것이다'라고 하여 시간에 있어서의 무로부터의 창조를 믿어 의심치 않았다.

킨디가 후세 무슬림 철학자와 다른 최대의 특징은 그의 '무로부터의 창조'의 확신이며, 무타질라파가 합리적인 그리스 철학의 방법론을 갖고 이슬람의 사변 신학을 수립하고자 한 것과는 달리 그는 코란의 가르침과 그리스 철학의 진리와의 조화를 도모하고자 했다는 데 있다. 파라비(870~950년) 이후의 무슬림 철학자들은 이와 같은 시도를 하지 않지만 무타질라파가 킨디의 이성과 계시와의 조화의 가능성을 믿었다고 하는 것은 9세기의 이슬람 사상계 전반의 사정이 밝고 희망에 넘친 것이었음을 말한다.

3. 이슬람 신비주의(수피즘) 사상

이슬람 초기의 금욕주의는 그 안에서부터 신비주의 사상의 싹을 움트게 한 토양이었지만 금욕주의와 신비주의는 결코 같다고 할 수 없다. 금욕주의의 가르침의 중심은 두려움 즉 신에 대한 두려움, 죄에 대한 두려움, 최후의 심판에 대한 두려움의 사상이다. 그러나 신을 두려워한다는 것은 언제나 심판만을 생각한 것으로 보이나 두려움의 사상을 끝까지 추구하여 보면 이것은 언젠가 사랑의 사상으로 변한다.

아주 어렸을 때 노예로서 팔려 필설로 형용치 못할 어려운 고난의 전반생을 보낸 바스라의 여류시인 라비아(717~801년)는 신에 대한 두려움을 사랑의 사상으로까지 높이고 신에게 바치는 사랑의 언어를 아름다운 시로 엮었다. 라비아의 신에 대한 사랑에는 이기적인 사랑과 무사무욕의 사랑이 있고 무사무욕의 사랑의 궁극적인 목적은 신과의 합일이라고 말했다.

파나(엑스타시, 신과의 합일)를 사랑의 최고의 체험으로 하는 신비주의의 하나의 기본적 성격이 여기에서 보인다. 이슬람 신비주의의 기원에 대해서는 학자들간에 여러 가지 설이 있다. 코란 가운데 신비적인 어휘나 표현을 찾아내어, 이슬람 신비주의의 기원은 코란 그 자체에 있다고 주장하는 학자도 있으나 어떠한 종교에서도 다소간의 신비적인 경향이 있으므로 이슬람 신비주의와 이슬람의 신비적 요소를 동일시해서는 안된다.

이슬람 신비주의는 역사의 어느 시점에서 어떤 특정한 주장을 갖고 출연한 하나의 역사적 범주이다. 이것의 특정한 주장이라고 한다면 이슬람 신비주의의 기본적 성격에 이르는 신에 대한 사랑의 사상과 신자(信者)의 최고의 체험인 '파나', 그리고 신에 대한 신비적인 지식인 '마아리파' 등 세 가지의 기본적 성격을 구비한 것을 이슬람 신비주의라 한다.

라비아의 사랑의 찬가는 같은 바스라 출신으로 생애의 대부분을 바그다드에서 보낸 무하시비(781~857년)에 의해 비로소 이론화되었다. 그는 최초에 법학연구에 뜻을 두었고 다음은 무타질라파의 방법론을 배웠고, 이를 이용하여 합리적인 정통파의 사변 신학을 확립코자 하였으나 무슬림들이 여러 종파나 학파로 분열하여 상쟁하는 데 실망하고 신비사상에 구원의 길을 구하였다.

그의 대표적인 저작은 61장으로 이룩된 방대한 '리아야'(애기)이며 그는 이 책 가운데에서 금욕주의에 관한 여러 전승을 무타질라파로부터 배운 철학적 관념과 술어로 규정코자 했는데 이븐 한발은 그가 불확실한 전승을 이용하고 있다고 하여 비난했다. 그러나 이슬람 신비주의 사상에 대한 그의 최대 공헌은 현재 흩어져서 후세의 인용문에 전하여지는 '사랑에 관하여'라는 논문으로, 즉 사랑의 형이상학을 술한 것일 것이다. 그는 코란

제2장 165절에 근거하여 신에 대한 사랑의 극치로 하여 사랑의 표시가 상대의 육체 위에 남긴 증거로 아는 것처럼 신에 대한 사랑의 증거는 '파나'에 의해 확인된다고 주장했다.

'파나'의 실천을 역설한 사람은 최초의 '도취(陶醉) 수피(신비주의자)'라고 알려져 있는 비스타미(874년 사망)였다. 그는 갖추어진 저서를 남기고 있지 않으나 '샤타하드' 즉 엑스타시에 있어서 무의식적으로 발하여진 언어가 후세의 여러 많은 책에 인용되고 있고, 이것을 모은 것이 '샤따하드집'으로 간행되었다. 여기에는 '영광이 나에게 있다. 나의 존엄이 얼마나 위대한가' 또는 '나야말로 보관된 석판'(하늘에 있는 석판으로 코란이 기록되어 있다) 등과 같은 후세 수피가 그 취급에 심려하는 것도 있다.

그러나 그의 '파나'는 엄격한 자기부정의 결과였다. 그는 말한다. '처음 12년간 나는 내 속에 있는 자기(나푸스)를 단련하여서 드디어 이것이 거울이 되었다. 그후 5년간 나는 그 거울을 닦고 닦았다. 그리고 1년간 나는 안에 있는 자기를 응시하고 나는 허리둘레에 있는 이단의 허리띠가 있다는 것을 알아차렸다. 마지막 5년간 나는 그 허리띠를 풀려고 노력을 거듭해 드디어 내 눈앞에 만물은 소멸하고 다만 신만이 살아 계신다는 것을 보았다'. 이와 같은 엄격한 자기부정 후에 비로소 비스타미는 '파나'의 참뜻을 터득한 것이다.

마르프 알 카르히(815년 사망)에서 시작하고 아부 술라이만(830년 사망)을 거쳐 두 안눈 알 이스리(797~861년)에 이르는 일련의 수피(신비주의자)들은 이렇다 할 저서를 남기지 않았으나 후세의 여러 서적에 인용된 그들의 말로서 판단해 본다면 그들은 이슬람 신비주의 사상에 '마아리파'(신비적 지식) 요소를 도입한 것 같다. 두 안눈은 지식을 세 가지로 분류한다.

첫째는 신이 유일하다고 하는 지식으로, 이것은 모든 무슬림에게는 공통된 지식이다. 두 번째는 신에 대한 사변적 지식으로, 이것은 신학자나 철학자 등 특정한 사람들에게 허용되고 있다. 세 번째는 신의 속성에 대한 지식인데, 이것은 신 스스로가 수피에서 현시하여 주시는 '마아리파'이다. '마아리파'가 '일므'(지식) 및 '파크히'(법의 이해)로 구별되는 것은 계시 또는 묵시에 따라 신에 관한 신비적 지식 또는 감성적 인식이라고 하는 데서 나온 것으로, 요컨대 헬레니즘적 접신론의 그노시스(신비적 직관) 외에 다른 것이 아니다. 이렇게 하여 9세기 중반부터 '사랑'과 '파나'와 '마아리파'라고 하는 이슬람 신비주의의 세 가지의 기본적 성격이 여러 학자들에 의해 정립이 된다.

이슬람 신비주의의 고전 이론은 무하시비(857년 사망) 문중에서 배운 바그다드의 주나이드(910년 사망)에 의해 완성되었다. 그는 후세 수피들에게 '종파의 주' 또는 '제일의 스승'이라고 칭하여지며 그의 대표적 저서 '서간집'은 지금까지 전해 내려오고 있다. 주나이드에 의한 신비주의 정의는 '신이 그대를 그대 자신에서 죽게 하고 신 속에서 살게 하는 것'이다. 수피들은 '파나'에 의해 자기 자신으로부터 죽고 즉 자기 부정을 다함과 동시에 그는 신 속에서 삶을 계속해야 한다. 이것이 '바카아'(지속)이다.

이슬람 신비주의의 '파나'와 인도사상의 열반 사이에는 유사성이 지적되는데 열반의 결과가 윤회인 데 대하여 '파나'가 반드시 '바카아'를 동반하고 있다고 하는 적극적인 성격을 갖고 있다는 점에 있어서 양자는 본질적으로 다르다. 주나이드가 이슬람 신비주의의 고전 이론을 완성하였다고 하는 것은 단지 그가 세 가지의 기본적 성격을 하나로 매듭지었다고 하는 것이 아니라 신비주의 이론을 '타우히드' 교의 위에 세웠기 때문이다.

주나이드는 '타우히드'를 '영원한 것을 시간 가운데서 창조된 것으로부터의 분리'라고 하고 있는데 이것은 신의 현상적 존재의 어떠한 범주를 갖고도 이해하지 못하였기 때문이다. 코란에는 '인간이 신 곁으로 돌아간다'라고 하는 취지의 말씀이 여러 번에 걸쳐 보인다. 주나이드는 이것을 신과 인간 사이에는 영원한 계약이 맺어져 있다고 해석하고 역사의 전과정은 이 계약을 이행하고 그들이 그 존재 이전에 있었던 상태로 되돌아가려고 하는 인간 탐구의 과정인데, 수피는 '파나'에 의해 이 과정을 완성한다고 술하고 있다.

주나이드가 냉철한 수피의 대표자라고 한다면 그보다 좀 나이가 젊은 할라주(857~922년)는 열렬한 수피의 대표적 투사였다. 그는 바스라에서 신비주의의 가르침에 접하였고 세 번의 메카 순례 외에 서북 인도, 중앙 아시아에 걸친 여러 지역을 여행하면서 수피로서의 수업을 쌓고 바그다드의 가두에 서서 대중 전도를 개시했다. 그의 연설은 '오, 무슬림들이여! 신으로부터 나를 구하라'라든가 '신은 그대들에게 나의 피를 주도록 허락하시었다. 나를 죽여라' 등 격렬한 말을 포함하였기에 민중은 그를 환호로써 맞아들였으나 보수적인 정치가나 법학자들은 그의 전도를 극히 위험시했다.

어느 날 할라주가 '나는 진리이다'라고 말한 것이 스스로 신이라고 자칭한 것이라고 하여 문제화되었고 913년에 체포되어 922년에 처형되었다. 체포로부터 처형까지 9년의 세월이 걸린 것은 '내가 진리이다'라는 말을 이단으로 간주하는가라는 여부에 대하여 법학자나 '카디'의 의견이 일치하지 않았기 때문이다.

12세기 교단 결성기 이전의 수피들은 모두 샤리아와 예언자의 순나의 절대적 권위를 인정하고 하등 이슬람 전통파의 신앙과 저촉하는 것이 없었다. 그들이 정통파 학자들과 일치하지 않았던 유일한 점은 후자가 샤리아와 진리와의 분열을 전연 예상하지 않았던 데 반해 수피들은 양자가 분리 될 수 있다고 생각했던 데 있다. 수피들은 일반 신자에게는 충분한 샤리아도 그들 자신들에게는 충분치 않는 것이라고 하며 평균 이상의 무엇을 추구하였던 것이다. 이 점에 수피의 일종의 엘리트 의식을 인정할 수 있다.

4. 이슬람 정통파 신학의 확립

848년 칼리프 무타와킬이 무타질라파의 공언을 취소하고 정통파 신앙으로의 복귀를 선언한 것은 무타질라파가 무슬림 다수에 의해 지지되지 않는다고 판단하였기 때문이다. 무타질라파의 교리의 공인은 스스로 합리주의 신봉자로 그리스 학술에 흥미를 갖고 있던 칼리프 마문의 개인적 취미에서 나왔는지, 또는 당시의 정세의 결과인지는 논란이 많다. 비록 무타질라파의 사변 신학이 합리적이고 소수 무슬림의 열렬한 지지를 받고 있었다 하더라도 무슬림의 다수는 전통적인 소박한 신앙에 만족하고 오히려 무타질라파를 이단시하였다.

현실의 정권 담당자로서도 소수의 편을 드는가 또는 다수의 편을 드는가 하는 것은 물론 후자를 선택하는 것이 당연한 일이다. 그러나 848년 이후에도 무타질라파의 세력은 급속히 쇠퇴하지 않았는데 이것은 당시 무타질라파에 대신할 정통파의 사변 신학이 아직 성립되어 있지 않았기 때문이다.

전승주의를 내세운 정통파 학자들은 '만일 무함마드나 그의 교우들이 신에 대한 사변적 논의를 행하지 않았다 한다면 우리들도 그러한 논의를 한다는 것이 허용되지 않는다. 또 만일 그들이 그와 같은 논의를 하였다고 한다면 다시 우리들이 지금에 그러한 논의들을 할 필요가 없다'라고 하여 신앙은 논의의 대상이 아니라 신과는 다만 코란의 언어를 문자 그대로 믿는 것으로 충분하다고 했다.

그러나 한 번 불이 켜진 합리적 사유의 불을 끄는 것은 불가능하며 무슬림 대중도 전통적 신앙에 대한 맹목적인 복종만으로 만족치 않았다. 이와 더불어 신비주의 사상도 일부 무슬림 속에 깊이 뿌리를 박고 있어서 전통적 신앙은 중대한 위기에 직면하였다. 이 위기를 극복할 방법은 단 하나 합리적인 정통파 사변 신학을 확립하는 것이었다. 이 일은 거의 같은 시대에 서로 다른 지역에서 살며 각각 자기 나름대로의 길을 걸었던 두 명의 학자, 즉 바스라의 아쉬아리(873~935년)와 사마르칸트의 마투리디(944년 사망)에 의해 행하여졌다.

아쉬아리는 바스라의 무타질라파의 대표적 학자 줍바이(915년 사망)의 제자였으나 913년경 무타질라파의 학설을 내던지고 정통파의 입장에 설 것을 선언했다. 무타질라파가 신의 속성을 부정한 데 비해 정통파가 코란에 있는 신의 별명을 신의 속성이라고 간주하고 신인동형동성론적인 주장을 했다는 것은 이미 지적했다. 아쉬아리는 신의 속성을 소극적 속성과 적극적 속성(이성적 속성이라고도 한다)으로 분류하고 지식 · 힘 · 의지 · 생명 · 듣는 것 · 보는 것 · 말하는 것 등 일곱 개의 적극적 속성은 신의 본질 외에 있는 영원의 속성으로 인정하고 이 이외에 코란의 신인동형동성론적인 어휘는 '왜라고 묻지 않으며, 인간과 같은 것은 신에게 돌리지 않으며' 그대로를 받아야 한다고 했다.

이 전반의 '왜라고 묻지 않으며'는 무타질라파에게 향한 것이며 후반의 '인간과 같은 것을 신에게 돌리지 않으며'는 전승주의자를 비롯한 정통파 학자들에게 해진 것이다. 아쉬아리는 창조주인 신의 속성은 피조물의 그것과 전혀 다른 것으로 종래의 정통파의 신인동형동성론에 반대했다.

신의 속성에 대한 아쉬아리의 견해는 분명히 종래의 정통파와 무타질라파의 주장의 절충인데 숙명론과 자유의지론의 문제에 관해서도 이와 같은 태도가 엿보인다. 그는 '중용의 무타질라파'의 견해에 따라 행위에 있어서의 창조(할크)와 획득(카스브)을 구별했다. '힘(쿠드라)에는 근원적인 힘과 파생한 힘이 있고 창조는 신에게만 허용된 근원적인 힘에 속한다. 획득은 파생된 힘이 무엇인가를 만들고 또는 무엇을 일으키는 것이고 신에 의해 부여된 파생된 힘을 허용받고 있는 인간은 스스로의 행위를 획득할 수 있다.

이와 같이 신은 행위를 행할 수 있는 능력을 미리 인간에게 주었을 뿐만 아니라 동시에 인간 가운데 선택(이흐티야르) 능력도 창조했다. 따라서 인간의 행위는 신에 의해 창조되어 획득에 의해 실행되는데 실행여부는 인간의 선택에 달려 있다.' 아쉬아리는 이렇게 숙명론과 자유의지론을 절충하였지만 동시에 인간은 자기 행위에 관한 책임을 면제받을 수 없으며 그 책임은 최후 심판의 날에 추궁되는 것이라고 하였다.

정통파와 무타질라파 사이에 코란이 창조되었는가 아닌가를 둘러싸고 격렬한 논쟁을 계속했다. 아쉬아리는 이 문제에 대해 다음과 같이 술한다. '언어나 음성으로 표현된 코란은 확실히 무타질라파가 주장하는 것처럼 시간 속에서 창조된 것이지만 의미로서의 코란은 창조된 것이 아니라 영원한 것이다. 왜냐하면 스스로 존속한다는 의미는 영원히 신의 본질로 갖춰져 있기 때문이다. 의미가 아니라 음성으로 표현되었을 때 이는 비로소 창조된 것으로 된다'.

이렇게 하여 아쉬아리는 의미로서의 코란이란 개념을 도입하는 것으로서 사실상 무타질라파의 견해를 전면적으로 채용하였다. 그가 의도한 것은 전통적인 무슬림 다수의 소박한 신앙을 기초로 하면서도 무타질라파의 주장과 방법론을 충분히 받아들여 합리적인 정통파의 사변 신학을 건설하는 것이었다. 이것은 계시를 이성으로 지지하는 것을 의미했지만 아쉬아리는 이성에 대한 계시의 우월을 믿어 의심치 않았다.

그러나 이 근저에는 계시와 이성이란 궁극에 있어서 조화한다는 사상이 있으며 이는 무타질라파의 철학자 킨디도 인정하였던 이 시대 이슬람 사상계의 일반적 풍조이다.

5. 이븐 시나(980~1037년)와 이슬람 철학

킨디에 의해 개척된 이슬람 철학은 중앙아시아 출신의 터키인 파라비(870~950년)에 의해 더욱 발전되었으나, 이슬람 철학 체계의 완성의 공적은 같은 중앙아시아 출신의 페르시아인 이븐 시나(아비켄나, 980~1037년)로 돌린다.

그는 어렸을 때부터 코란과 아랍의 고대 시와 법학을 배웠고 곧 수학·천문학·신학·논리학에 들어갔는데 이 학문 모두를 거의 이해하여 천재 소년이라는 이름을 빛냈었다. 6세 때부터 기독교도의 의사로부터 의학을 배웠고 18세 때에는 사만 왕조의 궁정 의사로 임명되었다.

그가 처음으로 흥미를 가진 것은 사만 왕조의 궁정 도서실에서 아리스토텔레스의 '형이상학'의 번역을 읽었을 때였다고 한다. 그후 그는 명성 · 중상 · 음모 · 탈주 · 투옥 등 파란 많은 생애를 보냈고 단기간이었지만 함단과 이스파한의 부와이흐 조의 군주 아래에서 재상을 역임한 적도 있다. 의학에 대한 그의 조예는 꽤 깊었으며 그의 저작 '의학 교범'은 이슬람 세계는 물론 13세기에 라틴어로 번역된 이래 유럽에서도 가장 권위있는 의학서로 간주되어 16세기까지 많은 의과 대학의 교과서로서 사용되었다.

철학자로서 이븐 시나가 의학자로서의 이븐 시나보다 유명하게 된 것은 19세기 후반 이후에 지나지 않는다. 이븐 시나의 방대하고도 이론 정연한 철학 체계의 전부를 소개하는 것은 불가능하지만 이성과 직관을 잘 통일하였다고 평가되는 그의 철학 세계는 다음과 같이 요약할 수 있다.

모든 존재는 '필요한 존재'와 '현실의 존재'와 '가능한 존재'로 성립된다. 신만이 '필요한 존재'이며 '현실의 존재'나 '가능한 존재'는 모두 '필요한 존재'로부터 파생한다. 현실의 존재는 시간과 공간이고 시간은 공간의 부속물, 공간은 포함된 것에 저촉되는 함유된 것의 극한이라고 그는 정의하였다. 이 이외의 모든 존재는 '가능한 존재'인데 이것은 존재하는 것도 있고 존재하지 않는 것도 있어 그 존재는 전혀 우연한 결과라 본다.

'필요한 존재'인 신으로부터는 첫 번째, 예지만이 유출한다. 왜냐하면 절대적으로 유일한 것으로부터는 다만 하나밖에 유출될 수 없기 때문이다. 첫 번째 예지는 스스로의 기원과 본질을 알고 있으나 그 자체의 본질에 있어서는 부수적이며 현실성과 가능성이라는 이중의 성격을 갖는다. 첫 번째 예지의 현실성으로부터 두 번째 예지가 가능성에서 최고의 천체가 형성된다. 이와 같은 이중의 유출 과정은 최후에 열 개의 예지와 아홉 개의 천체가 모두 형성될 때까지 계속된다.

신만이 절대적으로 유일하며 또한 단일한데 신 이외의 만물은 모두 이중 성격을 갖는다. 신이 있는 곳, 즉 신의 본질과 신이 존재한다고 하는 것은 단일한 존재에 있어서의 두 개의 존재가 아니라 단일 존재에 있어서의 단일한 원자적 요소이며 신의 존재와 신의 본질은 일치한다.

이같이 이븐 시나는 아리스토텔레스의 우주론의 불비점을 보충하기 위해 신플라톤주의의 유출의 이론을 차용하여 유일자인 신으로부터 세계(다수)의 생성을 설명했다. 그가 신과 세계와의 사이에 매개를 인정하였다고 하는 것은 천사를 신과 인간 사이의 매개자라고 하는 무슬림의 신앙을 만족시켰는데 이 일은 이븐 시나의 철학 체계가 이슬람 신앙과 모순치 않다는 것을 말한다.

이븐 시나는 아리스토텔레스의 소박한 구상적 견해를 수정하고 특정한 환경하에서는 특정한 위치로부터 특정한 것이 나타난다고 하는 상대적 입장을 취했다. 그는 지각을 제일의적(第一義的)인 지각과 제이의적(第二義的)인 지각으로 나누고 지각과 자신의 정신적 상태를 제일의적인 지각으로, 외계의 정신상태를 제이의적인 지각이라고 하는 것도 이 상대주의와 관계가 있을 것이다.

그러나 이븐 시나의 지각론의 가장 중요한 점은 그가 종래로부터 주장되고 있었던 다섯 감각인 외적 지각 이외에 같은 다섯 개의 기능을 갖는 내적 감각의 존재를 내세웠다. 내적 감각의 첫째는 모든 감각의 좌(座)로서 감각 여건을 지각표상(知覺表象)에 통합하는 공감 감각이다.

두 번째와 세 번째의 내적 감각은 모두 상상적 감각인데 두 번째의 상상적 감각은 지각표상을 보존하고 세 번째의 상상적 감각의 조합과 분리로서 두 번째가 보존하는 표상에 작용한다. 네 번째의 내적 감각은 물질적인 대상의 비물질적인 동작을 감각하는 판단력(와흠)이고 다섯 번째는 이들 관념을 기억에 보존하고자 하는 의도이다. 내적 감각 중 인간의 성격 기초가 된다고 하는 네 번째의 판단력은 이븐 시나의 심리학의 가장 독창적인 점이다.

이븐 시나에게는 철학은 단순한 진리의 지식이나 자연 신학의 체계가 아니라 합리적인 사유로 신과 세계를 이해하는 방법이었다. 그는 철인이 가르치는 진리와 예언자가 설득하는 신앙은 동일하다고 확신하고 있었으나 철학자로서의 이븐 시나는 철학적인 용어로서 신앙을 이해하여야만 했다. 그가 예언적 예지를 신성한 예지(아클 쿠드시)라고 부르고 그리스 철학에 없는 용어를 이슬람으로부터 차용한 것도 이 때문이다. 철학과 신앙의 조화를 도모하고자 하였던 킨디의 시도는 이븐 시나에 의해 완전하게 포기되었다. 이 결과 이슬람 철학 체계는 종래에 비해 훨씬 투철한 것이 되었으며 무슬림 철학자로서의 이븐 시나의 철학 체계는 이슬람 신앙에 하등 저촉되는 것이 없었다.

그는 '논리학의 목적은 인간에게 표준적인 사고의 법칙을 부여하는 데 있으며 인간은 이를 지킴으로써 사고의 오류를 피할 수 있다'라고 말하고 사고의 방법론을 확립하기 위해 노력했다.

6. 중세 이슬람의 최대 철학가, 수피 사상가 가잘리 (1058~1111년)와 그 시대

파티마 조의 건국은 아바스 조에 대한 커다란 타격이었다. 페르시아와 부와이흐 조(932~1055년)가 945년에 바그다드를 점령한 이래 칼리프는 행정, 군사에 관한 모든 권한을 상실했으며 부와이흐 조의 군주가 사실상 아바스 조의 지배자로 군림한다. 부와이흐 조는 12이맘 관계로 시아파에 속하며 여기에 시아파의 부와이흐 조가 정통파 이슬람의 상징인 아바스 조의 보호자로서 이스마일파의 파티마 조와 상대하는 기묘한 삼각 관계가 되었다.

그러나 부와이흐 조 지배는 약 1세기로 그치고 이를 대신하여 터키인의 셀주크 조(1037~1157년)가 바그다드에 입성했다. 칼리프의 권력은 회복되지 못했으나 바그다드의 패자가 시아파의 부와이흐 조로부터 정통파의 셀주크 조로 바뀌어짐에 따라 적어도 칼리프의 권위는 어느 정도 회복되었고 동방 이슬람 세계는 정통파 이슬람 신앙이 부활되었다. 특히 정통파 학문의 진흥이 현저하였다.

터키인 술탄의 배후에 있으면서 셀주크 조의 사실상 건설자였던 페르시아인의 재상 니잠 알물크는 바그다드를 비롯하여 여러 주요 도시에 자기 이름을 붙인 니자미아 학원을 수립했다. 이는 파티마 조의 아즈하르 학원에 대항하여 정통파의 학문을 일으키는 동시에 새로운 관료 계급을 양성하는 것을 목적으로 한 것이다. 그 교습 과목은 신학과 법학을 주로 하여 코란 주해(타프시르), 전승(하디스), 문학 등을 가르쳤는데 신학에서는 아쉬아리파의 신학, 법학에서는 샤피이의 법학이 선택되었다.

셀주크 조가 바그다드에 입성한 것은 1055년이며 3년 후 호라산의 두우스에서 가잘리(1058~1111)가 탄생했다. 그는 어려서 신학과 법학을 배우고 20세 때 니샤푸르에 있는 니자미아 학원에 입학하여 당시의 석학이었던 주와이니(이맘 알하라마인, 1085년 사망)로부터 아쉬아리파의 신학을 배웠고 동시에 수피의 파르마지(1084년 사망) 아래에서 신비주의 사상을 배웠다.

두 스승이 죽은 후 니잠 알물크의 보호를 받아 연구를 계속했는데 1091년에는 그의 학식이 인정되어 바그다드의 니자미아 학원의 신학 교수라고 하는 당시 학자로서 가장 명예있는 최고 지위에 임명됐다. 그의 성격은 조그마한 의념(疑念)을 그대로 남겨둘 수 없는 세심한 편으로 바쁜 교수 생활의 여가를 틈타 정통파 신학은 물론 철학, 이스마일파 신학, 무타질라파 신학, 잔다카 주의에 이르는 지난날의 모든 학문을 연구하고 무엇이 신앙의 진정한 기초가 되는지를 밝히고자 하였다.

그는 처음 철학에 희망을 걸고 파라비와 이븐 시나의 저서를 철저하게 연구하였지만 마침내 철학은 신앙의 기초가 될 수 없음을 깨달았다. 그의 '철학자의 의도'가 1145년 라틴어로 번역되었는데 이것은 아리스토텔레스의 철학을 극히 충실하게 요약한 것임을 무슬림 아리스토텔레스 학파의 대표적 학자 알 가잘리의 이름이 토마스 아퀴나스와 로저 베이컨 등의 저서에 나타난 것으로 알 수 있다.

그는 철학의 개념과 용어를 갖고 철학자에 도전한 유일한 신학자였다. 가잘리는 그의 저 '철학자의 파멸'에서 20항목에 걸친 철학 비판을 행하였는데 그 중 그가 가장 중요시한 것은 세계의 영원성에 대한 철학자의 주장이었다. 그는 이 문제에 대해 그의 저 '철학자의 파멸'의 거의 4분의 1을 할당하고 있다. 아리스토텔레스의 계승자였던 무슬림 철학자들은 세계는 공간적으로 유한하지만 시간적으로 무한하다고 생각한다.

따라서 신에 의한 세계의 창조라는 것은 있을 수 없었다. 물론 무슬림 학자인 이상 세계의 창조를 정면으로부터 부정할 수 없었기 때문에 이븐시나의 항에서도 술한 것처럼 그들은 겨우 유출 이론을 빌어 유일자인 신으로부터 세계(다수)의 생성을 설명하는 데 지나지 않았다. 신에 의해 무로부터 만물이 창조되었다고 믿고 있는 가잘리는 철학자를 이단으로 보는 신앙의 입장으로서 철학을 비난하였다. 가잘리는 철학자 자신의 이론을 갖고 그들의 시간과 공간과의 개념을 재검토했던 것이다.

그는 '시간에는 절대적인 앞과 절대적인 뒤라는 것은 있을 수 없으며 시간은 완전히 상대적이어서 우리들이 무엇인가 어떤 것을 표상할 경우 반드시 이와 동반하는 형식에 지나지 않으므로 시간은 하나의 관계이다. 마찬가지로 공간도 하나의 관계에 지나지 않는다. 철학자가 세계는 공간적으로 유한하지만 시간적으로 무한하다고 하는 것은 완전히 자기 모순에 빠져 있다. 왜냐하면 시간과 공간도 다같이 관계인 이상 만약 시간이 무한하다고 한다면 공간도 무한하여야 하기 때문이다'라고 말했다.

철학도, 그 방법론을 차용한 사변 신학도 다함께 신앙의 진정한 기초가 될 수 없다고 생각한 가잘리는 깊은 회의에 빠져 1095년에 니자미아 학원의 교수직을 사임하고 수피(신비주의) 사상을 배우고 수피의 생활을 실천하기 위해 여행길에 나섰고 1105년 '종교학의 소생'이라는 대저작을 갖고 고향에 돌아온다. 이 10년의 기간 동안, 처음 2년간을 그가 다마스쿠스 우마이야 모스크와 예루살렘의 알 악사 모스크에서 보냈다는 것은 거의 확실하지만 이에 계속되는 메카 순례 이후의 8년간을 그가 어디에서 어떻게 보냈는지에 대해서는 다만 '완전한 고독 생활 속에서 나는 헤아릴 수 없을 만큼 많은 것을 알았다'라고 말할 뿐이다.

그러나 10년의 고된 수행을 거쳐 그는 신앙의 진정한 기초가 무엇이라는 것을 깨달았다. "단지 사고의 방법론에 지나지 않는 철학이 신학의 기초론이 될 수 없다. 이성이 파악할 수 있는 것은 유한하여 상대적인 것에 한하며 절대적이고 무한한 것은 이성이 미치는 범위 외에 있다. 다만 수피의 최고 체험인 '파나'만이 신앙과 계시의 옳음을 우리에게 확신시킨다. 로고스나 누우스나 제일 원인 등 철학자나 신과 인간 사이에 설정한 모든 개념과는 관계없이 신은 그 피조물의 모든 것에 책임을 갖는다.

코란의 계시에 의하면 인간의 영혼은 신에 의해 입김이 불어진 신의 입김이다. 따라서 이는 신이 우주를 지배하는 것과 같은 방법으로 인간의 육체를 지배한다. 육체는 우주의 미크로 코스모스(소우주)이다. 영혼의 본질은 육체 속에 갇혀진 지성이 아니라 결코 육체에 속박될 수 없는 의지이다. 이것은 마치 신이 지성이나 사유에 의해 알려지는 것이 아니라 창조의 원동력인 의지에 의해 알려지는 것과 같다. 신은 우주 외부에 있는 의지력이며 우주는 그 의지에 의해 창조되었다."라고 그는 술한다.

또한 "존재는 3단계 내지 4단계의 세계가 있다. 첫 번째는 지각에 의해 알 수 있는 세계로, 이는 끊임없이 변화의 상태이다. 두 번째는 신의 절대적인 의지에 의해 확립된 세계로 변화가 없는 영원한 현실의 세계이다. 첫 번째의 세계는 단순히 두 번째 세계의 반사에 지나지 않는다. 세 번째의 세계는 현실의 세계로 첫 번째 세계와 두 번째 세계의 중간에 있으나 언제나 첫 번째 지각의 세계에 투영되고 있다. 인간의 영혼은 이 세 번째의 세계에 속하고 있다. 이들 세 개의 세계, 또는 단계는 시간 및 공간에 의해 구별되는 것이 아니라 존재의 방법이 서로 다름에 의한 것이다.

최고 존재인 현실의 세계에 도달하기 위해서는 지각을 필요로 하는 지성이나 이성은 아무런 역할도 못한다. 수피의 최고 체험인 '파나'의 초합리적인 직감에 의해서만 그림자와 반사와의 지각 세계를 꿰뚫고 나와, 인간 영혼은 지고의 현실 세계에 도달한다."라고 했다.

가잘리는 본질적으로 아쉬아리파의 신학자였다. 아쉬아리가 무타질라파의 방법론을 이용하여 정통파의 사변 신학을 건설한 것과 같이 그는 무타질라파보다도 훨씬 앞선 이븐 시나의 철학 비판을 통하여 엄밀한 개념과 방법론을 그의 신학 체계에 받아들여 정통파 신학의 수립에 성공한 것이다.

1105년 두스로 돌아온 가잘리는 다음에 니샤푸르의 니자미아 학원에 부임하였으나 곧 그 직을 사임하고 1111년 그의 생애가 끝날 때까지 고향인 두스에 모여드는 제자들에게 도의 설파를 계속했다. 그가 1108년경에 쓴 '오류로부터의 구원'은 그의 생애와 사상의 편력을 엮은 자서전인 동시에 말하자면 그의 '방법 서술'이기도 했다. 가잘리는 진정으로 신학자의 경건함과 철학자의 엄격하고 세밀한 방법론과 수피의 오직 신에 대한 정열 등을 한 몸에 통일하여 중세 이슬람 사상을 최종적인 형태로 완성한 사람이다.

니자미아 학원의 교수 과목으로서 신학은 아쉬아리파의 신학, 법학에서는 샤피이파의 법학이 선택된 것은 정통파 이슬람 학문에 있어서 두 파의 지위를 흔들림이 없게는 하였으나 이 때문에 각 학파간의 논쟁에 종지부가 찍히는 결과가 되어 사상의 고정화 현상이 나타나게 되었다. 이같이 가잘리가 이슬람 사상을 완성함으로써 11세기부터 13세기에 걸쳐 사회의 안정화와 사상의 고정화의 경향이 강화되었다.

Ⅷ. 안다르시아(에스파냐)의 이슬람 왕조, 서우마이야 조의 성쇠와 그 문화

1. 서우마이야 조의 성쇠

아랍인이 이베리아 반도를 정복한 것은 이슬람력 91년 라마단 달(서력 710년 7월)에 우마이야 조의 마그리브 지방의 총독인 무사 빈 누사이르가 파견한 타리프 빈 말리크의 정찰부대가 지브롤터 해협을 넘음으로써 시작되었다. 상륙 지점은 지금의 지브롤터 해협을 바라보는 에스파냐의 타리크 도시 근처이다. 이 부대의 원정이 예상 외의 성공을 거두게 되자 무사는 다시 대규모의 원정 부대를 조직하고 부하 타리크 빈 지야드에게 인솔시켜 이베리아 반도에 침입시켰다. 711년 5월에 타리크군은 해협을 넘어 타리크가 상륙했던 지점보다 가까운 동쪽 해안에 있는 산으로 상륙했다. 이 산은 이러한 연고로 '타리크의 산'(자발 타리크)이라 불리워지고 있으며 지중해 입구에 자리잡고 있는 해협도 같은 이름을 붙였으나 와전되어 지브롤터가 되었다.

이렇게 이베리아 반도를 정복하는 막이 오르면서 지금까지 톨레도를 도읍으로 하여 그 지방에 군림하였던 서(西)고트 왕국이 붕괴되었고 714년 칼리프인 알 왈리드(재위 705~715년)가 무사와 타리크 등을 소환할 당시에는 피레네 산맥의 남방 기슭까지 이베리아 반도 거의 전역이 아랍인과

베르베르인에 의해서 구성된 이슬람 세력의 지배하에 들어가게 되었다.

새로운 정복지는 알 안다르스라 불렀고 처음 45년간에 20명의 총독이 부임하였다. 이 시대를 '울라드 시대'라고 하는데 울라드는 아랍어로 왈리(총독)의 복수형이다. 지금의 프랑스의 중심부까지 침입하였던 압두 알 라흐만 알 가프키도 왈리의 한 사람이었다.

750년에는 아바스 조가 우마이야 조를 멸망시키고 이라크의 쿠파에 도읍을 정하였다. 이때 우마이야 가의 한 왕자였던 압두 알 라흐만이라는 젊은이는 엄중한 추격 속에서도 기적적으로 도피하여 북아프리카를 경유 알 안다르스에 안주하게 된다.

우마이야 조는 아부 수프얀의 아들 무아위야가 창건하였는데, 이 계통은 그의 손자 무아위야 Ⅱ세에서 정권을 잃고 다른 계통인 마르완(재위 684~685년) Ⅰ세가 칼리프가 되어 그의 계통이 750년까지 정권을 이었다. 마르완의 아들 압두 알 말리크(재위 685~705년)는 훌륭한 군주였으며 그의 아들 4명도 칼리프의 지위까지 올랐다. 이어 제6대 알 왈리드(재위 705~715년)를 거쳐 7대 술라이만(재위 715~717년), 제9대 야지드 Ⅱ세(재위 720~724년), 제10대 히샴(재위 724~743년) 등으로 이어졌다.

서쪽으로 난을 피한 압두 알 라흐만은 제10대 칼리프인 히샴의 손자로 우마이야 조의 마르완 계인데 그는 에스파냐에서 왕국을 건설하고 코르도바를 수도로 정하였다. 이것이 코르도바의 우마이야 조로 756년부터 1031년까지 계속된다. 압두 알 라흐만은 이와 같은 인물이었지만 '아미르'라는 칭호에 만족하고 칼리프라는 칭호는 사용하지 않았다. 아미르란 지위가 장군, 국왕, 왕자 등 경우에 따라 여러 가지로 번역되나 이 경우의 아미르는 지방적인 영주라는 뜻이다. 이로부터 920년까지 170여년간 압두 알 라흐만 Ⅰ세와 그 자손이 아미르의 칭호 아래 코르도바를 도읍으로 군림하였기 때문에 이를 '코르도바의 아미르 시대'라고 부르는데, 이 시기는 이베리아 이슬람 시대사에서 제2기가 된다.

코르도바에 군림한 아미르는 제2대 압두 알 라흐만 Ⅰ세의 아들인 히샴 Ⅰ세(재위 788~796년)이며, 제3대는 히샴 Ⅰ세의 아들 알 하캄 Ⅰ세(재위 796~822년), 그리고 제4대는 알 하캄 Ⅰ세의 아들 압두 알 라흐만 Ⅱ세(재위 822~852년)였다. 제4대인 압두 알 라흐만 Ⅱ세는 30년간 재위하면서, 서방 이슬람 세계인 서우마이야 조의 문화를 중흥하여 아바스 조에서 첫 번째의 명군으로 꼽히고 있는 알 마문(재위 813~833년) 치하의 바그다드를 중심으로 하는 동방 이슬람 세계와 쌍벽을 이루게 하였다.

코르도바의 우마이야 조에서는 이 압두 알 라흐만의 사후 꼭 60년이 되는 해에 같은 이름의 자손인 압두 알 라흐만이 왕위에 즉위하는데 이 압두 알 라흐만 Ⅲ세야말로 이 왕조를 빛내는 위대한 군주였다. 압두 알 라흐만 Ⅰ세를 창업주라고 한다면, 압두 알 라흐만 Ⅲ세는 이 왕조를 칼리프 제국으로 만든 동 Ⅱ세와의 중간에 나타난 중간 왕이라고 불리워진다. 그의 아들 무함마드 Ⅰ세(재위 825~886년)가 왕위를 잇고 그후는 무함마드 Ⅰ세의 아들 알 문디르(재위 886~888년), 다음은 그의 아들 압두 알 라(재위 888~912년)가 대를 잇는다.

압두 알라 왕 시대에 이르러 민심이 멀어지면서 알 안다르스는 군웅이 할거하는 난세로 변하고, 코르도바의 우마이야 조는 밑바닥에서 헤매게 된다. 우마이야 가가 안주할 수 있는 곳은 도읍 코르도바를 둘러싼 성벽의 안쪽 뿐이었으며 지방에서 방화 · 약탈 · 학살 등이 일상의 다반사가 되었다. 또한 국고가 바닥이 남으로써 수도를 지키는 용병들의 급료도 지불하지 못하는 불온한 상태에 있었다. 남부 그라나다 지방 일대는 이븐 합순이라는 기독교 호족의 지배하에 있었는데 그가 인솔하는 산간 벽지의 지방민들은 용감하여 때때로 압두 알라 왕이 파견한 토벌군을 격파시키기도 했으며 역으로 수도 코르도바를 위협하기까지 했다.

이에 코르도바 시장은 황량해지고 식료품 가격이 거침없이 뛰어오르는 상태였다. 이러한 환경에서 압두 알라 왕이 68세로 912년에 사망한다. 그는 재위 중 그의 아들 무함마드를 왕위 계승권자로 지명하였으나, 이 왕자의 생모는 나바르라 왕녀로 바스크 사람이었다. 그러나 이 왕자는 891년

배다른 형제 중 한 사람에 의해 암살되었다. 암살당하기 직전에 낳은 아들을 조부 압두 알라가 불쌍히 여겨 양육하고 이 손자를 왕위 계승권자로 지명했다. 조부가 세상을 떠났을 때 이 금발의 푸른 눈의 손자는 21세의 젊은이로 성장하여 곧 코르도바의 제8대 왕(아미르)으로 취임한다. 이가 압두 알 라흐만 Ⅲ세이다.

그가 21세에 새로운 아미르로서 취임했을 때의 서우마이야 조는 사분오열(四分五裂)로 찢어졌고 내우외환으로 잔뜩 곪은 상태였다. 그는 먼저 국토의 재통일이라는 사업에 정력적으로 달라붙어 이를 완수하기 위해 약 20년간의 세월을 소비한다.

압두 알 라흐만 Ⅲ세는 즉위하자마자 이베리아 반도 내의 각 지방 태수들에게 사자를 보내 충성의 맹세를 요구했으나 이에 응한 것은 소수이며 대부분은 이를 무시했다. 이런 상대에게는 더욱 설득한다든가 또는 토벌이라는 수단밖에 없었다. 그는 토벌할 경우 스스로 응전했는데, 위엄이 있고 불요불굴한 젊은 군주의 말을 탄 모습이 언제나 진두에 있는 것을 보면 그의 군대의 사기는 높아졌고 적측의 사기가 허물어졌다고 한다.

그의 즉위 다음해에는 핫자즈 가(家) 아래에서 독립하였던 시베리아가 굴복했고 그 다음해(914년)에는 가장 강력한 반군의 장군 이븐 합순과 싸움을 시작했다. 917년에 이븐 합순은 죽었으나 그 자손은 완강히 저항하여서 928년에 겨우 평정했다. 그후 바다호스, 베하, 톨레도, 사라고사 등에 군을 진격하여 알 안다르스 전토의 평정을 끝낸 것은 932년이다.

그러나 선조의 그 영토를 회복했다 하여 그가 평온한 여생을 보낼 수는 없었다. 즉위 초부터 그의 국가는 북으로나 남으로부터의 외적 때문에 위협을 받고 있었다. 남쪽의 적이라고 하는 것은 튀니지를 본거지로 하는 파티마 조였다. 만일 코르도바의 우마이야 조가 압두 알라 왕 시대와 같은 혼란 시대를 계속하였다면 아마 이베리아 반도의 파티마 조의 꿈은 실현될 수 있었지 않았을까 생각된다. 바로 이런 시기에 코르도바에 불세출의 명군이 출현하였다는 것은 역사의 흥미로운 점이다.

알 안다르스가 파티마 조 군에 의해 석권될 뻔한 위기에 임하여 압두 알 라흐만 Ⅲ세는 증조부 압두 알 라흐만 Ⅱ세가 건설하였던 해군을 활용하여 파티마 조 세력을 누르고 931년까지 세우다를 중심으로 하는 지브롤터 해협의 남부 지방을 점령하여 북아프리카에 발판을 굳히는 데 성공했다. 또한 자나다 족을 비롯한 베르베르계의 여러 부족이나 북아프리카에 세력을 뻗히고 있던 시아파의 이드리스가 하와리지파 사람들과도 관계를 맺고 파티마 조 세력에 대항했다.

지금까지 코르도바의 서우마이야 조의 군주들은 아미르의 칭호로서 만족하고 있었으나 929년 1월 압두 알 라흐만 Ⅲ세는 전국 태수들에게 그의 앞으로 오는 서신에 '아미르 알 무미닌'(칼리프)의 칭호를 갖고 부르도록 하는 명령을 내렸다. 즉 정식으로 칼리프의 위치에 섰다는 것을 선언하는 것이다. 이것은 이즈음에 시아파의 이스마일파를 국교로 하는 파티마 조의 군주들이 칼리프의 칭호를 띠고 동방 아바스 조의 전통파(수니) 칼리프를 능가한 세력을 갖고 있는 데 대항하는 조치였다고 하는 것은 분명하다.

우마이야 조와 아바스 조는 원래 원수지간이었으나 두 왕조간의 적대감정은 시대와 더불어 희박하게 되었고, 특히 바그다드와 코르도바간의 밀접한 문화 교류관계를 갖게 되었다. '너의 적의 적은 너의 편이다'라고 하는 생각에서 본다면 파티마 조는 끊임없이 비밀리에 사상 선전원을 파견하고 있는 곤란한 상대를 공동의 적으로 하고 있어, 아바스 조와 우마이야 조는 이제 같은 편이 되었다고 할 수 있다.

그러나 후자가 뛰어난 군주 압두 알 라흐만 Ⅲ세 밑에서 위세를 높이고 있는 데 비해 전자는 쇠퇴상태에 놓여 있어 거의 실권을 잃었으며, 935년에는 시아파의 부와이흐 조가 바그다드에 들어가 칼리프를 누르고 실권을 장악한 상태였다. 이것이 아마 파티마 조의 방향을 서쪽에서 동쪽으로 전환시킨 최대의 원인으로 보여진다.

파티마 조는 처음 튀니지를 본거지로 하여 서북쪽으로 방향을 돌려 북아프리카 일대를 비롯한 이베리아 반도에 진출할 태도를 보이자, 코르도바의 우마이야 조의 군주도 이에 대처하여 칼리프라 칭하고 그들이 지브롤터 해협 남쪽 해안에 기지를 구축해 온 것을 보고 이번에는 진로를 동쪽으로 옮겨 푸스타트(옛 카이로)에 도읍한 약체의 이흐시드 조의 군을 일축하였고, 969년에는 푸스타트의 북방에 새로운 도시 알카이라(카이로)를 건설했다. 또한 시리아의 아라비아 반도의 두 성도(聖都) 메카와 메디나도 지배하여 놓았다.

이렇게 하여 압두 알 라흐만 Ⅲ세는 남쪽으로부터의 위협을 면할 수가 있었다. 한편 북쪽의 위협은 무사, 타리크 등 초기 이베리아 반도의 정복군이 분명히 피레네 산맥에 달하였다 하여도 정복하지 못하고 남긴 부분이 얼마 있었다. 또 서북부나 북부 산지에 도망했던 서고트 왕국의 잔당을 철저하게 소탕하지 않았기 때문에 이들은 나바라나 바스크 산지로 피하여 후에 레온 왕국을 발전시킨다. 또한 카스틸랴와 나바라의 두 왕국도 역시 기독교도에 의해 건국되었으며 카타로니아 왕국도 출현했는데 이것이 12세기가 되면 아라곤 왕국으로 발전한다.

압두 알 라흐만 Ⅲ세 즉위보다 2년 늦게 레온 왕국의 국왕 오르도니요(재위 914~924년)가 나타나 국세는 성하여져 코르도바 왕조에 도전하게 되었다. 이 싸움은 950년까지 계속되었다. 이 무렵 알 안다르스는 크게 번영하여, 수도 코르도바는 유럽 제일의 번영을 구가하고 최고의 문화로 장식되어 그 품격으로 본다면 바그다드나 콘스탄티노플에 뒤지지 않았다.

압두 알 라흐만 Ⅲ세는 대규모의 토목사업을 일으키고 운하 등 관개시설을 정비했으며 코르도바의 대 모스크를 확대하고 그 경내에 장려한 마나렛(첨탑)을 세웠다. 즉위 후 25년, 936년 말부터 코르도바 서부의 자발 알 아루스(신부의 산)라고 하는 언덕 끝 가다르기브르 강과 그 유역의 평야를 한 눈으로 볼 수 있는 땅에 자히라 거리라고 하는 시가지를 만들어 왕궁이나 여러 관청, 모스크, 일반 시민의 거주지로 하였다. 후세 프랑스의 베르사유 궁전이나 부속 시설이 비슷한 형태의 것이었다.

압두 알 라흐만 Ⅲ세가 세상을 떠난 후 황태자 알 하캄 Ⅱ세(재위 961~976년)가 칼리프를 승계하고 신하들로부터 충성의 맹세를 받는다. 그는 8세 때 왕위 계승권자로 지명되어 훌륭한 교육을 받았으며 또, 부왕을 따라 여러 전투에도 참가했다. 즉위시 그의 나이는 48세였다. 그는 성격이 온후하고 평화를 사랑하여 유혈을 불러일으키는 것을 극히 피하는 사람이었다. 970년까지 그의 재위 15년간, 알 안다르스는 불가피하여 싸우는 방위성격의 전투는 몇 번 있었으나 태평을 즐길 수 있었다.

그는 학문을 좋아해 자흐라 궁전에 40만 권이나 되는 책을 모으고 대부분은 독파하였다고 하며, 그 중의 어떤 것은 아직까지도 남아 있다. 자선 사업에도 열심이고 '보시(布施)의 집'(다르 알사다까)을 세워 가난한 자에게 돈을 나눠 주거나, 고아나 가난한 자들의 자제를 위해 27개소에 초등 교육의 학교를 설립하기도 했다. 아버지의 방침을 잘 지켰기 때문에 코르도바는 번영했고 여러 외국의 사자들도 모여들었다. 코르도바의 대모스크를 확장했으며 공공의 토목사업을 일으킨 것도 아버지를 닮았기 때문이다.

알 하캄이 늙어서 얻은 아들 히샴(재위 976~1008년)을 좀 엄격히 비판한다면 알 하캄은 2백 수십년간 계속하였던 서우마이야 조에 묘혈을 판 사람이라고 할 수 있다. 어린 나이로 히샴이 후계자로 지명되었을 때 우마이야 가에는 유능하고 연령이 많은 인재가 갖추어져 있었다. 이러한 사람들을 제쳐놓고 아직 미지수의 유아를 선택하여 이에 충성을 맹세시켰다고 하는 것은 알 하캄의 만년의 대실책이다. 칼리프가 966년에 사망하고 히샴 Ⅱ세가 10세로 즉위하니 그 생모 수부흐가 권력을 흔들어 궁중은 혼란해졌다. 서우마이야 가의 인재는 차차로 암살되고 권모와 술책이 횡행했다.

알 만수르가 이같은 시기에 두각을 나타낸다. 그는 아랍 출신으로 부친은 종교학자였고 코르도바에서 공부했다. 후에 코르도바 우마이야 조의 시종직으로 되었고, 칼리프 히샴 Ⅱ세를 주군으로 하여 대정치가로서의 본령을 발휘한다. 그는 북아프리카로부터 온 다수의 베르베르 족을 받아들여 강력한 군단을 만들었다. 그러나 알 만수르가 사망하여 중앙 정부의 통제력이 해이하여져 위기가 닥쳐온다.

만수르가 죽은 후 그 차남 압두 알 말리크가 히샴 Ⅱ세를 보좌하여 서우마이야 조의 운명을 어깨에 짊어진다. 그러나 그가 33세에 급사하고 그의 배다른 아우 압두 알 라흐만이 뒤를 이어, 히샴을 졸라 자신을 칼리프 후계자로 지명한다.

지금까지 참고 있었던 각 방면의 불만이 폭발한다. 코르도바에 정변이 일어나 우마이야 가의 한 왕자, 무함마드가 중심이 되어 히샴을 퇴위시킨다(1009년). 자히라의 거리는 철저하게 파괴되었다. 새로운 칼리프 무함마드도 곧 인심을 잃고 이 해 11월에 우마이야 가의 다른 왕자 술라이만이 무력으로 스스로 칼리프라 칭한다. 여기서 코르도바는 싸움터 중심이 되어 버린다. 결국은 술라이만이 승리해 칼리프 즉위를 확보하였으나 3년 후인 1016년에 반란군의 장군 때문에 살해된다.

서우마이야 조의 명운이 다하여 안다르시아는 수습할 수 없는 혼란에 빠졌다. 1031년에는 이 왕조의 코르도바 최후의 칼리프인 히샴 Ⅲ세(재위 1027~1031년)가 추방되어 아프리카로 망명하였고 그 후계자는 나타나지 않았다.

11세기 전반은 정치적으로 분열기였고, 이 시기 이베리아 반도의 에스파냐 이슬람 왕국은 여러 군소 군주에 의해 분단되었다. 이 군소 군주들은 베르베르인, 슬라브인, 안다르시아 출신들이었다. 이 정치적 약체가 화가 되어 서우마이야 조는 북쪽으로부터 프랑크의 원조를 얻은 기독교도, 남쪽으로부터는 베르베르인 등 양면으로부터 침략을 받게 된다. 1085년 노도와 같이 밀려오는 기독교도군은 톨레도 시를 석권했다. 이 도시를 상실한다는 것은 에스파냐 무슬림에게 대해서는 결정적인 타격이었다.

그러나 정치적으로 약체화되었고 통일된 것이 없었으며, 여러 군소 군주들이 지배한 시기가 짧다고는 하지만 문화적으로는 크게 번영한 시기였다. 군소 제왕의 여러 궁전은 고전연구 · 철학 · 과학 및 문예의 중심이 되었다. 칼리프가 붕괴하여 경제적으로나 문화적으로도 동방과 다시 긴밀한 관계를 갖게 된 것이 학예부흥에도 도움이 된 것이다.

여러 '당파 군주'가 통치한 시대는 아프리카로부터의 침입으로 종말을 고한다. 알 무라브(1056~1146년) 왕조의 창시자 유세프 이븐 다쉬핀(1061~1106년)이 기독교도군의 위협에 대항하기 위한 안다르시아의 초청으로 에스파냐에 왔는데, 그는 1086년 기독교도군을 격파하고 군소 제왕들을 그의 무어 제국에 병합시키려 하였다. 그러나 알 무라브 조는 다음에 광신적인 베르베르 일파인 아프리카의 신왕조 무와하드 조에 자리를 넘기게 되며 이 사이에도 기독교도의 재정복은 계속된다.

1212년 무슬림 라스 나바스 데 톨로사에서 패배한 것이 계기가 되어 기독교도는 각지에서 진격을 개시하고 1236년에는 코르도바를, 1248년에는 세빌랴를 점령하게 되자 이른바, 알 무라브 왕국은 분열하여 여러 신당파 왕국이 되었으나 모두 단명으로 끝났다. 13세기 말에 기독교도는 그라나다 시와 그 인근을 제외하고 에스파냐 전토를 탈환했다. 그 이후에도 그라나다 시는 무슬림의 지배가 2세기 동안 계속된다.

에스파냐 이슬람이 해 떨어지기 직전 일순간 섬광과 같이 창조의 재능을 마지막으로 제일 훌륭히 나타낸 것이 알함브라의 거창한 궁전이다. 1492년 1월 카스티야와 아라곤의 연합군은 그라나다 시를 점령하고 곧 칙령을 공포하여 비카톨릭 교도는 이베리아 반도로부터 추방당하게 된다. 강제적으로 기독교도로 개종되었던 자들 사이에는 아랍어가 얼마동안 통용되었으나 이들 개종자도 17세기 초반에는 아프리카로 추방된다.

2. 에스파냐의 아랍 — 이슬람 문화와 산업

에스파냐의 아랍은 그 절정기에 있어서 위세가 당당하였다. 아랍은 이베리아 반도의 생활을 여러 방법으로 풍요하게 했다. 농업에 있어서도 그들은 의욕적인 관개와 귤 · 면화 · 사탕수수 · 쌀 등의 신품종을 소개했다. 그들이 채용한 토지 소유제도의 개혁은 아랍 지배하의 에스파냐 농업을 크게 번영시키는 데 공헌했다. 그들은 많은 산업을 발전시켰는데, 그 중에는 섬유 · 도기 · 종이 · 견사 · 설탕과 금 · 은 기타 광산 등을 들 수 있다. 양모 및 견사는 코르도바, 말라가 및 알메리아, 도기는 말라가 및 바렌사에서, 무기는 코르도바 및 톨레도 중에서, 가죽류는 코르도바에서, 카펫은 베자 및 카르세나에서, 극동으로부터 가져온 종이는 자디바 및 바렌샤에서 각각 제조되었다.

이슬람 제국내에서는 어디에서나 같듯이 여기에서도 섬유는 주요 산업으로 코르도바에서만도 만여 종의 직물을 취급하는 공장이 있었다고 한다. 이슬람 에스파냐는 동양과 무역을 폭넓게 행하였고, 안다르시아 항구에 기지를 둔 상선들은 지중해 전역에 에스파냐의 상품을 선적했다. 주요 시장은 북부 아프리카의 이집트이고 콘스탄티노플에서는 비잔틴 상인이 에스파냐 상품을 구입하여 이를 다시 인도나 중앙아시아에 판매했다. 농업이나 수공업 용어에도 많은 아랍어가 지금도 남아있는데, 이것은 아랍의 영향이 어느 정도 강하게 남아있는 것을 의미한다.

정치 관계에 있어서는 지금도 지방행정이나 군사에 관한 에스파냐어에는 아랍어의 흔적이 있으며 이것은 아랍의 전통이 얼마나 뿌리 깊은가를 입증하는 것이다. 세빌랴의 궁전을 재건한 14세기의 기독교도 왕은 그 일을 기념하여 아랍어로 '우리들의 주, 술탄 돈 페드로에 영광이 있으라'라고 새겼다. 에스파냐 탈환 후에 발행된 화폐는 오랫동안 아랍식의 것이었다.

지리적으로 거리가 떨어져 있고 지방적인 특색이 있음에도 불구하고 에스파냐의 이슬람은 아랍의 고전적인 전통, 여러 주요 분야에 중요한 공헌을 했다. 즉, 에스파냐 이슬람도 아랍의 전통에 귀속하는 것이다. 그리스의 유산조차도 압두 알 라흐만 Ⅱ세 시대에 에스파냐가 아랍 곁으로 도달한 것은 현지에 있었던 문헌에서보다도 동쪽의 번역 중심지로부터 수입된 서책을 통해서였다. 풍토의 영향은 주로 서정시 등에 나타난다. 이 분야에서 에스파냐의 아랍은 동방 무슬림들에게는 미지의 형식을 창조해냈다.

이것이 초기 에스파냐인 기독교도의 시가(詩歌)에 상당한 영향을 주었고 서양의 기타 문학에도 영향을 준 것으로 고려된다. 에스파냐의 아랍 이슬람의 가장 현저한 창작은 그 미술과 건축에서 보이는데, 처음은 근동(近東)의 아랍이나 비잔틴 양식을 기초로 하여 이것의 영향을 받으면서 서로 개성적인 표현과 창조적인 것으로 발전되었다. 압두 알 라흐만 Ⅰ세 시대에 시작된 유명한 코르도바 모스크는 새로운 에스파냐 — 무어 양식의 출발점이 되고 후에 지랄다 탑이나 세빌랴의 알 카자르, 후에는 그라나다의 알함브라와 같은 걸작을 낳게 된 근원이 된다.

에스파냐의 역사가들이 아랍의 점령으로 에스파냐의 생활 및 제도에 오랫동안 영향을 남기고 있었다는 데 모두가 열의를 보이지 않는 것은 쉽게 이해할 수 있다. 근대 에스파냐의 학자 산체스 알보르노스는 그들의 견해로부터 본 것을, 그의 논문에서 기독교국인 에스파냐가 이슬람의 진격에 대한 서유럽의 초병으로서의 역할을 오랫동안 하게 된 것과 재정복을 위해 노력하여 왔다는 것 등으로 인한 그후까지의 악영향을 몇 개 들고 있다.

그 첫째는 이 나라의 정치적 통일을 완전히 상실시켰다는 것이다. 정복과 재정복이 되풀이되었기 때문에 로마 통치하에서는 훨씬 앞서 있었던 이 반도의 정치 통일은 없어졌고, 또 단편적으로 행하여진 재정복을 통하여 옛 에스파냐 각지의 할거주의가 부활했고 이것이 화가 되어 에스파냐는 정치적 발전, 중앙 집권화에 있어서 다른 유럽 제국의 뒤를 따라가는 결과가 되었다. 에스파냐의 아랍 통치하에 속하고 있던 아프리카 지중해권으로부터 서유럽권에 옮겨졌기 때문에 무역과 산업은 일시적으로 좌절을 가져왔고 또 재정복 사업에 모든 정력이 흡수되어, 이러한 발전을 위해 하등의 여력을 갖고 있지 않기 때문이다.

덧붙여 서유럽권에서는 신참자이고, 발전이라는 면에서는 다른 나라보다도 뒤에 섰고 주위 환경도 좋지 않은 위치였다. 마지막 영향은 아르보르

노의 말에 의하면 '에스파냐에 있어서의 사라센 제국 지배의 치명적인 영향은 단지 경제 생활이나 정치 조직을 정체시킨 데 그치지 않는다. 에스파냐인의 가장 깊은 사고의 특질에도 그 영향은 비관적인 귀결로 메운 반작용을 생기게 했다'는 것이다. 유럽의 에스파냐 재정복을 위한 부단한 노력이 호전적이고 모험을 좋아하는 정신을 길렀으며 결실이 없는 제국주의적 침략 활동에 전력을 경주한다고 하는 정치적 감각의 결핍을 낳는 원인이 되었다.

한편 전쟁의 종교적 성격이 야기시킨 것은 부당하리만큼의 성직자의 팽창 및 여기서부터 야기되는 영향의 증대며, 이것이 그후 계속 에스파냐 정치의 암으로 된다. 에스파냐 학자가 때때로 지적하는 점은 칼리프 정치가 가져온 문화는 확실히 풍부하고 다양했고 어느 면에서는 당시의 서유럽 어느 나라 문화보다도 풍부했다 할지라도 이것은 전술한 바와 같은 손실을 보상하기에는 미흡했다는 것이다.

이것은 아랍인이 이 나라를 떠난 것과 같이 이 문화의 거의 대부분이 추방되었고 기독교 에스파냐 문화에는 단지 일부가 한정된 범위에서 침투된 데 지나지 않는다. 원래 에스파냐 문화는 남국의 장대(壯大)한 무슬림 문화보다도 정복의 세례를 받지 않은, 빈약하고 발달하지 못한 북방 독립 제국의 문화에 기초를 두고 있었다.

에스파냐에 대한 아랍의 영향이 영구적인 것이라 하여도 페르시아에 대한 것과 비교하게 된다면 훨씬 적다. 페르시아의 거의 모든 문화 · 종교상의 용어는 오늘날에 아랍어이며 에스파냐의 그것은 라틴어이다. 그러나 에스파냐에 남아있는 많은 구체적인 일상용어에는 경제적 · 사회적 그리고 어느 정도 미지의 정치적인 면에 있어서는 아랍으로부터 얼마나 많은 영향을 받은 것인가를 얘기하고 있다.

문화면에서도 아랍의 유산은 에스파냐 아니, 모든 서유럽 제국에 있어서조차도 극히 중요하다고 보아야 한다. 많은 기독교국으로부터 에스파냐에 와서 현지 사람들과 함께 아랍어로 말하는 무슬림이나 유태인 교사의 지도하에 공부하는 자가 많았으며 수많은 아랍어 문헌을 라틴어로 번역한 것이다. 고대 그리스 문화 유산의 대부분이 유럽에 소개된 것은 에스파냐에 놓여 있었던 아랍어의 번역을 통해서이다.

이슬람 세계로부터 유럽의 기독교 세계로의 문화 전달의 최초의 중심지가 된 것은 1085년에 재정복된 톨레도 시이다. 학식있는 무슬림은 이 도시에 남는 자가 많았고, 또한 무슬림으로 개종하여 남쪽 여러 나라로부터 온 많은 유태인 피난민이 있었다. 남방 여러 나라는 당시 편협한 알 모하드 조의 통치하에 있었고 이 왕조가 이슬람 에스파냐에게 가혹한 종교상의 박해를 가하였기 때문에 유태인은 조금 더 자유스러운 톨레도 시에 일시적으로 피난하지 않을 수 없었다.

12세기 — 13세기의 기간, 특히 카스틸 레온의 현자 알폰소(재위 1252~1284년)의 통치 시대에는 톨레도의 번역자 학원에서 아리스토텔레스의 '오르가논'이나 유클리드, 포레미, 갈렌, 히포크라테스 등의 책이 아랍 해설자나 그 후계자의 손으로 내용을 풍부하게 하여 저작전집으로 출판되었다. 번역자는 에스파냐 태생으로 에스파냐어와 아랍어를 자유롭게 할 수 있는 협력자 — 대개 유태인이었다 — 와 일을 진행하는 것이 보통이었고 에스파냐계 · 비에스파냐계 양쪽의 학자도 이 진용에 참가했다. 그 중 주된 자는 도밍고, 간디살비, 세빌랴의 존이나 페트러스, 알폰시 등 개종 유태인들과, 외국인으로는 이탈리아 출신의 그레모나의 게라르드, 독일 출신의 헤르만, 영국 출신의 아데라드 등이다.

에스파냐에 남겨진 아랍 영향은 여러 가지 분야에 걸쳐 있다. 즉 에스파냐 농민이나 직공의 기술, 그들이 사용하는 언어나, 예술, 건축, 음악, 문학 분야 그리고 그들이 충실히 지켜 증강한 고대 문화 유산을 인수받은 것이며 또한 그들을 풍부하게 한 것도 중세 서유럽의 과학 · 철학 분야였다. 아랍인 사이에도 이슬람 에스파냐의 기억이 북아프리카에 망명한 자들에게 살아 남아있었으며 이들 중 많은 사람이 지금도 안다르시아라는 이름을 갖고 있고 마라케시나 카사블랑카에 있는 집의 벽에는 코르도바나 세빌랴에서 살고 있던 집의 열쇠를 매달고 있었을 정도이다.

근래에 들어서도 예를 들면 이집트의 시인 아흐마드 샤위키나, 시리아의 학자 무하마드 쿠르드 알리 등 동방으로부터 에스파냐를 방문한 사람들은 오리엔트의 아랍인에게 에스파냐에 있어서 동포들이 성취하였던 위대한 사업에 대한 기억을 환기시킴으로써 에스파냐에서의 이슬람의 기억을 아랍인의 민족의식 속에 정립시키고 있다.

3. 서방 이슬람 세계의 사상과 학술

서방 이슬람 세계라고 하는 것은 북아프리카와 안다르시아를 지칭하는 편의상의 호칭이다. 이미 기술한 것처럼 안다르시아는 8세기 초 정복된 후 우마이야 조의 한 주로 되어 있었으나 750년에 우마이야 조가 멸망하고 아바스 조가 동방 이슬람 세계의 지배자가 된 후에도 안다르시아에는 서우마이야 조(756년~1031년)의 지배가 계속되고 아바스 조는 건국 초부터 안다르시아를 포기했다.

서우마이야 조의 압두 알 라흐만 Ⅲ세(재위 912~961년) 시대에는 안다르시아의 우마이야 조는 황금시대를 맞이하고, 929년 동방의 아바스 조와 파티마 조에 대항하여 칼리프라는 칭호를 비로소 사용했다. 그러나 11세기가 되어 우마이야 조는 급속히 쇠퇴했고 1016년 이래 레이에스 데 디이파스라 불리우는 군소 군주 난립(亂立)시대가 되었고 모로코 출신의 함무드 가가 코르도바를 점령하여 혼란 속에 우마이야 조는 멸망했다.

이후 안다르시아는 모로코에 건국된 베르베르 족의 알 무라비트 조(1056~1147년)가 침입하여 1091년에 알 무라비트 조의 한 주가 되었다. 1147년에는 같은 모로코의 베르베르 족의 알 무와히 조(1130~1269년)가 침입하여 139년 동안 안다르시아를 지배했다. 이후 기독교도의 레콘키스타(재정복)가 시작되고 1492년 그라나다의 함락에 이르러 안다르시아에 있어서의 오랫동안의 이슬람 지배는 끝을 맺었다.

안다르시아 최초의 철학자로서 이븐 마사라(931년 사망)의 이름을 들 수 있으나 그가 설한 구체적인 내용은 아무것도 전하여지지 않는다. 10세기 말까지의 안다르시아의 학문과 사상에 대하여 전하여지고 있는 확실한 지식은 말리크파의 법학이 지배적인 지위를 확립했고, 이와 관련하여 타프씨르(코란 주석)와 하디스(전승)와 언어학의 연구가 행하여져 있다고 하는 것이다.

안다르시아 최초의 저명한 학자는 서방 이슬람 세계에 있어서 자히르파의 시조 이븐 하즘(993~1064년)이다. 자히르파는 코란을 표면적인 문자 그대로 해석한다는 뜻이다. 종래에서도 법학자들 사이에는 코란의 규정은 문자대로 시행하여야 한다고 주장하는 자가 있었으며 이븐 하즘은 이 자히르의 원칙을 교리상(敎義上)의 문제에 적용하고 모든 주관을 배제하고 교의와 법으로 순수하게 객관적이며 통일적인 해석을 확립코자 한 최초의 학자였다. 그는 알 아쉬아리파의 신의 속성이론을 주관주의의 산물로 보고 격렬하게 공격했다. 이븐 하즘의 신학은 알 무와히드 조에 강한 영향을 끼쳤으나 소위 자히르파의 법학자는 그의 신학을 채용하지 않았다.

베르베르 족의 이븐 투마르트(1082~1130년)는 코르도바에 유학하여 자히르파의 법학과 신학을 배우고 메카 순례를 기회로 바그다드에 유학하여 가잘리의 신학과 신비사상을 배웠다. 그는 가잘리 사상을 서방 이슬람 세계에 소개한 최초의 사람이다. 사상가라기보다는 오히려 종교 운동의 실천가였으며 '타우히드' 교의를 강조한 종교 운동을 일으켜 베르베르 족 가운데에 많은 지지자를 획득했다. 1121년경 그는 마흐디(인도자)라고 칭했으나 동방 이슬람 세계의 과격파 시아와의 관계는 보이지 않는다.

1130년에 이븐 투마르트가 전사하고, 후계자 압두 알무인(재위 1230~1263년)이 무와히드 조를 건설하는데, 무와히드라고 하는 것은 '타우히드를 강조하는 것'을 의미한다. 무와히드 조는 1145년에 무라비트 조를 격파하고 1147년에는 그 수도 마라케시를 점령하고 이곳을 도읍으로 정하였다. 다음에 무와히드 조는 안다르시아를 공격하여 1157년부터 1521년까지 이 땅을 지배하고 기독교도의 레콘키스타(재정복)에 대해 이슬람의 보루로서의 역할을 다하였다. 무와히드 조는 가잘리 및 이븐 하즘의 가르침을 국시(國是)로 하였는데 오히려 안다르시아에서 이슬람 철학의 황금시대를 맞이한 것은 이 무와히드 조를 맞이해서였다.

황금시대를 대표하는 최초의 철학자는 이븐 바자(1138년 사망)였다. 그는 사라고사 출신이며 아라곤의 알폰소 Ⅰ세가 사라고사 점령 후, 북아프리카의 푸에즈에 이주하고 그 땅의 관리가 되었다. 승진하여 재상에 올라 20년간 그 지위에 있었으나 1138년 정적에 의해 독살당하였다. 그는 의학에 뛰어났으며 세빌랴 체재중에 의사로서 개업을 하고 있었고 그 외에 천문학과 음악 이론에도 조예가 깊었다. 철학자로서의 이븐 바자의 공적은 파라비 철학을 서방 아랍 세계에 소개시킨 것이며, 가잘리의 신비 사상에 강한 영향을 받고 숙명론적인 철학관을 갖고 있었다.

그라나다에서 출생한 이븐 투파일(1105~1185년)은 최초로 의사로서의 직업을 갖고 있었으나 관계(官界)에 들어가 후에 무와히드 조의 아부 야크프 유세프 Ⅰ세(재위 1163~1184년)의 궁정 의사와 카디(재판관)로서 근무하였으며 한때는 재상으로도 있었다. 그는 철학 소설 '깨어난 아들의 살아있는 것'의 저자로서 이슬람 철학자 중 독특한 지위를 차지하고 있다. 그의 철학 소설을 간단히 설명하여 보자.

상자에 넣어진 젖먹이가 무인도에 표류했는데 그는 영양(羚羊)에 의해 양육되어 성장하고 노인이 되었다. 그 사이에 그는 철학과 신비주의의 오의(奧義)를 혼자의 힘으로 깨닫고 지고의 예지를 달성하여 홀로의 생활을 즐기고 있었다. 그가 곧 깨어난 아들의 살아있는 자이다.

어느 때 이 섬에 다른 섬에서 사는 한 젊은이 아사르가 돌연히 찾아온다. 그는 무지한 군중의 전통적인 생활과 인습적인 종교에 만족하고 있는 그의 섬을 싫어하고 고독한 명상의 장소를 찾아 노인이 있는 섬에 도착한 것이다. 노인과 젊은이는 의기가 투합하여 무지한 군중에게 진리를 들려

주기 위해 젊은이의 섬을 찾아갔으나 사람들은 두 사람의 가르침을 이해할 수 없었다. 또한 지금까지 평화로운 생활을 영위하였던 이 섬에 두 사람의 새로운 가르침을 둘러싸고 불화와 싸움이 일어났다.

그들의 전통적 생활과 인습적인 종교에 간섭하는 것이 잘못이라고 깨달은 두 사람은 다시 무인도에 돌아간다.

이 철학 소설의 주제는, 철학은 선택된 극소수에게 허용된 특권으로 일반 민중에게는 코란의 자히르 이상의 것을 가르쳐서는 안된다는 무와히드의 정책과 완전히 일치한다. 밖으로는 기독교도의 반격으로부터 국토를 지키고 안으로는 '타우히드' 교의를 국시로 하고 자히르파의 신학과 법학으로 사변적 사상을 탄압하고 무와히드 조 치하의 안다르시아 철학자들의 한탄이 이 철학 소설에서 새어나오는 것 같다.

이븐 르슈드(아베로에스, 1126~1198년)에 이르면, 이븐 바자나 이븐 뚜파일의 사상 근저에 있는 신비사상이나 페시미즘(염세주의)은 완전히 그 모습을 감춘다. 그것은 그가 이븐 시나(980~1037년)의 철학을 배우고 그 합리적인 사고 방법을 옳게 계승하였다는 것과, 법학에도 조예가 깊었던 그가 코르도바나 세빌랴의 카디(재판관)로 근무했고, 특히 코르도바의 최고 재판관으로 임명되었던 일도 있어 전향적인 자세로 현실의 정치에 대처하여야 했던 것에 관계가 있다.

그러나 그도 말년에 무와히드 조의 아부 유수프 알 만수르(재위 1184~1199년)에 의해 이단으로 선고된 후 코르도바에서 추방되어 모로코에 도피하던 도중 일단 풀려서 코르도바에 돌아왔으나 다시 마마라케시에 가서 그곳에서 객사했다.

이븐 시나의 학문을 계승한 이븐 르슈드는 계시와 이성을 융합시켜, 철학을 신학의 비녀(婢女)로서 사용하는 것을 강하게 반대하였으나 '종교와 철학의 조화'에 있어서 계시와 철학 사이에 어떠한 근본적인 모순이 없이 궁극에 있어서는 양자의 가르침은 일치한다고 확신한 것은 이븐 시나가 말한 거와 같다. 그는 가잘리의 '철학자의 파멸'에 대해 '파멸의 파멸'을 쓰고 가잘리는 철학으로부터 배운 무기를 갖고 철학에 대든 망운의 도배라고 극언하였으며 그 신비사상을 이성의 패배로 간주하고 격렬한 공격을 가했다.

그러나 이븐 르슈드의 최대업적은 아리스토텔레스의 철학을 상세하게 주석한 것이다. 그는 자기 철학 체계 수립 등은 생각하지 않고 아리스토텔레스의 단순한 주석가가 되기를 원했을 정도로 동서양 이슬람의 세계를 통하여, 그는 아리스토텔레스의 최후이자 최대의 주석가로서 이슬람 세계에 있어서의 아리스토텔레스의 연구 유산을 모아 중세 유럽에 인도하는 역할을 하였다. 그가 이슬람 철학의 집대성자로 칭하여지는 것은 이와같은 의미에 있어서이며 중세 유럽의 스콜라 학에서도 철학자라고 하면 아리스토텔레스를 지칭하고 주석가라 하면 아베로에스, 즉 이븐 르슈드를 가리켰다.

그의 주석 방법은 헬레니즘 시대의 시리아인 학자들이 하였던 방법을 계승한 아랍 주석서의 전통적인 방법에 따라 먼저 아리스토텔레스의 텍스트의 한 절을 들고 이를 여러 행에서 수 페이지에 걸친 주석을 다는 것이었다. 그는 되도록 선인들의 주석을 인용하고 여기에 찬성 또는, 반론을 통하여 그의 의견을 술한 것이 많았다. 따라서 중세 유럽은 그의 주석서의 라틴어 번역을 통하여 아리스토텔레스의 원문과 이슬람 세계에 있어서의 아리스토텔레스의 연구의 전성과를 동시에 자기 것으로 할 수 있었다.

이븐 르슈드의 영향이 이슬람 세계에서 전혀 인정되지 않은 것은 그의 업적이 동방 이슬람 세계에 전하여지기 이전에 안다르시아의 이슬람 문명이 몰락해 버렸기 때문이다. 더욱이 당시, 동방 이슬람 세계에서는 이븐 르슈드가 이성의 패배라고 몰아세웠던 가잘리의 신비사상이 지배적이었다. 따라서 비록 이븐 르슈드의 합리적인 철학이 전하여졌다고 하여도 그것이 과연 동방 이슬람 세계에서 후계자를 가졌을지는 의문시된다.

4. 신비주의 사상의 전개

가잘리 이후 이슬람 신비주의의 최고의 이론가는 후세의 수피(신비주의자)에 의해 쉐이흐 알 아크바르(위대한 스승)로 칭하여진 이븐 알 아라비(1165~1240년)이다. 그는 안다르시아의 무르시아에서 태어나 세빌랴에서 교육을 받고 메카 순례를 기회로 동방에 이주하였으며 다마스쿠스에서 그 생애를 마쳤다. 13세기 이후 수피 모두는 이븐 알 아라비의 강한 영향을 받았으며 특히 페르시아의 신비주의 시인들은 그가 이론적으로 술한 것을 시(詩)로 표현했다고 해도 과언이 아니다.

이븐 알 아라비의 신비사상 근저에 있는 것은 범신론이어서 그는 정통파 수니 신학자들로부터 언제나 냉대당하고 있었지만, 그의 범신론은 유물주의자나 자연철학자의 냉혹한 범신론이 아니라 수피의 궁극적 목적인 '파나'에 의해서만이 이룰 수 있는 신에 대한 사랑의 사상으로부터 출발했다. 신이 모든 것을 포용하고 신 이외의 만물이 무로 귀한다는 범신론이다. 신만이 모든 것을 포섭한다고 하는 영원의 현실이고, 지각의 세계는 영원한 신의 옮겨가는 그림자에 지나지 않는다. 신으로부터 독립하여 무엇이 현실적인 것으로 존재하거나 또는 의미를 가질 수가 없다.

이슬람 신앙의 기초는 타우히드(신의 유일성)인데 이븐 알 아라비는 진정한 타우히드는 전존재(全存在)의 유일성(와흐다, 알우쥬드), 즉 신 이외의 일체의 존재가 무로 돌아가며 모든 존재가 신에 있어서만 절대적인 유일성을 갖고 있다고 말하여 이 개념을 그의 범신론의 이론적 근거로 했다.

신과 우주와의 관계를 설명할 때 이븐 알 아라비는 신플라톤주의 철학에 의해 만물의 원형(아얀, 앗사비타)을 상정한다. 현상의 세계에 있어서의 일체의 존재는 신으로부터 유출하지만 신으로부터의 유출 이전 그것이 장래 무엇이 될 것인가를 신이 알고 있는 이데아로서 신의 정신에 내재하고 따라서, 이것은 신의 본질 및 의식과 일치한다. 이같은 원형으로서의 이데아는 절대적 현실인 유일신과 현상 세계의 사이를 매개한다. 창조적이고 합리적인 우주의 원리 즉, 첫째의 예지는 예언자 무함마드의 이데아이며 이 원리는 완전인간(인싼 알카밀)에 있어서도 잘 표시된다.

우주는 거울처럼 신의 이름과 속성을 다양성으로 반영하고, 그것을 개개로 또는 별개로 또는 분석적으로 나타낸다. 그러나 인간만은 신의 이름과 속성을 집합적으로 또는, 종합적으로 표명한다. 따라서 완전인간은 신의 축도며 보편적 존재이고 마크로 코스모스(대우주) 속성의 모든 것이 반영되고 있는 마크로 코스모스이다.

신의 로고스(칼리마=말씀)인 예언자 무함마드의 이데아가 우주의 창조적 원리인 것과 마찬가지로, 스스로 알려지기를 바라는 신의 욕망의 구현으로서의 완전인간은 우주의 원인(原因)이다. 왜냐하면 완전인간만이 신을 알고 신을 사랑하며 그래서 신에 의해 사랑되기 때문이다. 이븐 알 아라비는 예언자와는 별도로 성자(왈리)를 인정한다. 예언자와 성자는 무함마드의 이데아의 표명으로 모든 예언자는 성자이지만 모든 성자가 예언자가 된다는 것은 있을 수가 없다. 예언자의 마지막 봉인으로서의 무함마드가 다른 예언자보다 탁월했다고 하는 것은 정통파 이슬람 신앙의 일부이지만, 이븐 알 아라비는 성자의 봉인이 자기 스스로라는 것을 감추려고 하지 않는다.

이븐 알 아라비의 범신론과 완전인간이란 설은 정통파 신학자들에 의해 언제나 이단시되어 왔지만, 그후 이슬람 신비주의 사상과 신비주의 교단에 거의 결정적이라고 하여도 좋을 만큼의 강한 영향을 미쳤다. 후세 신비주의 교단의 일부에는 조로아스터교의 이원론의 영향도 보이지만, 이슬람 신비주의 사상에 조로아스터교의 이원론을 갖고 들어온 자는 그 이단 사상 때문에 알렙포에서 처형된 페르시아인 수피 수흐라와르디(1153~1191년)였다.

이븐 알 아라비가 안다르시아에서 태어나 다마스쿠스에서 생애를 마친

데 대하여 수흐라와르디는 페르시아 북부의 수흐라와르드에서 태어났고 시리아로 이주하여 마지막은 알렙포에서 처형되었다. 중세 후기 이슬람 신비사상의 중요한 관념들이 모두 시리아에서 전개되었다고 하는 것은 흥미로운 사실이며 그 유산의 계승자는 거의 페르시아인에 의해 전하여졌다. 수흐라와르디가 내세운 것은 이슈라크의 지혜(히끔 알이슈라크)라고 불리워지고 그대로 그의 대표작의 표제로 되어 있다.

'이슈라크의 지혜'는 논리학과 아리스토텔레스 철학의 비판을 술한 제1부와 빛, 존재론, 천사, 자연학, 심리학, 종말관 및 '파나'를 논한 제2부로 성립된다. 수흐라와르디는 이븐 알 아라비와 같은 이론가가 아니어서 그의 사상을 체계적으로 술하지는 않는다. 이슈라크란 말은 빛이 빛난다는 것을 뜻하지만, 이것이 동방을 의미하는 마슈리크라는 어휘와 같은 어근으로부터 나왔기 때문에 그리스 철학의 전통을 이어받고 있는 서방 철학과 대비하여 이슈라크의 지혜란 이슬람 동방 철학과 동일시된다.

수흐라와르디는 여러 점에서 아리스토텔레스에서 시작되는 서방 철학의 존재론을 비판했다. 그는 서방 철학의 비판 후 비로소 이슈라크 철학의 설명에 옮아가 그 교의의 근본인 빛(누우르)에 대해 논의를 전개한다. 빛의 본질은 인간의 이해를 초월한 것이며 빛은 만물 중 가장 분명하여 어떠한 정의도 필요하지 않는다. 빛의 비존재인 암흑은 허무이기 때문에 빛의 성질은 스스로를 나타내는 것, 즉 존재이다. 모든 현실은 빛과 암흑의 정도의 차이에서 성립된다. 절대적인 현실은 정하여져 있지 않으며 무한한 신의 본질, 즉 빛의 빛(누우르 알안와아르)이다.

수흐라와르디는 전우주는 1만 8천의 빛과 암흑의 세계로 이루어져 있으며 이것은 영원히 변함없는 만물을 비치는 빛의 밝음과 유출의 정도의 차이라고 술하고, 이어 계속하여 빛과 암흑의 여러 가지 유형을 고찰한다. 요컨대 이슈라크의 지혜는 그리스 철학의 가르침과 조로아스터교의 이원론(二元論)을 이슬람 신비주의 사상의 틀 속에 융합시킨 것인데 수흐라와르디가 이단 선고를 받은 것은 이 이원론 때문일 것이다.

13세기부터 15세기에 걸쳐 페르시아는 여러 뛰어난 신비주의 시인을 낳았다. 루미(1207~1273년), 하피즈(1326~1390년경), 쟈미(1414~1492년) 등의 이름은 당시에 뛰어난 시인으로서 알려져 있었다. 이들 위대한 페르시아의 시성(詩聖)은 이븐 알 아라비나 수흐라와르디의 이론을 아름다운 시의 언어로 표현하였으며 특히 '푸와나'(자아 소멸)의 환희를 남녀간의 연애의 즐거움으로 비유한 이븐 알 아라비의 방법은 모든 신비주의 시인들에 의해 답습되어 시인들은 '푸와나'의 환희를 관능적인 사랑의 시와 아름다운 말로 표현했다. 다만 시인들의 언어는 때로는 너무 사실적이기 때문에 과연 신과의 '파나'로 읽어져야 하는지 또는 현실의 남녀간의 애정이 그려져 있는지 의론이 분분하다.

신비사상이 가잘리에 의해 정통파 이슬람 신앙 가운데 정당한 장소가 주어진 것은 수피와 정통파 신학자 사이의 무용한 마찰을 일단 해소시킨다. 이 결과 12세기 이후, 신비주의 교단이 잇따라 각지에 설립되고 이슬람 세계 확대의 새로운 등장 요소로 되었으나 그것은 실천적 종교로서의 생명력을 잃은 정통파 교조주의에 대한 아래로부터 올라온 민중 운동의 결과였다.

이븐 알 아라비나 수흐라와르디에 이르러 이슬람 신비주의는 최후의 이론적 단계에 도달하였으나, 이후 신비주의 교단의 다수가 성자 숭배의 경향을 많이 띠게 되었고, 특히 변경지역에서는 민간 신앙이나 애니미즘과 타협이 현저하게 되어 일부 타락한 수피는 칼이나 유리조각을 마신다든가 불을 넘는다 하여 마술의 수업자로 화한 자까지 출현했다. 신비주의 교단의 타락이 이슬람 그 자체의 위기로 되었을 때 정통파 신학자들이 취한 최대의 방법은 스스로 신비주의 교단에 가입하여 이를 내부로부터 개혁하는 것이었다.

IX. 아랍의 쇠퇴

1. 부와이흐 조(932~1062년)

11세기에 이르게 되면서 아랍 이슬람 세계는 쇠퇴하기 시작했다. 쇠퇴의 징조는 이미 이전부터 나타나 있었는데, 처음에는 정치적 붕괴로서 표면화되었다. 드디어 중앙 정부는 이라크를 제외한 모든 변방 지방에서 그 권력을 상실하고 마지막에는 칼리프의 지위조차도 재상이나 군사령관의 괴뢰(傀儡)에 지나지 않게 되었다.

945년경이 되면 칼리프 체제가 몰락하는 경향이 한층 더 가속화된다. 이 해에 페르시아 지방의 왕조이던 부와이흐(932~1062년) 조는 이라크에 침공하여 바그다드를 점령했고, 10세기가 되면서 부와이흐 조의 왕자가 이 수도의 실제적인 지배자가 되어, 세속적인 주권의 상징으로서 술탄의 칭호를 사용했다. 이 왕조는 시아파에 속하고 있었지만 아바스 조 칼리프를 원수(元首)로서 추대하고 있는 지방에 대해서도 중앙 정부가 갖고 있는 합법적인 종주권으로 인정했다.

온건한 시아파 왕조가 실권을 잡기 직전에 시아파의 제12대 이맘을 참칭(僭稱)하는 자가 종말론적 은거주의를 들고 모습을 감추었다는 것은 깊은 뜻이 있다. 부와이흐 조는 곧 중앙 지역에서 질서와 번영을 유지하였으나 한편 경제적 쇠퇴의 징후는 점점 크게 나타나기 시작했다. 이윤이 많은 중국과의 무역은 차차로 감소되었고 드디어 두절되었는데 일부 원인은 중국 자체의 국내 사정에도 기인하는 것이 있다. 러시아 및 북방 제국과의 무역도 점차 감소되어 드디어 11세기에는 없어졌다.

한편 귀금속이 차차 바닥을 내자 상업 제국으로서의 운명은 다하여 경제 활동에 압박을 가하게 된다. 경제적 쇠퇴를 야기시킨 첫째 원인은 분명히 중앙에 낭비와 조직의 결여에 있었다. 궁정의 낭비와 팽창된 관료 기구에 비하여 기술상의 진보나 자원의 대대적인 개발도 일어나지 않았다.

얼마 안되어 현금이 고갈되고 통치자들은 각종 국고 수입의 징수를 청부로 맡김으로써 고급 관리나 장군의 급료 지불을 충당할 수밖에 없었다. 따라서 각 지방의 총독은, 담당지역의 조세 징수를 담당하는 세징수 청부인으로 임명되어, 그 지방의 관리와 군대를 자기 부담으로 부양하고 유지하게 되었으며, 이미 합의된 정해진 액수만을 중앙 국고에 송금할 의무를 갖게 되었다. 이렇게 총독들은 사실상 그 지역의 독립 통치자가 되는 데에는 별다른 수고가 필요치 않았으며, 그들은 칼리프에 대해 순 법률적인 의미로 신종(臣從)의 예를 다하면 되었다.

한편 칼리프의 직능은 형식적인 승인권에 한정되게 되었다. 총독이나 세징수 청부인에게 필수적인 군사력을 보증할 필요에서, 군사령관을 세징수 청부인으로 임명하는 관례가 생겼고, 이것이 문관과 관료로 이루어진 정부 기구의 붕괴를 초래하여 친위대에 의한 정치를 행하는 군사 귀족이 문관을 대체하는 원인이 되기도 하였다.

11세기가 되어 이슬람 제국의 약체화는 내외에서 거의 때를 같이하여 나타난 만족으로부터 전면 공격을 받게 되자 어떻게 할 도리가 없게 되었다. 유럽에서는 기독교군이 에스파냐와 시실리를 공격하였고 노도와 같은 재정복의 공격을 일으켜 광대한 지역을 무슬림 지배로부터 탈취하여, 드디어 11세기 말 중근동에 십자군이 도착하는 결과를 낳았다.

아프리카에서는 남부 모로코 및 세네갈, 니제르 지역의 베르베르인 사이에 새로운 종교운동이 일어나고 곧, 신 베르베르 제국이 생겼다. 이 제국은 무슬림 지배하에 있었던 북서 아프리카 및 에스파냐 대부분을 정복함으로써 형성된 것이다. 또한 동쪽으로 가보면 히랄과 슬라임의 두 아랍 베드윈 부족이 상부 이집트에서 돌연 출현하여 리비아에서 튀니지에 걸쳐 세력을 펼치고 파괴를 일삼았으며 1056년~1057년에는 카이라완에 있었던 옛 튀니지 수도를 탈취하였다. 북아프리카의 황폐와 후진성은 7세기에 있었던 최초의 아랍 침략에 기인한다는 것보다도 오히려, 이때의 침략이 말로 황폐의 원인으로 보아야 할 것이다.

14세기의 아랍 사가(史家) 이븐 할둔(1332~1406년)은 이들 유목민의 침략에 의해 여러 나라가 황폐된 것을 생각하고 아마 처음으로 역사 철학이라는 것을 사막(砂漠)과 녹지(綠地)와의 주기적 상호 작용이라는 점에서 면밀히 구성하여 술하였을 것이다. 이런 종류의 침략에 대해 그는 다음과 같이 말하고 있다.

"튀니지 및 서부 지역에 있어서 히랄 및 슬라임 족이 이슬람력 5세기 초엽(11세기 중엽)에 이들 여러 나라를 유린하였기 때문에 350여년간에 걸쳐 모든 땅은 이처럼 황폐되었다. 수단에서 지중해에 이르기까지 이 지방에 남아있는 기념비, 건축물, 농장, 시가의 유적들이 증명하는 것처럼 옛날에는 모두가 경작지였던 것이다."

중앙아시아로부터 터키와 맘루크 군단, 셀주크 조의 물결이 닥쳐왔는데, 이것이 그후까지 남긴 영향이라고 하는 점에서 본다면 꽤 중요한 것이다. 아랍은 최초로 중앙아시아에서 터키인을 만나 얼마동안 그들을 노예로 하여 무슬림 치하의 중근동으로 이입하였다. 아랍은 그들을 가사나 기타 잡무에 사역하는 노예와 구별하기 위해 어렸을 때부터 군사나 행정 목적에 따라 특별히 훈련한 노예로 만들었으며, 후에는 맘루크(사유 재산)라 불리워지게 된다. 아바스 조 초기나 우마이야 조 시대에도 터키 노예는 존재하였으나 그들을 본격적으로 사용한 것은 무타심(재위 833~842년)이 처음이며, 그는 즉위 전부터 터키 노예 군단을 만들었고 후에는 동부 지역으로부터 조공물로서 매년 다수의 노예를 받아들였다.

옛부터 아바스 조의 역대 칼리프를 섬기고 있었던 호라산 근위병은 이미 아랍화하여 그 지방의 사람들과 동화되었다. 페르시아 귀족은 당시 이란에 독립 왕국을 구축할 정치 활동에 열중하고 있었다. 칼리프들은 새로운 지지층을 찾아내야 한다는 것을 느끼고 있었으며, 이를 터키 사령관 밑에 있는 터키 맘루크에서 발견한 것이다. 맘루크는 지역 · 부족 · 가족 · 민족 · 종교 등 모든 것과 인연을 갖고 있지 않는 것이 오히려 중앙 정부에 대해 충성이 깊게 되었다.

터키인의 우수한 군사적 능력은 유명한데, 주로 말을 탄 채 활을 쏘는 전법을 취하고 있었다는 것과, 기마대(騎馬隊)가 기마 민족과 같은 스피드를 갖고 있었다는 것에 유래한다. 이 시대 이래 역대 칼리프는 이슬람 세계의 오래된 문화 민족인 아랍인이나 페르시아인을 물리치고 터키 군대와 그 사령관에 대한 의존도를 더하게 되었다. 정권의 군사화가 진행됨에 따라 터키인의 세력도 또한 증강된 것이었다.

11세기에 이르러 터키는 포로가 되거나 팔리거나 하여 개개인으로 이슬람 세계에 들어와 성원화되었을 뿐 아니라, 전통적인 조직원리를 갖고 자유로운 유목 터키 민족 속에 포함되어 있었던 여러 부족 전체가, 그대로 이주하는 형태로 이슬람 세계에 들어옴으로써 그 수는 증가하게 되었다.

2. 셀주크 조의 등장

중국에서의 혼란에 의한 정치적 공백 후에 송(宋)의 정권이 확립되면서, 중앙아시아의 유목민들은 중국 내부로 향한 팽창의 길이 차단되어 서쪽으로 세력을 확장하지 않을 수 없었다. 이슬람 세계로 공격해 들어온 터키 침략자는 오그후즈 족에 속하는데, 이들은 군사를 인솔한 부족장의 이름을 따 셀주크라고 부르는 것이 일반적이다.

셀주크는 970년경 아바스 제국의 영토 내에 들어와 곧 이슬람을 받아들였다. 얼마 되지 않는 기간 내에 그들은 페르시아의 대부분을 정복하고,

1055년에는 투그루르 베이가 바그다드를 공격하여 부와이흐 조를 타도한 후, 이라크를 셀주크 영토로 병합했다. 수년이 지나지 않아 셀주크는 시리아와 팔레스타인을 지방 통치자와 쇠락하고 있던 파티마 조로부터 탈취하고, 아랍인이 전에 패배했던 장소에서 성공을 거두어 비잔틴으로부터 아나톨리아의 대부분을 탈취했는데 이 지방이 그후 무슬림 터키의 국토가 된다. 셀주크는 수니파 무슬림으로 그들이 바그다드를 점령한 것은, 시아파 부와이흐 조로부터 해방을 의미하는 것으로 간주된다.

칼리프는 명목상의 통치자로서 존속하였으나, 이슬람 제국의 진정한 주권은 비잔틴 및 서방의 파티마 조를 함께 격파한 셀주크의 대 술탄이 장악하게 되었고, 이슬람 제국의 대부분은 이 시기에 이르러 초기 칼리프 시대 이래 비로소 단일 주권자 아래에 통일하게 된다.

새로운 통치자는 행정상으로 페르시아인 및 페르시아 관료조직에 의존하는 것이 많았다. 이 시대의 위대한 인물 중의 한 사람은 페르시아 출신의 재상 니잠 알 물크로, 그는 바로 전 시대의 정치제도의 관습 등을 받아들인 봉건제도의 경향을 발전시켜 체계화하였다. 전 시대에 남용되었던 제도가 이제 공전(公錢)이 아니라 토지(土地)를 기반으로 하는 사회 및 행정의 새로운 질서로 되었다. 토지가 관리에게 수여되었거나 관리가 토지를 소유하는 것 등이 있었다.

이에 대한 반대 급부로서 그들은 다수의 군인들을 제공했다. 이러한 양도는 단지 조세 징수권을 위임했을 뿐만 아니라 총수입 그 자체에 대한 여러 권리를 수반하였다. 이렇게 양도된 권리는 때로는 횡령되어 세습화하는 것이 있었다. 이론적으로나 관례적으로도 특정연한(特定年限)마다 이런 계약이 다시 이루어져야 하나, 보통은 이런 계약이 없었던 것으로 보인다.

셀주크 시대의 사가 이마드 앗딘은 이렇게 하는 것이 거친 터키 부족이나 군인에게 농업 번영에 대한 흥미를 갖게 하는 유일한 방법이었다는 것을 지적하고 다음과 같이 말하였다.

"농촌 지방에서 금품을 징수하여 군에 지급한다는 것이 관례이기 때문에 지금까지 봉토를 보유한 자는 누구도 없었다. 니잠 알 물크는 혼란 상태가 계속되었기 때문에 농촌 지대로부터 금품이 들어오지 않았고, 아울러 농촌 지대의 치안이 나쁘기 때문에 수확도 불안정하다는 것을 잘 이해했다. 그래서 그는 수확이나 국고 수입도 그들에게 할당하여 봉토라는 형태로 군대에게 농촌 지대를 분배해 버렸다. 그들 사이에 개발에 대한 관심이 높아지고 곧 번영하는 상태로 돌아왔다."

이 짧은 글에서 그는 화폐경제로부터 봉건적인 실물경제로의 전환을 묘사하고 있다.

이와 같은 사회 변혁기에 사회의 격동은 피할 수가 없었다. 구체제의 지주들은 거주지에 살고 있지 않은 봉건 영주 계급의 대두에 의해 타격을 받았다. 무역은 하강선을 그렸다. 무역의 쇠퇴는 스칸디나비아에서 퇴장되었던 화폐가 분명히 이것을 나타내고 있다. 9세기부터 10세기에 걸쳐 이 퇴장 화폐 가운데는 아랍과 페르시아의 화폐가 압도적으로 많으며, 11세기가 되면 그 수는 대폭 감소하여 그후 완전히 모습을 감추어 버렸다.

이 시기의 주요한 반체제 운동은 이스마일파에 의한 것으로, 내용이나 조직도 새로운 것으로 바뀌어 있었다. 1078년 페르시아의 이스마일파의 지도자 하산 사바흐는 파티마 조의 수도 카이로를 방문했다. 여기에서 이맘의 실권이 이미 쇠퇴한 것을 보고, 파티마 조의 사실상 지배자가 되어 있던 군사 귀족들과 충돌했다. 1094년 파티마 조 칼리프 무스탄시르가 죽고 하산 사바흐와 그 지도하에 있었던 페르시아인들은, 군사 귀족들에 대한 추종 때문에 그들이 올려 세웠던 칼리프를 부인하고 힘없는 카이로의 이스마일파 조직과의 관계를 단절하였다.

동방의 이스마일파는 즉위되지 못하였던 무스탄시르의 장남 니자르에게 충성을 맹세하고, 셀주크 영토에 있어서의 비합법 혁명 운동으로서 격렬한 활동의 새로운 시기를 개시하였다. 하산 사바흐의 혁신 이스마일주의는 '신교설'로 칭하여졌으나, 그 신봉자들은 아싸신이라고 불리워지는 것이 일반적이었다. 이것은 핫쉬시(마약) 상용자를 의미하는 아랍어로, 그들이 무슬림에 대해 신앙의 황홀한 상태로 인도되어 충성을 맹세하였다는 것과 관련되었을 것이다. 유럽에 있어서 이 어휘의 뜻(암살)은 이 종파의 정치적 전술에서부터 온 것이다.

1090년 하산 사바흐는 페르시아 북방에 있는 알아무트라는 난공불락의 산채를 점령했으며, 다음 세기에는 시리아에도 같은 종류의 기지를 만들었다. 여기에서 '산의 원로'라고 불리우는 이 일파의 원로들이 신비적으로 은둔한 이맘의 이름으로서, 헌신적이고 정신적인 신봉자들의 집단을 지휘하여 이슬람 왕후군주들에 대한 테러와 '암살' 행위를 하였다. 원로들의 밀사는 뛰어난 무슬림 정치가나 군인들에 대하여 일련의 살인 행위를 거듭하였는데, 이 중에는 1092년 니잠 알 물크의 살해도 포함되고 있다.

십자군 연대기 사가들은 무슬림뿐만 아니라 십자군까지 진동시켰던 시리아에서의 그들의 활동을 생생하게 묘사하고 있다. 이 일로 그들의 이름은 유럽까지 알려져 두려운 대상이 되었다. 13세기 몽골 침략으로 비로소 암살의 공포가 불식되었는데 이때부터 이스마일파는 소수파 이단분자로 낙인찍혀 버렸다.

셀주크 조 초기에 경제의 개혁이 행하여졌고 동시에 종교 생활에도 이와 같은 동향이 보인다. 바그다드나 기타 여러 각지에는 마드라사라고 불리우는 종교 학교가 건립되었는데, 이것이 그후 이슬람 세계에 계속적으로 세워진 같은 종류의 시설로 모범이 되었다. 특히 창립자의 이름을 딴 바그다드의 니자미아 학원과 그 자매교는 정통주의(수니파)의 근거지로서 공인되었다. 그리고 이 학교들은 정통주의를 재건하고 또한 이스마일 주의의 혁명적 이단파와 전 세기의 지식 계급의 급진사상에 타격을 가하는 것을 도모했다. 무슬림 최대의 종교 사상가의 한 사람으로 꼽히는 알 가잘리(1059~1111년)는 얼마동안 이 니자미아 학원에서 교편을 잡은 바도 있다. 그의 저작에는 철학과 이단설의 쌍방에 대한 반박이 담겨져 있다.

3. 십자군 원정

니잠 알 물크의 사후, 중근동의 정치는 다시 분해상태에 빠져들어갔다. 셀주크 제국은 셀주크 가의 일족 또는 관료가 지배하는 여러 군소 계승 국가로 분열되었다. 이같이 약화된 상태인 1096년에 십자군이 들어왔다. 운이 별로 없는 소년 십자군에서도 엿볼 수 있는 것처럼 이 십자군의 원정에는 이상주의적인 측면도 있으나, 중근동 역사에 관한 한 십자군이란 본질적으로 팽창주의적인 제국주의의 단서적인 실험에 지나지 않으며, 여기에는 종교를 심리적 촉매로 한 경제문제가 포함되어 있다.

비잔틴이나 파티마 조를 통하여 생산지 사이에 확립된 통상 활동에 종사하고 있었던 이탈리아 도시 공화국 출신 상인들이나, 호전적이며 야심가인 하급 귀족과 어떤 소왕국의 주권을 찾아 헤매는 젊은이들, 속죄로서 유리한 고역을 맞고자 하는 범죄자들 등 이러한 사람들이 그리스도의 묘를 탈환하고자 한 사람들보다 서양에서부터의 침략이 중요하였고 또한 중심을 이루는 것이었다.

최초 30년간 무슬림 세계가 통일되지 못하여서, 침략자들에겐 일이 쉬워져 시리아 연안을 따라 곧 팔레스타인으로 내려와 안티오크, 에데사, 트리폴리 및 예루살렘을 거점으로 하여 라틴 민족의 소왕국을 수립하였다. 이 최초의 기간은 식민지화와 동화의 시기였다. 정복자나 순례자는 시리아에 정착하여 그 지방의 의상이나 관습을 받아들여 그 지방의 토착 기독교인들과 결혼했다. 제1차 십자군의 역사 편찬자 샤르트르의 풀쉐르는 다음과 같이 기술하고 있다.

"서양인이었던 우리들은 지금 동양인으로 되었다. 이탈리아 또는 프랑스인이었던 자는 이 땅에서 갈리라야 사람 또는 팔레스타인 사람으로 되었다. 라임, 또는 샤르트르 시민이었던 자는 지금 티르니 안티오크의 시민이다. 우리들은 이미 자기들이 태어난 고향을 잊어버렸다. 우리들 거의는 고향을 모르며 그 소문도 들어본 적이 없다. 이미 가장으로서의 세습 권리와 같은 집을 갖고 가정을 영위하는 자도 있으며 시리아인 · 아르메니아인 또는, 세례를 받은 사라센 여자를 취한 자도 있다. 외국이었던 자가 그 고장 사람으로 되고, 이주자였던 자가 거주자로 되었다. 매일 우리들의 친척이나 친구는 서양에서 소지하고 있었던 모든 것을 버리고 우리들과 같은 길을 걷고 있다. 저 땅에서 가난했던 자를 신은 이 땅에서 유복하게 해주었다. 저 땅에서 몇 푼밖에 갖고 있지 않던 자가 이 땅에서 셀 수 없을 정도의 금화를 소유하고 있다. 저 땅에서 마을을 갖지 못하고 있던 자에게 이 땅에서 신은 도읍을 주시었다. 동양이 이렇게도 우리에게 적합한 것인데 왜 우리가 서양으로 갈 것인가?"

이 관찰은 12세기 시리아의 우사마 이븐 문키드의 관찰과 비교할 수 있다.

"우리들의 나라에 정착하고 무슬림과 함께 살고 있는 프랑크인이 여럿이 있다. 그들은 최근 이 나라에 온 자들보다 질이 좋은 인간들이다……."

그러나 이 초기에 있어서 십자군이 장악했던 곳은, 주로 해변가 연안의 평야나 구릉 지대에 한정되었으며, 언제나 지중해 연안 세계 및, 서방유럽 세계와 밀접한 관계를 갖고 있었다. 동쪽의 사막과 이라크를 바라다보는 내륙 지역에서는 이들에게 반격할 태세가 차차로 정비되고 있었다. 1127년 셀주크 조의 한 관리 잔기는 스스로 모술을 점령하고 수년 후에는 북부 메소포타미아에서부터 시리아에 이르는 강력한 무슬림 국가를 건설했다. 당초 그가 향하였던 곳에는 다른 무슬림 국가 특히, 다마스쿠스의 권력이 가로질러 있었다. 다마스쿠스의 지배자들은 어떠한 주저도 없이 공통의 적인 예루살렘의 라틴 왕국과 동맹을 맺었다.

1147년 십자군은 어리석게도 동맹을 파기하였으며, 잔기의 후계자였던 누르 앗딘은 1154년 다마스쿠스를 점령하는 데 성공하여, 시리아에서 단독 무슬림 국가를 수립하고 비로소 십자군의 무서운 상대자로서 대항하게 된다. 당시 이 두 세력의 쟁점이 된 것은 이집트를 장악하는 것이고, 여기에는 쇠퇴기에 들어갔던 파티마 조 칼리프는 마지막 파멸을 향하여 힘없는 발을 내딛고 있었을 때이다.

결말은 곧 닥쳐왔다. 서양에서 살라딘으로 잘 알려지고 있는 쿠르드 족의 한 장군 살라흐 앗딘은, 이집트로 가서 누르 앗딘의 권익을 대표함과 동시에 파티마 조의 와지르 직책에 취임했다. 1171년 살라흐 앗딘은 이집트의 파티마 조 칼리프의 폐위를 선언했다. 그는 모스크에서 예배 때 불리워지는 칼리프의 이름과, 주화에 각인되는 칼리프의 이름에는 바그다드의 아바스 칼리프의 이름을 계속 사용하고, 누르 앗딘에 대해서는 불분명하고 불확실한 충성을 공언하면서 사실상 이집트의 실권자가 되었다.

4. 아유브 조

1174년 누르 앗딘이 미성년의 계승자를 남기고 죽은 후, 살라흐 앗딘은 시리아 영토를 병합하고 이집트를 통일하여 여기에 무슬림 제국을 수립했다. 1189년 그는 십자군을 공격하는 데 충분한 전력을 길렀다고 판단했다. 그는 1193년 죽을 때까지 예루살렘을 탈취하고 아카, 티르, 트리폴리, 안티오크의 도읍들을 거점으로 십자군이 차지하고 있었던 협소한 연안지구지대를 제외하고는 모든 지역으로부터 십자군을 추방했다.

살라흐 앗딘이 수립한 통일 시리아 · 이집트 국가는 오래 지속되지 못했다. 그의 후계자인 아유브 조의 치하에서 시리아는 다시 군소 국가로 분리되었으나, 이집트는 아직 강력한 통일 군주 국가로 종속하여 예루살렘을 탈환코자 하는 수차에 걸친 십자군의 공격을 물리치고, 중근동에 있어서의 무슬림 권력의 국종을 이루고 서양에 대한 이슬람의 대 방파제가 되었다.

중근동에 있어서의 십자군 활동이 남긴 영속성이 있는 영향의 주된 것은 무역면에서 보인다. 유럽 상인의 거류지는 십자군이 지배했던 중근동 지중해 항만에서 번영하였다. 그들은 무슬림의 재정복 아래에서도 살아나 수출 수입과 함께 상당한 장사를 하였다. 1174년 살라딘은 바그다드의 칼리프에게 보낸 서간 중에서, 이들 무역 정착을 정당화하여 다음과 같이 말하고 있다.

"베니스인 · 제노바인 · 피사인은 이집트에 서양의 우수한 제품을 특히, 무기나 군사 물자들을 운반하고 있습니다. 이것은 무슬림에게는 이익이 되고 기독교도에게는 해가 되는 것이 될 것입니다."

이 장사에 대하여 유럽 교회가 퍼부은 비난이나 이에 종사한 자에 대한 파문의 조령 등의 조치는 하등의 효과도 없었다.

한편 이같은 가운데 이슬람에게 대하여는 더 새로운 그리고, 위험한 위협이 동쪽에서 나타났다. 동아시아 먼 쪽에서 칭기즈 칸이 치열한 내란을 겪은 후 몽골의 유목 부족들을 통합하여 그들의 힘으로나 그 규모로 보나, 인류 사상 가장 큰 것으로 간주되는 정복사업을 시작했다. 1220년까지 몽골인들은 트랜스 옥시니아 전체를 점령했다. 1221년에 칭기즈 칸은 옥소스 강을 건너 페르시아에 들어왔다. 이 정복사업은 1227년 그의 죽음에 따라 일시적으로 멈추어졌으나, 같은 세기의 중엽에는 새로운 서쪽 정벌 사업이 계획되고 실시되었다.

5. 몽골의 침입과 중근동 이슬람 제국의 흥망

몽골 왕자 훌라그는 이슬람의 땅 멀리 이집트에 이르기까지 정복하라는 몽골 대한(大汗)의 명령을 받아 옥사스 강을 넘어왔다. 그는 도중에 저항하는 자를 모두 제압하고 지난번까지 매번 저항을 하였던 이스마일파의 군도 쓸어 버리고 페르시아를 석권했다. 1258년 훌라그는 바그다드를 점령하고 칼리프를 살해한 후 아바스 조의 칼리프제를 폐지하였다. 쇠퇴의 일로에 있었다고 하더라도 아직은 이슬람의 법적인 중심이고 통일의 상징이었던 이 위대한 역사적 제도가 붕괴하였다는 것은, 이슬람사에 있어서 한시대의 끝마침이라 할 수 있다.

그러나 어떤 의미로는 이에서 받은 충격이 논하여지는 만큼, 그리 큰 것은 아닐지도 모른다. 칼리프는 이미 그 실권의 거의 모두를 상실하고 있었으며 수도 및 지방에서는 세속적인 술탄이 칼리프의 통치 · 권력뿐만 아니라 칼리프에게만 허용되고 있던 종교상의 특권까지도 손대기 시작하였다. 몽골인은 이미 죽어있었던 제도의 망령을 매장하는 데 지나지 않는다고 할 수 있다. 셀주크와는 달리 몽골 침략자는 종교적 이방인으로 이슬람의 전통이나 제도에도 전혀 흥미를 보이지 않았다.

이라크의 번영에 몽골군의 침입 이상으로 치명적이었던 것은, 이라크의 페르시아를 중심으로 한 동부 제국에 있는 외곽 영토로서 편입되었다는 것이다. 이것은 후에 티그리스, 유프라테스 강 유역의 서쪽이 사막과 칼이 만든 경계로 지중해 연안 지방으로부터 차단되고, 이라크를 그 외곽으로 종속시킨 페르시아가 중심지로 뻗어있어 측면이 포위되어 있기 때문에, 동서무역의 통로로서 역할을 하지 못하게 되었다. 동서무역로는 북쪽은 터키, 동쪽은 페르시아, 서쪽은 이집트와 홍해로 각각 이동해 버렸고, 이라크 및 역대 칼리프의 옥좌가 있었던 도시 바그다드는 그후 수세기에 걸쳐 침체하고 거의 잊어버린 존재로 떨어지고 말았다.

시리아로의 침입이 수차에 걸쳐 있었지만 아랍 세계에 대한 몽골 정복의 직접 영향은 이라크에만 국한된다. 이라크는 이제 페르시아를 중심으로 하는 몽골 국가에 종속되었다. 시리아와 이집트는 아유브 조에서부터 생겨난 신정권에 의해 몽골의 난을 면했다. 아유브 가는 원래 쿠르드족 출신이며 그 정체는 터키 · 셀주크와 비슷했다. 지배계급은 터키 친위대로 된 군사 귀족으로 아유브 조의 술탄을 좌우할만한 실력을 갖고 있었다. 13세기 중엽 카이로에 있는 터키인 맘루크의 권력은 커져 새로운 체제로서의 맘루크 술탄의 지배체제가 1517년에 이르기까지 이집트 및 시리아를 지배했다.

1560년 아유브 조가 멸망한 후 얼마동안 혼란한 시기가 계속되었으나 그후 바이바르스라고 불리우는 킵착 터키인이 술탄이 되었다. 그의 생애는 여러 면에서 살라딘의 생애와 대조해 보면 흥미롭다. 그는 시리아와 이집트를 단일국가로 통합하였다. 이 통일은 지난번에 비해 더욱 영속적인 것이었다. 몽골군의 침략자를 동부 지역으로부터 추방하고, 시리아에 있는 십자군을 거의 다 궤멸하는 등 무슬림 국가를 엿보는 외적을 하나하나 격파했다. 그는 또한 칼리프를 참칭하기 위해 아바스 조의 피를 이어 받은 자를 카이로에 초청한다는 생각도 품게 되었다. 카이로에 있는 아바스 조 칼리프의 자손은 맘루크 술탄의 궁정 관리에 지나지 않았다. 이집트의 역사가 마크리지(1442년 사망)는 다음과 같이 말하고 있다.

"터키의 맘루크 조는 그들이 칼리프의 칭호와 지위를 수여한 인물을 칼리프로서 배치하였다. 그 칼리프는 자기의 의견을 발표할 권위나 권리도 없었다. 그는 군사령관 · 장관 그리고 다른 관료나 재판관 등을 방문하여 초대를 받은 만찬회나 파티에서 감사하다는 말을 하면서 세월을 허비하였다."

카이로 칼리프제는 칼리프 체제라고 하는 것이 쇠퇴의 극에 달한 때의 마지막 모습을 나타내고 있다.

바이바르스와 그의 후계자들의 맘루크 체제는 봉건적인 것이었고, 아유브 조에 의해 시리아나 이집트로 들어온 셀주크 봉건제도를 고쳐 받아들인 것이었다. 관리나 아미르는 급여 대신에 맘루크 병사를 여러 명 유지할 수 있는 조건으로 봉토를 받는데 병사의 수는 지위에 따라 5인부터 100명까지의 폭이 있었다.

봉토를 받는 자는 수입의 3분의 1을 병사의 유지비에 할당하는 것이 보통이었다. 봉토는 세습은 아니었으나 세습제화하려는 노력이 거듭 시도되었다. 이 제도는 맘루크 관리의 아랍화한 자손을, 새로 이주하여 온 맘루크와 교체시켜 봉토를 수여하였으나, 그대로 놓아두지 않고 하사받은 영토를 생존중 또는, 더 짧은 기간에 한한다는 조건부로 수여했다. 이렇게 함으로써 신중히 세습적인 토지 귀족 계급이 형성되는 것을 피할 수 있었다. 봉토를 받는 자는 그의 소유지에 정주하지 않고, 카이로 또는 그의 봉토가 있는 지구의 주요 도시에 거주하는 것이 보통이었다. 그는 영지의 소유보다도 연수입에 관심을 더 표시했다.

따라서 이 제도는 서양식의 샤토(성곽)나 마나(대장원)나 강력한 지방권력을 낳지는 않았다. 받은 봉토를 부하에게 다시 나누어 주는 제도는 존재하지 않았으며 이집트에서는 토지의 봉토 분할도 영구적인 것이 아니라 주기적으로 영유지구가 변해가고 있었다. 맘루크는 팔려온 노예로서 이집트에서 훈련되고 교육을 받았다. 처음 그들은 주로 흑해 북쪽 연안의 킵착 터키인이었으나, 후에 몽골군의 탈주병이나 서어캐시아인을 주로하여 후에 그리스인, 쿠르드인, 때로는 유럽인 등 많은 인종을 포함하게 되었다.

그러나 지배 계급은 터키어나 서어캐시아어를 말하고 있었고 몇명의 술탄을 포함한 지배 계급 가운데에는 아랍어를 말하지 못하는 자도 있었다. 바이바르스나 그 후계자가 발전시킨 맘루크 국가는 교묘히 군사와 행정의 이원 통치를 기초로 하고 있고 이 양쪽을 맘루크 고관이 문관을 자기 휘하의 참모로 채용, 지배했다. 1383년까지 맘루크의 술탄은 세습이라고 불러도 괜찮을 정도로 취임의 방법이 계속되었다. 그후 술탄 체제는 더 실력이 있는 군사령관이 장악하게 되었다. 술탄이 사망하면 실질적인 후계자가 미리 정하여 있고 잠정적으로 죽은 술탄의 아들이 공백기간을 통치자로서 직무를 인계했다.

맘루크는 초기에 기독교도나 몽골 등 외적으로부터 위협을 받았으나, 그들의 업적 중 가장 빛나는 일은 근동의 이슬람 문화를 외적으로부터 지켰다는 것이다. 15세기에 오스만 제국이라는 신흥 세력이 아나톨리아의 셀주크 술탄의 영지였던 폐허로부터 불사조처럼 일어났다. 이 두 나라의 관계는 처음에는 우호적이었으나 유럽에서 안전한 위치를 갖게 된 오트만

이 눈을 아시아쪽으로 돌리면서부터 충돌이 시작되었다.

유럽과의 무역, 특히 근동 경유의 유럽과 원동과의 무역은 이집트에게는 무역 그 자체와 통관 수입이라는 두 면에서 결정적인 중요성이 있었다. 맘루크 정부가 세력을 갖고 있었던 시대에는 이런 무역을 보호 장려하여, 이것이 이집트의 고도의 번영을 가져오게 했으며 문예와 예술의 꽃을 피우게 했다.

그러나 바이바르스가 막은 몽골의 위협은 아직도 방향을 다른 곳으로 돌린 것은 아니었다. 1400~1401년에 걸쳐 티무르가 인솔하는 터키 몽골군이 시리아를 휩쓸고 다마스쿠스를 약탈했다. 전염병, 무뢰한, 고삐가 풀린 베드윈의 약탈이 몽골인이 떠난 후에도 황폐를 더하였고, 맘루크의 술탄은 경제적으로나 군사적으로 큰 타격을 받고 다시 타격에서부터 회복될 수가 없었다.

15세기의 위기에 임하여 통과 무역으로부터 최대의 이익을 내고자 하는 목적으로 새로운 재정 정책이 수립되었다. 처음 인도나 중국 상인에게 상품을 이집트 지배하의 여러 항구에 가져오도록 장려한 후, 술탄 바스베이(1422~1438년)는 무역에 과세하는 것보다도 무역을 독점하는 것이 효과적인 것이 아닐까 하는 생각을 가졌다. 그는 설탕을 왕실의 전매품으로 하였고 이어 고추 및 기타 상품에도 같은 조처를 취하였다. 그의 후계자에 의해 계승된 이 정책은 물가의 등귀와 외국의 보복수단을 야기시키고 드디어 경제 전체의 붕괴를 초래하게 되었다. 이러한 상황에서 정부가 살 수 있는 길은 평가절하와 철저하고 가혹한 징세뿐이었다.

이 시기에 사가들은 쇠퇴기에 있었던 이 정체에 부패와 무능력이 더욱 증가하고 있다는 것을 생생하게 그리고 있다. 어떤 사가는 와지르에 대해 다음과 같이 말하고 있다.

> "그들은 잔혹한 무뢰한이며 수많은 부정한 일의 고안자이며 거만하고 주제넘는 자들이었다. 그들이 유명한 것은 그들의 지식이나 종교심 때문에도 아니다. 그들이야말로 그들이 지배하는 시대의 나쁜 것을 대표

하였고, 그들의 말에는 언제나 말할 수 없는 욕이 튀어나오고 있다. 자기들 시대의 국민에게 압박을 가하기 위해서만 살고 있었던 그들의 존재는 인류의 치욕이다."

술탄 바스베이가 카이로의 유력한 카디(재판관) 4명을 소집하고 성법이 정한 액수를 넘는 고율의 새로운 과세를 인정하도록 요청하였을 때 그 중의 한 사람은 다음과 같이 답하였다고 전해지고 있다.

"술탄의 부인이 자식의 할례의 날에 3만 디나에 달하는 화려한 옷으로 치장하였다고 하는데 어떻게 무슬림들로부터 돈을 거둬들이는 것을 승인할 수 있습니까? 수많은 좋은 옷은 한 벌도 이렇듯 고가인데, 수많이 있는 중의 한 사람의 처의 예가 그렇습니다."

1498년 지배적인 재난이 닥쳐왔다. 이 해 5월 17일 포르투갈의 항해가 바스코 다 가마가 희망봉을 돌아 해로로 인도에 상륙했다. 1499년 8월 그는 리스본으로 되돌아왔다. 그는 종래의 항해보다도 싸고 안전한 유럽에서부터 동양간의 새항로를 개척한 것이다. 이외에 다른 원정항해(遠征航海)도 이에 이어졌다.

포르투갈인은 인도에 기지를 설치하고 직접 무역을 하게 되어 이집트 루트는 결정적인 타격을 입고 이 때문에 맘루크 국가의 명맥이 단절되게 된다. 맘루크는 이 사건의 직각적인 결과를 잘 깨닫고, 또 이 사태의 변전에 따라 피해를 같이 받은 베니스인들로부터도 행동을 촉구받고 포르투갈인의 위협을 받지 않게끔 먼저 외교 수단에 의하고, 다음은 전쟁이란 수단으로 노력을 다하였다.

그러나 그들의 노력은 수포로 돌아갔다. 대서양의 강풍에 견디게끔 건조된 포르투갈 함대는 맘루크 함대에 비해 구조 및 항해기술 등 어느 모로 보아도 뛰어났다. 곧 포르투갈인은 이집트 소함대를 격파하고 인도양을 향해하는 아랍 상설단을 조직적으로 격파하고 페르시아 만이나 홍해에 깊이 들어오게끔 되었다.

16세기에는 오스만의 정복과 유럽 상업기업(商業企業)이 발달한 이래 동지중해(東地中海) 연안지방 무역은 어느 정도 회복하였으나 별다른 중요성은 띄지 못했다. 아랍의 중근동은 활동이 봉쇄당한 상태로 되었다. 세계주요 무역로가 중근동에 되돌아오게 된 때는 거의 19세기에 들어서면서부터이다.

지금까지 고찰해 본 이 오랜 시기를 통하여 중요한 세 가지의 변화가 일어난다. 첫번째는 이슬람 근동은 광범위하고 중요한 외국무역 및 통과무역을 행하였다고 하여도 내부적으로는 통상, 화폐경제보다 자급자족의 농업에 기초를 둔 봉건적 실물경제로 이행하고 있었다는 것이다.

두 번째는 정착한 아랍 및 아랍어권의 정치적 독립에 종지부가 찍혀지고, 이에 대신하여 터키인이 나타난 것이다. 넓고 인구가 희박한 사막 지대에서 아랍 부족은 그들에게 대하여 통제를 가하고자 하는 여러번 시도된 움직임에 반항하고, 때로는 오랫동안 터키인들과 싸우면서, 경작 지대의 최전선을 침식하기도 하면서 아바스 조 쇠퇴기에 그들에게 빼앗긴 독립을 유지하고 있었다. 산악지대의 여러 곳에서도 아랍어를 말하는 아랍 민족은 독립을 유지했다. 그러나 그 외의 다른 지역 어디에서도 도회지든 강유역 지역의 경작지이든 또 이라크 · 시리아 · 이집트 평야에도 천년간 아랍 민족은 스스로를 통치할 수 없었다고 하는 것이다.

터키인만이 통치할 능력을 원래 갖추고 있다는 생각이 뿌리 깊이 박혀 있어 14세기에는 시리아 태생의 맘루크의 비서가 피정복 종속 민족의 비천한 언어를 쓰면 지배자로서의 체면을 잃어버리고 멸시당한다는 것을 두려워해 모국어를 말하지 않고 통역을 통하여 터키어로서 아랍 민중에게 말을 거는 양상을 띤다. 19세기 초, 나폴레옹이 이집트를 침략하였을 때 아랍어를 말하는 자를 요직에 앉히려다 실패하고, 복종을 명할 수 있는 유일한 인간인 터키인에게 도움을 구하지 않을 수 없다는 데에 이른다.

세 번째의 변화는 아랍어권 세계의 중심이 이라크로부터 이집트로 옮겨갔다는 것이다. 이라크의 분열과 약체화, 그리고 이 나라는 후에 무역상인이나 외적도 중동으로의 통로로서 이용하게 된 지중해에서 멀리 떨어졌다는 것이 근거지로 될 가능성을 상실하게 된 것이다. 이라크를 대신하는 곳은 이집트밖에 없으며, 또 다른 무역로에 임하고 있고 한줄기 강으로 관개되고 있는 유역이라는 것, 이것이 자연적으로 단일 중앙 집권정부 — 아랍 중근동에 있는 강력하고 유일한 중앙 집권국가 — 의 출현을 요구하고 있었다.

아랍의 권력이 쇠퇴함에 따라 그 영광도 사라졌다. 아랍의 옥좌를 계승한 페르시아인과 터키 어족(語族)의 통치자는, 각각 그 기호와 전통에 따라 각각의 국어로 통치자를 예찬하는 데 뛰어난 시인의 보호자가 되어 그들을 고용했다. 먼저 페르시아인과 다음으로 이어진 터키인이 각각 무슬림으로 독립한 언어문화를 발전시키고, 또한 정치상의 지도력을 장악함으로써 이슬람 문화의 지도력을 장악했다.

셀주크와 몽골 통치 아래에서의 이슬람 예술은 새로운 황금기를 맞이했다. 페르시아와 터키 문학은 다함께 아랍 이슬람의 전통으로부터 강한 영향을 받았지만, 독립적인 중요한 계열을 만들어 발전하였다. 셀주크 시대 이래 학문과 예술에 있어서의 아랍어의 사용은 신학이나 과학의 특수 연구의 예를 제외한다면 아랍어 민족에 한정되게 되었다. 아랍 세계의 중심이 서쪽으로 이동했다는 것은, 시리아에 대해서 다른 나라와 비교하여 커다란 의의가 있었지만, 그 이상으로 아랍 문화의 중심지가 되었던 이집트에게는 커다란 의미를 갖는 것이었다.

사회 발달이 정적인 사회로의 방향을 취하고 있어, 정적인 형식론적 신학의 지배가 가져오는 결과로서 자유로운 사색이나 연구 활동이 쇠퇴했다. 공공생활에 있어서도 권위에 의존하는 태도는 문학에도 나타나 생생한 면이나 자유로운 기풍이 결여되고 있었다. 이 시기에 가장 현저한 특징이라고 한다면 예술가는 형식에, 학자는 기억에 역점을 두었다는 것이다. 그러나 위대한 인물이 없었다는 것은 아니다.

이슬람 최대 사상가의 한 사람인 가잘리(1054~1111년)는 새로운 학문 체계화, 수피 사상가의 직관적 · 신비적 신앙 태도를 연결하는 데 노력한 학자였다. 지금도 아직 아랍어를 말하는 사람들로부터 문예의 형식과 그 우아함에 있어서 탁월한 대표적 존재로 간주되고 있는 하리리(1054~1122년)가 있었다. 야쿠트 이븐 압둘라(1179~1229년)는 고전 학자인 동시에 전기 작가, 지리 학자이기도 하였다. 몽골 이후 시대에는 여러 역사가라기보다 오히려 역사 편찬가들을 배출했다. 이 가운데는 튀니지의 이븐 할둔(1332~1406년)이 이슬람 사학의 천재로서 또 역사의 철학적·사회학적 정식화를 처음으로 제기한 인물로서 뛰어났었다.

1517년 쇠망의 징조를 나타낸 맘루크 제국은 오스만의 강타를 맞아 붕괴하고, 그후 400년간에 걸쳐 시리아나 이집트는 오스만 제국의 일부가 되었다. 얼마 안 있어 모로코 국경까지 세력을 뻗쳤던 베르베르인 제국도 오스만의 종주권을 인정하고, 또한 1639년에 오스만이 페르시아로부터 이라크로 공격해 들어와 최종으로 정복함에 이르러 아랍어권의 세계는 거의 오스만 치하에 들어가게 된다.

다만 몇개의 한정된 장소에만 아랍어를 말하는 민족이 사실상의 독립을 유지한 데 지나지 않았다. 아라비아 반도에서는 1537년 예멘의 남서지방이 오스만의 파샤 관할구로 되었고, 1635년에 독립을 회복했다. 메카나 히자즈의 아랍 통치자들인 샤리프들은 오스만의 종주권을 인정하였지만 콘스탄티노플보다는 카이로에 의존하였다. 아라비아 반도의 베드윈(유목민)들은 거칠은 사막에서 독립된 지위를 보존하고 있었다.

18세기 중엽 그들은 어떤 점에서 이슬람의 부흥과 근사한, 용감한 종교운동을 일으켰다. 나지드 지방의 법학자인 무함마드 이븐 압두 알 와하브(1703~1791년)는 엄격하고 반신비적인 청교주의에 입각한 새로운 종파를 일으켰다. 초기 이슬람 시대의 순수하고 원생(原生)적인 이슬람의 이름으로 그는 신앙이나 의식 모두에 걸쳐 본원적이 아닌 부가적인 것은 진정한 이슬람과는 다른 미신에 속하는 '신기한 일'(비드아)이라고 부정했다.

그는 성자 숭배·성지 신앙을 부정하고 무함마드에 대한 과장된 숭배조차도 금지했고 모든 형식의 명상(瞑想)도 거부했다. 그는 같은 청교도적인 엄격함을 종교 생활이나 사생활에도 적용했다. 나지드의 아미르(통치자) 무함마드 이븐 사우드가 와하비 교의를 받아들임에 따라 이 일파는 군사적으로나 정치적으로 핵심을 이루게 되었다. 얼마 안 있어 그들은 성도 메카와 메디나를 그때까지 오스만의 이름으로 통치하고 있었던 샤리프들로부터 탈취하고 오스만 통치의 시리아나 이라크까지 위협을 주고 또 중앙 아라비아의 거의 모두를 정복하여 와하비 사상을 전파하였다.

1818년이 되어 그 반응이 나타난다. 이 해에 이집트의 파샤 무함마드 알리가 파견하는 터키, 이집트 연합군은 와하브 제국의 군대를 격파하고 와하브 운동의 발상지인 나지드에 봉해졌다. 이 일파는 여기에서 세력을 잃으면서도 살아남아 19세기 중엽 20세기 초가 되어 다시 정치 세력으로 출현하는 날을 기다렸다.

레바논 지방에서의 산악 지역의 독립은 옛시대로부터 간직되어 왔고, 아나톨리아 지방의 기독교도가 침략하여 이 산정지대를 사면이 이슬람의 바다로 둘러싸인 기독교도의 섬으로 되었다. 반독립의 소왕조는 산간 각지에 할거하고 있었으며 여기도 기독교도, 이슬람 · 투르즈 족도 있어서, 오스만 종주권을 받들면서도 산악 지구를 부분적으로 통치하고 있었다. 단지 독립 정도는 오스만 정부의 힘에 좌우되어 일정하지 못하였다. 마지막으로 서쪽에 있는 지역에서는 아랍 베르베르의 모로코 혼합국이 독립을 유지하고 전혀 다른 독자적인 발전을 보여왔었다.

나머지 것에 대해서 말한다면 아랍인의 터키인 통치에 대한 굴복은 칼리프 무타심 시대에 시작되어 셀주크 및 맘루크에 의해 확고하게 된 후 오스만에 의해 지속되어졌다. 아랍 지역의 여기저기서 일어난 독립운동은 각 지방의 지도자에 의해 일어났다는 것보다도 오히려 터키 파샤의 중앙정부에 대한 반역으로서 일어난 것이 적지 않았다.

오스만은 이집트에서도 오스만의 파샤(파견 관리)와 그 수비대를 맘루크 계급의 상위에 놓으면서 맘루크 체제를 유지했다. 그러나 그 봉건제도는 군사적 성격을 잃고 차차로 군역보다 세입에 중점을 옮기게 되었다. 봉토의 대부분은 '일티잠'으로 되었다. 이것은 어느 정도의 상속권과 처분권을 갖고 국유지의 용익권을 관리에게 양도하는 제도이다. 양도받은 사람은 소작인으로부터 연공을 징수한다. 양도받은 사람(물타짐)도 소작인도 함께 세금을 내어야 한다. 물타짐의 상속인은 수수료를 지불하면 권리를 계승할 수 있었다. 중앙 정부의 통제력이 약화되면 지방장관(베이)이 권력을 장악하고 파샤는 베이의 적대 행위를 방관하는 데 지나지 않았다. 베이가 실권을 장악할 때도 때때로 있었다.

오스만에 의한 정복은 시리아에는 훨씬 커다란 변화를 가져왔다. 17세기 초엽, 이 나라는 다마스쿠스, 알렙포 및 트리폴리의 3개 파샤 관할구로 분리되었고 1660년에 네 번째로 사이다 관할구가 이에 덧붙여졌다. 이들 각각은 그 지위를 산 파샤의 지배하에 놓이는데 파샤가 지방에서 행하는 활동의 자유는 정세나 사람에 따라 일정한 것이 아니었다. 파샤 관할구 그 자체는 오스만 봉건주의 원칙에 따라 조직되었다. 토지의 대부분은 주로 터키인인 봉토 소유자 사이에 분할되었다.

봉토는 거의 세습적인 것으로 연공을 납입하는 의무 및 봉토에 있는 소작인과 함께 군무에 봉무할 의무가 그 봉토를 소유하는 의무로 가하여졌다. 봉토 소유자의 권리는 세금을 징수하는 것과 소작인에 대해 어떤 종류의 영주 권력을 행사하는 것의 두 개가 있다. 대부분의 중앙 정부 직할령으로 '일티잠'이 된 것은 콘스탄티노플의 궁정 귀족들이었다. 파샤들은 절대적인 권력을 갖고 있었고 수도로부터 멀어짐에 따라 정부의 힘이 약해지고 그 권력은 더욱 증대되었다.

오스만에 의한 정복 초기는 맘루크 조 지배의 말기로 혼란의 극을 달하였던 뒤에, 어느 정도의 양호한 치안의 회복과 경제적 번영으로 이루어져 커다란 진보가 이루어진다. 그러나 18세기를 눈앞에 두고 오스만 제국이 몰락하여 전반적인 악정과 부패, 무정부 상태와 침체가 일어났다. 외부 세력에 굴복한 이 오랜 기간을 통하여 전통적으로 내려오는 문화와 외부에서 들어오는 문화가 서로 부딪쳐 융합되지 않고 멸망의 도가니로 빠지는 결과를 빚어낸다.

그러나 반항 정신은 아직도 쇠하지 않고 계속되었다. 이스마일파의 운동은 몽골 침략 후 저조해졌고 이에 대신하는 운동이 생겼다. 맘루크 치하에서조차도 아랍어를 사용하는 이집트인의 반란이 산발적으로 일어났다. 오스만 치하에서 때때로 일어난 독립 운동은 야심가들이 일으킨 일이었으나, 이 가운데에는 터키인 총독이 주모자인 적도 있었다. 이슬람 전통에 따른 진정한 대중적 반항은 종교적인 표현을 취했다. 이번엔 이것이 수피 사상이라고 하는 형태로 나타났다. 처음엔 전혀 개인적인 신비 체험을 토대로 하는 데 지나지 않았지만 차차로 하층계급으로 지지자를 넓혀나가 사회 운동으로 바꾸어 나갔다.

수피주의자들은 정신적으로는 이스마일파와 같은 이교도가 아니라 정치적으로는 정적주의자였다. 신앙 문제에서는 그들은 개인적인 신비주의적 신앙에 의거하여 때로는 그들에게 영향을 주었던 정통파 수니주의의 선험주의에 반대하기도 했다. 그들의 직접적인 정치의식에 관하여 보는 한 그것은 기존 질서에 대한 격렬한 적개심이었다.

그러나 침투 전법에 의한 수피 교단의 반란은 이스마일파의 정면 돌파 작전이 이전에 실패로 돌아간 것과 같이 별로 성공을 거두지 못했다. 정적인 요소가 너무 강하여 이를 타파할 수 없었고 진정한 변화는 외부로부터 들어오는 새로운 요인에 의해서였다. 이것은 중세 이슬람의 지적 발효를 촉진한 헬레니즘의 추진력보다도 더욱 강력하고 훨씬 공격적이었다.

X. 아바스 조 멸망 후 이슬람 세계의 이슬람 사상과 학술

1. 이븐 타이미야(1263~1328년)와 그 시대

정통파 이슬람의 전통적인 투사, 이븐 타이미야는 아바스 조 멸망 후 5년째 되는 1263년 시리아의 핫란에서 태어났다. 그의 아버지 압부 알하림은 뛰어난 한발이파 법학자였으나, 1269년에 몽골군이 핫란을 공격하였을 때 가족을 인솔하여 다마스쿠스로 이주했다. 이같은 그의 유년시대의 피난민으로서의 비참한 경험은 이븐 타이미야의 인간 형성에 커다란 영향을 미쳤다.

그는 한발이파 법학자로서 일찍부터 두각을 나타내어, 서재나 법정 생활만으로 만족하지 못했다. 1302년 그는 맘루크 조 군대의 종군 법학자로서 시리아의 샤크하브 원정에 참가하여 몽골군과 싸웠고, 이때에 지하드(이교도와의 싸움)를 설법하여 사람들의 사기를 높였다. 또 1304년에는 스스로 군대를 이끌고 이스마일파 및 그 분파가 지키고 있던 흐스르완 산을 공격하여 승리를 얻었다. 그는 상대가 몽골족이든 이스마일파이든 신앙의 적에 대해서는 가차없었다.

그의 이같은 너무나 전투적인 성격은 같은 정통파 법학자들을 적으로 만드는 결과가 되어 그의 수난의 역사가 시작된다. 1307년 그의 신인동형동성론(神人同形同性論)이 비난의 대상이 되어 카이로의 옥에서 약 1년

반 동안 구금 생활을 하였고, 출옥 후 얼마 안되어 정치적인 이유로 얼마간의 감옥 생활을 보내야만 했다. 그는 1320년에도 다마스쿠스에 약 반년간 투옥되었고, 1326년에는 성자의 묘 참배를 금지한 그의 파트와(법적 의견)의 취소 요구에 응하지 않았기 때문에, 그의 제자 이븐 카임 알자으지야와 함께 다시 다마스쿠스 성채에 구금되어 드디어 1328년 옥사했다.

이븐 타이미야의 신조는 '코란의 예언자와 수나로 돌아가라'는 것이었다. 그는 사변 신학, 철학, 신비주의의 모두를 초기 무슬림들이 모르는 비드아(이단, 개신)라고 격하게 비난했다. 이븐 타이미야 자신은 한발이파의 법학자였으나 그는 한발이파의 전통적인 사고에 따르지 않고 스스로 무주타히드(법해석가)라 간주하고, 여러 타크리드(전통)나 이즈마(법학자의 의견일치)조차 거부했다. 그의 생각에 따르면 이것들이 코란과 수나가 가르친 바와 일치하지 않았기 때문이었다.

이븐 타이미야는 아쉬아리파의 사변 신학을 자흠 빈 사푸완(746년 사망), 디라르 빈 아무르, 알 나자르 등의 이단 사상가를 융합한 데 지나지 않는다고 간주하고, 신학자와 신비주의자들은 같은 산의 계곡으로부터 나왔다고 했다. 그는 코란이 창조되었다는 것을 비난할 뿐 아니라, 창조되지 않은 '가이르 마흘루크'라는 말은 영원한 '까딤'을 의미한다고 해석했다.

코란이 창조되었다고 하는 것은 전술한 자흠 빈 사푸완 등의 '비드아'(이단적 신조)이며 초기 무슬림들이 전혀 알지 못하였던 것이라고 했다. 그는 아쉬아리나 마트리드(944년 사망)의 '의미로서의 코란'이라는 주장을 받아들이지 않고, 단지 영원한 신의 말씀인 코란은 창조되어지지 않는 것으로 믿고 있었다. 이와 같이 그는 아쉬아리파의 숙명론 및 신의 속성에 대한 이론을 모두 '비드아'로서 배척했다.

이미 지적한 것처럼 이븐 타이미야는 신인동형동성론이 비난되어 카이로의 옥에 구금되었던 적도 있다. 이점에 관해 여행가인 이븐 바투타(1302~1377년)의 증언도 있고 많은 사람들은 그가 신인동형동성론의 전투적인 투사라고 생각하는 것 같다. 그는 자흠파나 무타질라파가 신의 속성을 부정한 것에 반대하였지만, 신의 수족이 인간의 모습과 같다든가 신의 행위가 인간의 행동과 비슷하다고 믿는 소박한 신인동형동성론에는 찬성하지 않았다.

이븐 타이미야는 불신앙을 가르친다고 하여 철학을 강하게 비난하였는데 그의 비난은 결코 비난을 위한 비난이 아니며 철학에 대한 그의 지식도 꽤 상당한 것이었다.

'이성과 모방의 서'에서 그는 다음과 같이 말한다.

"아리스토텔레스의 후계자들, 그들의 많은 자들은 스승의 설이 오류를 범한 것을 알면서도 그 가르침에 맹종하고 있다. 수많은 현자가 아리스토텔레스의 논리학 체계에 의심의 여지가 없는 잘못이 있다는 것을 밝혔음에도 불구하고, 아리스토텔레스의 후계자들이 스승의 설을 반박할 수 없는 것은 스승에 대한 경건한 충성심에서 나온 것이며, 그들은 아리스토텔레스의 이름과 관계를 갖고 있기 때문에 그 논리학의 체계를 지지하고 있는 데 지나지 않는다. 아리스토텔레스와 그 제자들은 형이상학에도 이같은 커다란 오류를 범하고 있다."

아리스토텔레스의 논리학에 대한 그의 비난이 근거가 있다는 것은 그의 '논리학자들에 대한 논박서'에도 잘 나타나 있다. 이 책에서 이븐 타이미야는 아리스토텔레스 논리학의 기본적인 명제를 4개로 좁히고, 그 하나하나에 반론을 가하였는데 그 중에서 연역(키야스)은, 비록 한눈에 그것이 옳다고 한다 하여도 존재하는 것의 진정한 지식을 우리들에게 주지 않으며, 확실한 지식 또는 판단은 연역에 의하지 않더라도 다만 하나의 전제로서 도달할 수 있다고 했다. 철학 분야에서의 그의 주된 목표는 무타질라파나 아쉬아리파의 근저에 있던 원자론과 이와 관련된 우유성의 이론이었는데 그는 이 모두를 신앙에 해로운 '비드아'라고 거부했다.

이븐 타이미야는 신비주의, 특히 이븐 알 아라비(1165~1240년)의 신비주의 사상을 주로 배격하고, 이것들은 신의 존재와 신의 창조력의 부정과 통한다고 했다. 이븐 타이미야가 마지막 투옥된 이유는 성자 묘의 참배를 금지한 파트와(법적 의견)의 취소를 거부한 데 있다. 그는 성자숭배를 철저하게 배격하고, 이븐 알 아라비가 성자(울라야)인 것은 예언자(누브와)인 것보다 정도가 높으며, 예언자는 이미 끝났으나 성자는 아직 끝을 내지 않았다고 주장하고 있다고 하여, 그를 '귀머거리고 벙어리고 소경이어서 돌아올 수가 없는'(코란 제2장 18절) 인물로 비유했다.

그는 인생 최고 목적으로서의 '파나'(실과의 합일)에 반대하여, 인생 최고의 목적은 신에 대한 숭배이어야 하며 이는 샤리아(이슬람 법) 규정의 충실한 실행에 의해서만이 달성된다고 했다. 이같이 이븐 타이미야의 신비주의의 비판은 철저하였는데 그는 가잘리의 저서를 잘 연구하고 여기에서 많은 것을 배워 가잘리는 사변 신학의 결점을 꿰뚫어보고 마지막에는 코란과 수나로 돌아갔다고 보고 있다.

2. 이븐 할둔과 그 학문의 특징

무슬림의 지적 활동이 쇠퇴하고 있을 무렵인 14세기 중반, 지금까지 이슬람 학문에 거의 공헌한 바 없는 북아프리카 튀니스에 한 독창적인 학자가 나타났다. 바로 이븐 할둔(1332~1406년)이다. 홀로 남아 있던 맘루크조를 제외하고는, 이무렵 동방 이슬람 세계는 거의 칭기즈 칸의 후예들의 지배에 속해 있었고, 안다르시아의 무슬림들은 그라나다와 그 주위의 약간의 영지를 가진 데 지나지 않았으며, 북아프리카에는 군소(群小)에 왕조가 난립하여 전국은 극히 불안정했다.

원래 말리크 법학자였고 신학 · 철학 · 논리학들을 깊이 공부하였던 이븐 할둔은 이슬람 몰락을 몸으로 체험하고 날카로운 반성 의식에서 이슬람 역사를 새로운 각도로부터 살피고자 하는 '이바르의 서'라고 불리우는 방대한 세계사를 저작했다. 이책의 제1부가 유명한 '역사 서설(歷史序說)', 제2부가 아랍을 중심으로 하는 세계사, 제3부가 7세기로부터 14세기까지의 북아프리카사로 된 3부작인데 역사를 구성하는 정치 · 경제 · 사회적 요소를 면밀하게 독창적인 분석으로 전개한 것이 1부의 '역사 서설'이다.

어떤 학자는 '역사 서설'을 역사 철학의 책으로 간주하며, 어떤 학자는 이것을 사회학의 선구서로도 생각한다. 또 다른 학자는 인류 최초의 문명 비판서로 보고 여기에 고도의 경제 이론이나 뛰어난 인문 지리학을 발견한 학자도 있다. 확실히 '역사 서설'은 이 모든 요소를 포함한 일종의 백과사전으로 보아도 괜찮을 것이다. 최근의 이븐 할둔의 연구에서는 '역사 서설'을 본질적으로 정치론의 서로서 간주하고 있다.

정치론은 무슬림 학문들 중에서 중요하게 여겨지며, 플라톤의 정치 이론을 계승한 철학자, 샤리아(이슬람 법) 아래에서 군주의 위치를 생각하는 법학자 이외에도 신학자, 문학자, 실제의 정치가도 각각 그 입장에서 정치론에 대해 활발한 발언을 하고 있다. 철학자의 정치론은 계시의 필요성에 대한 증명으로서 시작되는데 이븐 할둔은 계시를 모르고 예언자를 갖지 않은 민족이, 계시를 받은 민족보다 훨씬 다수를 점하고 있으며, 또한 그들이 과거에 우수한 문명을 건설하였던 사실을 지적하고, 계시의 필요성은 이성에 의해 이해되는 것이 아니라 다만 샤리아에 있어서만이 보여진다고 주장했다.

철학자의 정치론의 근본적인 전제를 거부하고 계시의 필요성을 이론의 출발점에 놓는다는 점에서, 그의 정치론은 마와르디(974~1058년)를 대표자로 하는 법학자의 정치론과 완전히 일치하고 있다. 사실 이븐 할둔은 마와르디의 '정부의 제도'의 강한 영향을 받았고 특히, 이슬람의 공권력을 논한 '역사 서설'의 3장에는 '정부의 제도'를 인용한 것도 많다.

이븐 할둔의 정치론은 정치형태에 관한 2개의 분류로부터 시작된다. 첫째 분류는 정치 형태를 종교에 바탕을 둔 정치와 지성에 바탕을 둔 정치로 나누는 분류로 이것은 그가 마와르디로부터 배운 것이다. 이 첫째 분류는, 각각 정치가 의도하는 궁극의 목적에 따라 정치 형태를 분류하는 것이며, 종교의 바탕을 둔 정치는 현세와 내세의 행복에 목적을 둔 데 반해 지성에 바탕을 둔 정치는 현세의 행복에만 목적을 두었다.

두 번째의 분류는 정치 형태를 힐라파(칼리프)의 정치와 물루크(왕권) 정치로 나누는 분류로 이것은 이븐 할둔의 독창이다. 그는 계속하여 물루크의 기초가 지성인 데 비해 힐라파의 기초는 종교에 있고, 물루크의 정치가 현세의 이익을 목적으로 둔 데 비해 힐라파의 정치 목적은 현세나 내세 쌍방의 이익이 있다고 보았다. 그러나 '역사 서설'에 있어서 물루크라는 언어의 용법을 자세히 검토해 보면 이것이 이슬람, 비이슬람에 관계가 없는 정치 권력 일반이라는 의미와, 칭호는 칼리프이든 술탄이든 또는 아미르이든 모두 힐라파의 이름에 적합치 않으나, 현실 정권 담당자인 무슬림의 군주가 행하는 정치라는 의미로 이중의 사용법을 썼다는 것이 판명된다.

칼리프 제도가 계속되었던 시대의 마와르디의 정치론이 힐라파의 일관성을 근본 명제로 하고 있었으나, 이미 칼리프 시대가 없어졌던 시대의 이븐 할둔의 정치론은 샤리아의 일관성을 근본 명제로 하였다. 이 때문에 이븐 할둔은 이슬람 역사에 있어서의 힐라파를 정통 칼리프 시대만으로 한정하고, 초기 우마이야 조를 과도기로 하여 압두 알 말리크 이후 물루크 시대로 들어갔다고 간주한다. 즉, 압두 알 말리크 이후의 우마이야 조와 아바스 조의 칼리프는 칼리프라는 칭호만을 띠고 있었으나 그들의 정치는 물루크의 정치에 지나지 않았다.

그러나 이슬람의 물루크는 본질적으로 힐라파이고 그 후계자였기 때문에 샤리아의 지고한 지위는 유지된 것이다. 이같이 이븐 할둔은 이슬람사의 초기 단계에서 힐라파를 물루크로 대치시킴에 따라, 이슬람에 있어서의 샤리아의 일관성과 함께 예언자 무함마드부터 그와 동시대의 무슬림의 소군주에 이르기까지 이슬람사의 일관성을 주장할 수 있었던 것이다.

그러나 힐라파를 정통 칼리프 시대만에 한정한다는 것은 결코 이븐 할둔의 독창이 아니었다. 마두리디파의 신학자 나사피(1068~1142년)의 '신앙 개조'는 칼리프를 정통 칼리프 4명에 한해 한정시키고 '그후는 여러 왕 및 여러 아미르가 있었다'라고 술하고 있다. 더 소급하면 우마이야 조 말기경으로 추정되는 하디스에는 12명으로 되어 있고 힐라파가 30년 계속된 후 물루크 시대가 온다고 술하는 자도 있다.

이븐 할둔은 선인들 말씀에 힌트를 얻어 이를 단서로 하여 훌륭한 정치론을 수립하는 데 성공했다. 이와 비슷한 것은 그의 아사비아(연대의식)의 관념에 대해서도 말할 수 있다. 원래 아사비아라는 어휘는 이슬람적인 원리에 대립하는 부족적인 당파심이라는 뜻으로 비난의 의미를 포함하여 하디스에서 사용되었던 말이다. 이븐 할둔은 같은 아사비아라는 어휘를 사용하면서 이에 사회 집단 결합의 기본적인 유대라는 의미를 부여하고 그의 사회학의 기초적인 개념으로 하였다. 이같이 무슬림의 전통적인 사고나 용어를 사용하면서 그 생각을 이용하여 이론을 발전시키고, 오래된 어휘에 새로운 의미를 부여하여 그의 학문적인 체계를 확립한 것이 이븐 할둔의 학문방법의 현저한 특징이다.

이븐 할둔의 학문 방법의 또하나의 특징은 법칙성의 추구이다. 그는 종래의 애기식이거나 연대기적인 역사를 배제하고, 역사학의 진가는 사실(史實)의 상관관계를 추구함으로써 역사 발전의 법칙을 발견할 수 있다고 술했다. 역사가 철학의 한 분파로 열거되는 것은 그 진정한 목적이 법칙성의 발견에 있기 때문이다. 법칙성의 추구는 예리한 관찰과 고도의 추상적인 사유에 의해서 비로소 가능하게 된다. 그리스의 학술이 이슬람 학문에 미친 영향은 헤아릴 수 없을 정도로 크다. 그러나 그 최대의 공헌은 철학이나 천문학이라든가 하는 개개의 학문분야에 있는 것이 아니라 무슬림에게 대상의 객관적인 관찰과 추상적인 사유를 가르친 데 있다.

이 점에서 '역사 서설'은 이슬람 세계에 있어서의 그리스 정신의 훌륭한 결실이라고 말해야 할 것이다. 무슬림의 전통적인 분류법에 의하면 모든 학문은 '샤리아 학'과 '외래학'으로 분류된다. 전자는 법학 · 신학 · 문법학 · 역사학 등 이슬람 고유의 학문이고, 후자는 철학 · 의학 · 수학 · 천문학 등 그리스에 기원을 둔 학문들이다. '샤리아 학'이나 '외래학'은 이슬람 세계에 있어서 각각 그 오랜 전통을 자랑하지만 이븐 할둔이 '샤리아 학'의 역사학을 '외래학'의 철학에 결부시킴으로써 무슬림의 학문적 전통과 그리스의 학문적 전통 사이에 훌륭한 융합이 이루어진 것이다.

3. 칼리프제와 정치사상

움마란 이슬람 법(샤리아)에서 보이는 신의 의지를 지상에 실현키 위해 성립한 공동체이다. 이것이 성스런 공동체라고 하는 것은 그 기초인 샤리아의 성스런 성격에 유래한다. 샤리아는 신과 인간을 연결하는 유대로서 공동체에는 본질적으로 중요한 것이다.

샤리아는 인간의 정신적 측면뿐만 아니라 일상의 실제적인 생활에도 관련을 갖는다. 이렇게 샤리아는 법적 기반으로서 기능을 갖고 있는 이상 이를 강제로 집행할 정치 권력이 필요하다. 아랍이 정복 이래 정치를 하는 데는 역사적인 면에서 샤리아에 의한 통치라는 의미가 제기하게 된다. 이슬람의 정치는 구체적으로 칼리프제로서 나타난다. 이슬람의 정치론이란 칼리프론이다.

칼리프란 원래 무함마드가 죽은 후 예언자나 사도로서의 자격을 제외한 공동체의 지도자로서 그의 지위를 인계하는 자 '후계자'(칼리프)였다. 칼리프란 정치 권력을 대표하는 자로 총독이나 재판관, 군사령관의 대리자를 임명하고, 성법(샤리아)에 따라 국정을 통할하는 것이다. 따라서 칼리프의 명령에 따르고 그 권위에 복종한다는 것은 모든 무슬림의 종교적 의무로서, 어떤 방법으로 칼리프가 선출되고 어떻게 통치하는가 하는 것은 종교적으로 중요한 일이다.

칼리프 제도란 무함마드가 죽은 후 처음 생긴 것으로서 코란에서는 이와 같은 의미의 언급은 전혀 없다. 초기 이슬람 공동체는 당시 아랍적인 관행에 따라 지도자(이맘)로서 '신도의 장'으로서 가장 적당하다고 간주되는 인물을 다수의 합의를 얻어 선출했다. 물론 이 선출의 배경에는 여러 당파의 당리당략 또는 정치적 음모가 있다는 것은 부정할 수 없다.

그러나 적어도 대다수의 무슬림에게 초기의 4명의 칼리프는 우마이야 조를 비롯하여 세습제 개시 이후의 칼리프에 비한다면, 움마의 지도자로서 가장 적합한 인물을 합의에 의해 선출한다는 이상에 가까운 형태로 선출된 것으로서, 여기에는 종교적 목적의식이 당리나 당파를 지배하였다고 생각된다. 이 시대가 특히 '정통 칼리프' 시대(632~666년)라고 불리워지는 것도 이 때문이다.

정통 칼리프 시대는 정치는 다르다 하더라도, 계속되는 우마이야 조(661~750년)의 칼리프제는 우마이야 가에 독점되었다. 또한 이 정부의 '반 종교적인' 정책을 보고 많은 무슬림들은, 이제 공동체의 종교 목적이 정치적 · 세속적 목적에 종속화되었기 때문에 종교가 희생되었다고 생각했다.

우마이야 정권의 '반 종교성'이 통치자의 주관적 의도에 의한 것이 아니었다 하더라도, 이와 같은 의심을 품게 할 객관적인 사실이 있다는 것은 확실하다. 예를 들면 메카 대상인층의 유력자로서 마지막까지 무함마드의 선교에 저항한 일족이 우마이야 가였다는 것에도 불구하고, 특히 그 일족인 오스만이 제3대 칼리프에 취임한 이래 그들은 공동체 내에서 지배적 지위를 획득할 수 있었으며, 사도의 손자인 후사인 일행을 카르발라에서 살해했다는 것은 우마이야 조 2대의 칼리프 야지드의 명령이었고, 또한 비무슬림에 대한 '우대' 정책 등을 들 수 있다.

일반적인 반(反)우마이야 조 감정은 후에 아바스 조(750~1258년)의 반우마이야 선전이 꽤 영향을 끼쳤을 것이며 아라비아 반도로부터 나온 아랍 무슬림에게는, 광대한 공동체를 보다 이슬람적으로 하기 위해서 무엇보다 이슬람의 대원칙에 반대하지 않는 한 기존의 조직이나 제도 및 인재를 이용하여, 먼저 공동체 그 자체를 생존 가능케 하고 체제를 유지하는

데 최대의 관심이 쏠려져 있었다. 그리고 공동체를 이슬람적으로 하려고 하더라도 그 '이슬람적'인 구체적 개념 그 자체에 대해서는 아직 일반적 합의가 없었던 사정도 있다.

여하간에 '정통 칼리프' 시대 말기로부터 우마이야 조에 걸쳐 정치 지도자 및 체제의 정당성 문제가 처음으로 나타나게 된다. 먼저 칼리프가 부정이나 죄를 범하였을 경우, 그가 '신도의 장'으로서 전무슬림의 충성과 복종을 요구할 자격이 있는지 없는지가 문제가 된다. 만약 그렇지 못하다면 이와 같은 죄인을 지도자로서 묵인한다는 것은 공공연히 이슬람 법 샤리아를 무시하고 공동체 전체를 잘못된 길로 빠지게 하는 것이 아닌가 하는 것이다.

이에 대해 한 번 중대한 죄를 범한 자는 '신앙'을 상실한 것이며, 이와 같은 '배교자'를 지도자로서 인정할 수 없다고 하여 과격한 반정부 운동을 전개한 것이 하와리지파이다. 그들에게 있어 신(神)의 규범이 모든 것이며, 칼리프가 누구이든간에 이 규범에 비쳐 평등하게 재판받아야 한다. 칼리프라도 예외가 아니다. 다만 문제는 누가 그 규범을 어떻게 해석하는가인데, 하와리지파는 자기들만의 해석을 절대시하고 있다.

이 하와리지파의 대극적 입장을 취한 것이 시아파이다. 그들은 이 규범의 해석을 특정 인간에게 한정시키고자 하였다. 이맘(수니파에서는 칼리프)은 누구나 될 수 없으며, 사도 무함마드 및 선대의 이맘을 통하는 신이 지명하는 '오류를 범하지 않는' 인간이, 신의 규범의 올바른 해석자이며 또 정당한 지도자이다. 무슬림과 그 공동체는 이 이맘에 절대 복종함으로써 비로소 바르게 인도된다고 한다. 이맘이란 시아파에 의하면 구체적으로 무함마드의 사위 알리와 그 후예를 말하고 있으며, 알리 이전의 칼리프 및 우마이야 조의 정당성은 인정치 않는다.

이에 대해 다수파(수니파)는 '정통 칼리프' 시대 및 그후 공동체 내의 기정사실과 관행은 공동체가 주체적으로 일치하여 선택한 것이며 여기에는 결코 오류가 없었고, 따라서 인계받은 현 체제도 기본적으로는 오류가 없다고 했다. 이렇게 수니파는 공동체 내의 '합의'를 오류가 없는 이즈마로서, 여기에 신의 뜻이 있으며 칼리프제의 법적 근거를 이에서 구했다.

이렇게 수니파는 칼리프의 유자격자를 예언자 무함마드의 후예에만 한정치 않고 쿠라이시 족까지 확대했다. 이와 동시에 쿠라이시 족 출신자라고 한다면 누구든지 지도자로서 가장 적합한 자를 칼리프로서 선출할 수가 있다고 했다. 즉 하와리지파, 시아파 두 파 사이의 중도를 취한 것이다. 이렇게 이슬람과 칼리프 제도와의 불가분의 관계가 성립한 것이다.

물론 하와리지파, 시아파 이외의 다수파가 우마이야 조 체제 및 아바스 조 체제 그대로 긍정한 것은 아니다. 체제에 대한 불만은 긍정파 안에도 언제나 있었는데, 학자 가운데는 '정통 칼리프' 시대와 함께 진정한 칼리프제가 끝났으며 우마이야 조 성립과 함께 왕제가 시작하였다고 생각하는 이상주의자도 있었고, '반 종교적' 정부 아래에서 공직에 취임하는 것을 바라지 않고 체제의 비판에 뜻을 품고 이상적 이슬람 공동체의 초석이 될 샤리아의 체계화에 전념하는 재야의 학자들도 있었다.

이렇게 아직까지 분화되지 않았던 '교권(敎權)'과 '속권(俗權)'이 우마이야 조 시대부터 사실상 분화하기 시작했고, 성법상의 문제는 울라마(종교 법학자)에게, 정치적 현실 문제는 칼리프에게 각각 위임되어간다.

아바스 조 시대의 정치가 비로소 샤리아 법의 대변자 울라마와 정치 권력자 칼리프와의 협조적 관계로 성립한다. 칼리프는 더욱 성법인 샤리아의 수호자, 집행자로서 그 권력을 정당화하려 했고, 울라마는 칼리프의 정치 권력을 법적으로 시인하여 주는 것으로서 칼리프로서의 자기 임무를 칼리프에게 자각시키고자 하였던 것이다. 물론 이같은 '정(政)' '교(敎)'의 협조 관계가 성립한 것은 쌍방에 그 나름대로의 현실적 이유가 있었다.

칼리프측에서 본다면 '반 종교적'인 우마이야 조에 대치한 '종교적'인 체제로서의 태세를 취할 필요가 있었던 것과, 정치의 중심이 정복에 의해 원심적으로 밖으로 확대하고 있어 국내의 통합과 질서 유지로 옮겨, 복잡한 관료 조직이나 사무 기구를 원활히 운영하고, 우마이야 조의 아랍주의에 대신한 다민족적 공동체를 결합하기 위해서는 보편적인 법 체계가 필요하였다. 이 요청에 응한 것이 이때쯤 겨우 체계화된 이슬람 법인 샤리아로서 울라마는 그 실제적 적용에 필요한 인적 자원을 제공한 것이다.

이렇게 울라마 측은 샤리아 법 집행에 필요한, 그리고 이에 적합한 정치 권력을 확보하고 여기에다 자기들의 '정통'을 인지시키는 것을 샤리아 법에 의해서 할 수가 있었던 것이다. 여기에서 이와 같이 관대한 다민족적 신앙공동체, 즉 한 사람의 칼리프가 하나의 성법 샤리아 법에 의해 통치한다고 하는 이슬람의 고전적 정치 형태가 비로소 — 그리고 마지막으로 — 출현한 것이다. 아바스 조 5대 칼리프 하룬 라시드(재위 786~809년)의 치세는 이와 같은 시대이며 또 문화적으로나 사회적 또는 경제적으로 가장 빛나는 황금시대였다.

칼리프와 울라마가 협조적 관계에 있었다고 할지라도, 울라마는 성법의 대변자로서 현실 체제 그 자체를 인정하고 있었으면서도 언제나 그 현상을 비판하는 입장에 있었다. 칼리프라고 하더라도 원칙적으로는 성법 샤리아의 권위하에 있었고, 칼리프로 있는 한 성법은 공공연히 무시할 수 없었다. 그러면서도 샤리아 법의 실시는 칼리프 권력에 의존했고 또 카디(재판관)나 기타 임명권도 칼리프가 장악하고 있기 때문에 칼리프 권력의 전제화를 저지시키는 것은, 칼리프가 무슬림으로서의 양심과 정치가적 현실감각을 갖고 있느냐 하는 것과, 또는 정치적 · 군사적 경쟁자의 출현뿐이었다. 울라마가 할 수 있는 것은 전 무슬림의 양심의 대표로서 행동하고 칼리프의 신앙심에 호소하는 것이었다.

4. 정치이론 전개

아바스 조가 성립된 후 1세기도 경과되지 않았을 때 칼리프를 정점으로 하는 피라미드 형태의 정치체계는 실질적으로 붕괴를 시작한다. 즉 칼리프가 여러 주에 임명한 총독이나 군사령관들이, 특히 바그다드와 떨어진 원격지에 있어서는 그 지위를 세습화하기 시작하거나, 세력이 강한 각지의 여러 호족(豪族)이나 실력자가 칼리프의 임명을 기다리지 않고 무력으로 정치 권력을 탈취하게끔 된다. 모로코의 이드리스(788~985년) 조, 튀니스의 아그라브(800~909년) 조, 동방 이슬람 세계를 중심으로 한 타히르(821~873년) 조, 삿파르(879~908년) 조, 사만(875~999년) 조 등 독립 및 반독립의 여러 왕조가 이슬람 제국 각지에 출현하여 칼리프의 권위와 위령은 서서히 쇠퇴를 보이기 시작한다.

한편 칼리프 자신도 자기의 터키계 친위대를 괴뢰화하며 그 실권을 상실한다. 또한 10세기가 되면 북아프리카의 튀니스에 건국한, 시아계 이스마일파의 파티마(909~1171년) 조는 수니파 아바스 조에 공공연히 대항하여 이집트나 시리아를 지배하면서 칼리프라 칭한다. 또 같은 수니파라고 하여도 에스파냐의 우마이야 조도 아바스 조에 대항하여 칼리프로 칭하게 된다. 특히 10세기 중엽 시아계 자이드파의 부와이흐(932~1055년) 조가 바그다드에 입성(入城)한 이래, 정치 실권은 완전히 부와이흐 조 아미르(군주) 손에 넘겨져, 아바스 가의 칼리프 체제는 폐지되지 아니하였지만 칼리프의 존재는 유명무실하게 된다.

한편 멀리 동방에 있는 수니파로, 터키의 가즈나(977~1189년)와 셀주크(1037~1157년)가 나타났으며, 후자는 1055년 바그다드에 입성하여 부와이흐 조의 손으로부터 칼리프를 구출한다. 그러나 이것은 어디까지나 칼리프의 소위 '정신적' 권위의 회복이었고 실권의 회복은 아니었다. 정치 실권은 셀주크 조를 포함하여 무력을 배경으로 각지에 나타난 아미르나 술탄에 의해 장악되었다. 다만 칼리프가 실권을 상실하여 가는 데 반비례하여 그 '정신적' 권위가 보다 강조되었다.

그리고 이들 아미르나 술탄들은 분명한 무력 지배를 정당화하기 위해 칼리프의 권위를 이용하였던 것이다. 그들이 필요하였던 것은 바로 칼리프의 '정신적'(이슬람 법적) 권위, 그것뿐이었다. 이슬람 정치론이 하나의 독립한 법 이론의 문제로서 논의되게 되는 것은 이같은 칼리프제의 변질을 계기로 하여서이다.

고전적 칼리프는 이슬람의 초기 단계의 어떤 의미에서 모든 사상이 정치 사상이라고도 할 수 있다. 다수파 수니파의 이론이 법 이론으로서 체계적으로 표현되기 시작한 것은 칼리프의 권위나 실권이 가장 실추된 시기에 있어서이다. 그 대표적인 예로서 유명한 법 이론가 마와르디(974~1058년)를 들 수 있다.

칼리프의 절정기가 아니라 이같은 변질된 시기에 수니파 울라마의 정치론에 나온 것은, 먼저 이슬람 법적으로 정당화한 정치 형태, 즉 '칼리프제'만이라는 것을 증명하고 아바스 조 칼리프의 권위 — 비록 그것이 '정신적'인 것만이라고 하더라도 — 를 재확인하고 이것을 아미르나 술탄에게 인지시키는 것이라고 생각된다. 시아파에 대항하여 수니파 이슬람의 부흥을 목적으로 하는 것이 그들의 소망이었다. 이 때문에 수니 칼리프제의 정당성과 그 이상적 형태나 역사적 연속성 및 현실의 칼리프와 아미르나 술탄과의 '이상적 관계'를 법 이론적으로 설명하고 합법화하는 것이었다.

그 이상론을 보면 다음과 같다.

원래 칼리프 제도는 이성에 의한 것이 아니라 신의(神意)에 따른 절대 불가결한 것이다. 이것은 칼리프제를 공리적으로나 편의적으로 이해하려는 하와리지파나 무타질라파에 대립되는 입장이다. 칼리프제가 신의에 의한 이상 칼리프에 대한 복종은 전 무슬림의 종교적 의무이다. 물론 이것은 사도를 통하여 신이 직접 부여한 것으로 하는 시아파와는 달리 이즈마(합의)에 의한 것이다. 이것은 칼리프의 구체적 내용이라고도 할 수 있다.

칼리프의 선출은 무슬림의 선거에 의한다. 이것은 이맘(칼리프)은 '지명'에 의한다고 하는 시아파와 대립하는 점이다. '선거'라고 하여도 선거 방법, 선거인 및 피선거인의 자격에 대해서는 구체적인 규정이 있는 것은 아니다. 요컨대 움마의 정치 지도자로 적합하다고 모두가 인정하는 자를 선택한다는 것이다.

성법(샤리아)이 하나인 것과 같이 칼리프도 한 사람이어야 한다. 이것은 분명히 시아파는 논외하더라도 코르도바의 우마이야 조 칼리프의 정당성을 부정하기 위한 것이다.

칼리프의 자격 — 쿠라이시 족의 출신자, 성년 남자, 선량한 성격의 사람, 신체가 건전할 것, 성법에 통하여 있을 것, 행정능력, 무슬림 영토를 방어하기 위한 용기와 정력, 정의의 사람일 것.

칼리프의 직무 — 종교의 방어와 유지, 성법상의 다툼의 해결, '이슬람의 땅'의 방위, 악인의 처벌, 국경 수비대의 유지, 이슬람의 신앙을 거부하고 무슬림 지배를 거부하는 자에 대한 지하드(성전), 세금의 징수, 병사에 대한 급여 지급과 와크프(종교 재산)의 관리, 관리의 임명, 행정 사무의 감독.

칼리프의 폐위 — 이단적인 행위 또는 난행으로 칼리프의 자격이 상실되었을 때, 칼리프의 정신적·육체적 능력이 그 직무에 견딜 수가 없을 때, 칼리프의 자유가 상실되었을 때(예를 들면 포로로 되었을 경우).

이상이 울라마들이 그린 칼리프제의 모습인데 이것은 분명히 정통 칼리프 시대 및 아바스 조 초기 칼리프제를 모델로 한 것이라는 것을 알 수 있다.

1258년 몽골군의 침입으로 바그다드가 함락되고 아바스 조는 멸망했다. 이렇게 되어 고전적 칼리프 제도는 종식하였으며 이에 따라 이슬람 공동체는 샤리아의 집행 기관을 잃고 돛 없는 배처럼 큰 바다에 남겨지게 된다. 물론 아바스 조의 멸망이란 사태를 기다리지 않더라도 울라마 가운데 혼란된 공동체 안에서 칼리프 제도의 현실을 보고, 힘이 현실적으로 정부를 만들며 칼리프조차 만든다는 것을 솔직히 인정하는 자도 나왔다.

그들은 '60년간의 폭정은 한 시간의 내란보다는 낫다'라고 하였으며 비록 무력에 의한 정부라 하더라도 이에 의해 얻어진 공동체 내의 일정한 질서와 통일, 기타 공동생활을 영위하는 데의 일반적 이익을 위해서는 소극적이지만 그대로 용인하고자 하였다. 여기에는 이상적인 공동체의 건설에서 신앙적 표현을 보고자 하였던 공동체의 지난날의 적극적 자세는 보이지 않으며 이 점이 중세 이슬람의 시대 정신을 나타낸다.

그러나 한편에서는 정치에 대한 이같은 태도 이외에도 울라마 가운데는 여전히 정치 속에 종래와 같은 이슬람적 이념을 관철하고자 하는 경향도 있었다. 그러나 그들에게도 이미 고전적인 칼리프론은 너무나 현실에 맞지 않는다고 보았다. 그래서 그들은 새로운 칼리프론의 힌트를 시아파의 이맘 개념 속에서 이어졌던 '플라톤의 철인=왕의 이론' 속에서 찾아내었다.

그들은 시아적 '철인=왕' 이론 가운데 시아의 성격(이맘의 계통론)을 제거하여, 이를 수니 이론에 도입한 것이다. 즉 샤리아를 수행하고 정의롭게 통치하는 옳고 바른 왕이라고 하면 비록 고전 이론에 있어서 엄격히 주장되고 지켜졌던 것처럼 쿠라이시족 출신이 아니라 해도 칼리프의 자격이 있다고 하였다.

여기에 아바스 조 칼리프 멸망 전후의 정치적 현실을 그대로 시인하면서도 그 속에 이슬람적 이상을 적극적으로 찾으려는 태도가 보인다. 따라서 1258년의 아바스 조의 종말은 고전 이슬람이 끝나고 중세 이슬람이 시작되는 상징적인 사건이었으나, 실질적으로는 이 사건을 받아들이는 이론적 준비가 이미 되어 있었다는 것이다.

5. 바스라 학파와 쿠파 학파의 학문

바스라와 쿠파는 이슬람 초기에 아랍이 건설한 최대의 도시로 손꼽힌다. 도시의 건설은 아랍이 바그다드를 건설하고 후에 이것을 이슬람 제국의 중심 도시로 했다. 바스라는 제2대 칼리프 우마르가 페르시아령 공격군 사령관으로 파견하였던 사아드 빈 아비 와카스의 부하 우드바 빈 가스완이라는 장군에 의해 헤지라력 15년(서력 636~637년)에 건설되었다. 쿠파는 이보다 2년 뒤 헤지라력 17년(서력 638년)에 사아드 빈 아비 와카스가 스스로 선택한 토지에 건설되었다. 두 곳 모두 병영도시이다.

쿠파는 바스라 북쪽에 있으며 티그리스강 오른편 강가에 위치하고 고대도시 바빌론의 유적지로부터도 그리 멀지 않다. 바스라는 페르시아만 하구(河口)로부터 약 60마일을 거슬러 올라가는 곳에 있는 샤틀 아랍 강의 오른쪽 강가에 있다. 이 강의 이름은 티그리스와 유프라테스 두 강의 합류지점 알 꾸르나로부터 강 하류까지의 전체를 말하는 명칭이다. 수량은 풍부하고 세계 최대의 대추야자 생산지이다. 석유 매장량으로서도 유명한 곳이다.

이같이 바스라가 하구와 바다에 가까운 도시인 데 반해, 쿠파는 유프라테스 강가에 건설되었다고 하더라도 '아랍의 토지'인 아라비아 반도와 직접 이어진 사막을 배경으로 하고 있다. 두 도시가 같이 아라비아 반도와 유프라테스 강 사이에 건설된 것은 칼리프 우마르가 적의 공격에 대비하여 계속적 지원을 보내줄 수 있는 땅이었기 때문이라고 한다.

바스라는 페르시아만에도 수로를 갖고 있어서 페르시아만으로부터 외국선이 도래하여 여러 종류의 상품이나 문화를 가져왔기 때문에, 상업 문화 도시로서의 발전 소지가 있었다. 이와 반대로 쿠파는 아라비아 반도로 통하는 사막 도로의 현관에 위치하여서인지 주민들의 생활은 순수한 아랍적인 것이었다. 이같은 입지 조건의 차이는 두 도시 주민의 성격을 차차로 달라지게 했다.

해상통상(海上通商)으로 생활을 영위하고 있던 여러 비아랍 무슬림들은 바스라에 많이 살고 있었다. 그들 중에는 옛부터 동방 문화의 중심지였던 준디 샤프로 등의 문화를 몸에 지닌 자도 포함되고 있었다. 쿠파에도 비아랍인이 살고 있었으나 그 수에 있어서는 바스라에 비할 바가 못되었다.

한편 쿠파 쪽에는 예멘으로부터 온 아랍 출신의 주민이 그 중심을 이루고 있었으며 특히 아랍 주민 가운데 명문가로 일컬어지는 자들이 쿠파에 집중했다. 이 결과 바스라에는 아랍과 비아랍의 혼합생활이 전개되었고 반대로 쿠파에는 순수한 아랍 생활이 행하여지게 되었다. 쿠파에는 아랍 귀족을 정점으로 하는 타바카 계층사회가 생기었으나 바스라에는 이와 같은 사회계층이 거의 보이지 않았다. 두 도시의 이와 같은 일반적 차이는 정신적 문화 생활 분야에도 크게 반영되었다.

비아랍인들은 바스라와 쿠파에 그들의 지식이나 문화를 갖고 들어왔는데, 바스라에 갖고 들어온 외래적 요소는 질과 양 모두 쿠파를 압도하고 더 빨리 지적·문화적 생활을 꽃피우게 되었다. 최초로 이슬람이 다른 종교와 접촉하게 됨에 따라 호교적 입장을 취하는 종파가 등장했다. 무타질라파를 비롯하여 사변 신학파의 사상활동이 전개되었고, 그리스 문화의 요소를 받아들인다. 이븐 무카바는 아리스토텔레스의 윤리학을 번역하고 이를 종교 논쟁의 무기로 이용하였으며 이에 열중한 것이 무타질라파이다. 바스라나 쿠파도 공통적으로 아리스토텔레스로부터 '키야스'(유추)를 도입했다. 바스라의 문법학자는 키야스를 기초로 하여 문법학을 확립하기에 이른다.

압두 알라흐 이븐 아비 이스하크 알 하드라미(735년 사망)가 '키야스'를 문법 이론에 처음 응용한 인물이라고 알려지고 있다. 쿠파에서는 법학자들이 '키야스'를 이슬람 이론에 응용했다. 아부 하니파 및 그 학파는 코란에 규정이 없는 문제에 관해서는 '키야스'를 응용하여 판단을 내렸다. 이 결과 코란과 하디스에 의해 판단을 내리는 히자즈 지방의 말리크 학파와 대립하는 법학파가 생긴다.

바스라에서는 아랍 문화와 비아랍 문화, 특히 페르시아 — 그리스 문화의 중심지인 준디 샤푸르 학파의 지식, 그리스인, 시리아인, 페르시아인 여기에 아랍인의 지식이 융합되어 사상과 학문은 크게 발전을 계속한다. 이에 비해 쿠파는 준디 샤푸르와는 거리가 먼 존재였다. 여기에는 순수한 아랍적인 문물이 넘쳐흘러 아랍의 고대 시가 낭송되고 아랍 선조의 영광과 이슬람을 위한 전쟁의 시련을 시로 쓰는 경향이 성하여 많은 시인과 시가 나왔다.

또한 무함마드의 교우나 그들의 제자가 쿠파에 집중하였기 때문에 하디스 학이 성행했으며 이 때문에 구전적인 보완 주석학도 쿠파에서 꽃피었다. 그들은 코란의 '타프시르'(주석)를 구전하였는데 이것을 구전 주석학이라고 하며 최종적 정보원은 하디스와 같이 무함마드 및 그의 교우에게까지 거슬러 올라간다. 이 방법으로 '타프시르'를 쓴 자가 많아졌고 이븐 안나딤의 알 피흐리스트(목록)에도 그 학파의 이름이 기록되어 있다.

이것은 코란 주석학의 옛 방법으로 무함마드 빈 자리르 앗 타바리 때까지 계속되며 그가 그때까지 구전 주석학을 집대성하여 통칭 타바리의 타프시르(주석)를 내놓았다. 그는 전승의 경로를 조사해 해석을 비판하고 유력한 견해와 그렇지 않은 것을 법학과 언어 이론 등을 인용하여 정리하였는데, 이것이야말로 쿠파 학자들이 심혈을 기울인 구전 주석학의 결정판이라고도 할 수가 있다.

쿠파에서는 코란 독경술에 대한 관심이 높았다. 그들은 이를 연구, 비판하고 예외를 정독법과 구별하였다. 후에 이슬람 세계의 각 중심지에 쿠파의 독경술이 퍼진다.

이상 바스라와 쿠파를 입지조건과 사회 · 문화 등의 측면에서 일반적 사항에 비추어 대강 비교를 했지만 정통 제3대 칼리프 오스만 사후의 아랍 정치 정세에도 이야기할 필요가 있다.

오스만이 살해된 후 아랍 지도층은 분열하고 낙타의 싸움에서 바스라와 쿠파는 대항하며 싸웠다. 이때 칼리프 알리의 거처로 되어 있던 정치적 중심지 쿠파의 세력은 바스라 세력보다 뛰어났었으며 오스만의 살해에 대한 복수 세력이 집결하여 있었다. 이때 이후 바스라는 '오스만파'로 알려지게 되었고 반대로 쿠파는 '알리파'로 되었다.

대부분의 전승에 의하면 아랍이 코란의 언어인 아랍어에 관해 위구(危懼)를 갖기 시작한 것은 이슬람력 1세기 중엽부터이다. 아랍 대정복의 결과 이슬람에 개종한 비아랍인이나 마왈리(보호민) 등이 사용하는 아랍어에는 라흔(어법의 틀림)이 눈에 띄게 되었고 코란의 정확한 독법의 잘못이 생기기 시작하였다. 어법의 잘못이나 독경법의 틀림은 곧 비아랍인을 하인이나 신하로 다스리던 아랍인 속에도 침투하게 되니 이 현상을 아랍의 지배층이나 학자들이 주목하게 된다.

또 다른 전승에 의하면 아부 알 아스와드 앗두왈리(699년 사망)가 최초로 이 위구를 품은 인물이라 한다. 그는 아랍어나 코란이 직면한 문제를 칼리프 알리에게 상담하였을 때 알리가 그에게 '나흐으'(문법)에 관한 여러 책을 주면서 '나흐으대로 따르라'라고 명하였다고 한다. 이 때문에 '나흐으'를 문법학이라고 하였다는 전승도 있다.

또 다른 전승에 의하면 그가 우마이야 가의 이라크 총독 지아드에게 상의하였을 때 그가 어미의 모음 부호를 고안하도록 총독으로부터 명을 받았다고 전해지고 있다. 또 그는 코란의 문자점의 표기법을 종래의 것과는 다르게 어미에 '아' 모음, '이' 모음, '우' 모음으로 하여 이것이 변화함에 따라 어미에 있는 문자의 위치와 발음으로 문장에 있어서의 어휘의 성격을 나타내도록 연구했다. 이렇게 그는 코란 필사를 전하고 있는 사이에 문자점이나 모음 부호를 붙이는 것을 사람들에게 가르치고, 드디어 그의 제자 중에서 야흐야 빈 야마르 · 마문 알 아크란 · 안바사 알 피르 · 나스르 빈 아심 아라이씨 등 4명을 길러 냈다고 한다.

어휘 말의 모음을 붙이는 것을 '이에랍'이라고 부르고 있는데 이것은 어미 모음을 명확히 구별하는 것으로 코란의 정독법을 유지시키기 위해 아부 알 아스와드가 발명했다고 한다. 이외에 그가 '나흐으의 여러 장을 고안했다'라든가 칼리프 알리가 그에게 '인나와 그 자매어', '감탄', '동사문의 주어', '동사문의 목적어' 등을 가르쳤다고 하는 전승도 있다.

아부 알 아스와드 시대는 아랍이 아라비아 반도로부터 아직 외부 세계에 진출하고 있지 않았던 시대와 직접 연결된 시대이어서 이들 전문용어를 정할만할 정도의 지적 환경이 조성되어 있지 않았다고 추정되며, 이런 전승은 후세에 만들어진 것이라고 보는 것이 좋을 것이다. 그러나 이들 전승이 무엇인가 진실을 전하였다고 할 수도 있다. 후자의 견해에 의하면 아부 알 아스와드는 아랍어 문법의 기초를 확립하기 위해, 바스라에 있었던 시리아 문법학자 내지 그리스어 문법 학자의 조력을 얻을 수 있었다고 하는 것이다.

아랍어 문법에서 용어의 사용법이 그리스어 문법이나 시리아어의 그것과 유사하고 있다는 점도 이 견해에 논거를 부여하고 있다. 아랍어 문법의 기초를 확립한 전문가로서 확실히 등장하는 것은 바스라의 코란 독경사 압두 알 라 빈 아비 이스하크 알 하드라미(전술)와 그의 제자 아부 아무르 빈 알 아라이 알마지니 두 사람이다.

이븐 살람의 '시인 열전(詩人列傳)'에 의하면

"아부 아스와드와 그의 제자 이후에, 압두 알 라 빈 아비 이스하크 알 하드라미가 나왔다. 그는 최초로 문법에서 유추와 논증을 전개했다. 그와 함께 아부 아무르 빈 알 아라이가 나왔고 전자는 유추를 가장 잘 사용했으며 후자는 아랍어와 그 방언을 많이 알고 있었다."

라고 되어 있다. 이븐 아비 이스하크는 키야스를 써 여기에 맞지 않는 어법은 틀린 것으로서 배제하고 이 어법을 사용치 않는 인물은 아랍어를 알지 못하는 자로서 비판했다. 유명한 시인 알 파라즈다크의 시에 어법 위반이 있었다는 흠집을 잡은 것은 이 이븐 이스하크이다. 그의 제자 이사 빈 우마르 앗 사카피도 스승의 방법을 따랐다. 이 제자가 시인 안 나비가의 어법 위반을 지적하고 있다.

이같이 이븐 아비 이스하크는 제자들과 함께 논리로 일관된 철칙을 내세워 이에 합당치 않는 것은 어법 위반이라고 몰아붙였다. 아랍어를 사용하는 자는 이 철칙에 따라야 아랍어의 실제라든가 부족간의 상이점 · 지역차 · 방언차라는 것은 고려하지 않았다. 언어는 인간의 지적 · 논리적 법칙에 지배되어야 한다고 간주하고 그 사회적 요소를 등한시했다.

한편 아부 아무르 빈 알 아라이는 좀더 아랍어의 실체라는 것에 대해 이해를 갖고 있었다. 그는 바스라에 있는 아랍 여러 부족의 시나 혈통에 관해서는 가장 많이 알았고 코란 독경도 잘했다. 그는 아랍어 중에서 가장 잘 사용되고 있는 어법을 유추의 기초에 두었으나, 이에 반대하는 것이라도 틀렸다고는 하지 않고 특수한 방언으로 간주하여 이를 사용하는 자들도 파시히(순수 아랍어를 사용하는 자)로 간주했다. 이 점에서 아부 아무르는 엄격한 키야스 논자는 아니었다. 이븐 아비 이스하크와는 반대로 키야스는 가장 많이 사용되는 것이 아니라 100% 사용될 수 있는 것으로 의거하여야 할 것으로 예외를 인정하지 않고 틀린 것이라는 태도를 취했다.

바스라 문법 학파 형성의 다음 단계에 기여한 학자들은 이사 빈 우마르 앗 사카피 · 유누스 빈 하비브 앗 타이비 · 알 하리르 빈 아흐마드 등이다. 이 3명의 시대에 문법학의 거의 모든 기초가 이루어지고 키야스 응용의 방법, 논증법도 완성되었다고 볼 수 있다.

이사 빈 우마르(766년 사망)는 '타바카' 서에 의하면 '알 자미'와 '알 이크말'이라는 두개의 문법책을 집필한 것으로 되어 있다. 그는 이븐 아비 이스하크를 사사하고 키야스를 주로 사용하는 문법학에 따라 키야스에 의하지 않는 자는 어법 위반자로서 비판했다.

무함마드 빈 살람의 '시인 열전'에 의하면, 유누스 빈 하비브(798년 사망)의 말로서 다음과 같은 구절이 있다.

"아부 아무르 빈 알 아라이는 가장 많이 아랍을 사랑했고 거꾸로 이븐 아비 이스하크와 이사 빈 우마르는 아랍을 가장 엄격히 비판했다."

유누스 빈 하비브는 문법학을 아부 아무르 빈 알 아라이로부터 배워 스승이 가르친 키야스를 몸에 익히었다. 알 안바리는 그가 독자적인 학설 및 키야스를 전개했다고 전하고 있다.

알 하리르 빈 아흐마드(790년 사망)는 바스라 학파 중에서의 최대 문법학자이며, 오늘날까지 가장 많은 영향을 남겼던 인물로 보아도 좋을 정도로 그에 의해 문법학은 체계가 완성되었다. 이사 빈 우마르와 아부 아무르 알 아라이 양자에게 사사하여 '논리'와 '실례'에 탄력적으로 임하는 키야스 응용을 배웠다. 그는 키야스를 적대시하는 것을 좋아하지 않고, 키야스에 합치하지 않더라도 문법적 아랍어에 포함하나 예외로 하여 키야스에 적용치 않는다는 태도를 취했다.

이런 의미에서 아부 아무르 빈 알 아라이의 학풍에 가까운 것이었다. 문제나 분석에 해결을 갖다 준 최종적 권위였다고 말하고 있다. 알 하리르는 아랍 시(詩)의 운율을 발견한다든가 아랍어 최초의 사전 '아인의 서적'을 저작했고 아랍어의 모음부호를 고안하는 등 여러 가지 업적을 남기고 있다. 그러나 문법학에 관한 서책은 저작하지 않은 것 같으며 그의 제자 시바와이흐에게 구술한 것뿐이다. 이 때문에 '시바와이흐의 서적'이라고 일컬어지고 있는 아랍어 최대의 문법서가 나오는데 여기에 나오는 화제의 예문은 알 하리르가 말한 것이라고 한다.

시바와이흐의 본명은 아부 비슈르 우마르 빈 오스만 빈 캄바르(803년 사망)로 알 하리르에게 사사하여 그의 학설 모두를 계승함과 함께 유누스 빈 하비브나 아부 자이드 알 안사리, 아부 아무르 빈 알 아라이, 이븐 아비 이스하크 및 이사 빈 우마르 등 선인들의 학설에 많은 것을 기록하여 한 책으로 정리했다. 이것이 유명한 시바와이흐의 책이라고 하는 불후의 문법서로서 오늘에도 전해오고 있다. 이 책에는 바스라 문법학 초창기의 학설에 가장 잘 전해지고 있고, 이보다 후에 바스라 및 쿠파 쌍방의 학자는 이 책을 이용하여 문법서를 배웠다고 한다.

바스라 문법 학파의 황금기를 짊어진 학자들은 아부 알 하산 알아흐파쉬 알 아우사드, 아부 우마르 알 자르미, 아부 오스만 바쿠르 알마지니, 아부 알 아바스 무함마드 알 무바라드 등이다. 이들 문법 학자는 모두 이 문법책을 수정하여 더 고도한 이론을 전개하여 문법학을 사람들에게 가르쳤다. 쿠파 문법학파의 실질적 창립자라고 알려져 있는 아리 빈 함자 알 키사이나 야흐야 빈 지야드 알 풋라우도 바스라 문법 학자들을 사사하고 있다.

알 키사이(804년 사망)는 쿠파의 코란 독경사였다. 그는 스승 함자 빈 하비브 앗 자이야드로부터 독경을 배우고 바그다드에 나와 독경사가 되었다. 그후 문법에 관심을 갖게 되어 독경과 문법학의 관계에 주의하여 이

두 개를 규명했다. 이뿐만 아니라 그는 모든 코란 독경사와 문법 학자를 지배하에 놓고 그의 이름으로 그들을 각지의 통치자에게 추천하고자 하는 생각도 가졌다고 한다. 그는 바스라에 가서 알 하리르를 만나 '어디에서 문법학을 규명할 수 있는가'라고 물었을 때 알 하리르는 '히자즈, 나지드 및 다하마의 계곡 사이'라고 답하자 곧 그는 이 땅에 들어가 장기 체류하면서 순수한 아랍 시를 많이 기록 채집하였다고 '타바카'서에 전한다.

새로운 자료를 갖고 그가 바그다드에 돌아오니 이미 알 하리르는 사망하여 그후 바스라 학파의 지도자가 되었던 시바와이흐와 유명한 문법 논쟁을 하였다. 그후 시바와이흐가 바스라로부터 시라즈로 여행하니 곧 시바와이흐의 저서를 입수하여 이를 연구했다. 여기에서 약간의 원칙과 이원적 설명, 해석에 있어서 바스라 학파와 대립하는 쿠파 학파를 발족시켰다. 알 키사이의 뒤를 이은 제자인 야흐야 빈 지야드 알 파즈라우(822년 사망)는 그의 스승과 함께 쿠파 학파의 기둥이 된 인물이다.

알 키사이나 알 파즈라우도 원래는 시바와이흐의 책을 배우고 그의 문법학, 즉 바스라 학파의 문법학을 몸에 익히고 여기에 있는 키야스 방법을 그 주요한 기둥으로 하였다. 알 키사이는 "문법학은 결국 키야스에 의하여야 할 것으로서 만사에 있어서도 키야스는 유용하다."라고 전하고 있다. 이렇게 쿠파 학파는 그 문법학의 대부분을 바스라 문법학에 의거하였다고 추측된다. 그렇다고 하더라도 두 파는 장기간에 걸쳐 논쟁을 일으켰으며 그들 의견 대립에 관한 연구는 지금에도 많은 연구자에 의해 행하여지고 있다. 두 학파의 대립의 뿌리는 각각 그 성격에 뿌리를 내리고 있다고 보아도 좋다.

바스라 학파는 초창기에는 이븐 아비 이스하크로 대표하는 것처럼 철학적·논리적 성격을 갖고 있었다. 키야스를 절대시하여 이것을 일반적 판단의 기초하에 놓고 부족이나 지역에 의한 언어의 차이를 고려치 아니하였다. 이와 같은 태도는 비아랍계에게 아랍 이슬람 문화를 배우기 위한 아랍어 학습에는 좋은 것이었다. 실제로 초기 문법학은 비아랍계에 대한 아랍어의 잘못된 것을 바르게 하는 데 주안점을 두고 있었다.

바스라 학파가 쿠파 학파보다 유력한 지위를 차지하고 오늘에 이르기까지 이슬람 세계의 아랍어 문법학의 근간을 이루고 있는 것은 지역적 · 부족적 언어차를 무시하면서 가장 잘 알려지고 널리 사용되고 있는 것을 키야스의 기초로 하여 일반적인 문법 체계를 확립하였다는 점일 것이다. 이것은 이례적인 것을 일반화하고 문법학을 복잡한 것으로 하는 것을 방지하는 역할을 한다.

그러나 바스라 학파에 있어서의 키야스의 엄격한 적용은, 소위 푸사(고전 아랍어)를 말하는 소수 아랍 부족의 언어만을 중시하고 기타의 다양한 방언적 요소를 무시하는 약점도 갖고 있다. 이븐 아비 이스하크나 제자인 이사 우마르 앗 사카피 등이 아랍의 대표적 시인이었던 파하즈다크나 안나비가의 어법 위반에 대하여 비난한 것은 이같은 배경에 의한 것이었다.

바스라 문법학을 배운 알 키사이나 파즈라우는 이같은 바스라 학파의 약점을 잡고 문법학을 비판했다. 쿠파의 문법 학자는 코란의 독경술이나 주석학, 시 등 전승적 · 경험적인 연구법에 속박되어 있었다. 그래서 바스라 학파처럼 어떤 소수 아랍이 말하는 푸사만을 중시하고 다른 것을 무시해 버리는 방법을 거부하고, 비록 한 줄의 시라고 하여도 아랍이 말하고 있는 한 아랍어로서 키야스의 기초로 할 수 있다는 견해를 취했다. 대부분의 아랍이 사용치 않는 단 하나의 예증(例證)이라고 하여도 아랍이 말하였다는 것이었다고 한다면, 그것을 키야스로서 일반적 문법 원리로 간주하고자 하였다.

이것은 바스라 학파가 이같은 예를 이례적인 것으로 하여, 키야스의 대상으로 넣지 않고 따라서 일반적 기별의 기초가 될 수 없다고 하는 것과 현저한 대립을 나타내는 것이다. 쿠파 학파는 아랍이 이야기하는 것은 모두 아랍어이며 널리 사용되는 것이거나 별로 사용되지 않는 것도 총망라하려고 힘썼다. 이같이 언어의 자연 모습을 그대로 취하고자 하였다는 점에 쿠파 학파의 뛰어난 점이 있다.

그러나 쿠파 학파에도 약점이 있었다. 그것은 문법학을 기억하기 쉽게 하고 응용하는 데 용이하게 하기 위해서는 예증이 많아 학습자에게 도움이 되는 데 힘이 든다는 점이다. 두 파의 대립의 원인 되는 것은 다른 점에도 있지만 근본적인 것은 이상과 같은 두 학파가 아랍어를 어떻게 취급하는가의 차이에 있다.

두 파의 대립의 원인을 정치적 아사비아(당파심)에 있다고 하는 견해도 있다. 즉 바스라는 오스만파며 쿠파는 알리파라고 하는 것이다. 쿠파의 알 키사이는 카타르나 이라크의 사와드 지방 등에 있는 아랍어 방언의 시를 예증으로 인용하여 문법학을 필요없게 한다는 비난도 받고 있다. 이것은 바스라 측의 학자들이 쿠파 학파를 공격하기 위해 만든 선전문구라고 보는 것이 좋다. 왜냐하면 바스라 문법학은 쿠파의 그것보다도 100년 전에 확립되었고 모든 학파가 중요시하는 시바와이흐의 저서를 갖고 있다는 자부심과 같은 것이다.

여기에 쿠파 학파가 등장하고 시바와이흐의 저서에 필적하는 것을 가지지 않은 채 바스라 문법학의 비판을 시작한 때문이다. 바스라 학자들은 쿠파 학자들을 비판함에 있어 쿠파파는 실제적 기초에 의한 실증적 문법학이라는 평가를 더욱 무시하고자 하는 흔적이 보인다. 그러나 쿠파 학파는 아랍어의 발생의 자연적 환경을 존중하고 이를 연구하였으며 쿠파에서 발달하였던 전승적·경험적 방법을 사용했다는 것을 부정할 수 없다. 특히 문법학에 있어서 코란이나 아랍의 고대 시를 예증으로 잘 사용하는데, 이에 관한 전승의 학문은 바스라보다 쿠파 쪽이 더 발달하였으며 쿠파 학파에 실증적인 이미지를 심는 데 기여한다.

6. 의 학

페르시아의 준디 샤푸르 학원에서 배운 하리스 빈 가라다가 아랍 최초의 의사로 알려져 있는데 그의 의학상의 업적에 대해서는 아무것도 전하여 내려오지 않고 있다. 7세기 후반에 바스라에 살고 있었던 페르시아계 유태교도 의사 마사르자와이흐는 638년 알렉산드리아의 기독교도 의학자 아론의 책인 '의학총론'의 시리아어 역을 아랍어로 번역했다. 이 책은 현존하고 있지 않지만 아랍어로 쓰여진 최초의 의학서적이며 고대 그리스의 의학계에서 알려져 있지 않던 천연두에 관한 것을 최초로 술한 것이라고 한다. 마사르자와이흐는 번역 외에도 몇 개의 의학서를 쓴 것 같은데 이스탄불의 도서관에 사본으로 보관되고 있는 '약품의 대용' 외에는 아무것도 전하여지지 않고 있다. 우마이야 조 칼리프 우마르 Ⅱ세(재위 717~720년)는 알렉산드리아 의학을 안티오키아와 핫란에 옮겼다고 한다.

그러나 그리스의 의학을 체계적으로 아랍 세계에 소개한 최대의 공로자는 '지혜의 집'의 주임 번역관 후나인 빈 이스하크였다. 그는 갈레노스 의학서와 철학서의 대부분과 히포크라테스의 '금언(金言)', 오리바시우스의 '의학개론', 파우로스의 '칠서(七書)', 디오스고리데스의 '약물지' 등을 시리아어와 아랍어로 번역했다. 후나인 빈 이스하크는 준디 샤푸르 학원에서 교육을 받은 의학자였으며 그의 저서인 안과 전문서 '눈에 대한 10개의 논설'과 문답 형식으로 기록된 '의학에 대한 질문'은 유명하다. 이 두 책은 각각 라틴어로 번역되었다.

이같이 중세 아랍 세계에 있어서의 본격적인 연구는 그리스 의학서의 번역으로 시작하였는데 '지혜의 집'의 수립 후 불과 수십년 내에 독창적인 대의학자 라지(라제스, 865~925년)가 태어났다. 그의 학문의 폭은 대단히 넓으며 의학 · 철학 · 천문학 · 연금술의 각 분야에 걸쳐 2백 권 이상의 저서를 남기고 있고 이중 의학 관계 저서만으로도 117개에 미친다. 의학자로서의 라지는 이론과 임상과의 쌍방에 뛰어나 20권으로 된 대저 '의학집성'은 과거의 의학서가 행하였던 조사와 그 스스로의 임상적 연구를 종합한 것으로 평가되고 있다. 이 책은 1279년 라틴어로 번역되었다. 이 책은 이븐 시나의 '의학 규범'이 나타날 때까지 이슬람 세계는 물론 유럽에서도 가장 권위있는 의학서로 간주되었다.

라지의 '천연두와 홍역'에 관한 책은 단편이지만 천연두와 홍역의 증상을 의학적으로 바르게 구별한 최초의 책으로 라틴어와 그리스어로 번역되었다. 라틴어 판으로부터 유럽의 수개국으로 번역되어 1860년까지 약 40판의 증판을 거듭했다고 한다. '만수르의 서'는 '의학 집성'과 같이 독창성이 풍부한 대저가 아니라 꽤 간단한 의학 개설서였으나 이것이 라틴어로 번역되어 분량이 적당하기 때문에 중세 의학교에서는 교과서로 널리 사용했다.

라지의 의학은 그리스 의학의 전통을 바르게 계승한 것이었지만 인도 의학의 정수(精髓)도 충분히 받아들이고 있다. 칼리프 라시드 시대에 궁정 의사에 인도인 의사 만가라는 사람이 있었는데 그는 인도 의학서 여러 개를 산스크리트어로부터 중세 페르시아어로 번역하였다고 한다. 9세기의 페르시아인 의사 알리 빈 랍반 앗 타바리가 850년경에 쓴 '지혜의 낙원'은 36장으로 된 의학전서인데 이 중의 두 장은 인도 의학의 요약과 인도 약품의 기술로 할당되고 있다.

'지혜의 낙원'은 라지로부터 이븐 알 바이타르에 이르는 여러 의학자 · 약학자의 저서에 인용되어 이븐 안 나딤의 '목록서'나 인도의 의학서 '자라카 삼히다'가 중세 페르시아어를 통하여 아랍어로 번역되었고 칼리프 라시드의 재상 야흐야 빈 할리드(850년 사망)가 인도의 약초를 재배시켰다는 것이 전해지고 있다. 무슬림의 약물지에 기록된 단부르(긴마), 나르지르(야자), 가쿠라(쇼즈크), 아므라쥬(미로바랑) 등 약초의 이름은 산스크리트어 기원이다.

이집트의 유태인 의사 이스하크 알 이스라일리(850~932년경)는 파티마 조에 종사하였던 카이라완의 궁정 의사였다. 카이라완은 영토를 동쪽으로 넓혀 카이로를 수도로 삼을 때까지 파티마 조의 수도였다. 이스하크는 칼리프의 명령으로 아랍어의 의학서를 썼는데 이 중 특히 유명한 것은 '열론(熱論)' · '요론(尿論)' · '약초와 영양'이었다. 11세기 말경 이것들이

라틴어로 번역되었기 때문에 이들 저서는 유럽에 소개된 최초의 아랍 의학서였다. 특히 그의 '요론'은 유럽 의학계에 커다란 영향을 미치고 그 라틴어역은 17세기에 이를 때까지 읽혀졌다고 한다.

이스하크의 저서는 헤브루어로 번역되었고 현재 헤브루어역만이 전하여져 있는 '의사의 길잡이'는 의사된 자의 모럴을 설득한 책이다. "비록 자신은 없다 하더라도 병자에게 치유의 약속을 하는 것을 잊지 마라. 왜냐하면 그대가 그렇게 함으로써 병자의 자연 회복력을 돕기 때문이다."라든가 "가난한 자를 방문하여 치료하는 것을 잊지 마라. 왜냐하면 의술보다도 고귀한 것이 없기 때문이다." 등의 금언 여러 가지가 이 책에 수록되었다.

이스하크와 함께 이집트에서 태어나 카이라완에서 활약한 무슬림의 의사 이븐 알 잣자아르(1009년경 사망)는 이스하크의 제자였다. 그의 대표적인 저서는 내과 전문서 '여행자의 준비'인데 이 책도 라틴어로 번역되었다. 페르시아인 의사 알리 빈 알 아바스(994년 사망)는 조로아스터교로부터 개종한 무슬림이었다. 그의 대표적인 의학서에는 체계적으로 편집된 의학 백과 전서 '왕의 서'가 있고 이것은 라지의 '의학 집성'보다 체계적이고 이븐 시나의 '의학 규범'보다도 실용적이라는 평을 받고 있다.

'왕의 서'의 절반은 이론의학을 술하였고 절반은 임상상의 소견을 기록한 것이다. 혈액순환의 이론을 술하면서 분만시 태아는 자연적으로 태어나는 것이 아니라 자궁의 운동으로 밀려나오는 것이라고 술하고 있다. 그는 외과 수술에도 자신이 있었고 암에는 특효약이 없으며 암에 침범될 경우에는 절제 수술을 행하는 것이 가장 효과가 있다고 말하였다. 그러나 '왕의 서'의 가장 중요한 부분은 영양학에 대하여 술한 것으로 알리는 히포크라테스를 인용하여 병의 치유력은 자연 그 자체라고 말하고 건강유지는 병의 치료보다 중요하며 환자는 약품보다도 가능한 한 식이요법으로서 치료하여야 한다고 술하고 있다.

'왕의 서'도 라틴어로 번역되었는데 '의학 집성'이나 '의학 규범'의 권위에 압도되었기 때문에 그 훌륭한 내용에도 불구하고 유럽에서 커다란 반응을 불러일으킨 흔적은 없다.

안다르시아의 우마이야 조 하캄 Ⅱ세(재위 961~976년)의 궁정 의사로 재직하였던 아부 알 카심(1013년 사망)은 외과 의학의 대가였다. 그의 대표적 저서는 30장으로 편찬된 의학 백과전서 '다스리흐'인데 이 책의 특징은 산부인과와 안과, 이비과, 치과의 수술과 수술기구, 외상의 치유, 방광내의 결석 제거, 해부 및 생체해부 등 새로운 관념을 술한 외과 의학에 관한 부분이 있고 이 외과에 관한 부분이 '의학 필휴(必携)'라는 이름으로 라틴어로 번역되었다. 이 책은 15세기에서 18세기에 이르는 사이 의학교에서 교과서로 사용되었고 외과 의학의 가장 권위있는 기초서로서 유럽에서 존중되었다.

아랍 중세 철학계를 양분하는 동서의 두 거장 이븐 시나와 이븐 르슈드는 다함께 뛰어난 의학자였었다. 특히 이븐 시나는 이슬람 의학계의 최고 권위로 간주되고 그의 '의학 규범'은 라지의 '의학 집성'을 압도하여 이슬람 세계는 물론 16세기에 이를 때까지 유럽에 있어서 타에 비교할 수 없을만한 이름을 드날리었다.

아랍 중세기의 의학의 대요를 알기 위해 '의학 규범'의 목차를 간단히 보면 다음과 같다. 이 책은 5부로 구성되어 있고 제1부는 정의(定義), 요소, 체액, 기질, 정신, 해부학(뼈, 근육, 신경, 동맥, 정맥), 병의 원인과 그 증상, 위생학, 예방학 및 의학에 대한 일반론을 술하고 있다. 제2부는 약초를 알파벳 순으로 기술하였고 제3부는 기관의 해부학과 병을 위로부터 아래로 즉, 머리, 뇌, 신경, 눈, 귀, 코, 혀, 이, 잇몸, 목, 흉부, 폐, 신장, 식도, 위, 간장, 담낭, 비장, 장, 생식기 순으로 기술했다. 제4부는 열, 발한(發汗), 궤양, 외과, 골절, 탈구, 독물, 피부병, 화장품 등을 취급하고 제5부는 복합 약품과 치료학 등을 술하고 있다.

'의학 규범'의 최대 특징은 병리상 및 심리상의 여러 현상을 처음으로 면밀히 분석한 것인데 늑막염과 폐렴 및 간염의 증상을 바르게 구별하고 폐결핵의 전염성, 피부병, 성병, 소위 상사병, 신경계의 병, 물이나 음식물

등 토양에 의해서 매개되는 병에 대한 정확한 관찰을 행하였다는 것도 이븐 시나의 위대한 의학상의 공헌이다.

상사병에 대해서는 그 증상의 체중과 체력의 감퇴, 발열 기타 여러 가지의 만성적 질환이 있고 치료법은 남성이든, 여성이든 마음을 두고 있는 상대방과 결혼시키는 것밖에 없다고 했다. 이븐 시나는 제1차 뇌막염과 제2차 뇌막염, 중추(中樞) 기원의 안면 마비와 국부 기원의 그것을 구별한 최초의 학자이며 황달의 원인이 되는 각종 병을 완전히 기술하였고 졸중풍(卒中風)의 원인은 다혈질이라고 술하고 있다.

'의학 규범'은 12세기에 라틴어로 번역되었고 15세기 후반 밀라노에서 인쇄된 이래, 유럽에서도 가장 권위있는 의학서로 간주되어 16세기까지 각지의 의학교에서 교과서로 사용되었다. 안다르시아의 철학자 이븐 투파일은 의사를 본업으로 하여 무와히드 조의 아부 야쿠부 유세프 Ⅰ세의 궁정 의사를 역임하면서 두 권의 의학서를 썼으나 일실되었다. 그가 후임 궁정 의사로서 추천한 자가 철학이나 의학에 있어서 동방의 이븐 시나와 함께 쌍벽을 이루고 있는 이븐 르슈드이다.

이븐 르슈드의 의학상의 주저 '의학 대전'은 대부분이 의학 백과전서로 해부학 · 생리학 · 병리학 · 진단학 · 약학 · 위생학 · 치료학의 7부로 되었고 눈의 망막작용을 바르게 설명하고 천연두의 면역성을 최초로 지적한 책으로서 유명하다. 13세기에 이 책이 라틴어로 번역되었고 그후 헤브루어로도 번역되었다.

안다르시아에 있었던 주후르 가문은 대대로 유명한 학자를 배출하였는데 그 중 이븐 주후르(1162년 사망)는 무와히드 조의 창시자 압두 알무민의 궁정 의사와 재상으로 활약했다. 그의 '치료와 식이요법에 있어서의 요약'은 이븐 르슈드의 권장에 따라 쓴 것으로 헤브루어로 번역되었다가 13세기 후반에 라틴어로 중역되었다.

후나인 빈 이스하크가 디오스고리데스의 '약물지'를 번역했다는 것은 이미 기술한 바 있다. 안다르시아의 우마이야 조 압두 알 라흐만 Ⅲ세(재위 912~961년)에게 비잔틴 황제 콘스탄티누스 VII세로부터 외교상의 선물로서 디오스고리데스의 '약물지'의 삽화가 들은 호화 사본이 전달되었다. 압두 알 라흐만 III세의 궁정 의사와 재상을 겸임하였던 유태인 의사 하스다이 빈 샷푸트(990년 사망)는 이것을 아랍어로 번역하였고 후에 이븐 쥬르쥬르(994년 사망)가 개정(改訂)하여 주석을 붙였다.

아랍 세계의 약학은 의학의 진보와 함께 발전하고 '의학 규범'을 비롯한 의학서는 반드시 상당한 부분을 약초(藥草) 약품에 할애하고 있다. 아랍어로 기록된 원래의 약학 전문서는 파티마 조의 칼리프 하킴의 궁정 의사를 역임한 기독교도 마스와히흐 알 마르디니(1015년 사망)와 안다르시아의 이븐 와히드(1074년경 사망)의 저서가 있으며 다 라틴어로 번역되었다.

안다르시아의 말라가에서 태어나 약초를 찾아 안다르시아로부터 북아프리카 이집트, 시리아, 소아시아 등의 각지를 편력하고 마지막 다마스쿠스에서 사망한 이븐 알 바이다르(1248년 사망)는 '약물지'와 '약초학'의 두 저작을 내놓았는데 이것은 그리스로부터 전하여진 지식과 무슬림에 의해 발견된 새로운 모든 지식이 망라되어 있다. 그의 '약초학'은 라틴어로 번역되어 후에 유럽에서 중요시되었다.

시리아인 이븐 아비 우사이비아(1203~1269년)는 원래 안과 전문이었고 이슬람 의학사 연구의 귀중한 자료 '의학 열전'의 저자로서도 이름이 알려져 있는데 이븐 알 바이다르로부터 약초학을 배우고 그 '약초학'은 이 분야에 있었던 아랍 무슬림들의 지식의 집대성이라고도 말할 수 있는 책이다. 이 책의 라틴어는 널리 유럽에서 이용되었다.

우마이야 조의 칼리프 왈리드 I세(재위 705~715년)는 나병 환자를 격리하여 치료하였다고 한다. 이것이 이슬람 시대에 들어와 설치된 최초의 병원인 것 같은데 그 상세한 것은 전하여지지 않는다. 아바스 조의 칼리프 라시드는 780년 바그다드에 아두드 병원을 건설하였고 부와이흐 조의 앗다울라(재위 949~983년)는 스스로의 이름을 딴 머두디 병원을 바그다드에 건립했다. 이 병원은 978년에 착공하여 다음해 완성되었는데 24명의 의사를 두고 있었으며 아두드 앗다울라는 이 병원의 기금으로서 10만 디나르를 제공하였다고 한다.

잔기 조의 누우르 앗딘(재위 1146~1173년)은 다마스쿠스에 누리 병원을 세우고 아위브 조의 살라흐 앗딘(재위 1169~1193년)은 예루살렘과 카이로에 병원을 건설했으며 맘루크 조의 가라운 알 만수르(재위 1276~1290년)도 카이로에 만수르 병원을 세웠다. 이외에 메카, 메디나, 핫란 등의 도시에도 병원이 있었고 안다르시아에도 코르도바, 그라나다, 세빌랴 등에 병원이 있었다.

이와 같은 아랍 무슬림 병원은 아마 최초에는 준디 샤푸르 학원의 부속 병원의 시범을 따라 세워졌을 것이며 병원을 외래와 병동으로 나누고 의사를 각 분야별로 시험을 보아 면허를 주고 병원에 약국을 설치한 것은 아랍 — 무슬림들이 시작한 새로운 조직이라고 한다. 병원의 관리와 재정에는 특별한 배려를 하여 많은 병원에는 '와크프'라고 칭하는 기부의 재산을 관리하는 재단이 설치되어 이로부터의 수입이 경비로 충당되었다.

이븐 아비 우사이비아의 '의학자 열전'에는 다마스쿠스의 누리 병원의 원장 아부 알 하킴의 병원장으로서의 생활을 기록한 문구가 있는데 이를 간단히 소개하여 보자. 아부 알 하킴은 입원 환자를 회진하는데 여기에는 담당 의사와 조수가 뒤따르고 그가 적어놓은 환자의 약과 식이요법에 대한 지식은 곧 실행에 옮겨졌다. 회진을 끝마친 후 다마스쿠스의 성내로 유력자나 관리들의 병을 치료하고 돌아와 강의실에 앉아 강의 준비를 하는 것이다. 곧 수십명의 의사와 학생들이 앉으며 그는 학생들에게 강의를 한 후 의학상의 화제와 흥미있는 증상에 대해 의사들과 토론했다.

외래 환자는 강의실과는 다른 큰방에서 진찰을 받으며 병원의 치료를 필요치 않는 자에게는 약국에서 준 처방으로 약을 복용케 했다. 병원에서의 치료를 필요로 하는 자는 등록되어 그 순서에 따라 입원했다. 입원 환자는 먼저 목욕을 하고 그가 입었던 옷은 회수되어 병원에서 준비된 환자복으로 갈아입는다. 모든 커다란 병원에는 자격을 갖춘 등록된 약제사가 관리하는 약국과 의학교와 도서관이 부설되어 있었다.

7. 천문학

중세 아랍에서도 천문학은 존중되었다. 예배의 시각을 알거나 단식월(라마단)의 시작을 알기 위해서뿐만 아니라 그리스의 학문이 존중되었기 때문에 이러한 분위기 속에서 천문학자들은 우대를 받았고, 칼리프의 궁전 내에는 점성술사들이 있었다. 이 점성술사들은 천문학을 공부하면서 직업으로서 점성술을 하였다. 지금으로 얘기한다면 점성술사는 자문 역할을 한 것이다. 아바스 조가 바그다드에 도읍을 구축할 때도 점성술사가 예비 측량 등을 하였다고 한다.

점성술사로서 알려져 있는 이들의 저술, 아랍의 점성술에 관한 책들이 12세기 이후 라틴어로 번역되었다. 이것은 과학사라기보다는 오히려 인류문화학의 연구 과제일 것이다. 아바스 조의 제2대 칼리프 알 만수르 시대에 점성술사로서 고용되었던 안 나후바후드는 수도 바그다드 건설을 위한 예비적 측량을 행하였던 천문학자이기도 한데 그는 '지배자의 서'라는 책을 썼다고 한다. 그의 아들 이븐 나후바후드도 천문학자였으며 페르시아어로부터 아랍어로 점성술에 대한 번역을 했다. 마샤라흐(815년 사망)는 안 나후바후드와 함께 알 만수르 아래에서 일하였던 천문학자 또는 점성술사였으며 이 방면의 초기학자의 한 사람이다.

이브라힘 알 파자리는 천문학자라고 불러도 좋은 사람으로 처음으로 천문을 관측하고 관측 기구를 만들었다고 하며 점성술에 관한 시도 썼다. 이처럼 초기 천문학자들은 다소가 점성술에 관계하고 있었다. 아바스 조 제2대 칼리프 만수르는 772년 페르시아인 천문학자 무함마드 알 파자에게 인도의 천문학서 '싯단타'를 아랍어로 번역할 것을 명했다. 이브라힘 파자리는 그의 아버지이다.

아마도 파자리 일가는 준디 샤푸르 학원의 천문학 전통을 계승하였고 무함마드가 '싯단타'를 아랍어로 번역한 것은 산스크리트어의 원전에서가 아니라 중세 페르시아어로 번역되었던 것으로부터의 중역이었을 것이다. 아랍 — 이슬람의 천문학도 그리스 천문학의 유산을 계승함으로써 크게 발달하는데 그 발단은 의학과 같이 준디 샤푸르 학원의 업적을 받아들임으로써 시작한 것 같다.

만수르는 또 핫란에 있는 하자쥬 빈 유수프(833년 사망)에게 프톨레마이오스의 '천문학 집대성'을 아랍어로 번역할 것을 명하였다. 이것도 그리스어 원전으로부터 직접 번역이 아니라 이미 시리아어로부터 번역되었던 중역이다. 830년에 이르러 겨우 완성하여 그때의 칼리프 마문에게 증정되었다. 그 표제를 아랍어로 '키타브 알 마지수티'라고 하였으며 이 책도 라틴어로 번역되었다. 하자쥬는 칼리프 라시드 때에 유클리드의 '기하학 원본'의 일부를 번역하고 칼리프 마문 시대에 이를 개정하였다.

다음 '지혜의 집'(바이툴 히크마)의 주임 번역관 후나인 빈 이스하크의 아들 이스하크 빈 후나인이 '기하학 원본'의 다른 일부를 번역했으며 핫란에서 추방되어 바그다드로 이주하여 온 사비트 빈 쿠라(835~901년)가 이 책을 교정하였다. 이것도 라틴어로 번역되었다. 이보다 앞서 히랄 알 힘시(883년 사망)는 아폴로니오스의 '원추곡선론(전8권)'의 최초 4권을 번역하였는데 사비트 빈 쿠란은 제5권으로부터 제7권까지 번역했다. '원추곡선론'의 제1권으로 부터 제4권까지의 그리스어 원전은 현존하지만 제5권부터 제7권까지는 아랍어 역이 전하여질 뿐이며 제8권은 원전도 번역도 존재하지 않는다. 비록 산일(散逸)하여 없어졌을 그리스 고전을 비록 번역이라고 하더라도 우리에게 전하여 준 것은 이슬람 과학의 커다란 공헌의 하나이다.

아바스 조 제7대 마문이 바그다드에 '지혜의 집'과 천문대를 건설했는데 이 천문대야말로 이슬람 아랍 천문학의 요람지가 되었다. 바그다드 천문대에서는 아랍 세계 최초의 천문표 작성자로서 유명한 야흐야 빈 아비 만수르(831년경 사망)의 지도하에 조직적으로 천체를 관측하였으며 그 결과 황도의 경사, 세차 운동, 태양년의 길이 등 프톨레마이오스에 의해 기록된 기본적인 천문학상의 지식을 재확인하는 것이었다.

바그다드 천문대에 이어 마문은 다마스쿠스 교외의 가순 언덕에도 천문대를 설치하고 자오선의 호(弧), 즉 위도 1°에 해당되는 자오선의 길이를 측정시켰는데 이때 얻은 수치는 대단히 정확하였다고 한다. 당시 아랍 학자들의 측량 기술은 정확할 뿐만 아니라 그들이 꽤 고도한 수학에도 능통하였다는 것을 나타내고 있다. 이때 측정에 참가한 학자의 한 사람인 알리 빈 이사는 아스트롤라베의 제작자로 그는 아스트롤라베에 관한 아랍어의 가장 오래된 문헌을 남기고 있다.

아랍어로 기록된 최초의 천문학서는 파르가니(861년 사망)의 '천문학 집성'이다. 이 책도 라틴어로 번역되고 그후에 헤브루어로도 번역되었다. 기하학 원본의 교정자 사비트 빈 쿠란은 천문학에도 능하고 분점의 이동을 설명하기 위해 제 9번째의 천체를 상정하고 분점이 정점을 돌고 진동한다고 하는 토레피다지오의 설을 주장했으나 이 가설은 후에 완전히 부정되었다. 대수학(代數學)의 아버지 푸와리즘도 천문학에 관심을 가졌으며 그의 천문학적 업적으로서는 후에 안다르시아의 마스라마 알 마쥬리드(1007년 사망)에 의해 개정된 '천문표'가 유명하다.

그런데 이 '천문표'는 푸와리즘의 창작적인 일이 아니었고 기술한 인도의 천문학서 '싯단타'의 아랍어역에 의거하였는데 그리스 및 아랍의 천문학의 성과를 요약한 편리한 서문이 붙여져 있으며 12세기 초순 라틴어로 번역되었다. 그 사본은 런던의 대영 박물관에 보관되어 있다.

핫란에서 877년부터 918년까지 랏카의 천문대에서 관측을 하였던 알 바타니(858~929년)는 이슬람 아랍 세계에 있어서 가장 위대한 천문학자였다. 그의 저작 '사비아 천문표'는 헤지라력 267년(서력 880년 8월 12일부터 881년 7월 31일) 1년간의 항성 일람표를 포함하는 천문표와 그의 천체 관측 결과를 기록하는 것이었다. 그는 이 중에서 태양의 근지점 황경(近地點黃經)이 프톨레마이오스의 시대 이래 16도 47분 증가하였다는 것을 발견하고 그 근거점 이동을 확인하였다.

바타니는 많은 천문 정수(定數)를 계정하였는데 그 중에서도 세차가 1년에 54.5초라는 것이나 황도 경사치(黃道傾斜値)가 23도 35분이라는 것을 술하였다. 그는 또 달의 교점(交點)을 결정하는 지구궤도의 불안정한 움직임을 발견하였다. 877년 이래 관측을 행하여 880년에 천문표를 작성했는데 황도경사치, 회귀년(回歸年)의 길이 등을 깊이 측정한 것이다. 이것들의 여러 발견은 아랍 천문학의 정점을 이룩한다. 그는 삼각법을 사용했으며 구변 삼각법의 중요한 기본 관계를 밝히었다. 그의 저서는 라틴어로 번역되고 라틴 세계에서 16세기까지 그 권위를 잃지 않았다.

885년부터 938년 사이 이븐 아무쥬르는 아들 알리와 함께 많은 관측을 행하였는데 그 결과가 극히 정확하여 후에 이븐 유누스가 이를 많이 이용했다. 압두 알 라흐만 앗수우피(903~986년)는 '도설항성표(圖說恒星表)'를 썼으며 여기에는 프톨레마이오스의 성표(星表)에 나오지 않은 것을 열거하고 또 프톨레마이오스의 잘못을 고친 것도 적지 않다. 이 '도설항성표'는 후에 술한 '대(大)하킴 천문표' 및 '울루그베크 천문표'와 아울러 무슬림 관측 천문학의 3대 업적으로 헤아려진다.

파티마 조의 칼리프 하킴(재위 966~1020년)은 바그다드의 '지혜의 집'(바이툴 히크마)에 대항하여 카이로에 '지혜의 집'을 건설하여 학자를 보호하였는데 '지혜의 집'에서 활약한 학자가 이븐 유누스와 이븐 알 하이삼이었다. 이븐 유누스는 1007년에 천문표를 쓰고 그의 보호자였던 칼리프 하킴의 이름을 따 '대하킴 천문표'라고 이름지었다. 이것은 종래의 천문 정수(定數)를 정정한 곳이 여러 군데 있으며 예를 들면 황도경사치를 23도 35분, 태양의 근지점 황경을 86도 10분 세차를 매년 51.2초로 하였다. 그는 또한 기둥을 세워 위도를 측정할 경우 그림자는 태양의 중심으로부터가 아니라 상단으로부터 비치는 것이기 때문에 15초 이내의 오차가 생긴다는 것을 깨닫고 극히 정확한 위도의 측정에 성공하였다.

그는 경도의 측정에 관해서도 새로운 방법을 고안했다. 경도를 측정하기 위해서는 두 개 이상의 지점의 현지 시간을 동시에 알아야 하는데 라디오나 무선 신호가 없었던 시대였기 때문에 월식이 시작한 순간을 각지의 현지 시간을 기록하게 하여 이것으로 각각 지점의 경도를 결정한 것이다. 이븐 알 하이삼은 광학(光學)으로 유명한데 그는 기둥의 고도를 정확히 결정키 위해 항성을 이용하는 방법을 취하고 위도의 측정에 대해서도 중요한 공헌을 했다.

안다르시아의 자르가리(1029~1087년)는 실제적인 관측에도 뛰어나 태양의 원지점운동(遠地點運動)을 1년에 대해 12.04초(실제는 11.8초)로 측정하였다. 그는 많은 학자의 협력을 얻어 '톨레도 천문표'라고 불리우는 새로운 천문표를 작성하였는데 이것도 라틴어로 번역되었다. 지중해의 길이는 프톨레마이오스에 의해 62도로 극히 과대하여 상정되었는데 푸와리즘은 이것을 52도로 축소하였는데 이것은 실제에 가까운 42도라는 수치로 한 것은 아마 자르가리 자신인 것 같다.

철학자 이븐 투파이르의 제자 비투르지(1240년경 사망)는 안다르시아 최후의 천문학자였다. 수학자 자비르 빈 아흐라흐와 함께 반프톨레마이오스 파에 속하고 실제적인 관측은 거의 관측하지 않았으며 아리스토텔레스에 의거한 관념적인 우주론을 전개했다. 그의 주저 '천문학서'도 13세기 초, 라틴어로 번역되었다. 이로써 중세 아랍 세계의 중요한 천문학서는 모두 라틴어로 번역되었고 이들 천문학자의 업적을 바르게 계승함으로써 유럽 근대 천문학의 전망이 열렸다.

'르바이야트'(4행시)의 시인 우마르 하이얌(1040~1123년)도 역시 뛰어난 수학자인 동시에 천문학자였으며 셀주크 조의 술탄 자라르 앗딘(재위 1077~1092년)의 보호를 받아 현재 테헤란에 가까운 레이 천문대에서 가까운 역세(曆歲)의 개정을 행하였다. 이 새로운 역은 1079년에 완성되어 보호자의 이름을 따 자라르력이라고 불리워졌는데 극히 진보된 달력으로 그레고리오력으로는 3330년에 1일의 오차가 생기는 데 대해 약 5000년에 1일의 오차가 생기는 데 지나지 않는다.

'일 한국(汗國)'의 훌라그(재위 1258~1265년)는 수도 타브리즈에 가까운 말라가에 천문대를 건설하였으며 낫시르 앗딘 앗누시(1247년 사망)를 지도자로 하는 학자들이 이곳에서 완성한 것이 '일한 천문표'이다. 낫시르 앗딘은 '천문학 요람'이라는 저서를 갖고 있으며 그는 이 저서에서 프톨레마이오스를 비판하여 '지구 중심설의 포기에 길을 열었다'라고 명하고 있는데 이 책이 라틴어로 번역된 흔적은 없다.

티무르의 손자 울루그베크(1393~1449년)는 마와라 안 나푸르의 태수를 역임하였던 1420년 사마르칸트에 천문대를 건설하였다. 이 천문대는 당시에 세계 최고의 설비를 갖고 그 사분의(四分儀)의 직경은 이스탄불의 커다란 모스크의 돔의 높이와 같다고 전해져 있다. 사마르칸트의 최대 업적은 '울루그베크 천문표'인데 이것은 15세기 무슬림 천문학 지식의 집대성과 함께 기원전 2세기의 히파르코스 이래의 전혀 새로운 관측 결과에 따른 혁명적인 천문표였다.

사마르칸트의 천문대 초대 대장으로 선출된 이븐 마수드 알카시는 1427년경 울루그베크를 위해 '계산의 열쇠' 및 '열쇠의 발취'라는 천문학 서적을 내놓았다.

8. 수 학

간단한 계산은 이슬람 시대 이전의 아랍도 알고 있었으며, 특히 상업으로 뜻을 세웠던 쿠라이시 부족이 계산에 능한 것은 당연한 얘기다. 이슬람 시대에 들어서도 전리품의 분배, 군인에 대한 봉급의 지불, 조세의 징수, 유산의 분배 등은 무엇 하나라도 산술의 지식 없이는 이루어지는 것이 없었다. 그런데 중세 아랍 세계의 산술이 급속도로 진보한 것은 영(零)을 포함하는 아라비아 숫자가 사용되게 되면서부터이다. 이미 준디 샤푸르 학원에서는 수학을 천문학의 기초 학과로서 연구 교수시키었다.

준디 샤푸르 학원의 수학 레벨이 어느 정도 달하고 있었는지는 불분명하지만, 인도 기원의 아라비아 숫자와 영(零)의 관념도 이 학원을 걸쳐 이슬람 세계에 전하여졌을 것이다. 대수학의 아버지 푸와리즘은 처음으로 영을 사용한 무슬림 수학자였었고, 바수의 아데라드가 푸와리즘의 '집합과 분할의 서'라고 하는 논문을 '인도 숫자에 대한 푸와리즘의 서'라는 제목으로 라틴어로 번역된 것이 아라비아 숫자가 유럽에 소개된 최초의 것이었다.

푸와리즘도 산술의 대가였으나 그후 이슬람 아랍 세계에서는 지리학자 비루니, 철학자로 의학자인 이븐 시나, 가르히(1019년 또는 1029년 사망), 아부 사이드(1024년경 사망) 등이 고도의 산술을 발전시켰다. 이들 아랍 수학자의 계산 기술이 얼마큼 진보하였다는 것은 예를 들면, 비루니가 $16^{16}-1$의 답을 정확히 낸 것으로부터도 엿볼 수 있다. 산술에서 특히 새롭게 개척한 분야라고 할 수 있는 것은 없지만, 그들은 고도의 계산기술을 자랑한 외에 완전수, 등가수, 우애수(友愛數), 삼각수, 마방진(魔方陣)등에 흥미를 가졌다.

완전수는 유클리드에 의해서도 취급되지만 그 약수의 화(和)와 같은 수를 말한다. 말하자면 6의 약수는 1, 2, 3으로 이것의 화도 6이다. 6 다음은 28, 그 다음은 496이 완전수로 현재로는 10번째의 완전수까지 알려지고 있다. 등가수라고 하는 것은 약수의 화와 같은 한쪽의 수로, 예를 들면 39와 55는 각각 그 약수의 화가 다 17이기 때문에 등가수가 된다. 우애수라고 하는 것은 각각 상대의 약수의 화와 같은 한쪽의 수로 최초로 알려진 수는 220과 284이다. 삼각수란 순차로 2, 3, 4, 5를 가하여 행한 것이 다음 수치가 되는 정수(整數) 계열 1, 3, 6, 10, 15…… 등이다. 비슷하게 사각수, 오각수라고 하는 계열도 만들어졌다.

이렇게 하여 아랍인들은 숫자의 신비를 크게 즐겼다. 숫자의 신비라고 말한다면 마방진(魔方陣)은 글자 그대로 마술적 색채가 농후하지만, 이븐 시나 등 철학자가 산술에 관심을 표시한 것은 이것이 이론적 사고의 훈련에 소용될 것으로 생각했기 때문이다.

대수학을 전혀 아랍 수학자들의 독창이라고 생각하는 것은 잘못인데, 그리스인을 포함한 고대의 수학자들이 수를 양적으로 생각한 데 대해, 푸와리즘은 수를 순수의 관계적이란 것으로 생각하였을 때 진정한 의미에서의 대수학이 탄생하였다.

9. 연금술(錬金術)

오늘날 우리가 연금술이라 부르는 것을 서양에서는 알케미라고 하는데 그 어원은 아랍어의 알키미아에서 나온 것이다. 그러나 아랍이 그 발상지라고 할 수도 없다. 그리스어의 케미아가 아랍어에서 키미아로 되고 이것에 관사 알이 붙은 것으로 보여진다. 이것은 아랍에서 발생한 것이 아니라 밖으로부터 유래되었다는 것을 말하고 있다. 동시에 그리스어로부터 직접 서구에 전해진 것이 아니라 아랍을 중계로 하였다는 것을 나타내고 있다. 그리스라고 하여도 그 발상지는 그리스 본토가 아니라 이집트 알렉산드리아 근처라고 한다. 케미아라는 어휘는 4세기경부터 나타나고 있다.

아랍의 전설에 의하여 우마이야 조 왕자 할리드는 의학 · 천문학 · 연금술에 관한 서적을 처음으로 아랍어로 번역시켰으며, 그는 특히 연금술에 흥미를 갖고 기독교도의 수도사인 연금술사였던 마리아 노스를 알렉산드리아로부터 다마스쿠스에 초청하여, 그에게 사사하여 연금술을 배웠다고 전하여진다. 여하간에 아랍 연금술의 주된 원천의 하나가 이집트, 특히 알렉산드리아였다는 것은 의심할 바가 없다.

아랍 최초의 연금술의 기초를 닦은 사람으로 지목되고 있는 자비르 빈 하이안(722~815년)은 안개에 싸여진 신비적인 인물이나, 그가 아랍의 한 부족 출신이라고 하는 전승이나 또는, 북부 메소포타미아의 핫란 출신이라고 하는 설도 있다. 라틴 세계에서는 그가 게베르로서 알려져 있는데, 그의 저서로 알려진 것은 '왕국의 서', '저울의 서', '자비의 서', '농화(濃化)별 서', '동방 수은의 서' 등이 있는데 라틴어의 번역본은 12세기부터 13세기에 걸쳐 만들어진 것으로 자비르 이외의 것도 대부분 포함하고 있는 것 같다.

그의 이름을 딴 여러 개의 아랍어와 라틴어의 연금술서가 전하여져 있지만, 이것들이 한 사람의 저자의 손으로 된 것이 아니라 다수의 저자가 오랜 기간에 걸쳐 쓴 것으로, 그 사이에 꽤 진척된 흔적이 보여지는데 아랍어로 기록된 서책에 관한 한 이것이 현재와 같은 형태를 취한 것은 10세기 중반경으로 추정되고 있다.

아랍의 연금술은 불로장생의 약을 만드는 것을 주요 목적으로 한 중국의 연금술과, 비금속을 귀금속으로 바꾸는 것을 목표로 하고 있는 알렉산드리아 연금술과의 쌍방에 영향이 보여지며 현재의 화학 또는 응용 화학의 면을 갖추고 있다고 할 것이다.

자비르에 다음가는 연금술사는 위대한 의사 라지이다. 아부 바크르 무함마드 이븐 자카리아 라지(865~925년)는 서구에서 라제스라고 알려져 있는 의학자인데 또한, 타고난 화학자였다. 그는 실험 정신이 풍부하여 스스로 고안한 증류기를 비롯하여 플라스크, 시험관, 필터, 비커 등 실험 기구와 실험 방법을 구사함과 함께 가설을 세우는 것도 잘 인식하였다. 그는 증류·용해·승화·결정화·건류(乾溜)·여과 등의 화학적 조작과 초·붕산·진사(辰砂)·나트륨 등의 약품을 알고 있었다.

실험을 중요시한 라지와, 소위 자비르의 과학적 태도에는 공통적인 것이 있다. 소위 자비르의 연금술서라고 읽혀지는 책들에도 실제적인 기술상의 면에서 증발·증류·용해·결정화·여과 등 극히 진보한 방법을 술하고 있으며 진사·아비산 등 이외의 순수에 가까운 유산·명반(明礬)·알칼리·염화암모늄·초석 등을 만드는 방법을 기록하고 있고 왕수(王水)

를 만드는 방법과 그 속에 금이나 은이 용해되는 것을 알았다.

아랍의 연금술은 적어도 14~15세기까지 계속되는데 기술적인 면으로서의 그들의 지식은 10세기 중반경의 소위 자비르의 그것을 초월할 수가 없었으며, 연금술의 무대는 13세기 이후 서구로 옮겨졌다. 서구의 연금술에 커다란 영향을 준 서적으로서는 자비르의 '연금술의 구성'과 라지의 '명반과 염에 대하여', 이븐 시나의 '치유의 서' 중의 연금술에 관한 부분이다.

서구에 전달된 연금술의 술어 중 현재까지 전하여 내려오는 아랍어 연금술 용어는 다음과 같은 것이 있다.

alcohol(알코올) 〈al-kuhl〉 (눈꺼풀에 칠하는 검은 분말)
alembic(알렘빅, 증류기의 상부) 〈al-inbiq〉
aludel(알루델, 증류기의 하부) 〈al-uthāl〉 (원뜻은 분)
alkali(알칼리) 〈al-qali〉 (식물의 재)
antimony(안티모니) 〈al-ithmid〉
realgar(리앨거 : 계관석) 〈rahj al-ghār〉 (동굴의 분말)
tutia(투티아 : 산화아연) 〈tūtiyā〉

10. 박물학

아랍에서는 하나의 과학으로서의 박물학은 성립되지 않았다. 따라서 식물학자 · 동물학자 또는 광물학자라고 할 전문가는 없었다. 그러나 식물이나 동물이나 광물에 관한 서적은 있다. 문법학자나 언어학자 또는 백과 사전적 학자의 저작 가운데 동물 · 식물에 관한 것이 있으며 또, 보석에 특별히 애착이 있었던 것 같아 '보석론' 등의 저서가 있다. 이것은 연금술에도 관련이 있지만 박물학의 대상도 된다. 약물은 주로 식물성의 것이 사용되었기 때문에 약초서(藥草書)는 응용 식물학으로도 간주되고, 실제로 식물학자라고 하여야 할 정도로 식물에 조예가 깊었던 약물학자도 있다.

아랍어로 쓰여진 돌에 관한 책으로 현존하는 가장 오래된 것은 9세기의 우다리드 이븐 무함마드의 '돌과 보석의 책'이라는 것이 있다. 11세기의 알 비루니라고 하는 학자의 저서에도 '보석론'이 있으며 그는 특히, 돌의 비중을 측정하는 것을 물리의 조항에서 술하였다.

13세기의 알 가쥬이니는 페르시아의 백과 사전적 학자로 아랍어로 두 종류의 백과 사전을 썼다. 어느 것도 다 유명하여 하나는 통상 '우주지'라고 읽혀지며 또 하나는 '지리학'이다. '우주지'라고 불리어지는 것은 살아 있는 것의 '불가사의와 투기성'이라는 제목을 가진 저술로 항성·혹성 기타 천체·여기에 연대학표·동물·식물·광물·인간 등에 관한 것이 쓰여져 있다.

그와 동시대의 사람으로 앗 데파시는 이집트 사람으로 광물학자라 불리어도 좋은 사람이었다. 그는 1242년경 '보석의 사상의 꽃'이라는 책을 썼다. 서론 1장과, 하나하나의 돌을 취하여 분석한 총24개의 장으로 되었는데 돌의 산지, 성질, 특성, 응용, 상품 가치 등을 극히 자세하게 쓴 보석론의 서책이다.

바이라크 알 가바자키도 카이로에서 활약한 광물학자로 1282~1283년경 '돌의 지식에 관한 상인의 보배'라는 책을 써 맘루크 군주 알 만수르 Ⅱ세에게 바쳤다. 이것은 전술한 앗 데파시의 것을 많이 이용하고 있는데 선원들이 사용하는 물에 뜨는 나침반을 기술하고 있는 것이 흥미롭다. 그는 이것을 1242~1243년경 지중해에서 보았다고 한다.

식물에 관해서도 사정은 마찬가지이며 적어도 초기에는 식물학자라고 불리어질 사람은 없었기 때문에 역사가나 백과 전서 학자들이 쓴 서책으로부터 식물 관계를 찾아내 중세 아랍의 식물에 관한 지식이나 상태를 알아볼 수 있다.

9세기경 페르시아의 역사가이며 사전 학자인 앗 디나왈리는 아랍어로 '식물의 서'를 쓰고 있다. 주로 언어학적인 것이지만 식물학의 자료이다.

11세기의 서방 이슬람 지역 세빌랴의 문법학자 아부 우마르 이븐 핫자지는 1703~1704년경 '완전한 것'이라는 제목으로 농업에 관한 것을 썼다. 12세기 말경 세빌랴에서 활약하였던 이븐 알 왐은 '농업의 서'를 썼는데 그는 이 책에서 아부 우마르의 것을 많이 인용하고 있다. 이 책에서는 총 588종의 재배 식물이 기재되었는데, 이 중에는 55종의 과수가 포함되고 있다. 이 책은 아랍어로 쓰여진 가장 좋은 식물서의 하나이다.

알 가피키(1165년 사망)는 '약초지'를 썼다. 그는 식물에 관해서는 잘 썼는데 이로써 독창적인 식물학자로서 이름을 날리고 있다. 그의 책은 완전한 형태로서 남아 있지는 않으나, 후에 이븐 알 바이다르 등의 덕택으로 부분적으로 남아 있다.

이븐 앗 수리(1177~1242년경)는 시리아의 수리 출신이다. 철학자이자 의학자였던 압두 알 라티프로부터 의학을 수학했고, 예루살렘 병원에서 근무했으며 또 다마스쿠스의 지배자 알 무와잠에게 봉사하였고, 그가 죽은 후 후계자 안 나시르를 섬겨 궁정 의사의 제일 높은 지위까지 이르렀다. 그는 시리아의 각지를 돌면서 식물을 살피고 알 무와잠을 위해 '약초서'를 썼다. 이 사람도 아랍의 식물학자라고 할 사람이다.

아부 알 아바스 안 나바디(1165~1240년경)는 세빌랴 사람으로 각지에 여행하면서 '여행기'를 썼고, 그 사이에 여행중인 여러 지방의 식물에 관한 것을 기술하고 있는데, 그는 단지 약용이라는 입장이 아니라 자신의 흥미를 위해 연구하고 있었다. 그의 제자로 이븐 알 바이다르가 나왔다.

이븐 알 바이다르는 말라카의 사람으로 많은 여행을 했고 1248년 다마스쿠스에서 사망했다. 그는 '약초집서(藥草集書)'를 써 이 책을 다마스쿠스의 지배자 앗 살리흐에게 바쳤다. 여기에는 1천4백 종이 넘는 약물이 분야별로 기술되어 있다. 그는 또 다른 책 '약초에 관한 충분한 서'라는 것을 썼다. 그는 아랍 최대의 식물학자 또는 약물학자로 일컬어지고 있다. 이 시대까지는 아직 서양에 대한 영향은 보이지 않는다.

알 자히즈(868~869년 사망)는 안나자(845년 사망)로부터 수학한 신학자인데 '동물의 서'라고 하는 저술이 있다. 신학적 또는 민속적인 것이 많다. 말[馬]에 관한 것을 많이 썼다. 그 이외에도 말에 관해서 쓴 사람은 13세기의 이집트 사람으로 압두 알 무민 앗 디미야디(1306년 사망)는 '말의 우수성에 관한 서'를 썼다. 이것은 말에 관한 전통적인 예를 든 것을 모아 놓은 것으로 그리 동물학적인 것이라 할 수는 없으나 거세하는 것, 말의 선택 방법, 말의 혈색에 관한 것 등 8장으로 나뉘어 술하여져 있다. 알 무자히드 알리 알나술리(1321~1362년)는 예멘의 왕으로 말 및, 기타 가축의 사육에 관한 책을 썼다.

11. 지리와 역사

— 지리 · 지지(地誌) · 여행기

이슬람교도는 매일 때를 정하여 메카 쪽을 향하여 예배 의식을 행하여야 한다. 메카의 방향을 '키블라'라고 하며 키블라를 아는 방법에 대해서 쓴 것이 다수 있다. 메카 순례는 이슬람교도의 최대의 소원이기 때문에 그 길잡이가 될 안내서가 존중된 것은 당연하다. 이외에도 중세 아랍에는 지리나 지지의 문헌이 꽤 많다. 특히 10세기의 알 마수드, 12세기의 이븐 주바이르, 14세기의 이븐 바투타 등은 대여행가였으며 그 지리서 또는 여행기는 귀중한 자료이다.

9세기 술레이만이라는 상인이 인도양 연안 지방으로부터 중국으로 간 여행기가, 851년에 무명의 필자에 의해 쓰여졌다. 이것은 인도양 연안 지방과 중국에 관한 것을 쓴 아랍의 가장 오래된 것이다. 920년경 아부 자이드가 이것을 보수했다. 이븐 와합이라는 사람이 870년에 중국의 조정을 방문하였다. 이 여행기는 역시 아부 자이드에 의해 쓰여졌다. 이것은 중국뿐만 아니라 동방 제국에 관한 것이 보고되어 있고 마르코 폴로 이전의 중국기로서 소중히 여겨지고 있다.

이븐 후르다드비흐(825~912년경)는 페르시아계 사람이며 우편 계통에 종사했다. 그는 이라크의 사마라에 정주하여 846년경 '도로와 지방에 관한 서'라는 책을 썼으며 885년 이후 이를 개정하였다. 이슬람권의 지지로서 중요시되고 있다.

알 야쿠비는 873년경까지 아르메니아와 호라산에 체재하였으며, 891년까지 생존한 시아파 역사가 또는 지리가로 891~892년경 '여러 나라들의 서'를 썼다. 지형이나 경제뿐만 아니라 역사가 술하여져 있다.

아부 자히드 아흐마드 이븐 알 바르히(934년 사망)는 지리학자 또는 수학자였다. 그는 철학자 알 킨디의 제자였으며 그의 '기후에 관한 그림'은 주로 지도에 나오고 있다.

이븐 루스타는 930년경 이스파란에 생존하였던 페르시아계의 지리학자이다. 그는 '여행의 양식과 휴대품'이라는 책을 썼다. 이 책에는 여러 나라에 대한 것이 기재되어 있다. 알 자이하니도 페르시아 사람으로 트랜스 옥시니아의 사산 조의 재상이었다. 그는 도로에 관한 광범위한 저술을 남겼다. 그의 책은 전하여 내려오지 않으나 인도 왕자의 사자를 따라 인도에 가서 그 여행기, '나라들의 특색'을 남긴 압두 압두 알라흐를 인도에 보낸 것도 그였다. 이 책은 야쿠드 및 가즈와니에 의해 보존되었다.

아흐마드 이븐 파두란은 920년 칼리프 알 무흐타르로부터 불가리아에 사자로서 파견되었다. 그는 불가리아 지방의 보고를 남기고 있다. 아랍어로 쓰여진 최초의 러시아에 대한 기술이라고 한다. 이런 것 거의 모두가 13세기의 야쿠드 지리학 사전에 들어가 있다.

알 마수디(957년 사망)는 10세기의 최대의 여행가이며 지리학자 또는 역사가이다. 단지 10세기뿐만 아니라 이슬람 최대의 지리학자의 한 사람이다. 이슬람력 기원 3세기 말(1912년 이전) 바그다드에서 출생하여 각지를 여행하였으며, 말년의 10년은 시리아와 이집트에서 보냈으며 카이로에서 세상을 떠났다. 마수디의 대표적인 저서로 '황금 목장과 보석의 광산'은 유명하다. 이 책은 947년경 쓰여지고 956년경 개정되었다. 여러 문제를 아는 데에 도움이 된다. 예를 들면 시즈스탄 지방의 풍차 등이 이 책에 나오는 것이 처음이다.

마수디와 동시대인으로 스흐라브라는 사람이 있어 '일곱개의 기후에 대한 놀라운 책'을 쓰고 티그리스 · 유프라테스에 대한 기술, 또 바그다드의 수도에 대한 것이 있어 귀중한 것으로 되어 있다.

알 마수디보다 조금 후의 사람으로 10세기 후반의 다음과 같은 지리학자가 있다. 알 이스타푸리는 페르시아의 이스타푸르 사람으로 알 바르히의 '기후의 그림'을 개정했다. 그의 저서는 '나라들의 도로'라고 하며 지도가 들어 있는 각 지방의 것을 쓰고 있다. 마수디의 책이 시즈스탄의 풍차가 있었다는 것도 이 책에서 기술하고 있다. 이븐 하우카르는 그와 동시대의 사람으로 943~947년경 활약한 사람인데, 이스타푸리의 책을 다시 개정하여 '교통로와 나라들의 책'을 썼다. 이 책이 유명하다. 이것도 각 지방에 대한 기술과 함께 지도를 첨부한 것으로 이슬람권의 지도에 대해 대체로 알 수 있다.

알 무카타시는 예루살렘 출신으로 947~948년경 출생했다. 986년경 이슬람 세계 거의 전부에 걸친 '기후의 지식을 위한 가장 좋은 분할'이라고 하는 책을 썼다.

11세기에는 알 비르니가 있다. 그는 천문 · 수학 · 기타 분야에 걸친 대학자이며, 지리로서는 그의 '인도지(誌)'가 유명하다. 이것은 간단한 지지가 아니며 인도의 학문 · 문화 · 역사 등을 상세하게 소개하고 있다.

페르시아의 시인 나시르 이븐 후스라우(1003~1060년)는 바르후 근처에서 태어나 1040~1045년에 바르후의 관리로 있었다. 1045년 메카의 순례를 행하고 '여행의 노래'라는 여행기를 썼다. 그는 이집트로부터 동방 페르시아까지 넓게 여행하고 있어 메카 순례기뿐만 아니라 지리적으로나 역사적으로 이 책은 귀중하다.

12세기에 들어가면 알 이드리시와 이븐 주바이르의 두 사람을 우선 열거할 수 있다. 동시에 무대가 에스파냐로 옮겨지는 것도 주목된다. 알 이드리시(1099~1166년)는 코르도바 출신이다. 코르도바에서 공부하였기 때문에 에스파냐 학자라 해도 좋지만, 그의 활동은 에스파냐 밖의 시칠리아 섬에서 행하여졌다. 그는 기독교권 내에서 살고 있었기 때문에 이슬람권과 같이 기독교권에 대해서도 광범위하고 정확한 지식을 갖고 있었다. 그래서 아랍권의 지식을 서구에 전하는 점에서도 커다란 역할을 하였다. 그가 살아 있었던 12세기는 아랍 학문이 왕성히 라틴 세계로 옮겨졌던 세기이다.

그는 지금까지의 지리학자 모두를 덮고 남을만한 위대한 지리학자 또는 지도학자였다. 아랍의 지리학은 그에 의해 과학적으로 발전했다. 아랍권뿐만 아니라 세계 전체를 포함하는 것과 같은 지리학에 대한 학문을 공부하였으며, 또 하나는 프톨레마이오스의 기초에 입각하여 위도 · 경도의 결정을 목표로 하였던 것이다. 위도와는 달리 경도의 결정은 곤란하였으나 그의 지도는 메르카토르 도법에 가까운 투영을 사용하고 있다. 알 이드리시 이전의 아랍의 지도는 여행 안내용의 도식 지도였다.

이븐 주바이르(1140~1217년)는 발렌시아에서 출생하여 여행 도중 알렉산드리아에서 사망했다. 1183~1185년 여행에 대해서 '기나니의 여행'이라는 기록을 남겼다. 여기에 세세한 그의 견문이 쓰여져 있어 여러 가지 면에서 귀중한 자료로 되어 있다.

13세기의 지리학자로서는 야쿠드라고 통상 일컬어지고 있는 아부 압두 알라흐 야쿠드(1179~1229년)가 있다. 그는 그리스인을 양친으로 하여 시리아에서 태어나 알레포에서 사망한 지리학자이다. 그는 '나라들의 색채'라는 두툼한 지리학 사전을 만들었다.

이븐 사이드 알 바그리브(1208~1274년)는 그라나다의 대여행가로 '지구의 종횡에 펼쳐진 서'를 썼다. 14세기의 아부 알피마라는 책을 많이 이용하고 있다.

아부 무함마드 이븐 알 아부다리는 발렌시아에서 태어나 13세기 말 메카를 순례하여 '마그레브 안내'를 썼다. 이 책은 북부 아프리카에 관한 귀중한 자료를 포함하고 있다.

14세기의 위대한 여행가는 이븐 바투타(1304~1377년)이다. 그는 14세기뿐만 아니라 이슬람 최대의 여행가이다. 그는 14세기 후반에 속하기 때문에 그에 앞선 지리학자를 먼저 보면, 아부 알피다(1273~1331년)로 시리아의 지리학자이며 역사학자이다. 저술한 것처럼 그라나다의 대여행가 이븐 사이드의 여행기를 크게 이용하고 있다. 그의 대표적인 지리에 관한 저작은 '나라들의 표면'이라고 하며 1321년에 완성되었다. 처음으로 지구의 형태 · 7종의 기후 · 바다 · 강 · 호수 · 산 등을 술한 뒤에 여러 지방에 대한 상세한 기술이 되어 있다.

14세기의 대여행가 이븐 바투타는 모로코의 탄지에서 출생하였는데 베르베르 족 출신이라고 한다. 1325년에 성지 순례에 나서 1349년까지 돌아오지 않았다. 이때에 또다시 여행을 떠나 1354년에 돌아와 그후 여행기를 썼다. 그의 대여행은 먼저 탄지에로부터 북아프리카를 통하여 알렉산드리아, 여기에서 카이로로 갔고 나일강을 소급하여 올라가 에디프에 달하였고 아이다브의 사막을 가로질러 홍해의 연안에 나왔다.

카이로에 돌아와 가자 · 예루살렘 · 알렙포를 거쳐 다마스쿠스로 갔고 그곳에서 시리아의 대상과 함께 메디나 · 메카까지 갔다. 메디나로 돌아온 후에 호라산에 가 페르시아로 여행을 하고 이라크에 돌아와 쿠파 · 바그다드를 방문하고 메카에서 3년을 보냈다. 다음에는 예멘을 여행하였고 터키령의 아나톨리아 지방으로부터 볼가강 하류 사하라까지 갔다. 사하라로부터 무와리즘 · 부하라 · 사마르칸트 · 헤다드 · 두스 · 디샤푸르 · 힌두쿠시 산맥을 넘어 인더스강 하류까지 갔다. 여기에서부터 실론(스리랑카) · 중국까지 미치고 있다.

XI. 근대 중근동(中近東) 이슬람 세계

1. 오스만 터키

13세기 중엽 셀주크 조의 쇠망 후 소아시아에 있었던 터키계 소 토후국의 하나에 지나지 않았던 오스만 족은 창건자 오스만 베이(1258~1326년) 아래 13세기 말에서 14세기 초에 걸쳐 비잔틴령을 포함하는 소아시아 북서부를 통합하여 오스만 국가를 형성했다.

제2대 오르한 베이는 소아시아 주요도시 부르사에 도읍하고 국가체제의 정비, 군단조직, 화폐제도, 토지제도의 확립 등을 행하는 한편 여러 도시들을 세우고 도로건설을 새롭게 하고 모스크와 메도레스(학교) 등의 수립 등 새로운 국가의 기초를 굳히었다. 제3대의 무라드 I세 시대는 오스만 세력의 유럽 진출의 시대였다.

1360년 드라기아 급습, 1365년 에디르네(아나톨리아노플) 점령 등 점차로 비잔틴령을 손에 넣고 1366년 에디르네에 천도했다. 이후 콘스탄틴노플 함락시까지 에디르네는 오스만국의 서울이었다.

이슬람 세력의 동남 유럽 진출에 위협을 느낀 로마법황의 제창으로 세르비아, 마자르(헝가리), 와라기아(루마니아)의 군단이 1363년 마리츠아에서 오스만군과 대전하였지만 오스만군은 이를 격파했다. 1389년 코소보리에의 싸움에서 세르비아 왕을 중심으로 하는 발칸 반도의 여러 민족은 오스만군에 도전했으나 전투는 오스만군의 완승으로 끝나고 무라드는 영지를 다뉴브강까지 확대했다. 이들 여러 싸움에서 활약한 이에니 — 체리라고 불리우는 부대는 오스만 제국이 점령한 피정복지의 기독교도 자제를 강제 징집하여 군주의 측근 부대로 양성했다. 후에 군사 · 정치면에 중요한 역할을 다한다.

무라드의 뒤를 이은 바야지드 I세는 1394년 카이로에서 명목상의 존재를 계속하던 '룸 제국의 술탄'이라는 칭호가 부여되어 이후 오스만 조 군주는 술탄의 명칭을 쓰게 된다.

1396년 헝가리 왕의 요청에 따라 프랑스, 독일, 룩셈부르크의 귀족들은 대 오스만 십자군(니코폴리스 십자군)을 편성하고 니코폴리스에서 오스만군과 대전했다. 바야지드는 발칸 반도의 대부분을 영유했다.

이즈음 중앙아시아, 서아시아를 통합하고 판도를 확대하는 도중에 있던 티무르(중앙아시아, 이란, 아프가니스탄을 지배한 터키 · 몽골계 이슬람 왕조)는 1402년 앙카라에서 바야지드 조와 대전하고 그를 체포했다. 오스만 조는 이 패전에 따라 이후 12년간 술탄이 없는 시대와 내란이 계속된다.

티무르 사후 각지에 흩어져 있던 바야지드의 아들들은 술탄 직위 계승의 다툼을 벌였고 결국 세 번째 아들 메흐메드(무함마드) I세가 승리자가 되어 오스만 조는 부흥된다. 그는 온건정책을 취해 피지배민을 관대히 다루고 구령의 보유와 회복을 다하고 국가재건을 도모했다.

15세기 중엽(1451~1881년) 새로이 술탄의 자리에 앉은 메흐메드 2세(1432~1481년)는 지금까지 방치하였던 비잔틴 제국의 수도 콘스탄티노플을 공략하고 1553년 함락하였다. 이로써 동로마 제국은 멸망했다.

콘스탄티노플 점령은 오스만 제국 사상 획기적인 대사건으로 오스만 제국은 유럽과 아시아 대륙에 걸친 영토를 갖게 했고 오스만 조의 문화생활면에도 신시대를 열었다. 콘스탄티노플을 오스만 제국의 신수도로 하여 아야 소피아 사원의 모스크 형식의 개장을 비롯하여 10여 개의 대 모스크를 건조했고 궁전이나 이궁을 지어 수도로서의 형태를 갖추었다. 성벽, 항만시설, 바자르(시장)의 정비와 증축을 행하고 상업적 번영을 되찾기 위해

주민의 복귀 유지책을 강구하여 그리스계 구시민이나 아시아 방면에서 이슬람교도가 다수 이주하여 콘스탄티노플은 예전보다 활기를 띠었다.

메흐메드 2세는 대외적으로 확장정책을 추진하여 아나톨리아, 발칸 그리고 기타 미정복지로 지배권을 확보하고 에게해의 제해권을 장악하기 위해 해군력을 증강하여 베네치아 해군과 수차례에 걸쳐 대전했다. 다음대의 바야지드 Ⅱ세를 반란으로 퇴위시키고 술탄 자리에 앉은 그의 아들 세림 Ⅰ세(1467~1520년)의 시대에 오스만 제국은 군을 이란과 이집트에 파견하였고 1513년 쟈르디란에서 사파비 조(1501~1736년)의 샤 이스마일군을 격파하고 터키 국경을 동방에 확대하는 데 성공했다.

1516년에 시리아에 침입하고 또 남하하여 카이로를 공략하고 맘루크조의 술탄을 넘어뜨리고 이집트를 속주로 하고 다음은 메카, 메디나를 포함하는 아라비아 반도의 태반을 보호권으로 행사하게 되었다. 메흐메드 Ⅱ세부터 세림 Ⅰ세까지의 시대는 문화면에서 오스만 시의 확립기로 많은 시인, 문인이 배출되었고 언어사적으로나 문학사적으로 중요한 시대였다.

오스만 제국은 술레이만 Ⅰ세의 치세(1520~1566년)에 그 최성기를 맞이한다. 술레이만 Ⅰ세의 판도확대의 사업은 먼저 과거 반세기동안 오스만 군단의 서방진입을 저지하였던 벨그라드 공략에서 시작했다. 1521년 벨그라드를 점령한 술레이만 Ⅰ세는 다음해 로도스 섬의 성 요한 기사단을 격파하고 지중해를 제압하는 데 발판으로 했다. 그리고 1538년 프레베자 해전에서 오스만 함대는 에스파냐, 베네치아, 로마법황의 연합함대를 격파하고 크레타, 말타 섬을 제외한 전 지중해 수역을 오스만 제국의 내국바다로 만들었다.

한편 헝가리에 침입한 오스만군은 1526년 모핫지 전투에서 헝가리 왕을 격파하고 1529년에는 부다페스트에 입성하여 헝가리의 태반을 복속시키고 비엔나에 박두했다. 결국 비엔나 포위전은 실패로 끝났지만 이들 여러 정복으로 술레이만 술탄 아래의 오스만 제국의 판도는 아시아, 유럽, 아프리카에 걸쳐 20여의 민족을 포괄했다. 그리고 술레이만 치하는 또 터키 문화사 또 이슬람 문화사 중에도 가장 화려한 시대의 하나였다.

술레이만 사후 대재상의 지위에 있었던 소고르 파샤는 중단되었던 동남 유럽의 전후처리를 매듭짓고 레반트 해전(1571년)에서 베네치아, 에스파냐 혼성군에는 패배했으나 베네치아와의 단독 강화조약으로 키프로스 섬의 정식 할양을 얻어내는 등 외교수단을 발휘했으나 하렘(궁정여인)의 음모로 암살되었다(1579년). 이렇게 오스만 제국은 조락의 길에 선다.

오스만 제국은 터키족의 유목성과 이슬람이라는 문화조건을 결합시켰고 인적 · 물적 자원과 지적 요소를 기독교도들로부터 취하고 특수한 군사적 봉건국제 국가를 형성하고 이를 오래 유지했다는 데 특색이 있다. 그 지배기구는 세속면과 종교면으로 대별된다. 술탄은 코란의 가르침을 지키는 한 절대군주의 자리에 앉아있을 수 있고 그 권한은 절대적이었다.

술탄은 정치 · 군사 · 종교의 최고 권력자로 군림했다. 중앙관료는 술탄에 직속하였고 군사 · 외교를 담당하는 최고위의 대재상(사드라잠)을 비롯하여 많은 관직이 있었으나 그 지위는 술탄의 노예역을 이탈할 수 없고 술탄의 의향으로 일방적으로 파면되는 것도 있다.

한편 오스만 조에서의 종교 부문을 보면 이스탄불을 중심으로 하나피파의 이슬람 법학이 발전하였고 각지에 메드레스(이슬람 신학교)가 설립되고 울라마(이슬람 법학자)가 양성되었다. 그들은 이맘이나 하디브(설교사)로서 제국 각지의 모스크에서 민중의 교화를 담당했다. 그 중에서 국가기구에 들어간 울라마는 무푸티(이슬람법 해석, 적용에 관한 법학 권위자)의 카디(재판관)이다.

이 양자는 오스만 제국의 국가제도상에는 관료제와 다른 계통으로 되어 있고 제국 내에서 이슬람 법 실시에 관여했다. 이처럼 오스만 제국은 이슬람 법 시행을 담당하는 기구가 국가기구의 일부가 되었고 이슬람 법의 권위는 절대적이었고 술탄이라 하여도 이슬람 법에 위반한 행위가 있다면 폐위되게 된다.

무푸티란 이슬람 법에 관한 제반 문제를 해석하는 자로 오스만 제국의 주요도시에 배치되었다. 그들의 해석은 파트와(법해석)라는 형식으로 내놓아 절대적인 권위를 갖고 있었다. 특히 이스탄불의 무푸티란 쉐이흐 알 이슬람이라고 불려져 국정 전반에 걸친 이슬람 법 시행에 관여하며 선전포고나 술탄의 폐위에 대해서는 이 쉐이흐 알 이슬람의 파트와가 필요불가결한 것으로 되어 있다.

한편 중앙정부의 최고 자문기관인 디완(국정 회의)에는 루메리 지방과 아나톨리아 지방을 관리하는 2명의 가즈아스게르(이슬람 법관)가 참가하였는데 가즈아스게르는 쉐이흐 알 이슬람에 의해 임명된 국정의 사법부문의 책임자이며 그 임무는 각지의 지방 행정구에서의 형사 · 민사재판을 직접 담당하는 카디를 임명하고 감독하는 것이었다.

일반민중 레벨로는 오스만 제국의 모든 이슬람교도가 술탄 칼리프의 권위를 인정하고 있으면서도 실질적 신앙생활에서는 많은 토착신앙 요소를 포함한 신비주의 교단과 결부되는 것이 많았다. 그 중에도 메레위 교단이나 페구다쉬 교단 등 국가규모로는 이슬람교에 포함되지 않는 교단이 이스탄불을 포함하여 각지에서 세력을 갖고 있었다. 제국 내의 비이슬람교도들은 종교, 종파별로 종교공동체(미레트)를 구성하고 일상생활에서 이슬람 법에 관계없이 각 미레트의 관습에 따라 일반재판권을 포함하는 자치권이 용인되었다.

오스만 제국의 쇠퇴는 17세기에서 시작되고 국제무역로의 변경, 미대륙으로부터의 은이 대량으로 유럽에 유입함에 따라 인플레이션의 영향을 받고 제국영토 확대는 멈추어지고 전리품의 획득이 곤란하여졌기 때문에 국가재정은 악화되었다. 국가치안은 흐트러지고 이에 니체리 군단의 반란도 이어져 오스만 조의 지배력은 저하했다. 제국 전토에 걸치는 징세청부제(이르데잠)가 도입되었다. 그런데 이를 이용하여 지방의 유력자가 대토지 소유를 하고 지방관직이나 징세권을 독점하여 지방을 영주화했다. 이집트의 무함마드 알리 등은 그 전형적인 예이다.

피지배의 제민족의 반란도 일어나고 기독교도인 세르비아인, 그리스인의 독립운동은 기독교도 보호를 명분으로 한 유럽 열강의 내정 간섭을 유도했다. 1839년 오스만 제국의 부흥을 목표로 하는 탄지마트 개혁이 행해졌다. 서구적 국가체제로의 개편의 방향성을 시사하는 이 개혁은 비이슬람교도, 특히 기독교도의 지위 향상을 규정하는 것이었다.

그러나 실제로 여러 개혁이 각종의 장애로 실시하지 못하여 충분한 성과를 얻을 수가 없었고 열강의 내정간섭은 진행되었다. 압둘 하미드 Ⅱ세(재위 1876~1909년)가 행한 전제정치는 유럽 열강의 이권다툼의 표적이 되고 또 차관 증대로 국가의 재산은 파산하고 유럽 채권국의 관리하에 있었다.

압둘 하미드 Ⅱ세는 이 상태를 벗어나기 위해 이슬람의 결속으로 서구에 대항하고자 범이슬람주의를 제창했다. 그는 이슬람의 고유체계가 서구의 그것보다 우월하기 때문에 칼리프 아래에 이슬람교도가 통합한다면 서구의 침략은 저지할 수 있다는 쟈말 앗딘 아프가니의 주장을 받아들였고 오스만 조 술탄이 계승한 칼리프 자리를 이용하여 인도나 인도네시아 방면까지 사절을 파견하는 것 등으로 노력했으나 영향력은 약하고 성과도 얻지 못했다.

이런 속에서 일부의 세력과 결탁하여 영토적으로나 경제적으로 오스만 제국을 쇠퇴로 이끌어가는 압둘 하미드 Ⅱ세의 전제정치에 이슬람교도, 비이슬람교도를 불문하고 불만이 증대하여 19세기 말 입헌체제의 부활을 요구하는 청년 터키인 운동이 일어났다.

청년 터키인 운동은 여러 조직, 개인이 참가했다. 1902년, 1907년 파리에서 청년 터키인 회의가 오스만 제국을 구성하는 각 민족 대표의 참가로 개최됐다. 그러나 개혁방법에 대해서는 의견의 일치를 보지 못하고 중앙 집권파와 지방 분권파로 분열했다. 1908년 중앙 집권파의 흐름을 따른 '통일과 진보 위원회' 봉기에서 시작되는 청년 터키인 혁명으로 압둘 하미드 Ⅱ세는 미드하트 헌법의 부활을 인정했다. 미드하트 헌법이란 1876년 재상 미드하트 파샤의 지지를 얻어 즉위 후 얼마 되지 않은 술탄 압둘 하미드 Ⅱ세의 이름으로 발포된 헌법으로 의회의 개최(1877년)를 실현했다.

총선의 결과 '통일과 진보 위원회'가 의석의 대부분을 차지했다. 그러나 술탄의 권력제한, 메드레스(이슬람 신학교) 학생의 징병을 포함하는 일련의 서구화 개혁정책을 내놓았기 때문에 이슬람 보수세력은 크게 반발하고 입헌체제 반대, 이슬람 법 부활의 반란(3·31 사건)이 일어났다. 이때 사로니 가로부터 무스타파 케말 등이 지휘하는 행동군이 출동하여 반란은 진압되었다. 이 사건은 '지식인과 군인에 의한 오스만 제국 개혁에 이슬람 보수파가 강하게 반대하고 무장봉기한 반혁명'으로서 인식되고 있다.

이후 계엄령 포고에 따라 이슬람 보수세력은 억눌리었다. 그러나 '통일과 진보 위원회'는 압둘 하미드 Ⅱ세에 비해 아무런 새로운 정책을 내놓지 못하고 도리어 실정으로 발칸 전쟁, 리비아 전쟁에서 패전하여 오스만 제국의 붕괴를 진행시켰다. 제1차 세계대전 패전 후, 이 위원회는 해체했다. 전승국 관리하에 들어선 오스만 제국은 이미 옛날의 모습을 보이지 않았다.

오스만 제국이 멸망하고 터키 공화국이 성립하는 과정은 터키인으로서의 자각보다 이슬람교도로서의 자각이 강했던 아나톨리아의 터키 주민에게 커다란 변화를 주게 되었다. 이는 제1차 세계대전 패배 후 터키인의 해방을 주장하는 무스타파 케말(1881~1938년)이 전승국이 일방적으로 결정한 강화조약인 셀부르 조약을 부정하고 아나톨리아를 터키인의 국가를 위해 확보하는 주장에서 시작되었다.

에게해 연안의 이즈미르에 그리스군이 상륙해 점령을 개시하는 가운데 터키인 구제를 위해 개최된 에르즈름 회의 선언문에 '아르메니아인, 그리스인의 오스만 정부 및 이슬람교도에 대한 공격에는 단호히 저항한다'라고 있는 것처럼 아나톨리아의 대부분이 아르메니아인 등의 기독교도에 의해 지배되는 것에 반대하는 터키인은 먼저 이슬람교도로서 단결했다. 한편 그리스인과 아르메니아인은 기독교도로서의 운동보다 민족해방운동으로서의 독립을 오스만 제국으로부터 하는 것을 생각하고 있었다. 이는 터키인에게도 민족주의적 의식이 차차로 고양되고 있었다.

에르즈름 회의 후에 아나톨리아 · 루메리 권리옹호단이 결성되고 전승국에 의한 분할정책에 반대하여 조국해방 전쟁을 지도하는 전터키적인 규모의 조직으로 되었다. 이들 저항운동에는 이슬람 지도자가 대량동원을 위해 큰 힘을 발휘했다. 나그쉬반디 수피 교단의 쉐이흐 핫지 후에부지 에판디가 에르즈름 회의 9명의 상임위원으로 선출되어 다음 시바스 회의에서 5명의 상임위원의 한 사람이 된 것처럼 아나톨리아 터키인의 이슬람과의 결부는 굳건했다. 1520년 앙카라에 소집된 제1회 터키 대국민 의회에서는 376명의 대의원 중 30명은 종교지도자이며 그 중 6명은 신비주의 교단의 장(쉐이흐)이었다.

그리스의 아나톨리아 점령을 저지한 터키 대국민 의회는 무스타파 케말을 의장으로 선출하고 마지막의 오스만 의회에서 다수파를 점한 해방운동파가 채택한 '국민서약'을 승인하고 로잔 강화조약 체결회의에 이스탄불 정부의 참가를 인정치 않고 터키의 유일한 합법정권이라고 선언했다. 이 때문에 영국의 뒷받침을 얻은 술탄 정부는 쉐이흐 알 이슬람에 명하여 무스타파 케말을 반란자로 인정하는 파트와(이슬람 법 해석에 관한 의견)를 내게 하고 결석재판으로 사형의 언도를 했다.

한편 대국민 의회측은 앙카라의 무푸티(이슬람 법 해석과 적용에 관한 의견을 술하는 자격이 인정된 법학의 권위자)가 발하고 아나톨리아가 승인한 파트와를 갖고 이스탄불의 칼리프를 외국세력으로부터 구제하여야 한다고 했다. 여기서 그들은 술탄 정부의 대립을 분명히 밝히고 칼리프 지위만을 인정하는 의향을 나타냈다. 그리고 1923년 술탄제의 폐지를 결정했다.

그러나 술탄제 폐지에는 대국민 의회에서 격렬한 토론이 오고갔다. 술탄제, 칼리프제의 옹호, 술탄 · 칼리프의 불가분제를 주장하는 자도 있었다. 이에 대해 무스타파 케말은 '지배권은 힘에서 얻는 것이다. 오스만 일족은 6백 년에 걸쳐 힘으로 터키인의 지배권을 장악했는데 지금 터키인은 이 지배가 싫어졌다. 오스만 일족의 지배를 거부하고 터키의 지배권을 터키인이 장악했다'라고 술하고 오스만 일족이 국가의 지배권을 갖는 데 대한 부당성을 명확히 한 무스타파 케말은 오스만 제국의 지배권을 오스만 일족이 장악한 것은 술탄 지위(자리)에 속했기 때문이라고 하고 지배권을 상실했으면 술탄의 지위도 당연히 상실되어야 한다고 주장했다.

대국민 회의는 술탄제의 폐지를 결정하고 대국민 의회가 터키의 유일한 합법적 권력이라는 것을 확인했다. 그러나 오스만 일족이 갖는 종교적 권위, 즉 칼리프 지위에 대해서는 지배권으로부터 분리시켜 대국민 의회에서 다시금 칼리프에 명할 것을 결정했다. 전 술탄이 칼리프로 임명되었으나 곧 망명하에서 압둘 메지드가 새 칼리프로 되었다.

로잔 조약이 체결되고 점령군이 터키에서 철수한 1923년 터키공화국 수립이 선언되고 무스타파 케말이 초대 대통령으로 임명되었다. 제1차 세계대전 때의 전공이 덧붙여졌고 민족해방 전쟁의 총사령관으로서 그리스군에 승리하는 것 등이 그로 하여금 터키인의 영웅으로 절대적인 지배를 받게 되고 대통령이 되어 대폭적인 권한을 장악했다.

대국민 의회의 보수파 의원들은 무스타파 케말의 세속화정책에 반대하고 터키 민족해방 전쟁은 서구제국에 대한 이슬람의 승리이며 이슬람 제국은 칼리프 아래에 결심하여야 하고 이슬람 세계에서의 칼리프의 지위를 고려한다면 칼리프는 터키공화국의 원수의 지위에 놓여야 한다고 주장하는 자도 있었다. 그러나 대국민 회의는 터키인의 구제가 공화국에 과하여진 임무라고 하여 이슬람의 정치개입을 저지하기 위해 1924년 보수파나 종교세력의 반대를 억누르고 칼리프제의 폐지를 결정했다. 이와 함께 와가프(이슬람 관계부서)의 폐지, 학교제도의 일원화에 따른 메드레스 폐지 등이 결정되었다. 또한 공화국 헌법이 제정되었다. 내용상으로는 근대유럽의 법체계가 도입되었으나 제2조에는 '터키공화국의 종교는 이슬람이다'라고 규정되었다.

신헌법 제정과 함께 무스타파 케말의 독재에 1925년 쿠르드인으로 나

그쉬반디 교단의 장로 쉐이흐 사이드가 반란을 일으키고 샤리아의 부활과 칼리프제의 부활을 요구했다. 정부는 계엄령을 선포하고 군대를 투입하였고 또한 치안유지법을 새로 제정하여 반란을 단기간에 진압하였다.

이슬람 신비주의 교단의 반란진압 후 이슬람 신비주의 교단의 집회나 묘소가 폐쇄되었다. 1928년 대국민 회의는 헌법 제2조의 종교조항을 삭제하고 기타 조문 중 이슬람에 관한 부분(대통령, 의원이 선서문에서 알라에 서약하는 것)이 제외되었다. 그후 1937년이 되어 제2조에 '터키국가는 세속국가이다'라는 조문이 부가되었다. 이에 따라 터키는 정치와 종교의 완전분리를 선언하였다.

오늘날 아나톨리아에 거주하는 터키인은 중앙아시아에서 이동하는 과정에서 여러 가지의 문화적 · 사회적 · 경제적 그리고 종교요소를 수용했다. 특히 서민층에서는 전에 이슬람 세계에 군림한 오스만 국가로부터 계승한 유산을 자랑으로 여기고 있다. 일상생활에서는 다른 이슬람국이나 이슬람 지역과 마치 한가지로 종교생활이 영위되고 예배 · 단식 · 희사 · 순례 등이 행해지고 모스크에는 무슬림들이 모여들고 있다.

터키에서는 이슬람이 농촌을 중심으로 뿌리를 내리고 있고 도시에서도 이슬람에 대한 관심은 결코 적지 않다. 서구문화의 도입에는 이슬람 보수파의 저항에도 불구하고 많은 지식인과 민중에 의해 추진되어 주체적으로 받아들여졌기 때문에 터키의 세속주의 정책을 쉽게 할 수 있었다. 오늘의 터키는 세속주의를 주축으로 하면서 이슬람교도로서의 신앙을 인정하는 새로운 이슬람 계승의 형식은 전통화될 것이다.

2. 아라비아 반도의 와하브 운동과 사우드 가

예언자 무함마드가 메카에서 출생한 후 1100여년이 지난 후 같은 아라비아 반도 한 모퉁이에서 무함마드 빈 압두 알 와하브라는 같은 이름의 위대한 종교 개혁자가 나타났다. 개혁자 무함마드는 1703년, 아야이나라는 도읍에서 명문의 자손으로 태어났다. 그의 조상들은 한발이파의 법학을 수학하고 향토에서 유지 행세를 해왔으며, 그의 아버지인 술레이만도 법관이었다. 법학의 여러 파 중 한발이 학파는 오래 전부터 아라비아 반도의 중부로부터 동부에 걸쳐 뿌리를 내렸는데 이들은 코란이나 하디스(전승)를 가장 충실하게 지키고 따르려 하였으며 시대나 환경의 변화에 따라 여러 가지 새로운 사조와 타협해 나가는 경향에 대해 격렬히 비판하고 배격하는 태도를 취했고, 법 해석에 있어서도 엄격한 태도를 취했다.

무함마드는 청년시대에 메카나 메디나 두 성지를 순례한 후 시리아나 이라크의 여러 도시를 찾아가 이슬람 공부를 했는데 특히 바스라에서 가장 오래 머물면서 공부했다. 그는 공부를 마친 후 고향으로 돌아왔다가 아버지의 임지였던 프라이밀라 도읍으로 가서 얼마간 살았다. 그는 아버지가 죽은 후인 1740년경부터 당시 나지드 지방, 특히 오아시스의 정주민 사이에서 널리 행하여졌던 관습 즉 여러 성자들을 숭배하는 관습이나 나무, 바위, 샘, 동굴 등의 여러 지점을 신성시하는 습관, 그리고 이와 같은 것을 관리하는 관리자들을 숭배하는 등의 습관들에 대해서 이슬람의 사도(邪道)라고 공격을 시작했는데 이것을 '와하브 운동'이라고 불렀다.

처음 '와하브 운동'이 일어난 곳에 대해서는 두 가지 설이 있는데 하나는 프라이밀라에서 시작하였고, 그 때문에 거기서 쫓겨나 고향인 아야이나로 돌아와 계속했다는 설과 또 하나는 아야이나에서 제일성을 올렸다고 하는 설로 갈라져 있다. 그는 중앙 아라비아의 거족인 다미음의 출신으로 그의 부족으로부터 동조자를 구했다. 그는 아야이나를 본거지로 하여 곳곳에 있는 성자들의 묘지를 파게 하거나 각지의 성수(聖樹)를 베어버렸고 반대자를 몰아내기로 하였다. 그러한 소문이 나지드 지방에 퍼지자, 반대하는 자와 찬성하는 자로 갈라져 동요가 일어나게 되었는데 이때 동쪽 페르시아만 연안에 있는 하사 지방의 지배자인 이븐 아르이야르 집안이 이 운동의 반대자를 도와서 무함마드와 그의 추종자들을 아야이나로부터 추방시켜 버렸다.

추방되어 망명길에 오른 그는 같은 지방에 있는 조그만 도읍 다르이야에 있는 호족 이븐 사우드 가에게 몸을 의탁하게 되었다. 당시 이븐 사우드 가의 가주(家主)는 무함마드 이븐 사우드(재위 1747~1765년)이다.

개혁자인 무함마드와 지방 호족인 무함마드는 1745년에 만나서 제휴를 하였다. 즉 이븐 사우드 가의 무함마드는 그의 검을 이슬람을 지키는 데 바치겠다고 맹세했고 개혁자 무함마드는 상대를 나지드의 유일한 왕자, 또한 아랍의 최고의 지배자가 되도록 하겠다고 맹세했다.

무함마드 빈 압두 알 와하브의 소신은 이슬람교가 일어났을 때부터 300년간을 일단 한계로 하고 그 이후에 들어온 의식의 새로운 방법이나 교리를 이단 '비두아'로 보고 사교로서 배제하겠다는 데 있으므로 알라흐(유일신) 이외의 자를 숭배의 대상으로 한다는 것은 그 죄가 죽음에 해당되는 것이라고 보았다.

개혁자 무함마드 알 와하브와 제휴한 사우드 가의 가장 무함마드의 아버지 사우드(1724년 사망)는 걸출한 인물로 부락 주위에 성벽을 쌓았으며, 많은 오아시스 부락을 지배하기에 이르렀는데 이 집을 그의 이름을 따 이븐 사우드 가로 부르게 되었던 것이며, 이것이 지금의 사우디아라비아 왕국까지 계속되고 있다.

사우드에게는 수나이안 · 무함마드 · 마르한 · 미샤리의 네 아들이 있었는데 장남인 수나이안은 천재적인 군사전략가였으며, 차남인 무함마드는 탁월한 정치가였다. 장남이 1747년에 병사하자 차남인 무함마드가 와하브 왕국의 명실상부한 지배자가 되어, 나지드 지방의 여러 호족들을 복종시키려고 하였다. 가장 완강한 저항을 시도한 것은 다르이야에 있었던 이븐 닷와스 가로서 쌍방간에 공방을 되풀이하고 있었으나, 1758년 하사 지방의 호족 이븐 아르이야르를 비롯한 기타 호족들이 리야드의 이븐 닷와스 가와 동맹함으로써 와하브군은 위기를 맞이하게 되었고, 다르이야의 운명도 다하는 것처럼 보여진 것이 몇번 있었다.

1765년 3월 창업주 무함마드 빈 사우드가 병사하자 그의 아들 압두 알 아지즈 Ⅰ세(재위 1765~1803년)가 계승하여, 리야드를 정복(1773년)하고 나지드 지방의 대부분을 통일하였다. 그는 1769년에 멀리 이라크에도 침입하였으며, 또 그의 부하 한 사람을 메카에 파견하여 그 땅의 학자들에게 와하브가 주장하는 것을 설명하도록 하였다.

한편, 맹약 이래 50년간 이 나라의 원로로서 또는 정신적 지주로서 협력하였던 무함마드 빈 압두 알 와하브가 1792년 89세로 세상을 떠났다. 그러나 와하브파의 기초는 확고하여 흔들림이 없었다.

압두 알 아지즈는 그 다음에 하사를 점령하고 페르시아만 연안에 진출했다. 서쪽으로는 히자즈 지방의 국경지대로 쳐들어가고, 동쪽으로 카타르와 쿠웨이트를 공격했고, 북쪽으로는 시리아로 향하는 죠프의 오아시스를 점령하였다. 처음 아라비아 반도의 황야 깊숙이에 무엇인가 움직임이 일어나고 있는 것쯤으로 생각하였던 오스만 터키 제국은, 여기에 이르러 불안을 느끼고 1799년에 이라크 방면으로부터 수만의 대군을 알하사에 파견했으나, 와하브군은 이를 잘 막았고 1801년이 저물 무렵부터 다음해에 걸쳐 거꾸로 유프라테스강의 하류 쪽에 있는 시아파 성지의 하나인 카르발라에 난입하여 대학살을 행하였으며 예언자 무함마드의 손자인 후사인의 묘를 파괴하였다.

수천만에 이르는 시아파 교도의 분격은 물론 이슬람 세계를 통틀어 이렇게 흉폭한 와하브교도를 증오한 것은 이 사건 이후였고, 이들 원정군을 인솔한 것은 왕자 사우드였다. 1803년 3월 사우드 왕자는 대군을 이끌고 메카로 들어가, 카바 신전에서 예배 의식(儀式)을 행한 후 성자들의 묘소 등을 닥치는 대로 파괴하였다. 수주간에 걸쳐 자기들의 주장과 일치하지 않는 시설을 파괴한 후 여름에 철수했다. 그해 10월 나이많은 압두 알 아지즈 왕은, 다르이야 성내의 모스크에 잠입한 한 자객 때문에 암살되고 그의 아들 사우드가 곧 즉위했다. 제1차 와하브 왕국이 전성기를 맞이하게 되는 것은 이 신왕의 시대이다.

1805년에는 메디나도 항복하였고 다수의 성소가 파괴되어 와하브의 종교개혁 운동은 거의 아라비아 반도 전체를 풍미하게 된다. 와하브의 종교개혁 운동은 초기의 이슬람 정신으로 돌아가고자 하는 성교도적인 종교운동으로, 정치적 · 군사적인 면에서의 이 운동의 결과에 불안을 느낀 터키 제국은, 1811년 여름부터 본격적으로 이를 공격할 결의를 굳힌다. 그 당시 이집트 태수로서 지반을 굳혔던 무함마드 알리에게 그 임무를 위임한다.

무함마드 알리는 시리아와 이집트의 우세한 병력과 무기를 집결시켜, 그의 아들 두슨 파샤가 1만 4천의 원정군을 인솔하고 해륙 양쪽으로부터 침입했다. 그러나 원정군은 와하브군에 의해 격파되어 퇴각했고, 이로부터 7년간에 걸쳐 숙명적인 전쟁이 계속된다. 그러나 무함마드 알리는 그 초전(初戰)의 실패에 그대로 물러나지 않고 차근차근 쳐들어갔다. 1813년 가을, 메카에 들어와 히자즈를 평정하고 나지드 고원에 물러선 사우드 왕과 동서로 대립하는 형세가 되었는데, 그 다음해 5월 사우드는 후사를 그 아들 압두 알라흐에게 맡기고 세상을 떠났다.

1816년 무함마드 알리는 그의 아들 이브라힘으로 하여금 드디어 적의 아성인 다르이야를 공략하게 하였다. 이브라힘은 착착 작전을 유리하게 전개하여 다음해 9월에 나지드 입구 가스임 지방을 점거하고, 다음해 3월에는 다르이야 성 근처까지 진격했다. 압두 알라흐 왕의 필사적인 방어전도 소용없이 9월이 되어 다르이야는 폐허로 화하면서 사수 6개월만에 항복했다. 압두 알라흐 등은 카이로에 호송되었다가 이스탄불로 돌려져 보냈으며 터키 황제의 재가를 받아 그해 12월 중순에 참수형에 처하여졌다. 그러나 이브라힘 역시 다르이야 전투에서 그 정예군 약 1만을 잃어버린다.

기타 이븐 사우드 가의 남아있던 사람들과, 무함마드 빈 압두 알 와하브의 자손들, 기타 와하브 왕국의 수뇌부의 다수가 체포되어 이집트로 보내졌으나, 일반 시민은 관대히 취급되었다. 이븐 사우드 가에서는 왕의 형제 3명, 다른 왕족 18명이 전사했으며, 낙성의 혼란을 틈타 도피한 자도 얼마 있고 이 중에 왕의 사촌 투르키도 있었다. 다르이야 도읍에 얼마간 남아 있던 시가도 1819년 무함마드 알리의 명령으로 철저하게 파괴되어, 당시 세상을 소란하게 했던 제1차 와하브 왕국도 사막의 신기루처럼 아라비아 반도의 고원에서 그 모습을 감추어 버렸다.

다르이야 함락 후 9개월간 이브라힘은 그 땅에 남아있었는데, 아랍 역사가들은 이 기간을 공포시대 또는 암흑시대로 취급하고 있다. 무서운 기근이 휩쓸어 진주군이난 토착민도 초식으로 연명했다고 한다. 이러는 사이에 다르이야 본부로부터 여러 부대가 출동하여 한 부대는 아라비아 동부 해안의 마하사 지방을 점령하고, 가디프나 호푸브 등에 주둔부대를 배치했다.

이러한 일은 이때쯤 이미 페르시아만 방면에 깊은 관심을 갖고 있던 영국을 자극하고, 1819년 8월 한 영국군 대위가 다르이야에 파견되었다. 표면의 구실은 이 땅의 공략에 축사를 말하고, 와하브 세력을 완전히 소탕하기 위해 교섭을 한다고 내세웠다. 그러나 실제는 터키 정부가 앞으로 아라비아 반도를 어떻게 할 것인가 하는 의향을 타진하고 특히, 페르시아만 방면에 그 이상 진출하지 못하게 권고하는 것이었다.

한편 와하브 왕국 부흥의 기도는, 겨우 살아남은 이븐 사우드 가의 사람들에 의해 황폐한 나지드 고원을 무대로 시작되었다. 1820년 봄, 오스만 터키 제국의 수도에서 참수된 압두 알라흐 왕의 아들 미샤리가 다르이야에 모습을 나타냈다. 그는 이집트로 호송되는 도중 메디나에서 얀부 항구에 이르는 도중 탈출한 것이다.

그리고 성이 함락될 무렵 몸을 감추었던 그의 사촌 투르키 같은 인물도 훨씬 남쪽의 대사막 주변에 몸을 감추고 병을 일으킬 기회를 엿보고 있었다. 이 사람은 무함마드 이븐 사우드 왕의 차남 계통이었는데 1823년 5월, 그에게 충성을 다하는 부하 30명과 함께 돌연히 다르이야로부터 남쪽의 리야드로 가는 중간지점에 나타났다. 그는 터키 주둔병과 싸우고 차차로 나지드 각지를 종속시킨 후 메디나를 함락하여, 리야드를 새로운 수도로 하는 왕국 재건에 성공했다. 이븐 사우드 가의 아성으로 오늘에 미치고 있다.

이집트로 끌려갔던 사람들 중에는 각기 나름대로 탈출하여 온 사람들도 있었다. 종교 개혁자 무함마드 빈 압두 알 와하브의 손자 압두 앗 라흐만도 그 중의 한 사람으로, 수도 리야드의 법관으로 임명되었고, 그의 아들 압두 앗 라티프와 함께 와하브파 부흥에 노력했다.

나지드 지방은 동방 페르시아만 연안 지방과의 교역이 보장되지 않는다면 번영은 기대하기 어렵다. 투르키의 부흥 후 북부의 쟈발 샴마르나 동남쪽의 오만 지방 등 당시의 사람들이 다 그 휘하에 들어갔어도, 동부 해안의 하사 지방에 있는 아르이야르 일족이 세력을 뻗치고 있어, 이븐 사우드 가에 대항을 하며 양보하지 않았다. 그래서 1829년 가을부터 투르키는 하사를 공격하기 시작했다. 이때의 싸움에서 투르키의 장남 파이잘이 두각을 나타내어, 멀리 리야드를 공격하고자 하였던 아르이야르 가의 왕자 마지드를 격파하고, 아버지 투르키와 함께 적군을 궤멸하고 그 수도 호흐흐를 취하여 하사의 지배권을 회복했다.

1834년 파이잘이 같은 지방의 항구 가디프의 반란군 진압 때문에 출동하고 있는 사이에, 그의 아버지 투르키는 리야드 예배당에서 일당의 흉한에 의해 살해당했다. 주모자는 그들 일족의 미샤리 빈 압두 앗 라흐만으로, 그의 일당은 그를 왕으로 추대하고 왕국을 점령했다.

급보에 접한 파이잘은 호푸브에서 그의 휘하 장군들과 대책을 논하고, 곧 리야드를 탈회하여 부왕의 복수전에 들어가기로 결의했다. 이때 그를 격려하고 그의 오른팔이 되어 활약한 것은 압두 알라흐 빈 라시드이다. 그는 쟈발 샴마르의 중심 도읍이었던 하이르의 명문 출신으로, 이 도읍은 19세기 초 알리 가와 이븐 라시드 가가 대립하여 상쟁하였었다. 후자를 따랐던 압두 알라흐는 드디어 패배했으나, 목숨을 건지어 이븐 사우드 가에 몸을 의탁하고, 여기서 헌신적으로 일하여 유력한 부장의 한 사람이 되었던 것이다.

리야드에 돌아온 파이잘은 시민의 환호 속에 입성했으나, 미샤리와 그 일당은 견고한 왕궁에서 농성을 하면서 파이잘군의 공격을 20일간이나 저지시켰다. 이때 압두 알라흐 빈 라시드는 동향 출신의 결사대 2명과 함께 깊은 밤 왕궁에 잠입하여 미샤리의 목을 치고 파이잘의 왕위를 확보했다. 이때가 1834년 6월경이고 이 공으로 압두 알라흐는 고향 자발 샴마르의 태수로 임명되어 하이르에 돌아가 알리 집안의 일가를 철저하게 살육하고 이븐 라시드 가의 정권을 확립했다.

이븐 라시드 가는 처음엔 주인격인 이븐 사우드 가의 방패로서 충실히 북쪽의 수호자로서 역할을 다하고 있었으나, 자가의 세력이 강대해짐에 따라 아라비아 중부 고원에서 패권을 다투게 되었고, 드디어는 와하브 왕국을 멸망 직전까지 몰아넣는다.

이븐 사우드 가의 파이잘은 이렇게 하여 왕위에 취임하였으나 그의 치세는 불과 3년 반에 그치고 말았다. 그것은 이집트의 태수 무함마드 알리가, 사우드의 아들 할리드를 추대하여 유력한 부대를 아라비아 반도에 파병시켜 1838년 말에 파이잘 및 그 근친자들을 체포해 카이로로 호송시킨 후 어느 한 성채에 유폐시켰기 때문이다. 이집트에서 추대한 할리드 정권은 인기가 없어 3년이 지나지 못하고 끝이 났으며, 같은 이븐 사우드 가의 압두 알라흐 이븐 스나이얀이 리야드의 주인이 되었다.

한편 파이잘은 1843년 2월 유폐지를 탈출하여 돌연히 자발 샴마르에 모습을 나타내 그의 심복 부하 압두 알라흐 빈 라시드의 열성적인 지지를 받아 이븐 스나이얀군을 격파하고 그해 여름에 리야드를 탈환했다. 이렇게 시작된 그의 두 번째 치세는 1865년 12월에 병사할 때까지 23년간이나 계속되었는데 말년에는 맹인이 되어 거의 대중 앞에 모습을 나타내지 않았다고 한다. 그가 왕위에 있었던 기간은 전후에 걸쳐 31년간이었지만 그 중간의 5년간은 이집트의 유폐시기가 끼어 있다.

파이잘이 병사하자 장남 압두 알라흐가 그 뒤를 이었으나 아우 사우드와의 불화로 드디어 양자간에 내란이 일어났다. 하이르의 이븐 라시드 가가 대세력으로 등장하여 이븐 사우드 가를 압도하게 된 것도 이즈음이다. 이 양가의 숙명적인 분쟁은 20세기까지도 계속되어 이븐 사우드 가의 영주 압두 알 아지즈가 나와 상대에게 최후의 일격을 가할 때까지 때때로 나지드 고원은 피와 칼로 채색되고 흔들렸다.

이븐 사우드 가의 내란으로 압두 알라흐 왕과 그의 아우 사우드는, 서로 상대의 허를 찌르고 리야드를 뺏거나 빼앗기거나 하는 싸움을 계속했다. 이 사이에 이븐 라시드 가에서도 가문 내에 내분이 일어나는 비극이 있었으며, 창업주인 압두 알라흐의 한 아들인 무함마드의 손에 정권이 이양되었다. 이 사람은 2대째의 주인이었던 타랄의 아우인데, 타랄이 자살한 후 그의 아우인 미드아브가 계승하였으나 그 아우가 타랄의 아들에게 암살되자 타랄 일가를 소탕하고 하이르의 정권을 장악한 것이다. 이 무함마드는 아라비아 근대 사상 드물게 보이는 걸출한 인물로 1872년 이래 권력의 좌를 차지했다.

한편 리야드의 이븐 사우드 가에서는 1873년 이래 압두 알라흐 왕의 아우인 사우드가 정권을 장악했으나 1875년에 병사하여 그 아우 압두 앗 라흐만이 뒤를 이었다. 그러나 형 사우드의 아들들과 대립하고 리야드를 탈출했거나 하여, 1865년부터 1876년에 이르는 11년간에 리야드는 여덟 번이나 주인이 바뀌었다. 1876년 3월, 사우드에게 추방되어 쿠웨이트에 망명하였던, 장남 압두 알라흐가 다시 왕위로 돌아오지만 그 세력은 날로 축소되었다. 1882년부터 북쪽의 이븐 라시드 가와 공공연히 적대 관계로 들어갔으나 후자의 무함마드에 비하여 이븐 사우드 가의 주인은 기량이 적어 고양이 앞의 쥐라고 비유될 정도였다.

1885년 이븐 사우드 가에 또 다시 집안 분쟁이 생겨, 압두 알라흐 왕이 그의 죽은 아우 사우드의 아들들에게 유폐되는 소동이 일어났을 때, 이븐 라시드 가의 무함마드는 이를 틈타 리야드에 들어와 사우드의 아들들을 내쫓고 압두 알라흐를 하이르로 데리고 돌아왔다. 그는 리야드에 심복부하를 주둔시키었고, 뒤쫓아온 이들을 아라비아 중부 고원에서 일전하여 라시드 가의 영토로 삼았다.

1887년 11월 압두 알라흐가 병사한 후, 그 아우 압두 알 라흐만이 이븐 라시드 가의 감독하에 리야드의 주인이 된다. 그러나 배짱이 있는 그는 이븐 라시드가 파견한 살림이라는 자를 내쫓고 독립을 회복하고자 힘썼다. 이븐 라시드 가 측에서도 신속히 손을 써 리야드를 포위했다. 이븐 라시드 가에 대해 이븐 사우드 가의 세력은 보잘것없어, 1889년 압두 알 라흐만은 불과 10세밖에 안된 장남 압두 알 아지즈를 데리고 리야드를 떠나 동쪽의 사막지대로 도피했다.

이렇게 하여 제2차 와하브 왕국도 소멸되지만 아버지와 더불어 유랑생활에 들어간 소년 압두 알 아지즈야말로, 후에 대 사우디아라비아 왕국의 건설자가 되는 사람이다. 망명자 일행은 한때 페르시아만 연안 카타르에 숨었다가 얼마 안있어 터키 당국의 양해를 얻어, 쿠웨이트에 살게 되면서 나지드의 형세를 엿보게 된다. 1897년 12월 이븐 라시드 가의 무함마드도 이 세상을 떠났고, 이보다도 더욱 훌륭한 사막의 대왕의 출현을 앞두고 20세기에 접어든다.

이븐 사우드 가의 망명의 가장 압두 알 라흐만이나, 그의 아들 압두 알 아지즈를 쿠웨이트에 받아들였던 쿠웨이트 영주 무바라크 빈 사바흐도, 중앙 아라비아의 패권을 장악하고자 하는 야심을 품고 있었다. 이 나라는 현재에는 석유의 이권으로 그 부유함이 세계적으로 알려지고 있지만, 그 당시에는 보잘것없는 소 토후국으로, 터키 오스만 제국과 대영제국과의 세력 다툼에 끼어있는 미묘한 위치에 있었다.

무바라크는 이븐 라시드 가가 터키를 배경으로 하여 쿠웨이트 항구를 차지하려고 기도하는 데 맞서 영국에 의지했으며, 영국은 터키가 독일제국과 손잡고 바그다드 철도의 종점을 쿠웨이트로 하고자 하는 데 대해, 군함을 출동시켜 무바라크를 도와 공격해 온 이븐 라시드 군에게 해상으로부터 공격을 가한 사건이 20세기로 들어온 바로 1901년 여름에 있었다.

리야드를 뒤에 두고 떠났던 10세의 갸날픈 소년인 압두 알 아지즈는 이

제 21세의 건강한 젊은이로 성장하여 열강세력의 다툼을 예리한 눈으로 관찰하면서 아버지와 더불어 망명자의 고단한 생활을 하고 있었다. 그해 1901년 가을 무바라크로부터 낙타 30필, 소총 30정, 약간의 군자금을 마련한 그는 신뢰하고 있는 부하 수십명을 이끌고 사막 깊숙이 모습을 감추었다. 이 소문이 곧 퍼져 이븐 라시드 가와 터키 관원의 추적이 심하여져, 그는 남쪽에 전개되어 있는 죽음의 사막 러부 알할리에 방황하면서 태양과 사풍 속에서 50일을 견딘 후, 돌연 리야드 남쪽 10km쯤에 있는 구릉에 모습을 나타내 심복의 사촌 지르위 외 6명을 뽑아 야음을 틈타 리야드 성내로 잠입하였다.

이때가 1902년 1월 15일의 밤이었다. 일행 8명은 곧 이븐 라시드가 파견한 태수 아쥬란의 관저에 침입했다. 아쥬란이 밤을 미스마크 성채에서 보낸다는 말을 듣고 밤이 새기를 기다려, 성채 앞의 광장에서 말을 검열하고 있던 아쥬란을 습격하여 난투를 벌인 후 그를 살해하고 성채를 점령했다. 리야드 시민들도 손에 무기를 들고 모여, 이븐 사우드 가의 승리를 환영하면서 라시드 가의 패잔병들을 소탕했다.

리야드 성 탈회의 급보를 받은 압두 알 라흐만은 11년만에 쿠웨이트로부터 되돌아와 학자들과 중신들을 모으고, 왕위를 그의 아들 압두 알 아지즈에게 양위하고 자기는 이맘(종교 지도자)의 칭호만을 유지한다는 것을 선언했다.

왕위에 취임한 젊은 압두 알 아지즈 왕은 나지드 남부에 근거를 두면서, 그 북부에 뿌리 깊은 세력을 가진 하이르의 이븐 라시드 가와의 숙명적인 쟁투를 개시한다. 1903년 이븐 라시드 가는 쿠웨이트를 공격하는 한편 1만 병력의 대군을 인솔, 쿠웨이트를 원조하기 위해 급행한 압두 알 아지즈 왕의 빈틈을 타, 허를 찌르기 위해 급선회하여 리야드에 박두했다.

그러나 리야드 시민이 잘 방어하였기 때문에, 할 수 없이 곧 퇴각해 버렸다. 이것을 마지막으로 이븐 라시드 가는 두 번 다시 리야드를 공격할 기회를 얻지 못하고 주로 국경 요새지를 지키는 수세의 입장에 놓인다. 그리고 이븐 사우드 가의 압력에 대항하기 위해 오스만 터키 제국의 원조를 구하였고 쿠웨이트의 무바라크는 이븐 사우드 가와 연결을 갖는다.

쿠웨이트 영주와 영국과의 관계는 밀접하였기 때문에 자연히 영국인과 이븐 사우드 가의 접촉도 생기게 된다. 또 영국의 식자(識者)들 가운데에는 압두 알 아지즈 왕의 장래에 기대하는 자도 없는 것은 아니었다. 그러나 당시 아라비아 반도의 형세는 혼돈되어 장래를 점칠 수 없었다.

터키 제국의 아라비아 반도 지배는 1517년 셀림 I세가 이집트의 맘루크 조를 멸망시키면서 시작되지만 그 위력이 가장 잘 미치는 것은 두 성도 메카와 메디나가 있는 서부나 남서부의 예멘, 동부의 페르시아만 연안 등이고, 중부 고원 지대의 주권은 거의 이름뿐이었다. 그 즈음 예멘에도 압두 알 아지즈의 대두와 거의 때를 같이하여 시아파의 한 파인 자이드파 교주 야히야 하미드 앗딘이 반란을 일으켜 사나에 근거지를 두고 독립 정권을 강화하고 있었다. 또 이븐 라시드 가 쪽에서도 이븐 사우드 가의 압두 알 아지즈에게 여러 번 타격을 받은 데에다, 가문 내의 골육상쟁이 지속되어 내부로부터도 붕괴되었다.

1902년 이븐 사우드는 라시드 가를 허물어뜨리고 사우드 가문의 패권을 재확립했다. 아라비아 반도가 통일되어 아랍민족의 국가가 탄생되었다. 1932년 사우디아라비아 왕국으로 정식 출범했다. 이븐 사우드는 여러 부족의 다양한 정치적 · 경제적 이해관계를 가진 국민들을 하나로 모았고 넓은 영토를 통일했다. 그는 아라비아 반도의 역사를 새로 여는 통치자였다. 이는 예언자 무함마드가 이슬람으로 이슬람공동체 '움마'를 이룩한 이래의 하나의 획기적인 일이었다.

1960년대 이래 사우디의 석유수입은 증가하여 1970년대 절정에 달하고 도로의 정비로 인한 운송과 통신분야의 발전도 괄목할만하다. 산업개발에 필요한 인력을 사우디 정부는 이슬람 제국을 비롯한 전세계에서 기술인력을 고용했다. 오랜 기간 동안 계속되던 고립정책을 탈피하고 외부세계와 접촉을 갖게 되었다. 이는 이슬람의 여러 사상과 같이 세속주의 · 민족주의 · 자유주의의 다양한 사상의 조류가 사우디에도 들어온다. 그런데도 사우디의 전반적인 사회성격은 여전히 이슬람적 경향을 갖고 있어 대부분이 밖에서 유입된 이데올로기는 사우디 국내에서 이론적인 영향에 그치었다.

외부 이슬람 세계와의 접촉을 통해 들어온 이슬람적 형태의 단체유형은 비교적 수동적인 전도단체인 '타블리그'(전도)에서 이집트에 기원을 둔 행동주의를 앞세우는 '무슬림 형제단', 예언자 무함마드 시대의 교우들의 신앙을 본받겠다는 '살라피' 단체, 그리고 극단적인 원리주의의 성향을 갖는 '타크피르' 단체들이 있다. 이 중에서 '무슬림 형제단'과 '살라피' 운동은 사우디 국민 다수에게 사상적인 영향을 끼치었고 지지도 받았다.

1980년대에 여러 아랍국가에서 극단적인 보수주의 물결이 일어났다. 서구에서 원리주의로 불리워지는 극단적인 이슬람 운동은 국가통치에서도 비이슬람적인 요소를 배척하고 이슬람 법과 이슬람의 원리를 제도화하도록 요구한다. 비록 사우디는 코란을 헌법으로 택한 이슬람 국가라고 못 박고 있어도 이런 극단적 보수주의에 면역성이 희박했다. 1970년대의 서구 문물의 유입과 물질적 발전을 본 사우디에는 이에 대한 반대현상이 일어났다.

1979년 사우디 왕정을 비판하는 세력이 이슬람의 원리주의의 성향을 띠고 메카 사원을 점거한 사건이 발생했다. 종교적 보수주의가 정치적으로 활력을 갖고 있음을 알리는 것이었다. 메카사원 점거가 사우디 군주의 정통성에 대한 직접적인 도전이었다. 또 이란의 시아파 정권도 사우디 정권에 대한 위협이었다. 1980년대의 극단적인 보수 분위기는 사우디 사회를 보수주의 방향으로 몰고가기도 하여 서구 지향적인 국민들과 보수적 성향의 사회 구성원간에 양극화 현상을 심화시켰다. 1991년 페르시아만 전쟁은 사우디 사회를 보수적 정서로 전환하는 계기가 된다.

사우디 내에서의 이슬람적 보수 성향은 정부의 정책뿐만 아니라 개인의 행동양식과 이슬람 사원에서의 설교내용에도 나타난다. 사우디 왕가는 사우디 아라비아가 이슬람 정부로서의 정통성을 지키기 위해 보수적 경향을 띤다. 사우디 왕국 창건의 기반이 된 이슬람 전통의 계승자임을 내세운다.

만안전쟁 후의 사우디아라비아의 내정은 다사다난한 시대였다. 만안전쟁은 사우디아라비아의 내정에 강한 충격을 주었다. 이라크에 의한 국가 위기, 미군의 사우디아라비아 주둔과 그에 대한 반발, 팔레스타인 문제를 둘러싼 사태의 진전, 세계 각지의 이슬람교도에 의한 이라크 지지 움직임, 이들 모두가 사우디아라비아의 내정에 영향을 주어 민주화 요소를 비롯한 여러 가지 움직임이 표면화되어 왔다.

우선 1991년에는 국정개선을 요구하는 이슬람계 지식인에 의한 청원서가 제출되고, 이듬해에도 마찬가지의 청원서가 제출되었다. 이러한 흐름 속에서 사우디아라비아 정부도 내정 개선에 착수하여 1992년에는 국가기본법을 발포하고, 자문 의회로서 슈라(자문기구)를 개설하는 것을 발표하였다. 그 슈라 의회는 1993년에 개설되고, 이어서 1994년에는 지방의 주 의회가 개설되었다.

그러나 이러한 정부의 개혁의 움직임에도 불구하고, 국내의 정치적 불안정은 가라앉지 못하고, 1994년에는 이슬람 지도자 쉐이크 살만아우다 등의 체포를 계기로 이른바 브라이다 사건(브라이다에서의 데모, 소란사건)이 발생했다. 그리고 1995년에는 리야드에서 폭탄테러사건이 발생하고, 다음해 1996년에도 만안의 알쿠바르 지역에서 폭탄테러사건이 일어났다. 이와 같이 만안전쟁 후 이슬람계를 중심으로 하여 정치체제의 개혁을 요구하는 움직임이 강해져, 이 움직임은 국내에서의 단속강화와 함께 테러사건으로 발전되고 있었다.

파흐드 국왕이 병석에 누운 것은 이와 같이 이슬람 세력의 활동이 이어지고 있었던 시기였다. 내정이 불안정요소를 안고 있는 시기에 일어난 국왕의 병세로 사우디아라비아의 내정은 강력한 리더십을 잃게 되고, 내정 방향이 불투명해지게 되었다.

그러나 만안전쟁 이후의 정치체제의 개혁을 요구하는 움직임과 테러활동은 1996년 6월에 일어난 알쿠바르 폭탄테러사건을 마지막으로 이후에는 안정화의 방향을 향해갔다. 만안위기, 만안전쟁에서 받은 충격의 영향이 약해지기 시작하고, 동시에 사우디아라비아 정부의 내정개혁과 치안대책이 효과를 발휘하기 시작했기 때문이다.

한편, 1990년대에 들어서면서 사우디아라비아 국내의 사람들의 관심은 국외로 향하게 된다. 특히 1990년대 중반 이후에는 심각했던 보스니아 내전에 있어서 이슬람교도의 경우에 많은 국민의 관심이 모아지고 그후에도 중앙아시아의 이슬람교도의 지원과 체첸 분쟁 등 해외의 이슬람교도를 둘러싼 문제에 사우디 국내의 관심이 향하게 되어, 이 때문에 내정에 대한 국민의 비판적인 관심은 차차 약해지고 있었다. 사우디아라비아의 내정은 1996년 이후 비교적 안정된 상태에 들어간다.

정치적인 문제에 대신하여, 1990년대 중반 이후 내정의 초점은 고용문제와 경제문제로 옮겨가고 있었다. 이 시기의 내정상의 주요한 과제는 사우디인들을 위한 고용기회 확대, 사우디 국내에 600만에 가까운 외국인 노동력의 소멸, 불법체재 외국인의 송환, 글로벌화에 대응하기 위한 국내 경제제도의 개혁, 세계무역기구 가입을 촉진하기 위한 국내 여러 제도의 개혁, 국내산업의 육성, 가스와 석유부문을 포함한 외국으로부터의 투자의 촉진, 관광산업의 육성 등이며 내정은 고용문제와 경제문제를 중심으로 해서 움직여 왔다.

이상의 흐름으로부터는 사우디아라비아의 내정에서 파흐드 국왕의 건강문제는 별로 영향을 주고 있지 않은 것처럼 보일 것이다. 그러나 실제로는 국왕의 리더십이 약해진 속에서 몇 가지의 변화가 보이고 있다. 그 중에서도 주목할만한 것은 1999년 이후 정치제도와 정책결정 과정에 변화가 인정되어지는 것이다. 그것은 각종의 최고평의회가 내정상 중요한 역할을 하게 되어 온 것과 슈라 의회의 역할이 어느 정도 강해지고 있는 것에서 보여진다.

행정제도에 관해 1999년 이후 몇 가지의 최고평의회가 신설되었다. 1999년 9월에 경제 최고평의회가 설립되고, 2000년 1월에는 석유광물자원 문제 최고평의회가 설립되었으며, 그리고 4월에는 고나광 최고평의회가 설립되었다. 사우디아라비아에는 그 외에도 정보 최고평의회, 이슬람문제 최고평의회 등 몇개의 최고평의회가 있다. 그들의 최고평의회는 일종의 자문기관으로서 내정상 일정한 역할을 담당해 왔는데, 그 중에서도 경제 최고평의회와 석유광물자원 문제 최고평의회는 사우디아라비아의 경제와 석유정책 결정에서 커다란 역할을 담당하게 되었다.

경제 최고평의회는 반복회의를 개최하여 경제개발과 투자촉진 등에 관한 문제를 검토하고, 또한 석유광물자원 문제 최고평의회에서는 에너지부문의 개발정책과 석유전략 등이 논의되고 있다.

또한 1993년에 개설되었던 슈라 의회도 회의에서의 심의를 통해 근년 정책결정 과정에 대한 관여 정도를 강화하고 있다. 이와 같이 최근, 정치체계 정책결정 과정에 있어서 변화가 보여지고 그들의 변화는 파흐드 국왕의 건강문제와 관련성을 가지고 있다고 생각되어지는데 그것은 다음 장에서 검토해 보자.

3. 제2차 세계대전 전후의 아랍

1979년 이란의 이슬람 혁명은 여러 아랍국들에게도 커다란 영향을 주었다. 이슬람 원리주의라든가 이슬람 부흥운동이라는 이슬람주의의 움직임이 뚜렷이 나타났다. 이슬람주의의 대두와 병행하여 이에 앞선 아랍민족주의의 퇴조가 눈에 띈다. 아랍민족주의가 퇴조한 계기는 1967년의 제3차 중동전쟁이 일어난 후부터이다. 이집트, 시리아, 요르단이라는 아랍의 핵심적인 국가들이 불과 6일만에 이스라엘 한 나라에 패배했다.

아랍민족주의의 퇴조와 이슬람주의의 대두라는 현상은 아랍민족 전체에 대해 모두 같이 제기되는 것이 아니지만 아랍의 여러 나라는 각각의 틀 안에 이런 경향을 내포하고 있으며 정치체제나 정책에 반대하는 입장을 취하는 국내의 정치세력이 이슬람의 이름으로 행동을 일으킨다는 공통점도 있다.

아랍연맹의 가맹국은 22개국이다. 아랍연맹의 정식명칭이 상징하는 것처럼 현재로는 복수의 독립된 아랍국가가 서로 간에 어느 정도 관계를 가지면서 공존하는 지역적 체제, 아랍 여러 나라의 체제가 성립한 것이다.

아랍의 여러 나라는 제1차 세계대전 후 또는 제2차 세계대전 후 독립할 때까지 영국 · 프랑스 등 서구 제국주의의 지배하에 있었다. 또 거슬러 올라가면 서구 진출 이전의 상황을 보면 모로코나 아라비아 반도의 일부를 제외하고는 아랍 여러 나라는 오스만 제국의 지배하에 있었다. 이 중에는 이집트처럼 국가형성의 역사가 오래되고 오스만 제국 이전부터 지역적인 테두리를 갖고 있던 나라도 있다. 그러나 여러 아랍지역에서는 19세기 초 이래 서구 제국주의 진출에 대한 저항과 오스만 제국 지배로부터의 자립이라는 두 개의 목표를 추구하는 중에서 각국의 민족주의가 분명한 형태를 갖추고 나타났다.

오스만 제국은 완성된 이슬람 국가라고 말해지는데 오스만 지배로부터 자립을 하려 한 아랍의 여러 나라도 이슬람에 기초를 둔 국가체제를 만들고자 했다. 즉 아랍지역의 지배자에게는 이슬람 신앙의 옹호, 이슬랍 법(샤리아)의 준수가 스스로의 정통성 근거였다. 이는 혼인이나 상속과 같은 사법의 영역에도, 형법과 같은 영역도 마치 한가지다.

또 예배의 인도사(이맘) · 법학자(피기흐) · 재판관(카디) · 교사(무알림)을 겸하는 울라마층이 국가와 민중을 연결하는 데에 중요한 역할을 다했다. 행정기구의 말단에서도 도시의 기능, 주거구(住居區) 집단, 농촌 공동체를 묶는 데 쉐이흐(원로)의 기능은 지탱되었고 수피즘(신비주의)의 교단조직이 종적인 사회조직을 횡적으로 연결하는 역할을 다했다.

이같이 국가체제로서의 이슬람은 비이슬람적, 즉 기독교적 원리에 지탱된 외국지배에 대한 저항 원리였으나 차츰 제국주의에 의해 변형되었다. 이를 상징하는 것은 이슬람 국가에 있는 외국인의 지위이다. 오스만 제국

내의 유럽인의 비무슬림처럼 피보호민(딤미)으로서의 자치권이 부여되었다. 그러나 서구세력의 침투확대와 함께 이 자치권이 이슬람 지배가 미치지 못하는 치외법권(캐피튜레이숀 제도)에 전화하여 드디어 유럽 법은 이슬람 법보다 우위의 지위를 점하게 되었다(혼합 재판소의 설치).

이와 함께 전통적 지배체제가 식민지 지배를 위해 적극적으로 이용되기 시작했다. 영국의 단독점령(1882년) 후의 무함마드 알리 왕조, 보호령 조약체결(1883년) 후의 튀니지의 후사인 조가 그 예이다. 이들 전통적 왕조는 이슬람 정권인만큼 영국이나 프랑스에게는 개폐하는 것보다 무슬림 대중을 통치하는 데는 유지하여 이용하는 편이 지배체제의 계속으로 유효한 수단이었다. 울라마층은 외국지배에 대항하여 민중운동을 조직한 적은 있으나 지배체제 확립 후 관료층으로서 식민지 행정기구에 흡수되었다.

또 프랑스는 기독교도가 많은 레바논을 시리아로부터 분리하고(1864년), 레바논에 기독교도 우위의 정치체제를 확립하고자 하였는데 이것은 전통왕제 유지와 다른 방향으로 이슬람의 유제를 제국주의 지배에 이용한 예이다. 각 지역에서의 기독교도나 유태교도의 우대정책도 이슬람의 딤미 제도를 역용한 분할통치의 정책이다.

프랑스군의 카이로 공략(1789년), 알지에 점령(1830년)과 같은 서구 열강의 군사적 침략에 대해 이슬람의 이름으로 지하드(성전)의 호소는 민중의 저항운동을 조직하는 데 큰 역할을 다했다. 지배자가 항복하고 체제 이슬람의 장(무프디)이 지하드의 흐트바를 하지 않는 경우에도 민중 이슬람을 대표하는 수피(신비주의) 교단이 무력저항의 모체로 되었다. 알제리아의 압둘 가디르의 저항(1832~1847년)이 그 대표적인 예이다.

또한 '수피'적 이슬람 운동이 개혁주의와 연결하는 데서 조직원리나 운동형태야말로 수피즘의 계보를 갖고 있지만 이미 수피즘을 넘어 이슬람 혁신과 정치체제의 혁신을 동시에 지향하는 운동이 발생하고 있다. 즉 아라비아 반도의 와하압 운동(18세기), 수단의 마흐디 운동(1881~1898년), 리비아의 사누시 운동(1837~1931년)이다. 이 중 수단에 세워진 마흐디

국가는 영국군에 의해 멸망하지만 다른 두 개는 각각 사우디아라비아 왕국, 리비아 왕국의 건국으로 연결된다.

이미 제1차 세계대전 전부터 아랍 제국의 태반은 오스만 제국의 지배에서 벗어났지만 기독교적 유럽의 지배하에 들어갔다. 법적 지위는 다르지만 이집트와 수단은 영국 치하의 마그립 3국(튀니지, 알제리아, 모로코)은 프랑스 식민지였고 아라비아 반도는 영국의 영향 아래에 있었다. 한편으로 비옥한 초생달형지대의 아랍 제지역에서는 지방정권의 자립이 억압되고 오스만 제국 지배가 제1차 세계대전까지 계속되었다.

아랍민족주의 역사에서 주목되는 것은 이같은 여건 아래서 시리아나 이라크에서 범아랍주의가 싹트였다는 것이다. 특정지역에 결부되지 않은 그들의 아랍이라는 의식은 청년 터키혁명으로 나타난 터키 민족주의에 대항하는 가운데서 아랍민족주의로 전환되었다.

제1차 세계대전시 '아랍 반란'(1916~1920년)은 아랍이 일으킨 반터키적 행동이라는 점에서 아랍민족주의의 나타남이었다. 그런데 그 담당자가 히자즈(아라비아 반도 메카, 메디나를 포함하는 중서부지방)의 후사인과 파이잘, 시리아와 이라크의 민족주의자라는 두 요소로 되어있다. 전자가 하심(예언자 무함마드의 혈통) 집안이 지배하는 아랍국가 건설을 목표로 하는 데 대하여 후자는 터키 지배로부터의 해방을 목표로 하였다.

이같은 두 개의 아랍민족주의에 터키령의 분할을 하려 하는 영국과 프랑스가 가담하여 일으킨 것이 '아랍 반란'이었다. 제1차 세계대전 중에 오스만 터키가 '지하드'라는 호소형태로 범이슬람주의를 고양한 것도 주목할 만하다.

제1차 세계대전 결과 아랍지역에 대한 터키 지배는 해체되고 영국은 이라크, 팔레스타인, 트랜스 요르단 세 지역을, 프랑스는 시리아와 레바논 두 지역을 각각 위임 통치령으로 그 지배하에 넣었다. 그리고 이탈리아는 대터키전쟁(1911~1912년) 이래 키레나이가와 트리포리타니아(현재의 리비아)의 종주권을 터키로부터 빼앗고 제1차 세계대전 후에 리비아 전토를 점령했다.

제1차 세계대전 후 아랍지역은 유럽 열강의 지배하에 들어갔는데 주목할만 한 점은 다음과 같다.

국경의 확정은 아랍 분할을 통해 영국과 프랑스가 줄을 친 분할선에 따라 아랍 제지역의 경계가 정해졌고 드디어 현재의 아랍 제국에 인계되어 국경으로 되었다. 타율적인 국경확정이다. 이 점에서 아라비아 반도는 예외이며 사우디군은 히자즈 지방을 통합하여 현재의 사우디아라비아의 판도가 정해졌다. 경계와 더불어 그 범위에 들어가는 영토와 주민이 확정되었다. 이는 영역국가로서 국가의 성격이 정하여진다는 것을 의미하는 것이며 민족, 종파 등에 바탕을 둔 귀속의식은 영역국가라는 틀 속에 들어간다. 한 국가 내의 민족, 종파의 대립이나 쿠르드인처럼 국가를 갖지 못하는 민족의 비극의 원인이 만들어지는 연유이기도 하다.

아랍민족주의의 목표는 오스만 터키 지배에서의 자립으로부터 영국이나 프랑스 식민지 지배로부터의 해방으로 변했다. 아랍 제국의 전통적 지배층은 식민지체제에 짜여 들어가 작든 크든 식민지 지배의 버팀목의 역할을 하였기에 민족주의자들은 식민지 지배로부터 벗어나고 정통적 정치체제의 개혁을 동시에 하고자 했다.

이 무렵에 정통적 지배층이 이슬람을 정통성의 근거로 하고 있고 또 이슬람 법과 결부된 사회조직을 기반으로 하고 있기 때문에 새로운 민족주의 지도자들은 근대주의의 입장에 섰다. 또한 영국이나 프랑스의 지배력이 강하기 때문에 민족주의자들은 입헌주의, 의회주의와 같은 자유주의적 이데올로기로 목표를 달성코자 했다. 자유주의는 이슬람주의와 근대화라는 입장에서 대립하게 된다.

아랍민족주의가 해결해야 할 과제로 팔레스타인 문제를 들 수 있다. 제1차 세계대전시 발포아 선언(1917년)으로 팔레스타인에 유태인의 '내셔널 홈' 설립을 약속한 영국은 위임통치하의 팔레스타인에 유태인이 들어와 사는 것을 인정하고 후에 이스라엘 건국의 기초를 만들었다. 이에 대해 범

아랍주의적 수준에서 시온주의와 제국주의의 결부에 대항하여 아랍 제국의 민족주의자들 사이에 연대감이 강해지는 계기가 되었다. 팔레스타인에서는 이슬람주의에 뒷받침을 받는 팔레스타인 민족주의가 자라게 된다.

제1차 세계대전과 제2차 세계대전 사이의 아랍민족주의와 이슬람의 관련을 보면 1920년대와 1930년대는 대조적인 문제가 나타난다. 1920년대 아랍민족주의를 대표하는 두 가지 조류로서 자유주의적 개혁운동과 무장반란이 있었다. 전자의 예로는 이집트나 튀니지의 '와프드' 운동, 후자의 예로는 리비아의 우마르 무흐다르나 모로코의 압두 알 카림의 반란이다. 전자와 후자는 전술형태가 정반대이지만 식민지 지배체제에 반대하고 식민지 지배의 지주가 되고 있는 정통적 지배자층에 대한 반대를 표명했다는 점에서는 공통적이다.

와프드 운동의 목표은 이집트와 튀니지에서는 독립이었고 자유주의 이데올로기에 따라 식민주 종주국에 작용했다는 데 공통점이 있다. 운동이 한창일 때는 대중운동도 동반했으나 대중을 동원하는 데에는 이슬람은 큰 역할을 하지 못했다. 운동의 담당자는 신·구 중간층이며 이슬람의 받침을 받고 있는 정통적 지배층에 대한 대항이라는 표적이 있었기 때문이다.

영국이나 프랑스측에서 본다면 제1차 세계대전으로 동요된 식민지 지배체제에 신중간층을 넣는 것이 필요했다. 이 때문에 실시된 개혁이 이집트의 경우에는 1922년 형식적 독립과 다음해 1923년 입헌군주헌법의 제정이며 튀니지의 경우에는 1922년의 대평의회 설치였다.

이슬람에 관련되어 주목되는 것은 이집트 헌법에서 이슬람이 '국가헌법'으로 규정되었다는 것이다. 이집트 국가의 이슬람성이 헌법으로 규정되었다는 것은 식민지 지배체제의 비이슬람성과의 관련에서 적극적 의의를 인정하는 입장이다. 그런데 이슬람이 세속법의 규정 대상이 되리라는 것을 이슬람에 대한 모독으로 간주하는 입장이라는 시각도 있다. 이집트의 독립이 형식적인 것처럼 이슬람과 헌법의 관계도 극히 형식적이며 실체를 수반하는 것이 아니었다.

이라크와 요르단에서는 1922년 하심가의 왕(파이잘과 압두 알라흐)이 보내어졌으나 이는 이집트의 형식적 독립이나 시리아와 레바논에서의 강화제(講和制) 도입과 한가지로 전후개혁의 일환으로 생각할 수 있다.

모로코의 압두 알 카림의 반란(1920~1926년), 리비아의 우마르 무흐타르의 반란(1923~1931년)은 에스파냐, 프랑스, 이탈리아가 점령지를 확대하고자 한 데 대한 무장반란이라는 점에서 19세기의 무력저항과 같은 성격을 띠고 있고 부족세력, 교단조직 등 사회조직으로서의 이슬람이 대중동원의 역할을 다했다. 이 두 개의 반란은 식민지 체제에 타협한 구지배자(모로코의 아라위 조 술탄, 리비아의 터키계 지배자)에 대항하여 지방의 세력(리흐 지방, 키레나이가 지방의 호족)이 식민지 지배에 무장반란이라는 길을 선택했다는 점에서 공통하다. 두 개의 반란지도자가 스피코단과 관계를 가지면서도 수피적 원리에 의거하지 않고 정통파 이슬람 원리를 중시했다는 점은 흥미롭다.

식민지 열강이 만들어낸 전후체제에 대한 무장반란으로는 시리아(1925~1926년)와 레바논(1907년)에서의 드르즈교도(시아파의 한 종파)의 반란이 있다. 기독교도를 우대하는 프랑스 정책에 반대하는 드르즈교도의 반란으로 시작한 것이지만 프랑스어 강제교육으로 대표되는 문화정책이나 엄중한 탄압정책에 대한 반감에서 독립을 요구하는 전국적인 운동으로 전환하였다.

1920년대 전반의 전후개혁과 무력탄압으로 민족주의는 일단 진정하였으나 1920년대 후반이 되어 아랍 각 지역에서 다시 활발한 움직임이 시작되었다. 새로운 운동의 목표는 이집트나 시리아에서는 독립, 마그립 3국에서는 참정권 확대라고 하는 것처럼 식민지 권력과의 역학관계에 따라 여러 가지이지만 입헌주의 의회주의의 틀 내에서 신흥세력(민족 부르주아)이 국정으로의 참가를 요구하여 구 정치세력에 대항하여 운동의 전면에 등장하였다는 점에서는 공통적이다. 그들의 전술은 평화적 수단, 즉 영국과 프랑스 정부와의 교섭에 의거하는 것이었다.

이 교섭을 유리하게 추진하기 위해 대중동원으로 압력을 가하였는데 이 경우에도 이 시기의 민족주의 지도자는 자유주의라는 세속주의적 원리를 사용했다. 한편 세계공황 이래 가속적으로 진행한 사회변화 속에 생활기반을 상실하여 불안감을 갖고 있는 사람들에게 호소하기 위해 이슬람이나 아랍어에 바탕을 두고 있는 문화적인 동일성의 옹호나 회복을 슬로건으로 내걸었다.

이 단계의 민족운동은 1930년대 중반경 한 정점을 맞이한다. 이집트에서는 영국과의 동맹조약에 의한 독립(1936년), 시리아 · 레바논에서는 독립을 정한 조약(1936년), 알제리아에서는 참정권 확대를 정하는 법안(1936년)과 같은 독립 내지 참정권 확대로의 희망이 싹텄다. 그런데 그 성과는 얼마 되지 않으며 특히 프랑스의 인민전선 내각은 시리아 등에서 약속한 것을 실현하기 전에 붕괴해 버리고 말았다. 이렇게 되어 영국과 프랑스 정부에 대한 실망과 함께 민족운동의 이념이나 전술에 대한 좌절감만 남게 되었다.

이렇게 자유주의의 좌절에서 생긴 것은 독일과 이탈리아의 파시즘에 대한 기대였고 국내에서는 군인의 대두, 이슬람주의의 정치적 부활이라는 사태였다. 하산 알반나가 이집트에서 창립한 '무슬림 동포단'(1928년)이 그 대표적 예이다.

제2차 세계대전 후 아랍 제국은 차차로 독립을 얻었다고 하더라도 아랍민족주의의 과제가 모두 수행되었고 그 역사적 사명이 다한 것은 아니다. 국가 단위의 민족주의를 국내적으로 본다면 정치체제의 재편성이나 경제구조의 개혁이 새로운 민족주의의 목표로 되었다. 이집트 혁명(1952년)이나 이라크 혁명(1958년)이 그 대표적인 예이다. 튀니지(1956년 독립, 1957년 공화제 이행)나 알제리아(1962년 독립)처럼 독립까지의 과정이 혁명을 동반한 경우도 있다. 요르단이나 모로코처럼 왕제를 유지하면서도 개혁파의 요구에 대처한 경우도 있다.

또 범아랍민족주의 수준에서는 아랍연맹의 결성(1945년)이 전후 최초의 성과였다. 각국의 독립과 아랍연대는 아랍민족주의가 대결해야 할 공동의 적은 '제국주의, 식민지주의, 시온주의'이고 팔레스타인 문제가 전면에 떠올랐다. 수에즈 운하의 국유화를 둘러싼 제2차 중동전쟁(1956년)이 계속되는 수년간은 나세르가 지도한 아랍민족주의의 최성기이다. 아랍의 탈식민지화와 아랍민족주의는 꽤 성공을 거두었다. 이스라엘 건국을 계기로 팔레스타인 정쟁, 즉 제1차 중동전쟁에서의 아랍측 패배는 그후의 중동 정세에도 커다란 영향을 준다.

이집트의 나세르는 1952년 자유장교단을 이끌고 파르크 국왕을 타도하고 7월혁명을 성공했다. 나세르는 수단의 자치권 승인, 영국군의 수에즈 운하지대 철병, 1956년 수에즈 운하의 국유화를 선언했다. 이 조치에 반발한 영국, 프랑스, 이스라엘 3국의 군사개입으로 수에즈전쟁 즉 제2차 중동전쟁을 뚫고 나온 이집트의 경험은 다른 아랍 제국에도 귀중한 지침이 되었다. 요르단 국왕은 1956년 군의 영국인 지휘관을 해임하고 이라크의 가심 대령은 하심 왕조를 넘어뜨리고 영국과의 동맹을 파기했다.

그러나 나세르의 아랍민족주의적 사업 '나세르즘'은 아랍 제국에 모두 계승된 것은 아니다. 나세르에 유사한 엘리트들은 구종주국의 군사적 · 경제적인 영향력을 배제하였다고 하더라도 식민지 지배에 따르는 부정적인 유산을 곧 극복하지 못했다. 학문 · 교육 · 통치방식 · 과학 · 기술면에서 엘리트들은 선진국으로부터 많은 것을 배워야 했다.

무역수지의 건전화, 기술지도, 현대무기의 부품제공 등의 명목으로 파견된 군인, 민간인 등의 고문단의 존재는 원조의 대의명분을 휘두르는 신식민지주의와 '사회주의적 제국주의'의 위험을 무슬림 제국, 아랍 제국의 무슬림 엘리트들은 깨닫게 된다. 이래서 대부분의 무슬림 제국은 서방 자본주의권과 사회주의권 사이의 비동맹 중립노선을 취하게 된다.

시오니즘에 따른 1948년의 이스라엘 국가건설은 이슬람(아랍)과 중동 역사에 중세의 십자군 침입 이상의 충격을 사람들에게 주었다. 19세기 말에 시작되는 유태인들의 팔레스타인 식민(이주)은 1917년의 발포아 선언,

1930년 서구 사회에서의 셈족 배척주의의 확대를 통하여 진행되었으며 팔레스타인 사회구성에 격변을 가져왔다. 당초, 아랍 주민은 1936~1939년의 아랍 반란처럼 예루살렘의 무푸티 아민 알 후세인 주도 아래 지하드(성전)적 사회운동의 방향으로 시오니즘과 대결했으나 식민의 물결을 저지할 수 없었다.

1947년 유엔의 팔레스타인 결의안은 미·소 양대국의 지지를 받고 이스라엘을 만들었다. 많은 팔레스타인 아랍인은 토지와 재산을 잃고 난민이 되었다. 그들은 국가를 획득한 유태인에 대신하여 '디아스포라'(이산)의 고통을 받게 되었다. 1964년 팔레스타인 해방기구(PLO)는 1967년 제3차 중동전쟁(6월 전쟁) 후에 재편되어 중동을 중심으로 세계 각지의 팔레스타인의 자각 강화에 공헌했다. PLO는 1973년 제4차 중동 전쟁 이후 유엔에 옵서버로 참가하여 의장 야시르 아라파트의 유엔총회 연설(1974년), '시오니즘은 인종차별주의'라고 하는 유엔 결의(1975년)를 거쳐 명실공히 팔레스타인의 유일한 정당한 기관으로 되었다. 지금은 요르단강 서안과 가자 지구를 포함한 자치정부를 수립하고 이스라엘 시민도 흡수하는 새로운 팔레스타인 형성을 목표로 하고 있다.

1967년의 제3차 중동전쟁에서 아랍이 패배한 이래 민족주의가 퇴조하고 이슬람주의의 대두가 나타난다. 특히 주목되는 것은 팔레스타인 민족주의가 대두하였는데 이에는 이슬람의 역할이 컸다. 또 범아랍주의에 대체되어 나라마다의 민족주의가 주류가 되어 이슬람을 기반으로 하려는 흐름이 흐른다.

1973년 제4차 중동전쟁 후 아랍 제국은 대규모적인 경제개발에 착수했다. 산유국의 경우에는 증대한 석유수입, 비산유국의 경우에는 그 환류자금으로 단기간에서 개발효과를 높이기 위해 개발전략을 채용하는 편이고(개발주의), 개발의 성과를 바라고 보조금 정책으로 민생을 뒷받침하고자 했다(복지주의).

국민들이 이같은 정책에 반발한 것은 빈부의 차나 지역적 격차가 확대한 데만이 아니다. 경제적으로는 사회주의적 통제정책에서 문호개방정책이라고 불리우는 자유주의로 전환하였는데 정치적으로는 국민에게 정치참가의 기회를 주지 않고 강권적으로 국가체제를 유지하고자 하기 때문이다.

아랍 제국의 민족주의는 1960년대 전반까지 반제국주의나 사회주의를 추구하였고 이 시기에는 국민주의와 형용할 수 있는 내용을 갖고 있었다. 그러나 개발주의 시기가 되니 국권주의와 국가주의라고밖에 할 수 없는 뒤로 역행하는 민족주의로 변질해 버렸다.

개발주의 시대는 석유자본의 순환과 대량의 노동이동에 따라 아랍 제국 간의 경제적 상호 의존성이 아주 고양한 시기였다. 그럼에도 불구하고 각국 정부는 자국의 이익을 우선하는 대외정책을 추진했다. 아랍 제국은 경제면에서 정부간 협력 교섭을 진행하는 것이 있어도 전처럼 아랍 통일의 이상을 추구하지는 않는다.

이슬람주의의 대두는 아랍민족주의가 변질하고 있을 때 대중에 대한 영향력을 상실하는 과정에서 나타난 현상이다.

아랍 제국 중에도 사우디아라비아나 모로코같이 왕제가 계속되고 있는 나라에서는 이슬람이 현체제의 정통성을 지탱하는 원리로 되어 있다. 요르단이나 아라비아 반도의 군주국들은 정도의 차는 있어도 이슬람이 전통적인 정치체계를 존속시키는 요인임에는 의심할 여지가 없다.

이들 왕제의 나라들은 물론 이집트와 같은 공화제의 나라에서도 독립 또는 혁명 후 이슬람과의 관련에서 어떤 정치체제를 만들 것인가라는 문제에 직면했다. 식민지 지배체제의 비이슬람적이었기에 이슬람의 복권을 주장하는 사람들이 어느 나라에도 있다. 많은 아랍 제국에서는 헌법에서 '이슬람은 국가의 종교이다'라고 정하는 것으로 이슬람 법과 근대법의 공존을 도모코자 했다. 이슬람 법이 존중되는 영역은 혼인법이나 상속법 등 가족제도의 유지를 하려는 것이다.

또 국비로 모스크의 건설이나 순례 등에 특별 외화 할당 등 정부는 이슬람의 신앙에 바탕을 둔 행사를 지원하고 이슬람의 명절일을 나라의 경축일로 하고 음주를 제한, 금지 등 이슬람과 결부한 관습을 존중하기 위한 조치를 취했다. 무푸티를 정점으로 하는 울라마층을 국가공무원으로 하고 와크프(이슬람 관계 지원기관)부를 설치하는 것으로 이슬람 제도를 국가 기구의 한 자리를 차지하게 했다. 그럼에도 불구하고 전체의 균형을 보면 이슬람 법과 근대법의 2원성(二元性)을 유지하는 이상 이슬람 법 영역 쪽이 좁혀가는 경향은 공통적이다. 이슬람의 부흥을 주장하는 것은 지주나 울라마 층과 같은 사회의 낡은 세력층이다.

이런 경향에 대해 1970년 이래 이슬람주의자들은 이슬람 법의 실지회복을 요구함에 따라 정부도 이에 대응한다. 이슬람 법(샤리아)을 법원으로 하는 헌법을 규정하거나(이집트의 1971, 1979년의 헌법개정), 형법(刑法)에서 이슬람적 형벌을 부활하는(수단 등) 따위이다.

그러나 많은 아랍 제국에서 이슬람주의가 대두한 이유는 독립 또는 혁명 후에 만들어진 정치체제에서 이슬람 법과 근대법의 2원성 또는 근대법이 사실상 우위에 있었다는 것이 아니다. 여기에는 국민의 정치참가가 실현되지 못하고 정치권력이 소수의 정치 엘리트에 집중하였기 때문이다. 또 급격한 사회변화 속에서 문화적인 주체성 상실에 대한 위기감도 있다. 공화제 국가이거나 왕제 국가에서도 이런 점은 공통적이다. 정치체제는 정치 엘리트들에 대한 국민의 불만이 전에는 민족주의라는 모습을 갖고 나왔는데 1970년대 후반부터는 아래로부터 이슬람의 혁명이라는 형태로 분출한다.

1970년대에 진입하고 유럽과 미국의 영향에 강하게 노출된 이슬람은 이슬람 문명의 변질에 직면하여 이슬람의 가치관과 진보, 발전에 관한 관념의 재검토가 시작되었다. 그 극단의 조류는 원리주의에 기반을 두는 이슬람 부흥운동이다.

이슬람 원리주의자의 주장은 이슬람과 서구의 가치관이 완전히 상반된다는 인식에서 출발한다. 그들은 이슬람 세계에서 서구의 지배나 미국의 영향력을 배제한다는 것은 강조하는 데서 그치지 않고 이슬람교도(무슬림)들의 생활기반에 깊이 뿌리박은 유럽문명의 구성요소이기도 한 세속법, 무신론적 학문, 퇴폐적 문화현상의 일소도 불가결이라 생각한다.

이슬람 원리주의의 공통점은 정치 · 사회 · 경제생활에서 '이슬람의 길'을 이룩해야 한다고 주장하는데 이것이 의거하는 정신적 원천에 대해서는 18~19세기의 이슬람 개혁운동에서 구하는 자, 예언자 무함마드와 그 교우시대에 소급하는 자 등 가지각색이다. 또 샤리아(이슬람 법)의 실현을 목표로 직접행동으로 나오는 급진주의자도 있는가 하면 서구식 교육을 받은 엘리트 원리주의자의 결사도 존재한다. 그러나 그들의 운동이 현세에서의 권력의 획득을 모색하거나 이미 장악된 권력 유지를 하는데 동기가 있으며 서구의 가치관과 그들의 생활방법에 증거를 갖는다는 공통점이 있다.

4. 이란과 시아파 이슬람

서아시아 이슬람 세계는 16세기부터 커다란 전기를 맞는다. 13세기의 몽골 침입 이래 수다한 정치세력의 흥망이 되풀이하고 전란이 그치지 않았던 이란고원에서 중앙아시아에 걸친 동방 이슬람 세계에 사파비 조(1501년)가 일어나 2세기여 동안 안정된 국가로서 주요한 역할을 다한다.

사파비 조는 다음 3개로 요약할 수 있다. 첫째 아랍의 이란 침입 이래 이민족지배를 벗고 성립된 이란 사람 자신의 왕조이다. 둘째 오스만 제국의 터키나 중앙아시아의 우즈베크 족 국가에 대항하기 위해 시아파의 12이맘파를 국교를 했다. 이에 따라 이란 사람의 민족적 · 정치적 통일의 의식이 고양되었다. 셋째 이란의 전통적 황제 칭호 '샤'를 쓰고 고대 이란의 신권적 제왕사상을 부활했다. 즉 사파비 조는 '이란 국민국가'이다.

몽골의 서아시아 침입 이래 사파비 조 수립까지 이란의 지배자는 거의 유목민 출신이었다. 터키, 몽골계의 유목민이 갖는 군사력이 압도적으로 우세하였던 시대였다. 정치권력을 장악하는 데는 군사력이 필요했던 것이다. 인구비례로 압도적 다수를 점하였던 이란고원에 정주하는 농민이나 도시의 상민, 수공업자들은 조직으로서의 무력을 갖지 못하기 때문에 유목민의 정치적 · 군사적 지배를 용인치 않을 수 없었다.

지배자인 유목민은 피지배자의 정주민으로부터 조세로 농업생산물이나 수공예품을 공납시키고 또 그 지배영역을 통과하는 상인으로부터 통행세, 상업세 등을 징수했다. 그렇다고 반드시 이것은 유목민의 일방적인 지배를 의미하지는 않는다. 스스로의 생명과 재산을 지킬 강력한 무력을 갖지 않는 정주민은 세를 지불하는 대가로 유목민의 군사력으로 보호를 기대하였기 때문이다.

15세기 이란고원을 지배한 티무르 조(터키, 몽골계 이슬람 왕조) 붕괴는 그 지배하에 있었던 이란인의 각성을 촉구하고 민족적 결속을 굳히었다. 예언자 무함마드의 손자 후세인의 후예이며 아제르바이잔 지방에 일어난 사파비 집안의 이스마일이 이란 평정에 나서자 주위로부터 열광적인 지지를 받았다.

사파비 조의 발흥은 전술한 것처럼 이란 민족의 부흥으로 볼 수 있으나 이스마일을 위해 싸운 이는 터키계에 속하는 유목부족이었다. 그들의 수는 7천이라고 하며 '기지르바쉬'라고 불려진다. 그들은 이후 10여년에 걸쳐 이스마일의 이란 정복 · 군사행동의 중핵이 된다. 이스마일은 유목부족 출신이 아니기 때문에 자신이 소속하는 부족군을 갖고 있지 않았다.

아제르바이잔 지방을 제압한 이스마일은 계속하여 이란 각지에 있었던 여러 중소정권을 정복한다. 그 중의 강적은 티무르 조를 무너뜨린 이란 동부 호라산 지방까지 진출한 우즈베크족 군이었는데 1510년 마르브 근교에서 사파비의 이스마일군은 이를 격파하고 호라산을 그 지배하에 이란고원 통일을 거의 완성했다.

1514년 아나톨리아고원 동부에서 세림 Ⅰ세가 인솔하는 오스만 제국군에 패배하여 정복전쟁은 일단락을 지었다. 그리고 이후 2백년 계속되는 사파비 조의 영역이 대체로 정해졌다. 동쪽도 호라산에서 서쪽은 아제르바이잔, 북쪽은 아무 강, 남쪽은 페르시아만에 이른다. 오늘의 이란 전부와 약간의 이라크 · 터키 · 아프가니스탄의 일부를 포함하는 광대한 지역이다.

시아파의 12이맘파를 국교로 정했다. 사파비 조는 원래 이슬람 신비주의 교단을 그 출발점으로 하여 건국 당초부터 종교적 측면을 내세웠는데 이로 인해 수니파를 신봉하는 오스만 제국과 우즈베크와의 적대관계가 생긴 것이다.

1524년 이스마일이 죽고 어린 다흐마즙(1514~1576년)이 2대째의 왕이 되어 국내는 소란하고 흐트러졌다. 허르크만의 '기지르바쉬' 각 부족의 유력자들은 다흐마즙을 받들고 실권을 장악하려 섭정의 자리를 둘러싸고 쟁투를 전개한다. 성인이 된 다흐마즙은 서로 다투는 기지르바쉬를 상호 견제하여 힘의 균형으로 국내를 수습하고 우즈베크와 오스만 제국군의 침입을 막았다.

1576년 다흐마즙이 죽자 기지르바쉬의 불만이 한꺼번에 쏟아져 국내가 소연해졌다. 3대 왕 이스마일 Ⅱ세와 4대 왕 무함마드의 치세는 왕은 실권이 없고 기지르바쉬에 의한 내란시대였다.

1588년 내우외환으로 소란한 가운데 5대왕 아바스 Ⅰ세(1588~1629년)가 즉위한다. 군사력을 전면적으로 기지르바쉬에 의존하는 한 기지르바쉬의 세력을 근절시키지 못하는 것은 분명했다. 그가 먼저 실행한 것은 다흐마즙 시대부터 궁정에서 사용되었던 전쟁포로인 죠르지아인, 아르메니아인 노예들을 조직하여 구람(노예)군을 만들어 군의 핵심으로 만들었다.

군사개혁으로 기반을 굳힌 아바스는 그때까지 왕명에 복종치 않던 부족을 엄벌에 처하고 유목지의 강제이동 등으로 그들의 세력을 삭감했다.

즉위 후 10년 사이에 국내질서를 안정시킨 아바스는 1588년 이후 강화된 군대를 인솔하여 실지회복에 성공한다. 국내치안의 회복과 함께 건설사업도 각지에서 시작되었다. 새로운 수도 이스파한으로 옮기었다. 이곳은 페르시아어를 사용하는 곳이고 주도면밀하게 도시계획을 세워 이 도시를 개조했다. 거리의 중앙에는 메이다네 · 샤(왕의 광장)라고 이름지어진 큰 광장을 만들고 이를 둘러싼 모양으로 모스크, 궁정, 시장, 대상의 여인숙 등이 배치되었다.

대규모의 토목공사가 계속되고 건축관계 직공들이 이스파한에 모이게 되고 또 상주하는 군인의 수가 대폭 증가하였기 때문에 무기제조 사업도 활발했다. 또한 면, 견, 비단 등 직물업은 질이나 양에 있어도 세계적 수준에 달했다. 이스파한의 번영은 대제(大帝)라고 불리는 아바스 Ⅰ세 치하의 사파비 조의 모습을 상징한다.

이란인을 지배하는 왕으로서 아바스 Ⅰ세는 부족군벌인 기지르바쉬들이 신봉하는 과격 시아파와 결별하고 12이맘파 신앙을 수립하기 위한 행동을 개시했다. 정치적 이유뿐만 아니라 종교적 이유에서도 그는 기지르바쉬의 탄압이 필요했다.

종교정책으로 그는 마쉬하드, 곰 등 시아파의 성지를 정비하고 교회확립을 위해 시아파 신학의 연구를 장려했다.

이런 아바스 Ⅰ세의 시책 결과 17세기에 들어 기지르바쉬적인 시아주의는 모습을 감추었고 오늘날 이란 사회에서 보이는 12이맘파 시아주의의 세력이 증대해졌다.

아바스 Ⅰ세 사후 백년이 넘지 않고 사파비 조는 허물어졌다. 동방에서 침입한 아프간 족 앞에 1722년 수도 이스파한이 함락되고 이란은 다시 혼란의 시대에 들어간다. 왕조 쇠망의 원인으로는 신정(神政) 국가이념의 상실, 새로 창설된 군과 기지르바쉬군의 반목대립, 종교세력에 의한 왕권의 제한, 국제 무역론의 변화에 따르는 이란경제의 침체 등을 들 수 있다.

16세기 초 이래 2백여 년에 걸친 지배기간을 통하여 12이맘파 시아파 이슬람의 가치관을 이란 사회 속에 정착하는 데 성공한 사파비 조도 수니파에 속하는 아프간 족군에 의해 1772년 수도 이스파한을 함락당하고 이란의 통일적 지배권력으로서의 명맥을 단절당했다. 이로부터 이란에는 군웅이 할거하는 전란시대가 다시 나타난다. 이란 중앙고원을 둘러싸고 잔드 족을 비롯한 여러 부족이 패권을 다투고 호라산 지방에는 투르크만계 제부족이 할거하고, 서이란에서는 아랍계, 쿠르드계의 지방독립 군소정권이 분립했다.

이 사이에 카스피해 동남 연안에 위치하는 가자르계 제부족을 통합하고 지도자의 지위를 확립한 아가 무함마드는 1785년 이란 중앙고원에 원정을 개시하면서 잔드 조군을 격파하고 아르포르즈 산맥 남쪽의 요충지 테헤란을 수도로 정했다. 또 1794년 투르크만족 등 기타 부족과 동맹, 협력관계를 배경으로 아가 무함마드는 잔드 조의 잔여부대를 게르만 포위전에서 괴멸하고 호라산, 자가흐가즈를 제외한 구 사파비 조의 판도를 거의 평정했다. 이로 가자르 조는 이란에서 통일적 지배권력의 기반을 확립했다.

1796년 '미회복 영토'의 하나인 구르지아 원정에 들어간 아가 무함마드는 도중 모간평원에서 대관식을 열고 이란에 군림하는 최고지배자의 전통적 칭호인 '샤'를 정식으로 칭하게 되었다. 이란에 일어난 새로운 지배왕조는 이란과 서구의 만남이라는 새로운 사태의 도래와 시기적으로 거의 부합하고 있다. 이런 의미에서 19세기 초는 이란 국내의 정치과정의 전개로보나 국제정세로 보나 이란 근대사의 막을 여는 것을 고하는 획기적인 시기로 위치를 지울 수 있다.

가자르 조는 성립 당초 부족 연합정권의 성격이 농후했다. 아가 무함마드는 본래 자기 출신집단이 가자르계 제부족의 통솔자인 동시에 유력한 제부족 중의 일인자로서도 군림했다. 그리고 가자르 조의 군주의 권력은 이념상 절대적이며 무한하였다.

그러나 이같은 표면적인 인상과는 별도로 가자르 조 지배권력은 주로 구르지아인 노예로 구성된 소규모의 근위부대 외에는 강력한 상비군이 없고 중앙, 지방에서도 세습적, 폐쇄적인 재무관료와 서기관료 등의 비능률적인 한줌의 집단을 제외하고는 정비된 관료기구도 갖고 있지 못했기 때문에 실제상으로는 극히 한정된 범위만 기능을 다했으며 수도 테헤란 주변을 제외하고는 거의 이름뿐이었다.

판도 내의 각지에는 사실상 자치권을 유하는 부족의 족장(한)이나 지방 유지가 할거하고 있기 때문에 중앙에서 파견되는 가자르 왕족출신의 지방 총독(왈리)이나 지사(하캄)도 조세의 징집이나 질서유지의 임무를 다하기 위해서는 이런 지방 권력자층과의 협력관계를 필요로 했고 그들과의 사이에 일종의 잠정협정을 맺지 않을 수 없었다. 이같은 지방권력자를 직접 통제할 역량이 결핍된 가자르 왕조의 지배자들은 때로는 그들을 서로 대립시키고 견제케 하고 때로는 통혼 등의 회유책으로 권력의 미묘한 균형상태를 유지하여 이란의 최고통치자로서의 권위를 행사할 수 있었다.

사파비 조 붕괴 후의 정치적 혼란기에 일시적으로 이란에 패권을 세우는 데 성공한 아흐샤흐 조의 나디르 샤(1688~1747년)는 12이맘파 시아파 이슬람에 극히 가혹한 시정으로 임했다. 한편 가자르 조 초기의 지배자들은 초대 아가 무함마드의 즉위에 나디르 샤의 황제관을 쓰는 것을 거부하고 사파비 가 창건자의 묘당에 봉납된 왕검을 참으로써 12이맘파 이슬람을 보호하고 부지하는 자라고 정식으로 맹세했다.

19세기가 되어 이란을 향한 영국, 러시아의 진출이 시작되었다. 러시아는 코카서스의 영유권을 둘러싸고 가자르 조 제2대 파디 알리 샤시대에 카스피해 북쪽에서 침략해왔다. 가자르 조는 몇번에 걸친 교전에 패하고 구리스단 조약(1813년) 도르고만차이 조약(1728년)으로 그 지방을 할양했다. 도르고만차이 조약이나 통상조약으로 러시아에게 코카서스 지방의 영토와 경제적 특권을 주자 영국을 비롯한 서구 제국으로부터 같은 이권을 요구받게 되었다. 한편 영국은 식민지 인도와 페르시아만 지배권을 둘러싸고 프랑스와 세력 다툼을 벌이고 드디어 이란에 진출했다.

이란이 서구 종속화가 진행하는 가운데 1844년 이란 남부 시라즈에서 바브교 운동이 일어났다. 바브(아랍어로 대문, 여기서는 신비와 정신적 진리에 도달하는 문)라고 칭하는 청년이 지도한 이 종교운동은 몰락한 상인이거나 가난한 민중의 지지를 얻고 각지로 퍼졌다. 바브는 마흐디(구세주)

라고 칭하고 메시아 종교사상을 갖고 민중반란을 일으켰는데 그 배경은 민족주의적 운동이라고 한다.

1848년 재상에 취임한 아미르 가비르는 군사 · 재정 · 행정 · 교육 등 각 분야에서 근대개혁을 추진했으나 1851년에 암살당하여 가자르 왕조의 정책은 실패했다. 1870년 이후 왕조재정은 파탄나고 도로건설, 전신시설, 하천항행, 은행개발 등의 이권을 유럽 투자가에게 양도했다. 1890년 영국인에게 양도된 담배 이권을 반대하고 울라마(이슬람 법학자)를 중심으로 담배 배척(타바코 보이콧) 운동이 조직되었다. 이 운동은 민중에게 반제국주의 투쟁과 가자르 조 전제체제 타도의 필요성을 자각시켰다.

1905년 상인이나 종교가를 중심으로 헌법과 의회의 개설을 요구하는 입헌운동이 일어났다. 입헌혁명 운동은 다브리즈 무장봉기(1908~1911년)까지 고양되었으나 제1차 세계대전의 발발, 1919년 영국 — 이란협정으로 혁명의 활력은 상실되었다.

제1차 세계대전이 시작할 때 이란은 중립을 지켰음에도 불구하고 영국, 러시아 대 독일과 터키의 중근동 전략의 무대로 때때로 전화를 입었다. 1920~1921년 러시아 혁명의 영향을 받은 민족해방운동이 이란, 아제르바이잔, 호라산 등에서 일어나 사회주의적인 지방혁명정부가 수립되었다. 이란 영토에 들어온 소비에트군의 도움에서이다. 이 세력의 격퇴를 임무로 하는 이란 고사그 부대의 '레자 한' 대령은 군무장관의 이름으로 대소조약을 체결하여 소비에트군을 철수시키고 지방혁명정부를 무력으로 진압하고 1921년 돌연히 테헤란을 점령하고 쿠데타를 일으켰다. 그는 1925년 가자르 조를 폐하고 스스로 파라비 조를 세우고 레자 샤 파흐라비라는 이름으로 황제가 되었다.

레자는 권력을 장악하자 차차로 근대화정책을 단행했다. 지금까지 부족이나 지방의 실력가가 세력을 휘두르고 중앙의 의사는 미치지 못했는데 레자는 먼저 통수권을 전군에 행사하고 중앙집권화의 방해가 된 이들 정치집단의 괴멸에 나섰다. 영국의 전면적인 지지 아래 강력한 세력을 자랑하고 반 독립정권을 유지하고 호제스탄의 실질적 지배자였던 아랍 족의 쉐이흐 하아즈르가 영국의 변질로 레자의 군문에 항복했다.

이란에서는 종교가 근대에서는 커다란 영향력을 행사해왔다. 국교인 12 이맘파에 의하면 진정한 통치자는 '숨은 이맘'이며 이맘 부재중은 종교지도자가 여러 문제에 해석을 하고 이를 적용하는 것이라고 했다. 종교지도자의 위세가 높아짐에 따라 신자의 사회생활에 대해서도 그들은 독립한 영향력을 행사하게 되었다. 그리고 '정의롭지 못한 세속적 통치자가 행하는 잘못된 것'을 바로잡는다는 데서 왕에 대한 반대운동의 선두에 섰다.

가자르 조치하에서 서구의 영향이 강해져 사회는 온갖 변화를 경험했는데 이에 따라 불이익을 받는 자의 정치 · 경제적 반발을 종교지도자들은 흡수하고 정치운동을 지도했다. 정치에 대한 종교계의 간섭은 한층 강화되어 종교계를 무시하고는 정치를 할 수 없었다. 또 교육과 재판도 그들의 수중에 있었다.

레자에게는 이같은 종교계의 존재는 레자 스스로의 권력확립에 걸림돌이었다. 그래서 그는 정치와 종교를 분리하고 강력히 서구화를 진행하여 새로운 나라를 만든 이웃나라 터키의 케말 아타튜르크의 개혁을 본따 힘으로써 세속화정책을 추진했다. 외국법을 모델로 형법 · 민법 등을 제정하며 법체계의 근대화를 도모하고 재판권을 종교계로부터 빼앗았다. 그리고 교육도 종교계에서 독립시키고 프랑스 교육제도를 도입하여 교육의 세속화를 단행했다. 그 외에 종교상의 관행이나 특권 등을 폐지한 결과 종교계의 정치적 영향력은 크게 삭감되었다.

이런 세속화정책은 당연히 큰 반발을 불러왔다. 그러나 레자 샤는 강권으로 반대자를 억압했다. 불순종하는 종교가들은 처형하고 다수의 종교지도자들을 테헤란에서 추방했다. 상급 종교가로는 수난의 시대였다.

레자 샤는 이란의 근대화를 추진하여 정치적으로나 경제적으로 혼란했던 이란에 법과 질서를 확립했다. 그러나 레자는 서양문명의 소산인 자유와 민주주의와는 무관했다. 의회는 존대했으나 레자의 독재 앞에 사실상

기능은 정지하고 반대자는 탄압되었다. 근대화는 레자의 독재적 권력 아래에서 실시되었으나 민간활력을 일으키고자 하는 노력은 일절 하지 않았고 기업가가 활약할 수 있는 기반의 정비도 없었다.

제2차 세계대전시 유럽전선으로의 병참공급로를 찾으려는 연합군은 레자의 친독정책을 구실로 1941년 이란에 진주했다. 레자가 국민에게 커다란 부담을 안겨 만든 페르시아만에서 카스피해에 통하는 철도가 있었다. 연합국의 압력으로 레자는 퇴위를 하지 않을 수 없어 황태자 무함마드 레자가 왕위를 계승하여 전제체제는 끝을 맺었다. 정치나 표현의 자유가 얻어졌으나 연합군의 진주로 인플레이션이 진행되고 국내치안이 불안해졌다.

이란의 석유는 영국의 앵글로 이란니안 석유회사가 지배하고 있었다. 이 회사는 이란 정부에 이권료를 지불했으나 그 액수가 너무 적었다. 1941년 자유회복, 경제의 피폐중에 앵글로 이란니안 석유회사의 석유산업 장악에 대한 국민의 노여움이 높아졌다. 종교인 지도자가 이끄는 극우 이슬람주의 단체나 지식인 등 좌우 두 파가 모인 '민족전선'이 결성되고 모사덱을 위원장으로 하는 석유위원회가 의회에 결성되었다. 샤(국왕)는 레자시대부터 왕가를 반대하던 모사덱을 수상으로 임명했다. 그는 대중에 인기가 있었기 때문이다.

모사덱의 권력은 석유국유화 분쟁중에 강화되고 샤와의 권력투쟁은 격하되었다. 1953년에 양자관계는 더욱 험악해지고 8월, 샤는 로마로 피했다. 모사덱의 승리였고 군중은 공화제를 환호했다. 그러나 미국 CIA의 간섭과 그의 지지층의 일부 이탈로 곧 친(親)샤파의 쿠데타가 성공했다. 모사덱의 3일천하였고 미국의 승리였다. 석유는 국유화되었으나 미국 석유회사가 40% 합작하는 석유사업이 행해졌다. 여기서 이란에 대한 군사 · 경제 · 정치적 영향력이 강화되고 이란은 방공의 중요한 지점으로 되어갔다.

제2차 세계대전 후의 이란은 경제가 피폐되고 정치체제가 불안했다. 샤는 미국의 원조로 안정을 도모하고 위기를 극복하고자 했다. 미국은 원조의 조건으로 농지개혁을 포함하는 내정개혁을 요구했다. 1951년 왕령지 배분의 칙령이 나왔다. 이에 대해 지주층과 종교계는 크게 반대했다. 농지개혁의 물결이 그들에게 미치리라고 보았기 때문이다.

농지개혁 법안은 1962년 각의에 제출되고 이에 수상과 수명의 각료가 서명하여 샤가 재가하여 법률이 공포되었다. 의회가 재개되면 사후 승인을 얻는다는 편법이 강구되었다. 농지개혁(제1차)은 경제적으로 보면 별로 큰 효과가 없었다. 그러나 부족의 족장을 포함하는 대지주의 세력은 현저히 약화되고 농민의 의식도 크게 변화했다.

1963년 농지개혁의 여세를 몰아 샤는 테헤란에서 전국농민대회를 개최했다. 여기서 농지개혁(제2차)의 실시, 부인 참정권의 부여 등 6대개혁을 골자로 하는 백색혁명의 시행을 국민투표에 묻는다고 표명했다. 국민투표의 결과 샤는 승리하였다. '백색혁명'에 대한 반대도 강했다. 특히 농지개혁이 중소지주까지 미쳤고 또 전국 농지의 10% 이상을 점하는 모스크나 종교학교의 소유지인 와크프(종교상의 목적으로 쓰이는 재산) 땅도 법에 적용되는 기색이 있어 중소지주나 종교계의 저항이 강했다. 종교지도자들은 국가와 종교계 사이에 있었던 기존의 균형이 너무나 크게 벌어지지 않나 두려워했다.

이란혁명의 시점은 '백색혁명'이 시작한 해 1963년 3~6월에 호메이니를 선두로 한 종교지도자들이 반정부항의운동에 거슬러 올라가서 봐야 한다. 아야틀라 호메이니는 전제자, 억압자, 불의의 왕으로서 샤를 강하게 비난하고 테헤란 등 도시를 중심으로 봉기할 것을 호소했다. 이것은 호메이니가 궐기하여 샤와 대립을 시작한 시점이다.

1963년 6월의 봉기는 헤지라(이슬람)력으로 시아파로는 초상일인 무하람달의 후세인 순교일에 해당되며 밤새기 전에 호메이니가 체포되었다. 이 소식이 테헤란 시민에게 전해지자 순교행사는 항의데모로 변했다. 이것이 성지 마슈하드까지 비화했다. 이에 대해 샤의 비밀경찰(SAVAK)과 군이 습격하여 수백명의 희생자와 다수의 체포자를 냈다. 호메이니도 체포되었다가 국외로 추방된다. 그가 종교지도자로서 유명하게 된 것은 이때부터이다.

레자 샤처럼 파흐라비 샤시대에도 자유가 없었다. 샤는 비밀경찰을 써 강권으로 반대자를 억압했다. 사상, 표현의 자유는 크게 제한되고 지식계급의 불만도 커졌다. 한편 고도성장은 자율적 발전의 결과가 아니라 막대한 석유수입으로 실현되었다. 말하자면 허구의 발전에 지나지 않았다. 소득의 격차가 커짐에 따라 정책결정의 책임자인 샤에게 불만이 쏟아졌다.

국민 각층의 경제적·정치적 불만의 원천은 샤의 실정에 있다고 인식되게 되었다. 이란인이 이상으로 하는 통치자란 언제나 국민의 복리를 생각하고 안온하게 살 수 있도록 노력하는 자야 하며 이를 태만하게 하면 불의의 왕으로 간주되었다. 그리고 정의롭지 못한 왕은 왕위에서 쫓겨나야 했다.

호메이니는 부정한 통치자를 바로잡고 정의를 회복한다는 이념으로 현상에 불만을 갖는 사람들을 이끌어냈다. 그는 선전매체를 충분히 활용하였고 종교계의 동원조직을 이용하여 왕제타도를 향해 돌진했다. 오랫동안 뿌리깊게 반체제운동을 계속하였던 좌익세력과의 연합은 혁명성취에 큰 힘이 되었다.

1979년 1월, 샤는 국외로 망명하지 않을 수 없었고 2월에 호메이니는 귀국했고 이란 국군의 중립선언으로 이슬람혁명이 성공했다. 3월에 국민투표가 행해지고 이슬람 공화제를 채택할 것이 결정되고 이슬람 원칙에 의거한 신헌법이 제정되었다. 혁명성공에 적지않은 역할을 한 좌익세력은 배제되었다.

이란에서 1960년대 이래 근대화가 급속으로 진행되었으나 근대화는 좌절되었다. 근대화는 석유수입에만 의존하여 사회전체가 이로써도 유기적 발전을 하지 못했다. 농지개혁이란 '정의'는 샤에게는 만능이 아니었다. 그리고 우여곡절이 있으면서도 종교계가 역설하는 '이슬람의 의로움'이 승리를 하게 되었다.

XII. 이슬람 문학

1. 아랍어

이슬람 문명의 큰 특징 중의 하나는 융합문명이다. 정복자인 아랍이 가져온 이슬람의 가르침과 아랍어, 그리고 피정복지의 원주민이 조상 대대로 물려받은 선진문화의 유산이 섞인 것이다. 아랍어를 통하여 사도 무함마드에게 말씀한 언어로 그대로 이슬람의 성전 '코란'의 말씀이 되었다는 종교적 권위를 가질뿐만 아니라 정복자인 지배자 집단의 언어 아랍어로서의 정치적 권위를 갖고 아랍 제국, 이슬람 제국의 공용어이며 공통어가 되고 문화적 가치 창조와 전달의 수단으로 되었다.

우마이야 조에서 아바스 조에 걸쳐 아랍어는 페르시아 사산 조의 궁정문학이나 고대 그리스의 여러 학문의 번역 도입을 거쳐 어휘를 더욱 풍부하게 하여 산문을 발달시켜 이슬람 세계의 문학, 학술어로서의 위치를 부동의 것으로 했다. 남부 이라크에 건설한 병영도시 바스라와 쿠파는 아랍어에 관한 학문의 탄생지이다. 병영도시의 건설과 함께 많은 아랍 유목 부족민의 이주와 정주가 행해졌는데 그들은 아라비아 반도에서도 거의 부족마다 다른 아랍어의 여러 방언을 사용했었다.

또 원주민의 노동자 직공, 상인으로 병영도시에 살게 되면서 개종하여 이슬람교도로 되는 수도 많았다. 이같은 아랍 유목 부족민과 원주민에게 표준 아랍어를 배워주고 코란을 읽도록 하기 위해 실제적인 필요가 병영

도시에서의 아랍어학 연구의 발달을 촉구했다.

아랍어는 오른쪽에서 왼쪽으로 쓰며 28개의 알파벳이 있다. 그중 몇자는 같은 토대 위에 상하가 다른 수의 점을 찍는 것으로 분간한다. 예를 들면 어떤 같은 토대 위에 점을 하나 치면 n, 두 개 치면 t, 세 개 치면 th, 아래에 점 하나면 b, 점 둘이면 y음을 표시한다. 장모음을 표기할 수 있지만 단모음의 표기를 하지 못하고 독자가 이를 보충하여 발음하여야 한다. 그래서 처음 배우는 사람의 편의를 위해서나, 한 자 한 구도 잘못 읽지 않도록 코란이나 하디스(무함마드) 언행록에는 단모음 부호(샤크르)가 사용된다. 모음부호와 점으로 글자를 밝히는 것은 7세기 말이나 8세기 초경 바스라 언어학자들에 의해 사용되었다.

모음부호와 점을 찍는 방법으로 코란의 독송이 완전히 통일되고 아랍어의 문법과 어휘의 연구는 한층 진행되었다. 오늘날의 아랍어권은 아라비아 반도 전체 시리아, 팔레스타인, 이라크, 이집트, 수단, 북아프리카를 포함한다. 코란의 말씀이라는 점에서 이슬람 신자들은 아랍어로 예배하도록 의무화되어 있다. 따라서 아랍어는 이슬람교도의 종교어이며 이슬람 세계의 학술어로서의 지위를 점하고 있다. 이슬람 문화가 아랍어 문화라고 할 수 있는 것은 비아랍의 이슬람 학자들도 그 연구 성과를 아랍어로 발표해 왔기 때문이다.

중근동에서 아랍 또는 이슬람 제국의 절정기였던 시기에, 일반적으로 아랍적인 문화라고 하는 화려한 문화가 흥기하였다. 이 문화에는 아랍이 정복한 피정복 민족의 여러 문화가 융합되어 새로 꽃피운 문화로서, 그 바탕이 된 것은 표현의 매개체인 아랍어와 아랍이 갖고 온 신앙 이슬람이다. 아랍의 언어와 신앙은 새로운 독자적 문화에 대한 아랍의 절대적 공헌이라 말할 수 있다.

아랍어는 셈족 계통의 언어로, 많은 어휘를 갖고 있으며 가장 표현력이 풍부한 언어이다. 또한 아랍어는 아랍 대정복의 결과로 최고의 권위있고 다채로운 언어가 되었다. 아랍어는 두 개의 요구에 대응하여 발전을 했는데, 그 방법은 새로운 단어나 표현을 차용하는 것이었으나 그 과정은 '절대적'이라는 뜻을 의미하는 아랍어의 단어를 예를 들어 고찰하여 보자.

이 '절대적'이라는 어휘는 자힐리아 시대(이슬람 이전 시대)의 아랍에서는 전혀 불필요한 개념이었다. '무잘라드(Mujarrad)'라는 단어는 벗기다, 박탈하다라는 뜻이 '잘라다(Jarrada)'라는 동사의 능동분사형으로 흔히 '자라이드(Jarād)' 메뚜기 또는, 대추야자나무의 가지를 뜻하는 '자리이다(Jarida)'와 관련이 있다.

이렇게 만들어진 어휘는 생생하고 구체적이며, 곧 사물을 연상시킬 수 있는 어휘를 갖게 되고, 각각의 단어는 순수한 아랍의 생활 속의 전통에 뿌리를 내린 것이다. 아랍어는 구체적으로 친하기 쉬운 단어를 통한 정신 사상의 직접적 충격을 가능케 하여, 심층의식으로 또는 여기서 자유로운 침투를 가능케 한 언어이다.

이같이 풍요하게 된 아랍어는 순수한 의미의 아랍 제국(우마이야 조)이 붕괴한 후에도 오랫동안 유일의 문화 도구로서 존속했다. 아랍어와 함께 이어져 온 것은 고전적인 양식에 속하는 아랍 시와 언어 속에 파묻혔던 사상의 세계이다. 이것은 때로는 포착할 수 없게 암시적이지만, 추상적인 것이 아니라 구체적이며, 친밀하고 개인적인 것이 아니라 수사적이고, 미문 연설조가 아니고 서사적이고, 차분한 것이 아니라 낭송적이고, 발작적인 언어이다. 요컨대 사상의 전달보다 말과 형식이 중요시된다.

이와 같이 아랍어는 가장 기본적인 무한정적 원의상(原意想) 모두 자음뿐으로, 그중 거의 대부분이 3개의 자음(子音)을 조합하여 표현한다. 이 3개 자음의 조합이 어근을 구성한다. 의미의 제1차적 한정은 그 의미 구조에 삽입하는 모음(母音)의 변화에 의해 나타내며, 제 2차적 한정에서는 제 1차적 한정의 경우와 같은 방법에 의한 것과, 또한 어근의 전후나 중간에 자음을 가하는 것으로 나타내는 것이있다.

예를 들면 '죽이다'라는 의미의 무한정 원의상을 나타내는 Q, T, L이라는 어근에로부터 동사 qatil(그는 죽였다), 명사 qatl(살해), 또한 형용적

명사 qātil(살해자)나 qatil(살해된 자) 등 기타 여러 파생어가 형성된다. 바꾸어 말하면 Q, T, L의 어근 문자를 갖는 단어는, 어느 것이나 어떠한 형태라도 '죽인다'라는 의미의 의상과 연결되어 있다.

동사 어형(語形) 변화의 배열조직 그 자체도 언제나 일정하여 예외 변측을 받아들이지 않으며, 어근은 거의 3개의 음으로 되었기 때문에 당연히 아랍어에는 모음 구성을 같이하는 방대한 수의 단어가 존재한다. 따라서 필연적으로 아랍 문학의 문체에서도 시뿐만 아니라 산문(散文) 속에서도 각음이 커다란 역할을 다한다.

어근의 극도로 정교한 구조적 변화를 특히, 언어의 경제라는 점에서 유효적으로 작용하여 초기 아랍 시 및 산문의 표현양식은 모두 간결하고 의미를 포함하는 단문장으로 성립되었다. 인구에 회자(膾炙)되어 있는 아랍어의 속담에서 세 마디 또는 네 마디를 넘는 것은 불과 얼마 되지 않으며, 하나의 문장으로 시(詩) 행(行)으로 완결되지 못하고 2행으로 한다는 것은 순전히 기술적 결함이 있다고 간주되었다.

근래 일컬어지는 '동양적 미사연구(美辭硏究)'는 아랍어 본래의 자연표현법에 관한 한 전혀 해당하지 않는 것으로, 후기의 아랍 문학에 외부로부터 들어온 것이다. 그렇다고 하더라도 아랍어는 오히려 이런 것에 적극적인 기호 경향을 보이면서 이것들을 받아들였다. 아랍 문학의 후기적 전개 형태에서 보이는 그 넘칠 것과 같은 풍요하고 화려함은, 오직 아랍어의 전술한 것과 같은 동의어의 풍부함이나 정교하고 미세한 파생 변화나 문체적 기교의 구사에서 예가 없을 정도로, 무한한 좋은 기회를 제공했기 때문이다.

2. 이슬람 이전 시대의 아랍 시

아랍 시의 기원에 대해서는 각음을 포함한 산문형의 주술적 발언 '사주'

에 기인된다고 하고 있다. 이슬람 이전의 고대시의 16종류에 미치는 율동 운율 형식의 발생 기원에 대해서는, 그 고도의 복잡화한 각음 배치와 함께 여전히 불명하다. 아랍의 고대시는 '라아위'라고 불리우는 전송자를 통하여, 세대로부터 세대로 구전되었다. 초기 시대에 '라아위'는 동시에 시인이기도 했다. 그러나 후에는 전송 전문의 직업적 계급이 차차로 형성되었다. 유명한 '라아위'들의 경이적인 기억력에 대해서 많은 일화가 남겨져 있고, 어떤 '라아위'는 2천9백 편의 시를 일거에 쉴새없이 암송해 보였다고 전해지고 있다.

아랍 고대시의 평가는 무엇이라고 하여도 언제나 '무알라까트'에게 주어지고 있다. 이것은 8세기의 어느 '라아위'에 의해 편찬된 것으로 7개의 정형 장시(定型長詩)가 수록되어 있는데, 일반적으로 여기에 다른 3개의 정형 장시를 첨부하고 있다. 이 10편의 시는 10명의 시인의 제작에 의한 것으로, 각편은 각각 시인의 최고 걸작으로 간주된다. 더욱이 시집에 그 작품이 수록된 시인들은 모두 6세기에 있었던 시인의 최고봉뿐이다. '무알라까트'에 수록된 작품 외에 이들 이슬람 이전의 10명의 시인에게는 각각의 개인 시집(디완)이 있고, 또 동시대의 다른 몇명의 시인의 시집과 함께 현대에 전하여지고 있다.

'무알라까트'와 시대를 같이하지만 좀 정성들여 채집된 작품집에 '무팟달리아트'가 있다. 작품집의 이름은 편찬자의 이름을 따 명명되었는데 이 '무팟달리아트'에는 정형 장시와 미완성된 단장(斷章)을 합하여 120편이 수록되었고, 주로 '무알라까트'의 시인 다음에 유명한 이슬람 이전 시인들의 작품이 기록되고 있다.

이슬람 이전 아랍 고시(古詩)의 발췌는 아블 파라쥬 알 이스파하니(967년 사망)의 편찬으로 된 '키타브 알 아가니'(시가의 책)에도 수록되어 있다. 이 책은 시인들의 전기를 담은 귀중한 모음으로, 먼 옛날 아랍 부족사회나 그 풍속에 대한 지식의 대부분을 우리들은 주로 이 책으로부터 찾아낸다.

아랍 고시의 표준형은 '카시다' 즉, 정형 장시로 규격화한 일정한 순서로서 연결되어 만들어진 것이다. 그 시의 주제가 무엇이든 간에 이와 관계없이 시인은 정하여진 규정의 여러 단계를 거치지 않으면 그 주제 자체에 들어갈 수가 없다. 주의깊게 선택한 형용구를 사용하면서 시인은 청중을 향하여 부족 생활에 관계된 일련의 정형적인 그 관계를 펼쳐보인다. 술마시는 장면이나 사막의 번개나 비, 또는 자기 자신이나, 자기 부족의 빛나는 위업 등을 말하고, 자기를 돌보고 있는 보호자를 칭찬하는 것을 노래하고 그 너그러움을 칭송한다. 또한 교훈적인 염세조로 사막의 더위를 요약하여 듣도록 한다. 이런 것들이 시의 내용이고 또 복수의 노래, 풍자시 등이 사실상 아랍 고시의 전 레퍼토리를 구성한다.

전형적인 시인으로서는 이무를 카이스가 있다. 그는 불안정하였던 어느 왕국 영주의 의절당한 방탕한 아들로서 젊은 시절을 보냈으며, 나이가 든 후 그는 아버지의 죽음에 대한 복수와 잃어버린 왕국의 재흥을 목표로 소용없었던 노력을 다하였다. '무알라까트'에 채록된 그의 시는 그의 연애시의 자유활달함과 함께, 사막의 모래바람 등 자연 묘사에 관한 장면으로 그의 재간을 보여주고 있다.

사막 유목 부족 유랑 시인들의 대부분은, 그가 태어나서부터 소속하고 또는 관계하였던 유목 부족의 부족적 특성 속에 자기의 개성을 파묻었다. 시인들은 입마다 자기 부족의 자유 독립과 항거할 수 없는 그 권세를 칭찬하고 자랑한다.

또 시인 주하이르는 좀 다른 상태를 나타내고 있다. 그의 작품 중 대부분의 시는, 형제 또는 부족내에서 발생하였던 원한을 조정하였던 두 명의 족장에게 바친 찬미로 되어 있다. 나이들은 시인에 걸맞게 사막 부족 윤리의 대변자로서, 사막에 있는 유목 부족의 윤리적인 여러 이념 거의 모두를 망라하여, 그의 교훈시 속에 나타내고 있다.

또 유목 유랑 부족의 한 사람으로서 생활을 계속하면서도, 예멘의 문명개화된 정주 사회의 영향을 받은 시인들로 구성된 시인 집단도 존재했다.

시인들이 다한 최대의 문화적 공헌은, 뭐니뭐니해도 그들이 아랍 문화와 비아랍 문화와의 현저한 차이점을 인식함으로써, 각 부족의 고유하고 협소한 각개의 경계선을 뛰어넘고, 보다 넓은 아랍 국가라고 하는 새로운 의식을 창조하는 일이었다.

이런 국민 감정이야말로 계속하여서 생기는 일련의 사태를 더욱 강화하여 다음 이슬람 시대에 있은 확대 신장(伸張)의 운동에 기여하게 되는 것이다. 사막의 부족 사회에서 너무나 현저한 형태로 나타났던 대동단결력의 결합을 여러 도시가 대신하여, 보다 강력한 조직력으로 보충하게 하자마자 이 대운동은 돌연하게 폭발적으로 시동하게 된다.

3. 초기 이슬람 시대와 우마이야 조 시대(622~750년)의 문학

622년, 이 해야말로 지금까지 무슬림(이슬람으로의 귀의자)으로서 알려진 사람들이, 새로운 공동체를 조직 탄생시킨 해로써 예언자, 무함마드가 그의 추종자를 이끌고 야스립(현재의 메디나)의 고을에 '헤지라'(이주)를 단행했던 해이다.

예언자 무함마드가 죽은 후 그의 추종자들은 무함마드가 계시받아 말하였던 것을, 주로 그들 자신의 기억을 더듬어 편찬하여 '코란'(알 꾸란)이라고 하는 이슬람 경전을 편찬했다. 이 코란의 채집의 진위에 관해서는 아직 의혹이 제기된 적은 없다. 이슬람교도들에게 코란은 바로 신(神)의 말씀 그 자체이며 천사(天使) 가브리엘을 통하여 한마디 한마디가 계시된 것이다. 그러나 유럽 연구가들은 코란 속에 인간 무함마드의 인간성이 서서히 변화 성장하는 과정이나, 또 새로운 종교로 변모하는 그 과정적인 여러 단계가 코란 안에 흔적을 보이고 있다고 하여 흥미를 돋구고 있다.

문학적 기념비로의 코란은 유일무이(唯一無二)하다. 시적 언어로부터 산문체로의 이행 전개함과 같은 이러한 기교는, 다른 데에서는 거의 그 예를 볼 수가 없다. 고금을 통하여 전 이슬람교도가 그 내용뿐만 아니라 문체에 미치는, 코란의 모방이나 추종을 절대로 허용하지 않는 유일 독자성 선언이라는 점에서, 완전히 일치단결한 신념을 갖고 있다.

그런데 실제적으로 아랍 고시의 경우와 같이, 코란에 문학적 탁월성의 영예를 주는 이들 여러 특성이야말로 외국어 번역의 성공을 전면적으로 불가능하게 한 원인이 되고 있다. 이슬람 정통파는 현명하게도 코란을 다른 외국어로 번역하는 모든 시도에 대하여 반대 의향을 표명하고 있다. 만일 번역된다면 충격적인 그 언어는 김이 빠진 것이 되고, 문법 형식은 특유의 암시성을 상실하고 화려한 어구로 수사적으로 갖추어진 문장은 형편없이 부정형으로 되어 버리고 말며, 그 결과 생기도 없고 기교적인 문체도 없는 다만 막연히 이어진 미숙한 일련의 사상 외에는 아무것도 남지 않는다는 것이다.

아랍 문학 발전에 코란의 영향은 헤아릴 수 없다. 적어도 코란이 편집된 후 수십년간 코란 이외에 아랍어 산문 작품은 출현하지 않았으며, 또 시인들은 거의 직접적인 영향을 받지 않았다 하더라도 아랍어 인문학에 관한 대부분의 분야가, 코란에 관한 여러 연구에 실마리를 이루고 발생하였다는 것이다. 다시말하면 아랍어 문어체의 표준은 확실히 코란에 의해서가 아니라, 실은 이슬람 이전의 이교도였던 아랍 고시의 시인들에 의해 설정된 것이라고 할지라도, 아랍어가 전 이슬람교도들의 세계어가 되고 공동의 문학 용어가 된 것은 단지 성스러운 책으로서, 기도서로서, 또는 문장 독본으로서, 어떠한 종파를 막론하고 이슬람교도들 손에 쥔 최초의 법전으로서 등등으로 코란이 행한 여러 가지 역할의 덕택이었다.

메디나 시에 형성되었던 초기 이슬람의 신권적 정치기구는 그만큼 광대한 영토를 지배하는 데는 불충분하다는 것을 알고, 새로운 제국의 일반 정치를 관제할 수도는 우마이야 조 통치하에 다마스쿠스로 천도하였다. 우마이야 조의 지배 계급은 메카 출신으로 무함마드의 혈족을 잇는 일족이었지만, 신권정치를 주장하는 파의 사람들과 견해를 좀 달리하는 정치 이념을 가진 사람들이었다. 메디나는 그럼에도 불구하고 여전히 종교적 학문 연구의 중심지로서의 지위를 보유하고, 이슬람학의 기초를 다진 것도 메디나에 있어서였다.

한편 메카는 이슬람군의 여러 정복지역의 영토로부터 신도를 맞이하는 순례의 도시로서 중요성이 높아졌다. 아라비아 반도 중부 지역의 변모는 가장 극단적이었다. 활력이 넘친 장년의 사람들은 이슬람 원정군에 들어가 출진한 채 다시 고향땅을 밟는 일이 없었다. 그들 대부분은 메소포타미아 지방에 정착하여, 그후 이곳을 기점으로 동방 여러 지역에 확산되었다. 또한 원정군의 보다 작은 몇개의 집단은 이집트를 기점으로 하여 멀리 에스파냐까지 퍼져 나갔다. 그들 대부분은 유목민의 관습 대부분을 그대로 답습하면서도, 결국 최종적으로 농경지나 도시에 있어서의 정주 생활을 선택하고 이에 적응하였다. 따라서 아랍 고대 시인의 진정한 후계자로 지목되는 시인은 거의 모두가 메소포타미아 지방에서부터 나왔고, 원래 아라비아 땅으로부터 나온 시인이 별로 없었다는 사실에 별로 놀랄 이유는 없다.

그런데 아랍인의 여러 나라 정복으로 이룩한 중요한 성과는 무엇이라 해도, 정복된 여러 민족의 이슬람 종교 공동체에 대한 점진적인 동화와 융화였다. 그들이야말로 각기 자기들에게 고유한 문화에 뿌리박힌 경험이나 풍속 습관을 이슬람 공동체내에 가지고 들어왔고, 이것으로 그들 외래 민족은 아랍인만의 힘으로는 도저히 도달할 수 없었던 고도의 단계까지, 아랍 문학과 사상을 성장 발전시켰던 것이다.

이슬람력(헤지라력) 제 1세기에 행하여졌던 여러 연구는 몇개의 근소한 예를 제외하고는, 확실히 아랍인 손으로 수행되었다. 그러나 이슬람학 전개의 제일보를 내디딛는 단서가 된 절반의 원인은, 이슬람 공동체로의 비아랍어 민족의 유입이었다.

성전 코란이 편찬되었을 즈음에 아랍어는 불완전한 필체로 손으로 씌어져 있었는데, 아랍어를 다 아는 사람 이외에는 도저히 해독할 수 없는 것이었다. 첫째로는 가장 적당한 필사법을 확립하고, 둘째로는 아랍어의 문법규칙을 세움으로써 오독이나 오자의 혼란, 붕괴의 위기에 있는 코란의 원문, 그 자체를 정확히 보존한다는 것이 급선무라는 사태가 되었다.

코란의 해석에도 어휘와 문법 구조의 자세한 연구가 요청되었다. 미묘한 의미의 차를 정확히 결정하기 위해서는 이슬람 이전의 아랍 고시의 시인들의 어법이 전거가 되었기 때문에 그들 고대 시인의 작품 수집과 그 암기가 필요 불가결하였다. 이렇게 아랍 언어학과 어휘학이라고 하는 두 개의 학문을 세상에 탄생시켰는데, 이들 학문은 따라서 코란 그 자체를 기초로 하는 학문이 아니라 실제로는 고대시를 기초로 하여 성립하였던 학문이다.

코란의 구절 어느 부분을 어느 경우에 어떤 식으로 인용하여 사용하는가 하는 코란의 해석적 적용 문제는, 당면한 대상으로 되고 있는 주제(主題) 내지 원문에 어떠한 의미에서 관련이 있었던 예언자 무함마드가 실제로 말한 말씀이나 행한 행위를 상기하는 것으로 결정되었다. 또한 일상생활이나 일상의 여러 가지 사태에 대처하기 위한 방법도 예언자의 실천에서 그 범례가 구해졌는데 그 결과 이슬람 인문학적(人文學的) 연구 활동 중에서도 특히 현저한 독자성으로 간주되고 있는 하디스(성전 전승학) 학이 출현했다. 코란과 하디스의 연구는 또한 신학과 법학이라고 하는 성법(聖法)의 표리를 이루는 한쌍의 학문이 확립되기 위한 기초를 제공했다.

이슬람학의 두 개의 분야 코란학과 하디스학은 합류하여, 각각 고유의 학문 영역을 초월하여 또다른 하나의 학문의 기초를 이르는 학문, 즉 역사학(歷史學)을 성립했다.

코란의 언어학적 연구는 이슬람 이전의 고대 아랍사 및 아랍 여러 부족의 혈통 계통에 대한 어느 정도의 조사를 필연적으로 수반하였다. 수요가 공급을 초래하여 아랍인의 '기원'이라고 칭하여지는 것 및 초창기를 말하는 설화나 전설이 막연하다고 하더라도, 꾸며내졌으나 부족한 부분은 아마도 유태-기독교 기원의 설화에서 차용하거나 순전히 만들어진 말로써 만들어졌다고 생각된다. 이런 종류의 작품의 몇개는 예멘 출신의 아랍인들에 의해 편찬되어 비종교적 일반 사회층, 특히 궁정에서 대호평을 받기도 했다.

아랍 문화에 깊은 뿌리의 특성은 아랍 시이다. 아랍 고대 시는 아라비아 반도 그 전체로부터 이슬람의 출현과 함께 그 자취를 감추었지만, 메소포타미아 지방의 옛날 낯익은 전통적 무대장치나 그 상투적인 방법으로 시를 지을 때, 약속되었던 주제와 다른 행(行)들이 작성되었으며 그 시의 주제조차도 얼마 되지 않은 종교의 이념을 살짝 물들이고서 재등장하게 되었다. 신학자들이 나타났지만 우마이야 조의 여러 궁정이나 아랍 부족장들은 시인을 환영하고 이들을 보호하였다. 시인들은 이들 궁정에서 그들 선배들이 이슬람 이전, 힐라 왕조나 가산 조의 궁정에서 했던 그대로 그들의 보호자들을 찬양하고, 부족의 영광에 대한 나팔을 불었으며 적들을 매도하는 카시다(정형 장시)를 만들었다.

문체(文體)로나 시적 기교(技巧)에서도 이슬람 이전의 아랍 고대 시인들에게 한 발자국도 양보치 않는 3명의 거장(巨匠)이 있었다. 알 아크탈, 쟈리르, 파하즈다크였다. 이 3명은 동시대 사람으로 알 아크탈은 기독교계 부족 출신으로, 이슬람 신권 정치의 당파에 대항하여 우마이야 일족에 봉사하는 것을 좋아하지 않았다. 쟈리르와 파하즈다크는 한때 시의 대백일장에서 동방 영토에 거주하는 모든 아랍인을 두 진영으로 나누었을 정도의 인기가 높았으며, 그들이 보였던 언어 구사의 자유자재로움과 활력은 그 이름을 높이는 데 충분하였다.

정형 장시 카시다는 사라져가는 시형(詩型)이 되었다. 한정이 된 카시다 고유의 형태인 시 형성 약속은, 그것이 발생하였던 사막적 환경에서조차도 좀 협소하게 느껴졌는데, 새로 발생한 여러 상황 아래서는 더욱 좁아져 움직임을 취할 수 없는 것으로 여겨졌기 때문에 새로운 시형 발상이 생기게 되었다.

새로운 시형이 원래 발생한 것은 아마 당시 돈 많은 귀족 전속으로 고용되었던 페르시아인들이 다분히 그리스인도 섞인 가수들로부터 얻은 데서 비롯되었다고 생각된다. 새로운 시형태로 가장 훌륭한 성과를 거둔 시인, 그리고 우마이야 조 시대의 모든 시인 중 가장 뛰어난 우수한 시인은 무엇이라고도 하여도 쿠라이시 족 출신의 우마르 이븐 아비 라비아(720년 사망)로 서양에서는 그를 메카의 돈 후안, 아라비아 반도 이동(以東)의 오비디우스로 알려진 인물이다.

그의 시는 이슬람 이전의 아랍 고시의 명수 이무를 카이스의 생생하고도 야성적인 사랑의 정열에서 후세의 시에 있는 온실에서 자라난 인공적인 감상으로부터도 떨어진 사랑의 입김 등이 단순한 꾸밈이 없는 말로 쓰여져 있다.

카시다에 사용되었던 여러 시의 주제는 환락과 연회의 노래, 수렵의 노래 등이며 이 시 분야에서 이름을 이룬 여러 많은 시인들 중에서 이름을 든다면 다음 두 사람을 들 수 있다. 그 한 사람은 '광기(狂氣)의 사람' 마즈눈이며 라일라에 대한 그의 사랑은 후세 낭만적 연애시의 상투적인 주제의 하나가 되었다. 또 다른 한 사람은 우마이야 조 칼리프 왈리드 Ⅱ세로 그는 주로 옛 히라 왕조의 전통적 시 작품에 따른 술의 노래로서 그 이름을 날리었으나 방탕한 그의 짧은 생애는 744년의 반란으로 끝난다. 이것은 그의 왕조 그 자체의 붕괴를 초래하는 계기가 되었고 동시에 이슬람사와 아랍 문학에서 다음에 다가올 새로운 시대의 개막을 위해 땅을 굳히는 역할을 하였다.

4. 황금 시대(750~1055년)의 문학

750년, 무함마드에 의해 창립되어 이슬람 전 세계를 통제하는 위치에 섰던 아바스 가의 가문은 아랍의 신권주의자 및 왕위 계승권의 정통을 주장하는 당파와의 결탁, 또 페르시아인을 비롯하여 다른 피정복지 주민의 지지를 얻음으로써 발전에 성공하였다. 여러 이유는 여하튼 간에 우선 자기 권익의 보호를 위해 그들은 이슬람 종교학들의 보호를 추진시켰고 다른 한편 이와 병행하여 피정복지의 페르시아인과 아랍인의 재능있는 인재를 원조하여 문화를 부흥시켰다. 이 정책은 3세기 간 지속하여 칼리프의 중앙 궁정은 물론 지방의 직속 태수령의 궁정이나 또한 그후에 이들 태수에 대신하여 주권을 장악한 아랍인, 페르시아인의 지방 소왕조도 이 관례를 준수하였다.

새로운 수도 바그다드는 문학과 예술의 중심지가 되었다. 어느 아랍 역사가의 표현을 빌린다면 바그다드는 바로 '학문 · 예술 등 여러 가지 세공품(細工品)이 반입된 시장과 같아, 사람들은 잃어버린 자기 낙타를 찾는 것처럼 오직 지혜를 찾아 시장을 찾아 헤매었으며, 시장에 매겨진 가격으로 된 가치판단은 그대로 이슬람 전 세계에 통용되었다'고 했다.

한꺼번에 일어났던 것처럼 보였던 문학 활동은 전술한 것처럼 그 뿌리는 이미 앞섰던 시대, 즉 우마이야 조 시대에 내려져 있었다. 우마이야 조는 이슬람 제국의 행정적 · 언어적 일원화의 달성과 피정복 주민에 대한 이슬람의 종교적 확장 발전으로 다음에 계승할 아바스 조가 그 결실을 수확하게 되는 여러 가지 소재적 조건을 만들었기 때문이었다. 문예부흥을 위해 사용하였던 기초 자료의 조직화는, 우마이야 조시대에 이미 진행을 시작하여 새로운 문화가 모판 위에서 싹을 트고 있었으며, 아바스 조는 그가 갖는 개방적인 포용성과 보호로써 그 가능성을 최대한도로 발휘시키고 훌륭한 것으로 만드는 데 힘을 썼다.

아바스 조 시기를 경계로 하여 전에는 이슬람 제국 지배하의 속령민에 지나지 않았던 여러 이민족이, 지배 민족 아랍인과 대등히 어깨를 나란히 하고 사회의 모든 분야에, 특히 문학 활동의 여러 분야에도 진출하였고, 각각 그 역할을 다하면서 특징있는 그들의 문화를 모아 이슬람 문화 전체를 풍요하고 비옥하게 했다.

중근동의 문화적인 여러 지역은 원래 알렉산더 대왕 이래 헬레니즘의 깊은 영향을 받았다. 이 영향의 긍정적 성과 및 그 반동에서 극히 특이한 동방의 헬레니즘 사상이 생기고 이것이 또한 알렉산드리아파 철학의 성립과 동방 기독교에의 분파 활동이라는 형태로 표면에 나타났다.

4세기 이래 그리스 철학자나 신플라톤파의 주석자, 그리고 그리스 천문학자 또는 의사 및 자연 과학자들의 작품이 시리아어로 번역되어 시리아, 메소포타미아 지방 학교나 수도원에서 학습되었다. 또 이 당시 북부 메소포타미아 지방에서는 아직도 이교를 받드는 집단이 잔존하여 그들을 사비아인이라고 불렀다. 그들은 이슬람 문학과 과학에 위대한 공헌을 했다. 이집트에서도 알렉산드리아파의 철학 · 의학 · 천문학 등이 쇠미했다고는 할지라도, 이슬람 교도의 의학이나 천문학 작품에 영향을 끼치는 데는 충분할 정도의 기능을 계속 가지고 있었다.

이슬람학이 전혀 이질적인 외래 사상체계와 직면하게 되었고, 아랍인 이외의 다른 인종에 의해 연구되기 시작하였다. 특히 헬레니즘의 영향으로 이슬람이라는 문화 주형에 이슬람적인 아랍 문학이 활동을 하게 된다. 종래에는 각각 협소한 지방 영역내에 그 활동 범위가 제한되었던 아라비아, 시리아, 이집트, 페르시아 학자들은 아바스 조의 문화 정책에 따라 순환(循環)하고 유통(流通)하는 기운을 얻게 되었다.

바그다드나 기타 도시에서의 그들의 상호 교류에서 소위 이슬람적 아랍 문학이 탄생한 것이다. 이것은 바그다드에서 발생한 여러 문화가 하나도 빠짐없이 곧 이슬람 세계 전역에 전파했는가 하면, 동방 출신의 학자들이 에스파냐에서 학파를 창시하고, 이집트나 바그다드에서 수학한 사람들이 페르시아에서 학파를 여는 것과 같은 경우를 들 수 있다.

외래의 여러 문화가 혼합하는 가운데에서 가장 중요한 영향을 준 것은 헬레니즘의 영향이었다. 이슬람교도는 그리스 문학 그 자체에 직접 부딪친 것이 아니라 시리아어의 번역을 통하여 이것을 섭취하였다. 그런데 아랍인으로서는 전체가 그리스 문학 그 자체에 접촉할 기회를 갖지 못하였다. 문학의 창조적 지성과 그 미적인 여러 특성에 관한 지식을 갖지 못하고 다만 그 사실과 이론이라고 하는 문학의 유형적인 소재 내용만이 그들의 관심사였다.

이슬람기의 아랍문학 전체에 침투하였던 그들의 협소한 마음의 움직임이나, 한 글자 글자에 구애되어 내적 정신을 등한시하였던 태도로 판단할 때 가령 그들이 그리스의 언어 문화에 대하여 보다 광범한 지식을 갖고 있었다 할지라도 과연 그들이 그리스 문학의 여러 내적인 아름다움을 이해할 수 있는 기량이 있을지는 크게 의문의 여지가 있다.

황금 시대라고 이름 불리어진 아바스 조 시대의 문학의 발전은 다음 네 단계의 시기로 구분할 수 있다. 제1기는 750년부터 813년 하룬 앗 라시드(809년 사망)의 치정까지를 최후로 포함하는 시대로서 아랍 문학사 위에는 새롭고 풍요로운 국면이 전개된다. 제2기는 813년부터 874년까지로 알 마문(833년 사망)과 그 후계자들의 통치하에서 그리스적 경향이 정점의 시기이다. 제3기는 847년부터 945년까지 이슬람 정통파의 회귀 운동으로 아랍 문학에 검은 구름이 끼는 시기이다. 이상의 움직임은 모두 바그다드를 중심으로 전개되는데 이에 계속되는 제4기는 945년부터 1055년까지로 중앙집권 정치가 쇠퇴하여 방방곡곡의 지방 도시가 수도 바그다드의 패권에 도전하는 시기이다.

하룬 앗 라시드 시대까지 문학의 여러 분야 중에서도 우마이야 조 시대에 연구 대상이 되었던 여러 학문에 가장 밀접한 관계를 갖는 것이 먼저 그 두각을 나타냈다. 즉 초기 산문학 작품의 거의 모두가 하디스(聖傳承)학 연구 또는 아랍 언어학의 연구로부터 파생한 것이라고 하여도 협의의 하디스학, 언어학이 아니라 이들 학문보다도 넓은 범위에 미치는 활동을 기반으로 하여 이것에서부터 파생한 것이다. 아랍어 산문, 더욱 명석하고 표현이 엄밀하여 정연한 문학적 산문이 최초로 출현한 것은 다름아닌 언어 학자의 주변에서부터였다.

아랍 언어학은 코란 연구로부터 생겼다는 것 자체에는 하등의 의심의 여지가 없으나, 이것이 바스라의 도읍에서 준디 샤푸르의 절충파적 사상에 영향을 받으면서 발전하여 가는 과정에서 처음과는 다른 기반에 입각하여 조직화되어간다. 그 조직화의 주요 원인이 되는 것은 아리스토텔레스의 논리학이었다는 것도 지금 명백히 증명되어 있다. 언어학은 바스라파와 쿠파 학파로 갈라져 발전한다. 전자는 오만 출신의 알 하릴(791년 사망)에 의해 체계가 세워졌고, 후자는 아부 우바이다(825년 사망)가 대표한다.

언어학 다음에 이슬람학의 두 번째 연구 분야의 주류를 이루고 있는 하디스학은, 당시 그 자체적으로는 아직 완전한 저술 활동을 개시하고 있지 않았으나, 이와 대신하여 하디스학을 원천으로 하는 여러 연구가 행하여졌다.

칼리프 하룬 앗 라시드의 생존시에 이미 3개의 법학 학파가 출현하였다. 먼저 이라크 학파에 의해 도입된 순리적 · 사변적 외래 요소에 대한 정통파 계통의 신학자들의 불만이 메디나 학자 말리크 이븐 아나스(795년 사망)에 의해 표명되었다. 그는 하디스에 최대의 비중을 두었다. 이것은 단지 예언자에 관한 성전승(聖傳承)뿐만 아니라 메디나에 있었던 관습법은 예언자가 실제로 실행하였던 관습법으로 간주될 수 있다는 관점에서 메디나 공동체 그 자체의 전승을, 이에 덧붙여 전승 실록(實錄)을 편찬하였다.

그 자신도 재판관으로서 실재로 이에 근거하여 판결을 내렸고 '알 무와타'(굳혀진 길)의 이름으로 널리 이슬람 세계에 알려진 전승록 1권을 편찬했다. 두 번째의 저작은 '지조(地租)에 관한 책'으로서 알려진 작품으로 칼리프 하룬 앗 라시드의 주임 재판관 아부 유수프가 칼리프를 위해 제작 작성한 것이라고 한다. 초기 이슬람사 연구자에게는 필요불가결한 해설로서 되어 있다.

역사 연구가 하디스학으로부터 발생한 독립 학문 분야로서 그 결정적 확립을 달성한 것도 이 시기였다. 이슬람사상 역사적 연구 업적은 예언자의 전기(傳記)로 이븐 이스하크(766년 사망)가 편찬했다. 예언자의 전기 편찬의 기획 자체가 메디나 신학자들의 맹렬한 반대에 부딪쳐 그는 나라에서 추방되어 할 수 없이 이집트에 피하였다가 이라크로 도피하지 않을 수 없을 정도였는데 이라크에서는 칼리프의 직접적인 도움을 받아 겨우 그 일을 끝마칠 수 있게 되었다.

역사가 알 와키디(사망)는 '예언자의 군사 원정'에 관한 논고 중에서 상기 예언자 전기와 다른 대상을 취급하였다. 그는 이 저작에서 이슬람 공동체 확대 신장을 그 주제로 선정하여 예언자 무함마드의 메디나 천도(헤지라)에 앞선 시기에 관한 모든 전승을 무시하였으나 다른 저작에서 또한 시대를 내려 무함마드 시대를 계속하는 초기 칼리프의 통치하에 행해졌던 여러 원정(遠征)에 대해서도 기록을 남기고 있다.

상기 저작과 전혀 대조적인 학문적 입장에 선 것이 알 마다이니(840년 사망)의 저작으로 된 여러 논고로, 각각 이슬람사의 여러 시점을 포착하여 따로 논술을 펴고 있다. 후세 사가(史家)들에 의해 인용된 발췌는 그가 저술가로서 사실적 묘사에 뛰어난 재능의 소유주이며 또 동시에 선행한 역사가들에 비교하여 엄밀한 학문적 태도를 가졌던 사가였다는 것을 여실히 보여주고 있다.

아바스 조에 전개하였던 가장 눈부신 문학적 신국면은 시 분야에 신기한 직유의 사용을 특징으로 하는 새로운 문체의 출현이다. 그러나 이 직유법은 당연히 세월이 흐름에 따라 극단적인 비유법으로까지 발전했다.

신체시(身體詩)의 창시자는 맹인 시인 밧샤르 이븐 부르드(784년 사망)로 그는 어떠한 조작을 하지 않고 시를 쓴 천부의 시정신을 가진 시인의 한 사람이었다.

언어학자들은 이슬람 이전의 아랍어가 이슬람 이후의 아랍어보다 우수하다고 하는 사서(辭書) 편찬상의 전거(典據)의 원리에 따라, 그들의 독자적 신조를 심미적 세계까지 가져와 이슬람 이전 아랍 고대시의 우월성을 주장하였으나 이러한 가치 판단은 적어도 별달리 뛰어나지 못한 시인에 대해서는 창작상 불행한 감화를 미쳤을 뿐이다. 이들 언어학자들이 드디어 신체시의 가치를 인정치 않을 수 없는 사태에 이르기까지 그 기간은 약 2세기의 세월이 필요하였다.

새로운 경향은 또 시 분야에서도 페르시아인이 등장함에 따라 더욱 강화되어 지금까지 아랍시에 결여되어 있던 섬세함과 도시적 감각은 페르시아인들에 의하여 들어오게 된다. 이 시기에 있어서의 두 번째 세대에서는 페르시아와 아랍의 혼혈 시인 아부 누와스(810년 사망)가 궁정에 모여든 시인들 중에서도 뛰어났다. 다각적인 것이 혼연히 융합된 그의 시재(詩才), 시정, 언어 구사의 우아한 자유자재로운 아랍어의 구사력 등 그에게 필적할만한 아랍인의 수는 적었으며 서양의 하이네라고 비하여지는 것도 반드시 부적절하지는 않다. 그의 능력이 최고로 발휘되는 것은 무엇이라고 하여도 주연(酒宴)의 노래인데 그의 엘레지나 연애시, 그리고 풍자시 등도 결코 이에 못지 않다.

보다 과감한 새로운 방법이 아부 누와스와 동시대의 아랍 시인 아부 앗타히야(826년 사망)에 의해 시도되었다. 빛나는 재치와 시적 기교의 점에서 아부 누와스에 좀 뒤진다고 하더라도 원래 갖고 있는 열이 담긴 정신적인 상태나 내성적(內省的) 금욕주의로서 술술 거침없이 흐르는 듯한 그의 시는 방탕하고 타락적인 궁정 시인 아부 누와스의 작품과 같은 정도로 오랫동안의 명성을 획득하게 되는 것이다.

가능한 한 광범위한 독자를 얻는다는 것을 목표로 아부 앗타히야는 고의적으로 시의 정형적인 스타일이나 모든 상투적인 기교를 피하고 끊임없는 대중의 언어만을 사용하여 시를 썼다. 이만큼 극단적인 전통으로부터의 일탈은 전문적인 시인들 중에도 누구 하나 흉내를 낼 수 없는 일이었다.

아부 누와스부터 다음의 일류급 시인이 출현할 때까지는 150년의 세월이 흐른다. 이 중간기에 등장하는 일류시인들이 몇몇 있다.

813~945년에 이르는 기간은 이슬람 정통파의 회귀(回歸)운동으로 아

랍 문학이 별로 발전하지 못하였던 시기이다. 칼리프 알 마문의 치정과 함께 아랍 문학은 신 국면을 맞이한다. 칼리프 마문은 페르시아인을 어머니로 하여 초반기의 태반을 페르시아에서 지냈는데, 칼리프의 지위를 획득한 것은 주로 페르시아 군대의 지원에 의한 것이었다. 그의 통치 기간 동안 페르시아 세력이 궁정의 결정적 대세를 점하였고 준디 샤푸르 학원으로 대표되었던 절충파 사상에 대한 그의 경도는 아마도 이와 같은 주변 정세에 영향을 받은 바가 많았을 것이다.

그는 그리스어의 작품 번역과 연구를 장려했으며 지혜의 집(학문연구기관)을 세워 철학의 논의에 직접 참가하여 주요한 역할을 다하였다. 그의 직접 후계자였던 칼리프나 또 다음 칼리프도 계속하여 알 마문의 이 태도를 답습하였기 때문에 약 4분의 1세기간이라는 것은 헬레니즘 문화의 영향이 이슬람 제국 전 지역에 자유로이 미쳤던 시대이다.

이같은 연구에 종사한 인원은 아랍인보다도 오히려 비아랍인의 이슬람 개종자가 그 주체였다. 철학적 진리의 거의 무조건적인 용인, 여기에 모든 동방 나라들에서의 철학적 진리, 그 자체에 필연적으로 수반하고 있는 반종교적이라고 말할 수 있을 절대적인 권한을 이 개종한 이방인들이 이슬람 세계에 갖고 들어왔다. 이 중에서 가장 우세한 철학적 체계는 네오플라토니즘이며 이것의 철학적 범신론의 학설과 코란의 엄격한 일신교적 교의 관계를 명확히 결정시키는 것이 당시의 급한 학문상의 중대사였다.

상기 문제에 관한 탐구 정신의 극히 미약한 최초의 발동은 아랍 사이에서 이슬람 기원 초에 이미 표명되었다. 이 움직임이 이슬람 정통파의 결정론적 교의(예정론)에 대립하여 인간에게는 실제적 자유가 엄격히 존재하고 있다는 주장(자유 의지론 : 카다르)을 중심점으로 맴돌고 있었으나 이것은 아마도 시리아에서 발생하였던 기독교도의 내부 논쟁의 결과에서 받은 영향으로도 생각된다.

외래 사상의 영향이 강화함에 따라 그 동향은 확대되어 무타질라(분리파)라고 불리우는 사상의 일파를 형성한다. 이슬람 정통파 신학자들은 어떻게 하여서라도 이 학파를 내쫓으려고 하는 운동을 전개하여 이들의 모든 철학에 대하여 드디어 이단을 선고했다.

그러나 학습, 연구 그 자체를 저지하거나 통제한다고 하는 것은 그 정통파 학자들의 힘이 미치는 바가 아니었다. 아리스토텔레스의 논리학으로 배양되고, 그리스 자연과학이 개척한 놀라우리만한 세계에 대한 찬탄(讚嘆)의 염을 갖고 있던 지식층은 이에 부대되는 대전제를 전면적으로 받아들여 지적인 호기심을 충족시키려고 연구 활동을 했다. 이들 연구 활동이 학문적인 방법으로 행하여지고 조그마한 연구 집단의 범위에 그치고 있는 한 두려움을 가질 위험은 거의 없었을 것이다.

그런데 칼리프 마문이 무타질라파의 이단 학설에 공식적으로 찬의를 표하고, 이슬람 정통파 신학자를 종교 재판에 넘기는 데 있어 상황은 일변했다. 비종교적 일반 세력의 지원을 받아 무타질라주의는 그 신중한 태도를 한꺼번에 벗어버리고 새로운 이론을 주장하기 시작했는데, 차차로 등장하기 시작한 이들 새로운 이론은 시기가 지남과 함께 혁명적으로 되고 과격화하는 경향을 띄게 되었다.

무타질라파의 정통파 신학자들에 대한 공격이 과감하게 될수록 방어측에 선 정통파의 방비의 성채도 더욱 완강하게 되었다. 종교 심문은 정통파의 반항심을 더욱 격렬하게 하는 결과가 되었다. 이단의 냄새가 나는 어떠한 것이라도 모두 거부하고 의론의 여지조차 주지 않으면서, 그들 정통파는 코란과 하디스의 테두리 안에 움츠러들어가 이것에 의거하여 어떠한 질문에 답하는 데도 '빌라 카이프'(무엇이라고 묻지 말고)로 밀고 나갔다. 이 정통파의 대표자가 아흐마드 이븐 한발(855년 사망)이며 그는 당시 가장 과격한 전통주의자였다.

번역 사업은 칼리프 마문 시대에 최고조에 달하였고 마문은 이 때문에 새로운 도서관과 천문대를 설치했다. 대규모 번역을 시작한 최초기의 학자는 발바크 출신의 쿠스타 이븐 루카(835년경 활약)로, 그는 아리스토텔레스 및 그 후기의 여러 저자의 것을 번역하였을 뿐만 아니라 그 자신도 수학, 천문학 기타 주제에 관한 여러 저서를 내고 있다.

쿠스타 이븐 루카의 명성도 다음에 등장하는 후나인 빈 이스하크(873년 사망)의 앞에서는 그 빛을 잃는다. 그는 플라톤과 갈레노스의 저작 번역자로서 알려져 있는데 아라트리아에서 그리스어를 배웠고 칼리프의 주치의로 있었다.

아랍 철학으로서 이름을 들 수 있는 최초의 학자는 알 킨디(850년 사망)로 순수한 혈통을 보유하는 아랍 가문의 출신이기 때문에 그를 '아랍인들의 철학자'라는 칭호로 부른다. 그의 특징은 그리스 학문의 모든 분야를 연구하였으며 음악 · 천문학 · 의학 등 연구 주제는 여러 분야에 걸쳤고 이와 함께 플라톤 철학과 아리스토텔레스 철학의 체계적 융화를 시도한 연구를 내놓았다.

초기 아랍 수학사에 등장하는 주요 인물은 알 푸와리즘이다. 칼리프 알 마문의 장려로 그는 수학 · 천문학에 관한 그리스 계통의 저작을 연구했을 뿐만 아니라, 이보다 앞서 수년 전에 아랍어로 번역되었던 인도 수학의 체계도 연수했다. 인도 숫자의 사용으로 그는 계산법에 획기적인 변화를 이룩하였고, 유럽이 십진법과 아라비아 숫자를 전수받은 것은 기하학과 천문학에 관한 그의 저작이 라틴어로 번역되면서부터이며, 이 십진법은 서양 중세 전기(全期)를 통하여 알 푸와리즘의 라틴어 호칭으로서 알고리즘이라고 불리어졌다.

아랍 문학 전체를 통하였다고는 할 수 없어도, 적어도 당시의 가장 훌륭한 작가였고 많은 작품을 내놓았으며 또 아랍 신문 문체의 창시자였던 자는 흑인 노예의 손자 아무르 이븐 바흐르로서, 그는 알자이즈(왕방울눈)로 알려졌으며 90세가 넘은 고령으로 869년에 사망했다. 타고난 지적 흡수력(吸收力)을 가진 그는 비천한 신분에서 몸을 일으켜 자기 생애의 길을 개척하였다. 출생지 바스라의 학원에서 아랍 언어학을 배우고, 또 유명한 무타질라파 학자 안 낫잠 밑에서 신학을 연수했고, 또한 그리스 철학과 그리스 자연과학에 관심을 갖고 연수했다.

현재에 전하는 그의 저작은 신학상의 논고나 수사학에 관한 많은 저술 외에도 여러 짧은 논문과 '동물들에 관한 책'이라고 이름지어진 수필집이 있다. 그의 논문 제목 자체가 그의 독창성을 보이고 있는데 '백인에 대한 흑인의 자랑' '터키인의 장점' '상인들에 대한 칭찬과 관리들에 대한 비난을 담고' '침묵보다 좋은 말의 우월성' 등등이다.

칼리프 무타와킬 즉위의 해인 847년부터 945년 페르시아계 부와이흐조가 바그다드에 들어온 시기는 하나의 문학적 시대로 이루어지고 있다. 전술한 것처럼 무타질라 사상은 여전히 정통파에게 위협적인 것이었다. 정통파 신학자들은 무타질라 사상의 변증법적 논법을 그대로 사용하여 그 예증을 무타질라 저작자들에게 돌렸다는 것이다. 이런 의미에서 스콜라 신학이 이집트와 바그다드, 그리고 사마르칸트에 때를 같이하여 탄생하였다. 이에 따라 무타질라파는 서서히 논파(論破)되고 그 존재가 사라진다. 반무타질라적 스콜라 운동의 성과는 바그다드에 있는 이 운동의 지도자 알 아쉬아리(933년 사망)가 획득하게 되었는데 아쉬아리 자신도 실제로는 무타질라파 내부에서 교육을 받고 자란 학자였었다.

정통파 신학자들이 무타질라파를 공격할 무렵 그들과 동맹 관계에 있었던 한 종교 운동가가 새로운 위험을 내포하고 그들 신변에 다가섰다. 이슬람력 기원 1세기부터 금욕 수도주의가 일어났는데 그 전형이 바스라의 핫산(728년 사망)이다. 단순하고 순수한 금욕적 수도주의는, 이슬람력 2세기에 들어서 그 활력을 더하고 이슬람 공동체라는 완전한 틀내에서 여러 가지 특수한 수도적 실천 방법을 개척했다. 당시의 문헌들은 바스라 및 기타 지방에 있는 여러 많은 은자의 암자나 설교자들에 대하여 기록하고 있다.

이같은 수도자들을 수피라고 부르게 되었고 이슬람의 여러 종파내에 이런 수도자는 어디에나 존재하고 있었다. 초창기의 미개발 이슬람 신비주의는 외래 종교 체계로부터 많은 요소를 받아들이고 이것들을 동화 흡수한다는 것은 필연적인 요청이었다. 외래적인 요소라고 하는 것은 엄밀한 의미에서 코란의 정신과 전면적으로 동일하지 않다고 하더라도, 코란에 연결할 수 있는 것이 있다면 그것으로 족하였다.

이 종교적인 동화 현상이 현저한 한 예로서, 신에 대한 외경(畏敬)이라고 하는 금욕주의적 종교 요소가, 신에 대한 사랑이라고 하는 헌신적인 신비주의적 요인으로 전화(轉化)되었다는 것을 들 수 있다. 이 신에 대한 사랑에 대하여 여류 시인, 바스라 출신의 라비아(801년 사망)는 그녀의 시속에서 아름답고 순수무구하게 노래하고 있다.

이슬람력 3세기에 신비주의적인 신에 대한 사랑이 더욱 발전하여 여러 가지 관능적 표상으로 상징되는 종교적 황홀경으로 전환하였다. 코란의 밀교적 신비주의적 해석은 일반적으로 받아들였던 나타난 글자의 해석으로부터 일탈하여 양자의 격차가 더욱 벌어졌다.

또 수피들이 모든 이슬람교도들에게 의무로 되어 있는 여러 종교적 의례나 실천으로부터 전면적인 해방의 자유를 주장하고, 또한 절대신성하고 범치 못할 신으로 자기 자신이 되어 1인칭으로 말하는 것을 들었을 때, 여러 신학자들은 다음 투쟁을 향하여 무기를 들어야 할 시기가 도래하였음을 깨닫게 된다. 페르시아인 알 할랏은 이슬람 신비주의 운동의 초기를 장식하는 신비가의 최고봉이다.

이슬람 정통파들이 이러한 수피의 신비주의 운동에 반격하여 생긴 중요한 문학 운동은 하디스(전승)의 최종적인 채록이었다. 말리크 이븐 아나스와 정통파 신학자들에 의해 법률은 전통적인 관습을 전거(典據)로 하는 원리가 이미 확립되어 있었으나, 하디스 학자들 거의가 법학적 관점보다도 오히려 신학적 관점을 중심으로 하여 하디스학을 연구하였다. 따라서 하디스학과 함께 법률학을 수학한 특수한 사람 이외에는, 하디스 학자 중에서 누구 한 사람 법률 임무에 종사할 유자격자가 없었던 것이었다.

사태를 수습하고자 하디스 채록의 새로운 방식이 고안되었다. 이븐 한발의 '무스나드'를 중심으로 하는 구 편찬법에서는, 각 하디스 사항은 그 주제와는 관계없이 전승하는 진실성을 보장하기 위한 근원적 전거로서 참조되고 있는 예언자 무함마드와 동시대의 사람, 즉 하디스의 전승 사항을 최초로 구두 전수한 사람들의 이름을 구분하는 것이었다. 그런데 새로운 편찬법에서는 전승사항은 각각 주제별로 배열하였다. 여기에는 하디스 연구 그 자체가 그 동시에 법률 실무를 익히는 데도 소용이 되는 목적이 있었다.

새로운 방식에 의한 최초의 하디스 수록은 알 부하리(870년 사망)에 의해 편찬되었다. 그의 하디스 전승록에는 순전한 법률에 관한 것 외에도 전기 · 윤리 · 의학 등에 관한 여러 종류의 하디스가 채록되고 실제로 법학 편람로서 사용되게끔 만들어진 것이었다. 각 분류 부문의 머리 부분에 있는 것은 그 부분에 포함되고 있는 하디스의 여러 사항의 실질적인 법률적 적용 해석에 관한 설명시가 첨부되어 있다.

무슬림(875년 사망)에 의해 같은 시대에 편찬되었던 하디스 전승록은 부하리의 것과는 반대로 하디스 전승 사항의 실제적 적용 해석은 독자의 자의에 위임되고 있으며 오히려 확실한 하디스의 완전 수집에 그 뜻을 두고 있다.

부하리와 무슬림 양 하디스 학자는 그 수가 몇십만이라고 칭하여지는 방대한 하디스 전승 사항 가운데서 취사선택을 행하고 하디스를 편찬했다. 이 두개의 하디스록은 각각 '사히흐'(진정한 것)라고 불리워지며 그후 이슬람사를 통하여 코란 다음가는 권위있는 문서로 되었다.

이와는 별도로 이 두 사람의 학자가 하디스의 어느 것이 진정한 것이고 어느 것이 거짓인가를 최종적으로 결정하였기 때문에 그 권위가 확립되었다는 것이 아니라 오히려 정통파 주변에서 진정한 것이라고 인정되었던 모든 하디스를 그들의 하디스집에 채록하였다는 사실에 그 권위가 유래한다. 이 두개의 '사히흐'에 계속하여 이와 동시기에 또한 네개의 하디스집이 편찬되었는데 이상 모두를 합하여 이슬람 하디스집의 여섯개의 종류로 정식으로 인정되어 있다.

역사학의 학문적 연구에 있어서 당시 여러 신국면에 특히 흥미깊은 것이 있다. 소재 자료는 흩어진 채로 발표된 초기의 전문논고 중에는 손쉽게 수집할 형태의 것도 많아 이것을 단지 완성된 체계적 역사 논문으로 만들면 좋은 상태였다.

처음의 중요 저작으로서는 알 바라두리(892년 사망)에 의한 '정복사'가 있다. 발췌 방법으로 자료를 취급하고 있는 것이 이 책의 특징이다. 정복의 기술은 각 지방마다 개별적으로 나뉘어져 있다. 이와 같은 때 알 야꾸비(891년 사망)가 같은 취지에 따라 특히 시아파 관점에 선 세계사의 연대기적 개설과 역사 지리학에 관한 저작을 남기고 있는데 그의 역사 지리학은 이 종류의 것으로서는 이슬람 문학사상 최초의 것이다. 기술한 알 바라두리 및 알 야쿠비의 사서(史書)는 둘다 가치있는 저작이라고 하여도 앗 타바리(923년 사망)의 사서에는 훨씬 미치지 못한다.

앗 타바리는 그가 살았던 시대에 있어서는 인문학의 최고 수준을 나타내고 있다. 839년 다부리스탄의 마무르에서 태어나 라이에서 수학하고 바그다드에 이븐 한발이 죽은 직후 도착하여 그의 가르침을 받는 기회를 상실하였지만 계속하여 바스라, 쿠파, 시리아의 여러 도시, 푸스타트(옛 카이로) 등지에서 여러 스승의 교육을 받아 다시 바그다드에 돌아와 여기에 자리를 잡는다. 40년에 걸친 수학 후 그는 이미 이슬람 사상에 누구라도 필적할 수 없는 완벽함으로 신학, 언어학 그리고 초기 이슬람의 역사학을 숙달했었다.

타바리의 사서는 바라두리의 발췌, 선택 방법에 의한 것과는 달리 역사적 사건의 전 기록을 축차적으로 해마다 일련의 얘기로서 기술하는 것이 아니라 개개의 다른 권위있는 학자들에 의해 술하여진 것을 그대로 기록하는 형식을 채택했다. 그의 목적은 초기 부족의 전승을 포함한 아랍의 전 역사를 망라하고 그가 이전에 코란에 관한 전승을 수집 편찬한 것과 같은 방법으로 한 책 속에 수집하고 통합하는 것이었다.

그런데 그의 사서의 경우에는 어떤 이유로 그 자신의 비판적 의견을 거의 가하지 않았으며 또 주관적인 지향성의 어떤 징후도 나타내고 있지 않았다는 것이다. 이 결과 그의 저서는 일견하여 통일성이 결여되고 있으며 여러 점에서 결함이 보인다. 그러나 타바리의 역사서 출판으로 처음으로 이슬람 초창기의 명확하고 신뢰할 만한 역사적 전모를 알 수 있었다고 하는 것이다. 이슬람 이전의 역사에 관해서는 그는 단지 아랍, 페르시아의 여러 대가들의 업적을 충실히 망라하였다고 할 것이다.

타바리의 방법과는 전혀 현저한 대조를 보이는 것이 그의 후계자 알 마스우디(956년 사망)에 의해 채택된 방법이다. 그는 젊었을 때 자연과학과 철학을 수학하고 그후 오랜 세월에 걸쳐 이슬람 동방권의 각지를 해로, 육로를 거쳐 골고루 여행했다. 청년기의 학문 수업에 덧붙이어 여러 이민족과의 접촉으로 인해 얻은 그의 통찰력과 풍부한 체험은 이슬람교도뿐만 아니라 이슬람권에 인접하는 이국의 사람들 및 그 역사적 선행자들의 역사, 지리, 철학, 종교를 포함한 복잡하고 정밀한 백과 사전 저작에 필요한 원재료를 제공한 것이다. 유감스럽게도 그의 원작 30권 중 단지 1권 그것도 가장 중요성이 없는 1권만이 오늘날 전하여져 있다.

이 백과 사전의 두 번째 발췌판 '황금의 목장'이라고 제목이 달린 약 6백 페이지의 책만이 우리가 잃었던 것의 전모를 상상 평가할 수 있는 유일한 단서이다. 역사학은 이 이래 이슬람 여러 학문 중의 분야로서 확고히 그 위치를 확립하고 여러 언어로 쓰여진 이슬람 학문의 저작 중 가장 이슬람적인 특징을 가진 것의 하나로서 오늘에 이르기까지 그 위치를 유지하고 있다.

10세기 중 지리학 관계 저작이 세상에 나타났다. 그 중에서도 뛰어난 것은 이븐 하우칼과 알 마크디시 두 명이다. 이븐 하우칼은 알 이쓰타쿠리에 의해 951년에 씌여진 저작을 977년에 보필, 확대하여 출판하고 있고 알 마크디시는 985년에 처음으로 저작을 간행하고 그 책의 개정판을 988년에 내놓고 있다.

이 시기의 마지막을 장식하는 것은 중세 최대의 의학자 유럽에 통칭 라제스라고 있는 알 라지(930년 사망)이다. 그는 생애의 태반을 페르시아에서 보냈으며 한때 바그다드의 병원장으로 있었던 적도 있었다. 아랍어 원전과 중세 라틴어역의 쌍방을 포함하는 그의 여러 논문이 현대에도 전하여져 있다. 이 중에서 명저로 여겨지고 있는 그의 유고 '알 하위(포함)'가 있다.

트랜스 옥시니아 출신의 터키인이 바그다드의 궁정에 들어와 전횡을 하였던 악정의 한 세기는 부와이흐 가에 의해 종지부가 찍혀졌다. 이 시기가 945년이다. 시아파의 부와이흐 일족은 이슬람 정통파에 대해서 가차없는 태도로 임하였다. 따라서 이라크, 라아이 파르스 등 여러 왕자(아미르)의 영토(領土)를 중심으로 하는 부와이흐 일족의 세력권 내에서 종래 정통파 신학자들에 의해 규탄되어 있던 여러 종류의 모든 제한이 풀려져 자유를 회복했다.

바그다드의 정치적 약체화와 이에 따른 이슬람 제국의 아바스 조 영토 내에 세력을 펼치었던 강력한 신흥국들의 흥성은 아랍 문학 활동의 지방 분산이라는 현상으로 나타난다.

수년간 북부 시리아의 도시 알레포가 아랍 문학 활동의 중심지가 되었다. 당시 알레포는 함단 가의 시아파 이슬람교도 일족이 통치하는 작은 아랍 왕국의 도시였다. 이 작은 나라의 왕 사이프 앗 다울라(통치 944~967년)의 주변에는 유능 다재한 문사(文士)들이 모였다. 이왕의 아낌없는 원조는 당시 일류 문사의 거의 모두를 그의 주변에 끌어들여 이 때문에 사이프 앗 다울라는 후세에 그 이름을 길이 떨치게 된 것이다.

진정한 아랍 민족 국가에 있어서는 문예부흥이 언제나 시의 돌연한 융성 개화를 수반하는데 알레포의 경우에도 예외는 아니었다. 사이프 앗 다울라의 계관시인이라고도 할 알 무타나비(965년 사망)는 아랍 문예 비평가들에 의해 아랍 최고의 시인 또는 적어도 위대한 마지막 아랍 시인으로 칭하여져 있다. 일반적인 평가로는 무타나비가 동시대의 시인 아부 피라스(967년 사망)보다 단연 뛰어났었다. 아부 피라스는 사이프 앗 다울라의 조카였다.

이슬람사의 초기에 있어서 사주(押韻形式의 散文)체는 그것이 코란에 사용되고 있었던 문체라고 하고 있기 때문에 일종의 종교적인 존경의 의미가 부여되어 세속적인 목적으로 사용되는 것이 삼가고 있었다. 적어도 이슬람 초기의 2세기간, 금요일 이슬람 성당에 있었던 공식 설교 후투바에는 언제나 이 사주체가 설교사에 의해 사용되고 있었다. 사이프 앗 다울라의 궁정 설교사 이븐 누바타는 그의 전 설교를 모두 사주체로 썼는데 이것이 그의 아들의 손으로 편찬되어 이후 이 책은 그 문체 내용과 함께 언제나 최고의 평가를 받아오고 있다.

이미 우마이야 조에서조차 이 사주체는 공문서의 문체로 되어 초기 이 종류의 공문서는 훌륭한 문장의 예로서 널리 일반에 유포되어 있었다. 이 종류의 목적에 사용된 사주체가 아랍문학에 그 위치를 차지한 것은 아부 바르크 알 푸와리즘(1002년 사망)이 여러 사람들에게 보낸 그가 쓴 서간집을 모아 편찬한 이후의 일이다.

당시 중앙아시아의 터키계 민족의 자손으로 이슬람 최대의 사상가의 한 사람인 알 파라비(950년 사망)가 있었다. 의학과 음악에 관한 그의 저작은 학술 논문을 범례로 당시 되어 있었고 무엇보다도 그의 이름이 현재에도 잊어버리지 않고 계속되고 있는 것은 실로 아랍 철학에 대한 그의 공훈 때문이다. 알 파라비의 중요한 철학 업적은 아리스토텔레스의 철학 체계와 플라톤의 철학 체계라고 하는 두 개의 철학 체계를 상호간 융화 접합을 도모한 것이다. 그 자신은 어디까지나 이슬람 진리를 믿어 의심치 않고 그리스 철학 전체를 이슬람 교의와 모순없이 융화시키는 데 노력을 기울인 것이다.

이슬람 문학사상 아불 아알라 알 마아리(973~1057년)는 다른 것과는 전혀 격절된 말하자면 당돌한 초청되지 않은 출현자였다. 그는 소년 때 이미 맹인이 되었음에도 먼저 알레포에서 학문을 수학하고 후에 바그다드에 나와 활약을 하였지만 마지막에는 고향 알렙포에서 은퇴하였다. 사크트 앗 잔드(부싯돌의 불길)로 제하여진 그의 초기의 시집은 당시 유행하였던 기교적인 시풍과는 커다란 차이가 없었지만 그의 후기의 시 알 루즈미아트(운율시)라고 하는 시집의 이름이 암시하는 것처럼 운율과 어휘 조화에 관한 복잡한 형식적 기교를 다룬 것이다.

이에도 불구하고 그가 단순한 위대한 시인이라고 하는데 그치지 않은 것은 그의 시적 내용에 관해서도 그가 위대한 인도주의자이며 약간 염세적인 그림자가 있다고 한다하더라도 신랄하고 예리한 사상가로서 다른 사람보다도 걸출한 존재였다.

사이프 앗 다울라의 궁정 주변 문학계에서 이슬람 문학의 진정한 아랍 요소가 아직 지배적이었을 때 바그다드 및 이슬람 동방권에는 이미 이들 진정한 아랍적 요소가 신흥 페르시아풍의 대두에 밀려 서서히 추방되어 있었는데 이 시기는 부와이흐 일족의 바그다드 지배의 시대이다. 힌두어나 페르시아어로부터 비롯된 얘기를 소재로 하여 천일야화(千一夜話)의 최초의 초고가 만들어진 것은 이와 같은 시대적 상황하에서였었다.

대중의 인기를 얻을 목적으로 문인 학자들은 논문의 언어학적 · 철학적 내용을 일화(逸話)로 대체하려고 일화의 종류를 구하여 자료를 수집했다. 법관(法官) 앗 타누히(940~994년) 저 '고생 뒤에 낙'과 '역사 집성'에 대표되는 최초기의 작품이래 이 종류의 신형 논고는 오늘에 이르기까지 대중의 인기를 모으고 있다.

이때에 특징적인 것은 이슬람 세계의 모든 도시에는 도서관과 학원이 창설되었다. 990년에 바그다드에 개설된 이름도 없는 작은 학교가 1만 4백 권에 미치는 책들을 보유하고 있었고 카이로의 알 아지즈 대도서관은 적어도 약 12만 권의 서책의 도서를 보유하고 있었다.

'알 피흐리스트(문헌 해제 목록)'의 제명으로 전하여져 현재 내려져 온 책은 아마도 이와 같은 대도서관의 목록이었을 것이다. 이것은 988년 바그다드에서 안 나딤에 의해 만들어진 것이다. 참으로 귀중한 이 저서의 처음 권두에는 여러 종류의 언어와 문자, 아울러 이슬람 공인의 성스러운 서책류에 관한 부문에서 시작하여 계속해서 아랍 인문학(人文學), 주술(呪

術)에 관한 7편의 논문이 게재되고 마지막으로 이슬람의 종파 및 이교, 여기에 연금술(鍊金術)에 관한 두편의 논문이 부가되어 있다. 저자는 각 부문마다 그 주제에 관하여 알려져 있는 만큼의 서책을 열거하고 이 서책의 저자에 대한 간단한 전기를 쓰고 특히 중근동(中近東) 문화사상 귀중한 다른 자료도 열거하고 있다.

이 '피흐리스트'는 이슬람력 기원후 최초의 3세기간에 축적된 아랍 인문학 관계의 소산이 얼마만큼 거대하였다는 것을 시사함과 동시에 이 중에서 산일(散逸)을 면하여 현대에 전하여진 것이 얼마나 적고 전작품(全作品)의 적은 부분에 지나지 않는가 하는 것을 알려준다.

부와이흐 시대의 상기 기술한 저작 이외에도 주로 신학에 관한 것이 많다고 하지만 '신학적'이라고 하는 어휘로는 알 마와르디(1058년 사망)의 유명한 논문 '정치 원리'의 전부를 포섭 표현시킬 수 없다. 만일 신학이라는 말이 이 논문에 관하여 얼마만큼 적당하다고 한다면 단지 이 책이 사실상 당시 정통파의 신학자들이 불법, 부패로 간주한 데에 대해 거의 타협함이 없이 신권국가의 이상적 통치 형태에 대한 주장을 펴고 있다는 것에 대한 이유일 뿐이다.

이슬람 동부 지방에서 문학적으로 현란하고 화려함을 나타낸 것은 부하리의 사만 왕가의 궁정이었다. 그런데 한편 통상의 중심지 하리즘은 특히 학문에 대한 열성으로 유명하였고 또 옥소사스 강 주변의 여러 주변은 그 당시부터 종교학의 연구에 대한 열의로 세상에 알려졌다. 사실 하디스의 정전 편찬자는 부하리와 무슬림을 비롯하여 호라산 출신자로 점하여져 있었다. 호라산 지방 전역의 엄밀한 의미에서의 수도 니샤푸르는 당시 가장 뛰어난 알 함다니(969~1008년)와 앗 타리비와 관련되고 있다.

알 함다니는 그 본명보다도 오히려 '바디 앗자만'(그 당시의 경이)의 속칭으로 널리 일반에 알려졌고 그의 저작 마카마트(집회)는 공전의 성과를 거두었다. 아랍 문학계에 있어서의 함다니의 위치는 마카마트라는 문학 표현상의 완벽한 한 형식의 창조자라 하는 것이 그에 대한 평가이다.

알 함다니의 천부적 소질에 대한 아낌없는 찬사에도 불구하고 타리비 자신은 언어학과 '아답'(인문학)이라고 하는 가장 상투적인 길을 택했다. 그의 존재의 중요성은 주로 그 자신이 쓴 두 책에 의한 것이다. 한 책은 총체적인 역사서로 페르시아 최초기의 왕들에 대하여 서술한 부분만이 현대에 전해지고 있다.

그런데 이 부분이 대단히 흥미가 깊고 중요하다. 이렇게 말할 수 있는 것은 페르시아의 대시인 피르다위시의 손으로 마지막 완성을 본 저 유명한 서사시 '샤흐나마'(列王記)와 동시 진행으로 그것도 이와는 전혀 독립적으로 제작되었고 동일 자료의 산문 문체편이라고 할 수 있는 것을 타리비의 역사서의 바로 이 부분에 구성되어 있기 때문이다.

그의 다른 저서는 이슬람 전역의 아랍 문학계로부터 선발된 시대적인 것에 따라 선택된 새로운 아랍 시인들의 전기 선집으로 '세기의 하나의 구슬'이라는 이름으로 알려져 있다.

999년 사만 조가 중앙아시아의 터키인에 의해 찬탈되었을 때 그의 의발(衣鉢)은 아프가니스탄의 가즈나에 창건된 터키계 신왕조에 돌아갔다. 가즈나 왕조의 왕자 중에서 가장 유명한 왕자 마흐무드 아민 앗 다울라(통치 998~1030년)가 있어 당시 출중한 문사를 초청하였다. 이 가즈나 조의 마흐무드는 하와리즘을 정복하고 알 비루니(1048년 사망)라는 문사를 거두어들였다. 비루니의 역사학상의 저술은 아쉽게도 아무것도 보존되어 있지 않으나 그의 이름은 그가 편찬한 두 개의 위업으로 충분히 확보되어 있다.

'지난날의 문화유산'은 각 시대의 시대 묘사나 각국의 연중 행사, 각 종교의 제사 묘사뿐만 아니라 또한 다량의 역사적 정보나 여러 가지 일에 관한 진귀한 사물들을 표시한 일종의 비교 연대기적 연구이다. 두 번째 작품을 위해서 그는 마흐무드 아민 앗 다울라의 인도 원정을 크게 이용했다. 산스크리트어를 배우고 인도 문헌을 연구하였으며 13년간에 미치는 연구 성과로서 인도에 대한 책을 세상에 내놓았는데 이것은 그 주제로 보나 학문적 방법으로 보나 아랍 문학의 독자의 봉우리로 뛰어나 있다.

비루니와 다른 형의 학자로서 부하라의 이븐 시나(980~1037년)가 존재한다. 이븐 시나는 라틴어 이름으로 아비 시엔나로 알려지고 있으며 오랫동안 이슬람 과학의 최고봉으로 간주되었다. 이븐 시나는 그 자신이 먼저 철학자였다는 것을 때때로 등한시된다. 그런데 그의 의학서가 16종, 천문학 및 자연과학에 관한 책이 11종인데 대하여 그의 저서로 되어있는 철학서는 68종을 이른다.

철학서의 부류에 속하는 것으로서는 '치유의 서'(영혼의 치유라는 뜻), 논리학, 자연학, 수학, 신학에 관한 백과사전, 특히 몇개의 신비주의적 저작을 덧붙이어 영혼이 육체에 강림하는 데 관한 짧은 시편 등이 있다.

유럽에서의 그의 지명도는 주로 그의 의학상의 저작 특히 '카눈'이라고 불리우는 의학 사전에 의존하고 있다. 이 '카눈'은 13세기에 라틴어역이 간행된 이래 수세기에 걸쳐 유럽 의학계를 지배한 것이다.

이슬람력 초기 3세기간 이집트는 이미 바그다드를 중심으로 한 여러 문화 활동에 직접 참여했고 그 활동은 어떤 경우에 그 땅에서 일어나는 여러 학파 경유로 전파되고 또 발전하였다. 이집트에서 일어난 파티마 왕가 자체는 학술 연구에 대해 열심이었고 원조를 아끼지 않았다. 이집트에서 그들이 행한 처음의 사업은 알 아즈하르 예배당 부속의 대학을 설치하고 이에 기금을 내놓은 것이었다. 이 이스마일 종파의 대학은 후에 이슬람 정통파로 복귀하고 또 후세에 이슬람권 아시아 지역에서 경쟁상대의 여러 대학이 없어진 후에 이슬람 전역의 최고학부로서의 지위를 확립 유지하여 오늘에 이르고 있다.

에스파냐에 있어서의 아랍 인문학의 발전은 여러 가지 사정 때문에 늦어져 진척하지 못했다. 코르도바 왕조의 전성기를 획하는 위대한 압두 알 라흐만 Ⅲ세 치세의 시대는 에스파냐 이슬람교도의 개성이 처음으로 나타나고자 한 시대였다. 이 결과 이에 계속되는 수세기간 이슬람 문명 중에서도 우수한 기념비적 저작을 낳은 문인 학자들이 차차로 세상에 나오게 된다.

그 저작이 현대에 전하여지고 있는 에스파냐 문인 중 시대적으로 최초기에 속하는 저자는 이븐 압두 랍비히(860~940년)이며 그는 원래 우마이야 가의 해방 노예였다. 그의 몇개의 시를 제외한 그의 유일한 작품은 '알 이크드 알 파리드'(비할 바 없는 진주목걸이)라는 유명한 문학사전으로 아랍 시와 아랍 산문의 세계를 당시로서 망라한 것이다.

이븐 압두 랍비히 자신은 먼저 예술가였는데 그의 후계자는 언어학자가 되고 언어학계에서 에스파냐학파의 창시자로 간주되고 있다. 그의 후계자인 언어학자 알 칼리(?~967년)는 아르메니아에서 태어나 바그다드에서 수학했다. 942년 코르도바에 정착하여 생애를 이 땅에서 보내고 구술 필기록에 기록된 강의를 계속했다. 구술 필기록은 이슬람 동방권에서 지금도 광범위한 독자층을 갖고 있는데 그 내용은 여러 주제, 예를 들면 코란의 구절, 고대 아랍이야기, 역사, 야화 등에 관한 문법적 또는 어법상의 문제가 여러 전승이나 시구의 인용과 함께 해설된 여러 논문으로 구성되어 있다.

11세기 초 새로운 국면이 생긴다. 이슬람 동방권에서는 고답적인 문인 시인들이 원래 일반 대중의 경향에는 주의를 기울이지 않았다. 확립된 문학 양식이나 관례에 맞지 않는 것은 무엇이라도 제외되었다. 이 원칙은 에스파냐에 있어서도 전면적으로 폐기되지 않았지만 그 억제에도 불구하고 겨우 이때에 새로운 연절시형(連節詩型)이 문단에 등장했다. 이 새로운 연절시형은 그 원류를 소급하여 보면 에스파냐에 있는 아랍문학 발생의 초기까지 소급할 수가 있다.

최초 그 교두보를 확립한 것은 무앗샤하(색채 장식)이며 4행, 5행, 6행이 각각 일련(一連)을 형성하면서 하나의 시 속에 배합되어 그 전체 운율 형식과 함께 다양한 형식 변화가 가능한 것이다. 이 연절시형이 이슬람 동방권에서가 아니라 특히 에스파냐에서 발전하게 된 원인에 대해서는 그리 확실하지 않지만 라틴계 기독교의 찬송가를 모방한 에스파냐나 프로방스 지방의 민요의 영향이 있지 않는가 추측된다.

11세기의 많은 시인들 중 가장 뛰어난 시인 둘을 열거한다면 그 한 사람은 코르도바의 이븐 자이둔(1003~1071년)으로 그의 초기의 연애시를 취하여 본다 하더라도 또는 만년의 시적 서간을 본다 하더라도 다함께 에스파냐 최대의 시인으로 자리를 잡아야 할 것이다. 또 한 사람의 시인은 알 무타미드(1040~1095년)로 세빌랴 왕조를 통치한 마지막 세빌랴 왕조의 토착 통치자였다.

이븐 자이둔의 경우나 알 무타미드의 경우에도, 그들이 유명하게 된 것은 그들 자신의 생애의 전개가 다분히 영향을 끼치고 있다. 이븐 자이둔은 그의 파란만장한 운명과 이에 부과하여 우마이야 왕가 에스파냐 왓라다 공주와의 사랑이야기이고, 그리고 알 무타미드의 경우는 에스파냐 군소 왕국의 여러 왕 중에서 첫째 왕으로서 군림하였던 당시 그의 궁전의 현란함과 수인(囚人)이 된 몸으로 모로코에서의 비참한 죽음 사이의 극단적이었던 운명의 부침(浮沈), 이것들이 그들의 이름을 더욱 높이었다.

11세기 산문 문학의 대표자는 무엇이라고 하여도 코르도바의 이븐 하즘(994~1064년)이다. 그는 이슬람에 개종한 에스파냐인의 손자로 젊었을 때는 주로 시인으로 활약하였으나 가장 엄격한 이슬람 신학의 한 파로 코란은 일자 일구 문자대로 표면적 의미로 이해할 것이며 비유적 상징적으로, 즉 내면적 의미로 해석해서는 안된다고 하는 철저한 표면주의적 신학 에 속하고 있기 때문에 그의 문학 활동은 어느 사이에 신학상의 적에 대해서는 격렬한 공격을 가하는 방향으로 빠져 있었다.

비교 종교라는 주제에 관해서 나온 처음의 책이, 기독교로부터 개종한 이슬람교도 알리 이븐 랍반 앗 타바리가 855년경에 쓴 '종교와 제국(諸國)의 서'이다. 이슬람교 자체 내부에도 공인 종파가 차차로 파생한 데에 이르러 비교 교조(教條)에 관한 여러 책이 나오는데 이들 책은 일반적으로 호교적 종파논쟁을 목적으로 한 것으로 예를 들면 마부 만수르 알 바그다디(?~1037년)가 저작한 '종파간의 차이'이다. 그러나 이 책은 공인

이라고 칭하는 이슬람 각 종파 이외의 것에 관해서는 일체 건드리지 않고 있다. 인류 전체의 여러 종교에 관해서, 그것도 대소 각각의 파생 종파로 포함한 전체를 조직적 · 객관적으로 저술한다고 하는 일은 결국 이븐 하즘의 출현을 기다려 처음으로 달성된 것이다.

5. 회고의 문학

1258년은 아랍에게는 대파국을 맞이한 해였다. 몽골군은 바그다드를 공략하고 칼리프와 그 일족을 살해했다. 이슬람 세계는 정신적 지주인 칼리프를 잃었다. 침입자는 여기에 눌러앉아 동화되었다. 몽골인들의 거친 행동은 앞으로 인종적으로나 문화적으로 터키에 진출을 돕는 데 지나지 않았으며 또한 이미 있었던 페르시아의 숨통을 끊은 것도 아니었다.

아랍인에 대해서는 여러 면에서 충격을 주어 심각한 것이 되었다. 메소포타미아 지점에서 단절이 문화적으로 생긴 것이다. 아랍주의적인 모든 중심지는 문화적으로 폐허화되었다. 아랍어는 이곳에서 이미 종교적인 주변에서만 사용되었을 뿐이다. 다른 면에 있어서는 페르시아어가 우위를 차지했고 그 문학의 새로운 황금시대가 개막된다. 이라크 서쪽에는 16세기 초까지 한동안 맘루크 조가 시리아, 이집트에서 전통을 유지하였다. 그러나 그들은 오스만 터키의 공격으로 붕괴하고 터키는 알제리까지 종속령을 확대하였다.

혼란의 시기, 저항의 시기는 계속되었다. 아랍 이슬람은 지중해의 남쪽 해안에서 연명했는데, 이곳을 자기 것으로 하여 아랍이라고 느끼게 하였고, 서구측도 이를 납득한 채 19세기까지 이른다. 몽골의 충격이라는 밖으로 부터 받은 상처, 머리를 잃은 몸짓과 같은 이슬람-아랍 세계를 우연한 운명에 맡긴 칼리프 제도의 소멸, 그리고 서구의 개입이 생기는 속에서 종교와 언어의 양면에서 이슬람 문화의 가장 좋은 부분을 유지하였던 아랍은 문화면에서 놀랄만한 반응을 나타내었다. 13~18세기라는 오랜 시기를 사람들은 '졸고 있는 속의 문학'이라는 말을 한다. 그러나 여기에는 당시 아랍이 살았던 환경을 이해하여야 할 것이다.

아랍은 자기들의 자부심을 일으키게 하기 위해서 문학의 재편성을 하기 시작한다. 회고의 문학이라고 할 수도 있다. 아랍의 과거에 대한 향수였다. 지난날의 문화를 정열적으로 기록함으로써 지식인들은 미래를 확보하고자 했다. 그들은 썼고 다듬어 모아서 백과사전이나 사전, 사료집을 내놓았고, 한편으로는 무시되었던 인간문학이나 야화를 잃어버리지 않으려고 했다. 이런 기초를 갖고 19세기의 아랍 문예부흥이 일어난다.

13~18세기에 있어서의 아랍 지식인들의 노력의 주요 부분은 그 지식의 집성에 쏠리어 아랍인 취향에 맞는 백과사전을 낳게 한다. 문학적 지식 · 전설 · 야화 · 훈화 등이 퍼졌다. 당시 아랍 백과사전의 대부분이 이집트의 맘루크 조에 의해서 공급되었는데 이것은 아바스 조의 전통을 계승하는 것으로서 관리들에게 전반적인 지식이 요구되었기 때문이다. 백과사전의 편자로서는 세 명의 대가가 뛰어났다. 안 누와이르(1279~1332년), 이븐 파둘룰라 알우마이(?~1348년) 및 알 칼카샨디(?~1418년) 등이다.

그러나 백과사전주의란 하나의 정신상태이다. 이렇게 어떤 저술가들은 한 작품의 제약 속에 스스로 갇혀지는 것을 거부하고 모든 주제에 걸친 논문을 쓴다. 아랍 문인들 중 작품을 가장 많이 내놓은 기록은 561편의 저작이 있는 앗 쉬이드(1445~1505년)이다. 또 다른 사람들은 일정한 학문 분야의 지식을 집대성하는 것을 시도했다. 이것은 아랍어 전체를 재편하는 대사전류의 시대이며 그 필두에는 이븐 만주르(1232~1311년)의 유명한 릿산 랄 아랍(아랍언어)이 있다. 이것은 또 전기 집성의 시도이며 가장 유명한 것은 터키 출신의 핫지 할리파(1608~1657년)에 의해 아랍어로 편집된 것이다.

전기를 모은 인물록에는 이븐 할니칸(1211~1282년)이나 앗 사파디(1296~1363년)와 같은 전반적인 것, 또 이 시기보다 앞선 야쿠드(1179~

1229년)의 문학자 전기 및 이븐 하자르(1372~1449년)의 무함마드의 교우 전기, 앗 사파디(1274~1352년)의 하디스 학자 전기와 같은 부분별의 것도 있다.

백과사전주의는 또한 사학자나 지지학자에게도 영향을 끼치고 있다. 전자는 기존 방식에 따라 선구자들의 작품을 요약하거나 개작하였다. 이슬람 시대사는 이븐 티크타카(1262~1301년), 세계사로는 아불 피다(1273~1331년) 및 이븐 카시르(1301~1373년) 및 각국사로는 알 마크리지(1364~1442년)가 있다. 알 마크리지는 이집트의 과거에 대한 기술에 뛰어난 저술자로 히다트 사적지지의 방법을 완성한 사람이다.

지리와 역사의 독창적 형식으로는 무함마드 이븐 바투타(1304~1377년)와 압두 알라흐만 이븐 할둔(1332~1400년)이 있다. 지리의 경우를 본다면 리흘라(여행)가 있다. 그 대표적인 저작가가 이븐 바투타이다. 이븐 바투타는 일시적이지만 거대한 몽골 지배하에 있는 지역을 평화스럽게 그 끝까지 여행을 하였다. 나일을 거쳐 다마스쿠스에 도착하였고 여기에서부터 아라비아 반도의 두 성도에 도착했다. 이라크와 페르시아에 다시 방문한 후 아라비아 반도에 돌아왔다. 다음은 동아프리카 해안 지방을 돌고 반전하여 이집트, 시리아, 소(小)아시아를 거쳐 남부 러시아의 킵착령까지 도달했다.

다음은 발길을 돌려 콘스탄티노플로 향하고 트랜스 옥시니아와 아프가니스탄을 거쳐 인도로 출발했다. 델리와 말타브 섬에 체재하였고 벵골, 밧삼 수마트라 및 중국 여러 항구 도시로 향하였다. 그는 해로로 페르시아만에 재차 모습을 나타낸 후 아라비아 반도로부터 이집트에 도달하였고, 알렉산드리아에서 튀니지로 향하여 배를 타고 사르데니아를 거쳐 알제리로 향하였고, 피즈에서 한숨을 돌린 후 그라나다 왕국을 방문키 위해 바다를 넘어 모로코로 돌아왔다. 1353년 말 그가 귀국했을 때 그는 350개월을 돌아다닌 셈이 되었다. 그는 1366년부터 1377년까지 기억을 정리하여 이븐 주자이라는 문인에게 그의 여행담을 구술 필기시켰다.

그러나 필기자의 다채로운 문체의 배후에 보이는 진귀함이나 경이스러움을 지나치게 묘사한 것 외에 또 이븐 바투타의 기억의 잘못에 따른 연대적인 모호함 속에 소아시아의 터키족의 영토, 인도, 니제르 등 여러 지역에 대한 기술을 한 작품이 현재에도 남아있다. 이븐 바투타는 그의 '리흘라' 그의 행로에 있었던 공간, 즉 전세계의 대부분을 반영하고 있다. 이븐 할둔이 쓴 최대의 역사서가 리흘라를 구술케 한 가장 야심적인 이븐 바투타의 그것과 동시대의 것이라고 하는 것은 우연이라고도 할 수 있을까? 사실 어느 것이나 다 몽골 지배하의 평화시대에 생겼는데 다시 말하면 하나의 제국 시대, 그것도 유래가 없는 제국이 존재하였던 때에 일어난 걸작이다.

이븐 바투타는 이 평화와 이것이 가져온 교통수단을 최대한 즉각적인 정보원으로서 이용했다. 이븐 할둔 쪽은 새로운 제국 완성에 발단하여 정치적 건설과 여러 문명이라는 것을 어떻게 하나로부터 다른 것으로 옮겨가는가 하는 것을 생각하고 기술하게 이른 것이다. 이븐 할둔으로서는 당초 다른 사람들에 추종하여 북아프리카의 과거를 재현하는 것만을 생각한 것 같다. 1332년 태생인 그는 에스파냐로부터 튀니지로 이주한 집안의 자손으로, 일에 착수함과 함께 법학자, 하디스 학자, 정치가 또 이슬람교사(敎史)에 일어난 대변동 특히, 티무르의 원정 등에 직면한 사상가로서 경험을 축적했다. 그는 이 정복자와 다마스쿠스 근처에서 회견도 하였다. 그 후 말리크파(派)의 카디(재판관)로서 카이로에서 사망했다.

이븐 할둔의 역사는 본질적으로 하나의 증서, 즉 문명과 제국의 삶과 죽음의 증서이다. 베르베르사는 그 자체로도 주목하여야 할 것으로 여기에 부과된 유명한 역사서설에서 저자는 역사의 진정한 세계적 이론을 전개하고 있다. 이슬람교 세계의 운명을 짊어지는 정착민과 유목민 사이에서 이 학자의 연구의 원인이 된 것은 그 각각이 갖고 있는 사회, 그리고 이것을 따라가는 여러 원리였다.

각 개인, 계급, 여러 민족 사이에 게재하는 힘의 관계야말로 역사를 낳게 하고 이것도 정치적 또는 전쟁의 역사뿐만 아니라 일상생활의 부피 가운데서 지식의 창조 또는 정신의 생산 속에서 매일의 역사가 생긴다는 것이다. 역사가 또는 사회학자로서 또는 경제학자, 심리학자로서의 이븐 할둔은 오늘의 인간, 여러 과학의 대표자들, 여러 이데올로기 지지자들로부터 선구자로 간주되는 비범한 영광을 안고 있다.

6. 부흥문학

19세기가 열림과 함께 아랍 제국에 있어서는 정치적으로 보아 제국주의의 서구와의 대결 시대였다. 그 압력하에 아랍이 발견하게 되는 세계는 그들이 생각지 못하였던 세계, 즉 기술적 진보 및 민족주의와 동의어인 세계였다. 그들이 발견한 것 중 기독교 사회의 서구 세계는 이성주의나 산업혁명이나 세속주의 또는 민주주의라는 이름을 갖는 여러 것이 있었는데 아랍 세계는 이들을 한묶음으로 하여 대결하여야 했던 것이다.

이러한 충격 아래 중동 이슬람 세계는 자기에 대한 새로운 정의를 구하게 되는데, 이것은 다시 말을 바꾸어 자기를 상실한 위험이 있는 변화의 도정을 깊숙이 들어가려는 유혹을 물리치는 것이었다.

그러나 이 움직임과 평행하여 또 다른 별개의 모습이 차차 나타났다. 아랍 민족주의가 그것이었고 이것은 서구가 제기하였던 주제를 서구에 대하여 다시 던지는 것이었다. 민족적 과거에 대한 감정이나 지식이 아무리 활발하고 계속적이라고 하더라도 이것뿐으로는 특정 문화를 소생시키는 노력을 지탱하는 데는 충분하지 않다. 아랍 민족이 무엇으로부터 생겨났다고 말하는 것보다 어떻게 재생하여 나타났는가를 말하여야 했다.

아랍 민족의 생존이 종식된 적은 결코 없었으며 오스만 터키의 권력에 의해 그 체제와 조세라는 두 개의 강제력에 따르는 한 어느 정도의 자치적 사회문화가 인정되었고 다음에 서구 및 터키의 점령하에 대하여 아랍

민족이라는 입장에서 대처하는 것이다. 그러나 아랍 민족은 이렇게 존재하였지만 19세기에서 새로 생긴 것은 아랍 민족의 땅에서 이와 경쟁하려는 여러 세력과의 대결의 영향 아래 자기 자신에 대해 점점 갖게 된 의식이었다.

아랍 지역에서 행하여진 노력은 두 면에서 작용하였다. 하나는 무함마드 알리 치하의 이집트 이후 유럽의 기술적인 여러 발견을 채택하고자 노력하였던 것과 같은 방법으로 번역이라는 기법으로 그 문화적 가치들을 배우려고 하였다. 이와 동시에 고전 아랍문학의 기초적인 텍스트의 간행, 이것들로부터 받는 자극과 비평, 자기 자신을 여기에서 재발견하려고 한 면이다.

아랍 문학의 부흥을 도식적으로 본다면 서막(序幕)과 사막(四幕)으로 된 형태이다. 서막은 나폴레옹에 의한 프랑스의 이집트 간섭이며, 이것은 국사 행정상으로는 실패이지만 적어도 서구적인 입장으로 본다면 학문적 성공을 포함하는 서막이다. 이집트학 및 이집트지(誌)가 여기에서부터 생겼다. 아랍측에서 말한다면 이슬람측의 저항과 서구 세력의 장비를 앞에 두고 그 어떤 당혹감을 갖는 것으로서 그 상황을 요약하는 것이다. 연대기 작가 알 자바리드(1753~1825년)의 저작은 이것을 잘 반영하고 있다.

제1막은 무함마드 알리(1805~1848년)에서 시작되는데 그는 이집트가 모든 분야에서의 뒤떨어진 데 대하여 다시 되찾기 위한 집중적인 노력을 하였다. 교육면에서는 외인(外人) 교사들에 의한 의존보다도 확실한 민족적인 훈육을 향하여 성과를 더하고 학생들을 서구 제국에 유학을 시켜 성과를 거두었다. 무함마드 알리의 야심은 너무 서둘러 여러 계획이 차질이 생긴 가운데에서 마지막에 남은 것은 번역, 기술서, 사서(史書)를 간행하게 될 국립인쇄소라 할 것이다.

여하간에 교육이야말로 진보의 열쇠라고 하는 확신은 여기에도 남았다. 새 시대의 표시로서 무함마드 알리의 통치하에 민족주의 · 개혁주의 운동의 선국자 리파아 타흐타위(1801~1873)가 관비 유학으로 프랑스로부터 돌아와 서구의 지식을 매개체로 하는 아랍어로 된 백과사전적인 번역에 힘쓴 것이다. 그는 최초의 프랑스 여학생으로서 당시의 동양학자들과 교우(交友)도 가졌다.

제2막 1840년경 서구에 창문을 열었던 레바논에서 기독교도의 소수파 및 무함마드 알리의 아들로 1832년부터 1840년까지 시리아를 통치하였던 이브라힘에 의해 부흥(안 나흐다)이 개막되었다. 기독교 여러 전도회(傳道會)의 관심은 이 지역의 교육적 관심과 일치하여 아메리칸 대학, 세인트 조셉 대학 등이 창설되었다. 아랍어로의 번역활동도 함께 활기를 되찾아 1840년에는 성서(聖書)의 아랍어역이 출판되었다.

이 활기는 보다 넓은 운동을 일으켰고 현지의 지식인들이 주로 역할을 다하게 된다. 나시프 알 야지지(1800~1871년), 부트루스 알 부스타니(1819~1883년) 및 파리스 알 시이아크(1804~1887년)는 서구의 주요 저작의 여러 편을 아랍에 소개한 외에도 그들 자신의 저작도 있었으며, 적어도 알 부스타니의 사전 및 대백과사전을 열거해야 한다.

한번 시작된 대운동은 계속되어 다음에는 이스마일 치하의 이집트로 옮겨져 문화적 대활동이 이곳에서 일어났다. 1876년 이후 오스만 터키의 새 술탄 압둘 하미드 II세의 전제정치를 두려워한 시리아 · 레바논의 지식인들은 이집트로 망명했고, 이 시기에 아랍어로 된 이집트 신문이 생긴다. 1876년에는 알 라하람(피라미드)지가 알렉산드리아에서 창간되었다. 동시에 사람들의 관심은 형성기에 접어들었던 민족적 여러 문제에 대한 관심을 그대로 둔 채 보다 분명히 종교성을 갖게 되었다.

1879년에 카이로에 와서 살았던 앗딘 알 아프카니, 다음에 그의 위대한 제자 무함마드 압두흐는 멀리 저편으로부터 이 운동을 지배하였지만 철저하게 행하지는 못하였다. 알 카와키버(1849~1902년) 및 라시드 리다(1865~1935년)를 열거할 수 있다. 후자는 1898년에 개혁주의 잡지 알 마나르(빛)를 카이로에서 창간하였다. 아랍은 이슬람교도의 부흥으로 주요한 역할을 할 수 있다는 민족적 사명을 보다 확실히 그려낸 것이다.

제3막은 두 차례의 세계대전이 사이에 걸친 시기로 비교적 단시간이다. 독립은 이 이전 시기에 영토(領土)와 정신의 두 면에 걸쳐 서서히 달성되었고 이는 구 점령국에 의해 공식으로 인정되었다. 쫓겨난 유일의 외국인은 터키인뿐이었다. 유럽인은 위임 통치 체제하에 공공연히 이집트나 이라크에서와 같이 특별권적 조약이라는 수단으로 잔류하였었다. 이렇게 형식적 독립의 위기가 시작되고 항구화되었는데 우리가 현재 살고있는 제4막에 걸쳐서 제2차 세계대전과 이에 계속되는 몇십년 사이에 해결되어간다.

진정한 독립, 전면적 독립이란 단지 정치적 해방뿐만 아니라 보다 깊이는 이것으로 흔들리지 않는 각자의 경제 · 문화적 수단을 정말로 소유하는 것이다. 사회주의(社會主義)와 아랍주의란 이런 뜻에서 아랍지식인들에 있어서 부르짖게 되었던 하나의 슬로건이었다.

근대 이슬람-아랍문학을 위치지을 테두리는 이와 같은 것이다. 그 변천과 여러 주제는 탄생과 성장의 맥락을 반영하고 있다. 그러나 이런 문학이 말하고자 한 것을 알기 전에 먼저 그 표현수단에 대해서 검토할 필요도 있다. 어떻게 어떠한 표현법으로 유럽 및 아랍어 고전 문학의 관계로부터 자기를 표현하고 자기를 정의하여간다는 것을 아는 것이다.

근대 이슬람-아랍 문학은 적극적인 정치 참가의 맥락 속에서 태어나 성장한 것이다. 근대 이슬람-아랍 문학은 그 표현법이라는 점에 있어서 개혁주의와 논쟁주의를 불문하고 처음은 번역의 직접 산문이며 후에는 정치 및 종교상의 참여로 문학의 영역을 넓히었다. 근대 이슬람-아랍 문학의 특징의 하나는 정치 및 사회적 행위이다.

근대 이슬람-아랍 문학 및 그 대표작의 주요 특징을 형성하는 것은 정치적 참여이다. 아랍의 작가, 예술가 및 학자의 대부분은 신문 잡지에 대한 기고를 매개체로 하지 않더라도 해방과 교육의 기회에 참가하고 있다. 문학자들의 대부분은 그 문학적 창조 자체를 정치, 사회, 교육상의 활동 및 반영의 수단이 되기를 바라고 있다.

신생 아랍 문학의 미래 전망은 그 문학이 얼마만큼 진정한 이슬람적 토양(土壤)에 뿌리 박고 있는가에 달렸다고 결론지을 수 있다. 이는 서구에 대한 반항적 대립감에서 나온 것이 아니라 그들 자신의 확실한 문화적 기반으로서의 전통에 서서 인간정신의 새로운 경지를 개발하고 조화하는 데 발전이 있을 것이다.

이슬람의 역사와 그 문화

初版 印刷●2002年 5月 10日
初版 發行●2002年 5月 15日

編著者●金 容 善
發行者●金 東 求

發行處●明 文 堂
서울특별시 종로구 안국동 17~8
대체 010041-31-001194
전화 (영) 733-3039, 734-4798
(편) 733-4748
FAX 734-9209
Homepage www.myungmundang.net
E-mail om@myungmundang.net
등록 1977. 11. 19. 제1~148호

●낙장 및 파본은 교환해 드립니다.
●불허복제.

값 10,000원
ISBN 89-7270-681-7 03910